여러분의 합격을 응원하

해커스공무원의 특급 예택

FREE 공무원 세법 **동영상강의**

해커스공무원(gosi.Hackers.com) 접속 후 로그인 ▶ 상단의 [무료강좌] 클릭 ▶
좌측의 [교재 무료특강] 클릭

📄 무료 **회독용 답안지**[PDF]

해커스공무원(gosi.Hackers.com) 접속 후 로그인 ▶
상단의 [교재·서점 → 무료 학습 자료] 클릭 ▶ 본 교재의 [자료받기] 클릭

▲ 바로가기

🎟 해커스공무원 온라인 단과강의 **20% 할인쿠폰**

7869A2EB94F7FW7L

해커스공무원(gosi.Hackers.com) 접속 후 로그인 ▶ 상단의 [나의 강의실] 클릭 ▶
좌측의 [쿠폰등록] 클릭 ▶ 위 쿠폰번호 입력 후 이용

* 쿠폰 이용 기한: 2024년 12월 31일까지(등록 후 7일간 사용 가능)
* ID당 1회에 한해 등록 가능(단과강의에만 적용 가능)

합격예측 **모의고사 응시권+해설강의 수강권**

35FAFEE4BB448C49

해커스공무원(gosi.Hackers.com) 접속 후 로그인 ▶ 상단의 [나의 강의실] 클릭 ▶
좌측의 [쿠폰등록] 클릭 ▶ 위 쿠폰번호 입력 후 이용

* 쿠폰 이용 기한: 2024년 12월 31일까지(ID당 1회에 한해 등록 가능)

쿠폰 이용 관련 문의 **1588-4055**

단기 합격을 위한
해커스 커리큘럼

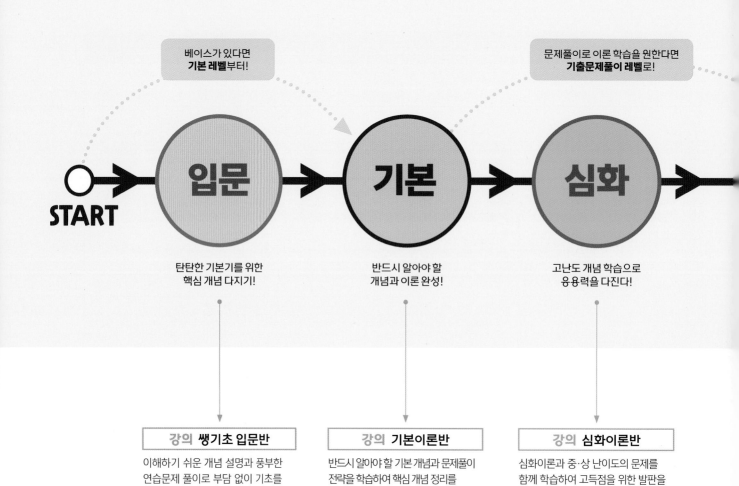

베이스가 있다면
기본 레벨부터!

문제풀이로 이론 학습을 원한다면
기출문제풀이 레벨로!

START

입문

기본

심화

탄탄한 기본기를 위한
핵심 개념 다지기!

반드시 알아야 할
개념과 이론 완성!

고난도 개념 학습으로
응용력을 다진다!

강의 **쌩기초 입문반**

이해하기 쉬운 개념 설명과 풍부한
연습문제 풀이로 부담 없이 기초를
다질 수 있는 강의

강의 **기본이론반**

반드시 알아야 할 기본 개념과 문제풀이
전략을 학습하여 핵심 개념 정리를
완성하는 강의

강의 **심화이론반**

심화이론과 중·상 난이도의 문제를
함께 학습하여 고득점을 위한 발판을
마련하는 강의

레벨별 교재 확인 및
수강신청은 여기서!
gosi.Hackers.com

* 커리큘럼은 과목별·선생님별로 상이할 수 있으며, 자세한 내용은 해커스공무원 사이트에서 확인하세요.

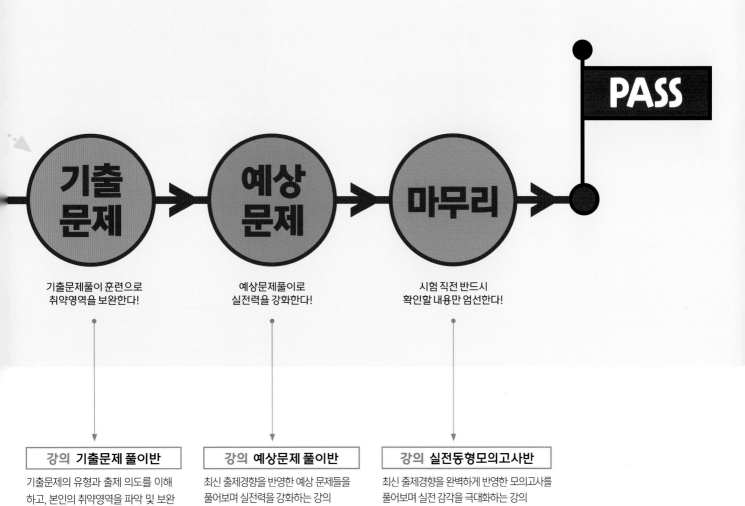

기출문제풀이 훈련으로
취약영역을 보완한다!

예상문제풀이로
실전력을 강화한다!

시험 직전 반드시
확인할 내용만 엄선한다!

강의 **기출문제 풀이반**

기출문제의 유형과 출제 의도를 이해
하고, 본인의 취약영역을 파악 및 보완
하는 강의

강의 **예상문제 풀이반**

최신 출제경향을 반영한 예상 문제들을
풀어보며 실전력을 강화하는 강의

강의 **실전동형모의고사반**

최신 출제경향을 완벽하게 반영한 모의고사를
풀어보며 실전 감각을 극대화하는 강의

강의 **봉투모의고사반**

시험 직전에 실제 시험과 동일한 형태의
모의고사를 풀어보며 실전력을 완성하는 강의

해커스공무원

김영서
세법

단원별 기출문제집

김영서

약력

제47회 세무사 시험 합격

현 | 해커스공무원 세법, 지방세법 강의
현 | 다윤세무회계사무소 대표세무사
현 | 우리경영아카데미 강의
전 | 나무경영아카데미 강의
전 | 남부행정고시학원 강의
전 | 한국행정고시학원 강의

저서

해커스공무원 김영서 세법 단원별 기출문제집, 해커스패스
해커스공무원 김영서 세법 기본서, 해커스패스
일차원 세법, 세경북스
세법 핵심 기출문제집, 세경북스

공무원 시험의 해답
세법 시험 합격을 위한 필독서

방대한 기출문제의 학습을 앞두고 막막할 수험생 여러분을 위해 해커스가 쉽고 명료하게 풀어내고 암기할 수 있는 기출 문제집을 만들었습니다.

세법 학습에 기본이 되는 기출문제를 효과적으로 학습할 수 있도록 다음과 같은 특징을 가지고 있습니다.

첫째, 최근 19개년 7·9급 국가직 공무원 세법 주요 기출문제를 수록하였습니다.

둘째, 상세한 해설과 다회독을 위한 다양한 장치를 수록하였습니다.

셋째, 최신 개정 법령을 빠짐없이 반영하였습니다.

최소한의 시간으로 최대한의 학습 효과를 낼 수 있는 다음의 학습 방법을 추천합니다.

첫째, 기본서와의 연계학습을 통해 각 단원에 맞는 기본 이론을 확인하면 쉽게 암기할 수 있습니다.

둘째, 정답이 아닌 선택지까지 모두 학습함으로써 다채로운 문제 유형에 대처할 수 있는 능력을 기를 수 있습니다.

셋째, 반복 회독학습을 통해 출제유형에 익숙해지고, 자주 출제되는 개념을 스스로 확인할 수 있습니다.

더불어, 공무원 시험 전문 사이트인 해커스공무원(gosi.Hackers.com)에서 교재 학습 중 궁금한 점을 나누고 다양한 무료 학습 자료를 함께 이용하여 학습 효과를 극대화할 수 있습니다.

부디 〈해커스공무원 김영서 세법 단원별 기출문제집〉과 함께 공무원 세법 시험의 고득점을 달성하고 합격을 향해 한 걸음 더 나아가시기를 바랍니다.

김영서

차례

이 책의 활용법

문제해결 능력 향상을 위한 단계별 구성

---

03 강제적 징수절차

KEYWORD 26 압류

01 ☐☐☐
2021년 7급
국세징수법령상 신고납부 및 강제징수에 대한 설명으로 옳은 것은?

① 국세의 징수에 관하여 「국세기본법」에 특별한 규정이 있는 경우에도 「국세징수법」에서 정한 바에 따른다.
② 금전을 납세담보로 제공하는 경우에는 담보할 확정된 국세의 100분의 120 이상의 가액에 상당하는 담보를 제공해야 한다.

02 ☐☐☐
2019년 7급 변형
세무공무원 甲이 국세징수법령에 따라 판단한 것으로 옳은 것은?

① 납부기한 전 징수 사유가 없는 A가 독촉장을 받은 상태(독촉장에 지정된 납부기한이 지나지 않음)로 체납된 국세를 완납하지 않았으므로 A의 소유재산은 압류의 대상이 된다.
② 체납자 B의 퇴직금 총액(소득세 및 소득세분 지방소득세를 뺀 총액)이 1천만 원일 경우 5백만 원까지는 압류가 금지되므로 이를 제외한 퇴직금에 대한 압류를 집행할 수 있다.

STEP 1 핵심 KEYWORD로 출제 경향 파악하기

공무원 세법 시험에 자주 출제되는 개념들을 91개의 KEYWORD로 정리하여 이를 단원별로 구분하였습니다. 이를 통해 공무원 세법의 출제 경향을 파악하여 효율적으로 학습할 수 있습니다.

▼

---

01 총칙

KEYWORD 01 「국세기본법」 총칙

01 ☐☐☐
2019년 9급
조세법률주의에 대한 설명으로 옳지 않은 것은? (단, 다툼이 있는 경우 판례에 의함)

① 조세의 과세요건 및 부과·징수 절차는 입법부가 제정하는 법률로 정해져야 한다.
② 1세대 1주택에 대한 양도소득세 비과세요건(거주요건)을 추가하여 납세자가 양도소득세 비과세를 받기 어렵게 규정을 개정하였지만 경과규정을 두어 법령시행 후 1년간 주택을 양도한 경우에는 구법을 적용하도록 하였다면 이

02 ☐☐☐
2019년 9급
「국세기본법」과 다른 법률과의 관계에 대한 설명으로 옳은 것은?

① 「국세기본법」은 「국세기본법」 또는 세법에 의한 위법·부당한 처분을 받은 경우에는 우선 「행정심판법」에 의한 심사청구·심판청구를 하도록 하고 있다.
② 재조사 결정에 따른 처분청의 처분에 대한 행정소송은 「국세기본법」에 따른 심사청구 또는 심판청구와 그에 대한 결정을 거치지 아니하면 제기할 수 없다.
③ 국세에 관한 처분에 대하여는 「국세기본법」의 규정에 따른 불복방법과 「감사원법」의 규정에 따른 불복방법도 있기 때문에 두 가지 불복방법을 동시에 이용할 수 있다.

STEP 2 기출문제로 문제해결 능력 키우기

공무원 세법 시험의 기출문제 중 재출제 가능성이 높거나 퀄리티가 좋은 문제들을 엄선하여 수록하였습니다. 다양한 기출문제들을 풀어봄으로써 자연스럽게 문제 유형들을 익히고, 문제해결 능력을 키울 수 있습니다.

▼

---

01 「국세기본법」 총칙

문리해석을 할 수 없는 경우에는 보충적·제한적으로 논리해석을 허용한다. 따라서 유추해석이나 확장해석은 허용하지 않는다.

📄 세법의 엄격해석

개념	법조문에 대한 해석을 할 때에는 문장의 의미에 따라 엄격하게 해야 한다는 원칙이다. 법조문을 해석할 때 그 문언에 충실하게 해석하여야 한다.
논리해석	문리해석만으로 의미를 확정할 수 없을 때 한정하여 보충적·제한적으로 논리해석이 허용된다. 하지만 논리해석 중 확장해석이나 유추해석은 허용되지 않는다.

답 ③

02 「국세기본법」 총칙

국세환급금의 소멸시효에 관하여는 「국세기본법」 또는 세법에 특별한 규정이 있는 것을 제외하고는 「민법」에 따른다.

(선지분석)
① 조세불복을 하는 경우에는 「행정심판법」을 배제하고 「국세기본법」이나 감사원법에 따라 불복절차를 거치도록 하고 있다.
② 재조사결정에 따른 행정소송은 심사청구 또는 심판청구를 거친 후에 할 수도 있고 심사청구 또는 심판청구를 거치지 않고 제기할 수도 있다.
③ 「국세기본법」에 따른 불복과 「감사원법」에 따른 불복 중 하나만 선택할 수 있다.

답 ④

STEP 3 상세한 해설을 통해 이론 학습하기

문제풀이와 동시에 세법의 이론을 요약·정리할 수 있도록 상세한 해설을 수록하였습니다. 이를 통해 방대한 분량의 세법 내용 중 시험에서 주로 묻는 핵심 이론들이 무엇인지 확인하고, 이론을 다시 한 번 복습할 수 있습니다.

정답의 근거와 오답의 원인, 관련 이론까지 짚어주는 정답 및 해설

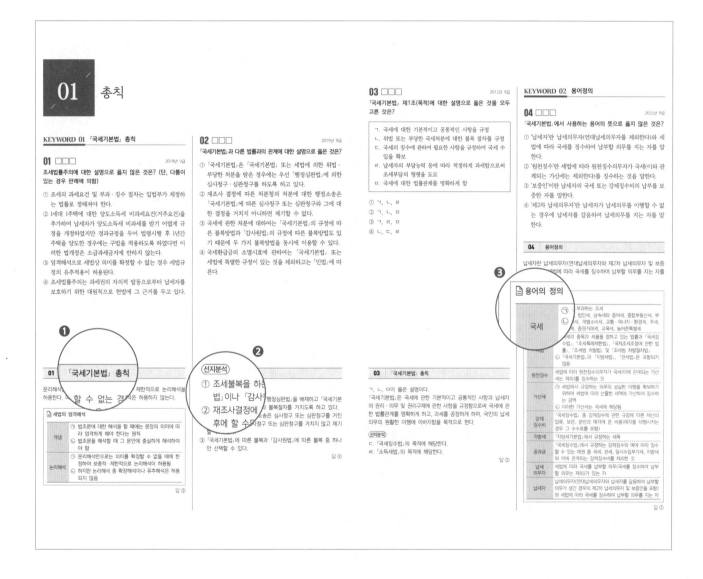

❶ 문항별 출제 포인트

문항마다 문제의 핵심이 되는 출제 포인트를 명시하여, 각 문제가 묻고 있는 이론을 한 눈에 파악할 수 있습니다.

❷ 선지분석

정답인 선지뿐만 아니라 오답인 선지에 대해서도 상세한 설명을 수록하여, 다양한 선지 내용을 빈틈없이 학습할 수 있습니다.

❸ 관련 이론

문제풀이에 필요한 관련 핵심 이론을 수록하여, 취약한 개념을 바로 확인하며 이론을 효과적으로 학습할 수 있습니다.

I

국세기본법

KEYWORD 01 「국세기본법」 총칙

01 □□□

조세법률주의에 대한 설명으로 옳지 않은 것은? (단, 다툼이 있는 경우 판례에 의함)

① 조세의 과세요건 및 부과·징수 절차는 입법부가 제정하는 법률로 정해져야 한다.

② 1세대 1주택에 대한 양도소득세 비과세요건(거주요건)을 추가하여 납세자가 양도소득세 비과세를 받기 어렵게 규정을 개정하였지만 경과규정을 두어 법령시행 후 1년간 주택을 양도한 경우에는 구법을 적용하도록 하였다면 이러한 법개정은 소급과세금지에 반하지 않는다.

③ 엄격해석으로 세법상 의미를 확정할 수 없는 경우 세법규정의 유추적용이 허용된다.

④ 조세법률주의는 과세권의 자의적 발동으로부터 납세자를 보호하기 위한 대원칙으로 헌법에 그 근거를 두고 있다.

02 □□□

「국세기본법」과 다른 법률과의 관계에 대한 설명으로 옳은 것은?

① 「국세기본법」은 「국세기본법」 또는 세법에 의한 위법·부당한 처분을 받은 경우에는 우선 「행정심판법」에 의한 심사청구·심판청구를 하도록 하고 있다.

② 재조사 결정에 따른 처분청의 처분에 대한 행정소송은 「국세기본법」에 따른 심사청구 또는 심판청구와 그에 대한 결정을 거치지 아니하면 제기할 수 없다.

③ 국세에 관한 처분에 대하여는 「국세기본법」의 규정에 따른 불복방법과 「감사원법」의 규정에 따른 불복방법도 있기 때문에 두 가지 불복방법을 동시에 이용할 수 있다.

④ 국세환급금의 소멸시효에 관하여는 「국세기본법」 또는 세법에 특별한 규정이 있는 것을 제외하고는 「민법」에 따른다.

01	「국세기본법」 총칙

문리해석을 할 수 없는 경우에는 보충적·제한적으로 논리해석을 허용한다. 따라서 유추해석이나 확장해석은 허용하지 않는다.

📑 세법의 엄격해석

개념	㉠ 법조문에 대한 해석을 할 때에는 문장의 의미에 따라 엄격하게 해야 한다는 원칙 ㉡ 법조문을 해석할 때 그 문언에 충실하게 해석하여야 함
논리해석	㉠ 문리해석만으로는 의미를 확정할 수 없을 때에 한정하여 보충적·제한적으로 논리해석이 허용됨 ㉡ 하지만 논리해석 중 확장해석이나 유추해석은 허용되지 않음

답 ③

02	「국세기본법」 총칙

(선지분석)

① 조세불복을 하는 경우에는 「행정심판법」을 배제하고 「국세기본법」이나 「감사원법」에 따라 불복절차를 거치도록 하고 있다.

② 재조사결정에 따른 행정소송은 심사청구 또는 심판청구를 거친 후에 할 수도 있고 심사청구 또는 심판청구를 거치지 않고 제기할 수도 있다.

③ 「국세기본법」에 따른 불복과 「감사원법」에 따른 불복 중 하나만 선택할 수 있다.

답 ④

03 □□□

「국세기본법」 제1조(목적)에 대한 설명으로 옳은 것을 모두 고른 것은?

> ㄱ. 국세에 대한 기본적이고 공통적인 사항을 규정
> ㄴ. 위법 또는 부당한 국세처분에 대한 불복 절차를 규정
> ㄷ. 국세의 징수에 관하여 필요한 사항을 규정하여 국세 수입을 확보
> ㄹ. 납세자의 부담능력 등에 따라 적정하게 과세함으로써 조세부담의 형평을 도모
> ㅁ. 국세에 대한 법률관계를 명확하게 함

① ㄱ, ㄴ, ㄹ
② ㄱ, ㄴ, ㅁ
③ ㄱ, ㄹ, ㅁ
④ ㄴ, ㄷ, ㄹ

03	「국세기본법」 총칙

ㄱ, ㄴ, ㅁ이 옳은 설명이다.
「국세기본법」은 국세에 관한 기본적이고 공통적인 사항과 납세자의 권리·의무 및 권리구제에 관한 사항을 규정함으로써 국세에 관한 법률관계를 명확하게 하고, 과세를 공정하게 하며, 국민의 납세의무의 원활한 이행에 이바지함을 목적으로 한다.

(선지분석)
ㄷ. 「국세징수법」의 목적에 해당한다.
ㄹ. 「소득세법」의 목적에 해당한다.

답 ②

KEYWORD 02 용어정의

04 □□□

「국세기본법」에서 사용하는 용어의 뜻으로 옳지 않은 것은?

① '납세자'란 납세의무자(연대납세의무자를 제외한다)와 세법에 따라 국세를 징수하여 납부할 의무를 지는 자를 말한다.
② '원천징수'란 세법에 따라 원천징수의무자가 국세(이와 관계되는 가산세는 제외한다)를 징수하는 것을 말한다.
③ '보증인'이란 납세자의 국세 또는 강제징수비의 납부를 보증한 자를 말한다.
④ '제2차 납세의무자'란 납세자가 납세의무를 이행할 수 없는 경우에 납세자를 갈음하여 납세의무를 지는 자를 말한다.

04	용어정의

납세자란 납세의무자(연대납세의무자와 제2차 납세의무자 및 보증인 포함)와 세법에 따라 국세를 징수하여 납부할 의무를 지는 자를 말한다.

용어의 정의

국세	㉠ 국가가 부과하는 조세 ㉡ 소득세, 법인세, 상속세와 증여세, 종합부동산세, 부가가치세, 개별소비세, 교통·에너지·환경세, 주세, 인지세, 증권거래세, 교육세, 농어촌특별세
세법	㉠ 국세의 종목과 세율을 정하고 있는 법률과 「국세징수법」, 「조세특례제한법」, 「국제조세조정에 관한 법률」, 「조세범 처벌법」 및 「조세범 처벌절차법」 ㉡ 「국세기본법」과 「지방세법」, 「관세법」은 포함되지 않음
원천징수	세법에 따라 원천징수의무자가 국세(이에 관계되는 가산세는 제외)를 징수하는 것
가산세	㉠ 세법에서 규정하는 의무의 성실한 이행을 확보하기 위하여 세법에 따라 산출한 세액에 가산하여 징수하는 금액 ㉡ 이러한 가산세는 국세에 해당됨
강제징수비	「국세징수법」 중 강제징수에 관한 규정에 따른 재산의 압류, 보관, 운반과 매각에 든 비용(매각을 대행시키는 경우 그 수수료를 포함)
지방세	「지방세기본법」에서 규정하는 세목
공과금	「국세징수법」에서 규정하는 강제징수의 예에 따라 징수할 수 있는 채권 중 국세, 관세, 임시수입부가세, 지방세와 이에 관계되는 강제징수비를 제외한 것
납세의무자	세법에 따라 국세를 납부할 의무(국세를 징수하여 납부할 의무는 제외)가 있는 자
납세자	납세의무자(연대납세의무자와 납세자를 갈음하여 납부할 의무가 생긴 경우의 제2차 납세의무자 및 보증인을 포함)와 세법에 따라 국세를 징수하여 납부할 의무를 지는 자

답 ①

05 □□□

「국세기본법」상 용어의 정의로 옳지 않은 것은?

① 국세란 국가가 부과하는 조세로서 소득세, 법인세, 부가가치세, 관세, 주세, 증권거래세 등을 말한다.

② 가산세란 세법에서 규정하는 의무의 성실한 이행을 확보하기 위하여 세법에 따라 산출한 세액에 가산하여 징수하는 금액을 말한다.

③ 과세표준이란 세법에 따라 직접적으로 세액 산출의 기초가 되는 과세대상의 수량 또는 가액을 말한다.

④ 전자신고란 과세표준신고서 등 「국세기본법」 또는 세법에 따른 신고관련 서류를 국세정보통신망을 이용하여 신고하는 것을 말한다.

05	용어정의

국세에는 관세 및 지방세가 포함되지 않는다.

답 ①

06 □□□

「국세기본법」상 용어의 정의로 옳지 않은 것은?

① '원천징수'라 함은 세법에 의하여 원천징수의무자가 국세(이에 관계되는 가산세를 제외한다)를 징수하는 것을 말한다.

② '납세자'라 함은 납세의무자(연대납세의무자와 납세자를 갈음하여 납부할 의무가 생긴 경우의 제2차 납세의무자 및 보증인을 포함한다)와 국세를 징수하여 납부할 의무를 지는 자를 말한다.

③ '납세의무자'라 함은 세법에 의하여 국세를 납부할 의무(국세를 징수하여 납부할 의무를 포함한다)가 있는 자를 말한다.

④ '강제징수비'라 함은 법령의 규정에 의한 재산의 압류·보관·운반과 매각에 소요된 비용을 말한다.

06	용어정의

'납세의무자'라 함은 세법에 따라 국세를 납부할 의무(국세를 징수하여 납부할 의무는 제외)가 있는 자를 말한다.

답 ③

07 ☐☐☐

「국세기본법」상 용어의 정의에 관한 설명으로 괄호 안에 알맞은 말로 짝지어진 것은?

> '강제징수비'라 함은 (ㄱ) 중 강제징수에 관한 규정에 의한 재산의 (ㄴ)·(ㄷ)·(ㄹ)과 매각에 소요된 비용을 말한다.

	ㄱ	ㄴ	ㄷ	ㄹ
①	「국세기본법」	공매	지방세	운반
②	「국세징수법」	압류	보관	운반
③	「국세기본법」	압류	지방세	보관
④	「국세징수법」	공매	가산세	보관

KEYWORD 03 기간과 기한

08 ☐☐☐

국세기본법령과 「소득세법」의 기간 및 기한에 대한 설명으로 옳은 것은?

① 수시부과 후 추가발생소득이 없는 거주자는 그 종합소득 과세표준을 다음 연도 5월 1일부터 5월 31일까지 확정신고하고 종합소득 산출세액을 자진납부하여야 한다.

② 부담부증여의 채무액에 해당하는 부분으로서 양도로 보는 경우 그 양도일이 속하는 달의 말일부터 4개월 이내에 양도소득과세표준을 납세지 관할 세무서장에게 신고하여야 한다.

③ 세무조사의 결과에 대한 서면통지를 받은 자는 통지를 받은 날로부터 90일 이내에 과세전적부심사 청구를 할 수 있다.

④ 「국세기본법」 또는 세법에서 규정하는 납부기한 만료일에 정전으로 국세정보통신망의 가동이 정지되어 전자납부를 할 수 없는 경우 그 장애가 복구되어 납부할 수 있게 된 날의 다음 날을 기한으로 한다.

07	용어정의

'강제징수비'라 함은 「국세징수법」 중 강제징수에 관한 규정에 의한 재산의 압류·보관·운반과 매각에 든 비용(매각을 대행시키는 경우 그 수수료를 포함)을 말한다.

답 ②

08	기간과 기한

(선지분석)
① 수시부과 후 추가소득이 없는 경우에는 신고하지 않을 수 있다.
② 부담부증여의 채무액은 양도일이 속하는 달의 말일부터 3개월 이내 예정신고를 하면 된다.
③ 과세전적부심사는 서면통지를 받고 30일 이내에 청구할 수 있다.

답 ④

09

2012년 9급 변형

「국세기본법」상 기간과 기한에 대한 설명으로 옳지 않은 것을 모두 고르면?

ㄱ. 우편으로 과세표준신고서를 제출한 경우로서 우편날짜 도장이 찍히지 아니하였거나 분명하지 아니한 경우에는 신고서가 도달한 날에 신고된 것으로 본다.

ㄴ. 신고기한 만료일이나 납부기한 만료일에 프로그램의 오류로 국세정보통신망의 가동이 정지되어 전자신고 또는 전자납부를 할 수 없게 되는 경우에는 그 장애가 복구되어 신고 또는 납부할 수 있게 된 날을 기한으로 한다.

ㄷ. 천재지변 등의 사유로 세법에서 규정하는 신고 등을 정해진 기한까지 할 수 없다고 관할 세무서장이 인정하는 경우에는 납세자의 신청이 없는 경우에도 그 기한을 연장할 수 있다.

ㄹ. 「국세기본법」 또는 세법에서 규정하는 신고, 신청, 청구 그 밖에 서류의 제출, 통지·납부 또는 징수에 관한 기한이 토요일 및 일요일, 공휴일 및 대체공휴일, 근로자의 날일 때에는 그 다음 날을 기한으로 한다.

① ㄱ, ㄴ
② ㄴ, ㄷ
③ ㄴ, ㄹ
④ ㄷ, ㄹ

10

2011년 9급 변형

「국세기본법」상 기간 및 기한에 대한 설명으로 옳은 것은?

① 기간의 계산에 대한 「국세기본법」 또는 세법의 규정이 「민법」의 규정과 상충되면 「민법」의 규정에 따른다.

② 금융기관 또는 체신관서의 휴무의 경우는 기한연장 사유에 해당하지 않는다.

③ 납세자가 화재로 기한연장을 하는 경우 신고와 관련된 기한연장은 9개월을 넘지 않는 범위에서 관할 세무서장이 할 수 있다.

④ 증여세 신고기한이 4월 1일(금요일)이고 공휴일인 경우 4월 3일까지 신고하여야 한다.

---

09 | 기간과 기한

ㄱ, ㄴ이 옳지 않은 설명이다.

ㄱ. 우편으로 과세표준신고서를 제출한 경우로서 우편날짜도장이 찍히지 아니하였거나 분명하지 아니한 경우에는 통상 걸리는 배송일수를 기준으로 발송한 날로 인정되는 날에 신고된 것으로 본다.

ㄴ. 신고기한 만료일이나 납부기한 만료일에 프로그램의 오류로 국세정보통신망의 가동이 정지되어 전자신고 또는 전자납부를 할 수 없게 되는 경우에는 그 장애가 복구되어 신고 또는 납부할 수 있게 된 날의 다음 날을 기한으로 한다.

답 ①

10 | 기간과 기한

〔선지분석〕

① 기간의 계산은 「국세기본법」 또는 그 세법에 특별한 규정이 있는 것을 제외하고는 「민법」에 따른다.

② 금융기관 또는 체신관서의 휴무는 기한연장 사유에 해당한다.

④ 증여세 신고기한이 4월 1일(금요일)이고 공휴일인 경우에는 4월 4일(월요일)까지 신고하여야 한다.

답 ③

14 해커스공무원 학원·인강 gosi.Hackers.com

「국세기본법」상 과세표준신고에 관한 설명으로 옳지 않은 것은?

① 전자신고를 하는 경우 동 전자신고를 할 때 제출하여야 할 관련서류는 15일 범위에서 제출기한을 연장할 수 있다.

② 납세자가 과세표준신고서 등을 우편으로 제출한 경우에는 「우편법」에 의한 우편날짜도장이 찍힌 날에 신고된 것으로 본다.

③ 납세자가 과세표준신고서를 그 신고 당시 해당 국세의 납세지를 관할하는 세무서장이 아닌 다른 세무서장에게 제출한 경우에도 그 신고의 효력에는 영향이 없다.

④ 납세자가 전자신고를 하는 경우에는 과세표준신고서를 지방국세청장이나 국세청장에게 제출할 수 있다.

「국세기본법」상 기간과 기한에 대한 설명으로 옳은 것은?

① 우편으로 과세표준신고서를 제출한 경우 그 신고서가 도달한 날에 신고된 것으로 본다.

② 「국세기본법」 또는 세법에서 규정하는 신고기한 만료일에 국세정보통신망이 대통령령으로 정하는 장애로 가동이 정지되어 전자신고를 할 수 없는 경우에는 그 장애가 복구되어 신고할 수 있게 된 날을 신고기한으로 한다.

③ 천재지변 등으로 인한 기한연장(신고를 제외한 신청, 청구 등의 기한)은 3개월 이내로 하되, 해당 기한연장의 사유가 소멸되지 않는 경우 관할 세무서장은 1개월의 범위에서 그 기한을 다시 연장할 수 있다.

④ 「국세기본법」 또는 세법에서 규정하는 신고, 신청, 청구, 그 밖에 서류의 제출, 통지, 납부 또는 징수에 관한 기한이 토요일 및 일요일, 공휴일 및 대체공휴일, 근로자의 날일 때에는 그 날의 전(前)날을 기한으로 한다.

---

11   기간과 기한

전자신고된 경우 과세표준신고 또는 과세표준수정신고와 관련된 서류 중 수출대금입금증명서 등 국세청장이 정하는 서류에 대해서는 10일의 범위에서 제출기한을 연장할 수 있다.

답 ①

12   기간과 기한

(선지분석)

① 우편으로 과세표준신고서를 제출한 경우 우편날짜도장이 찍힌 날에 신고된 것으로 본다.

② 「국세기본법」 또는 세법에서 규정하는 신고기한 만료일에 국세정보통신망이 대통령령으로 정하는 장애로 가동이 정지되어 전자신고를 할 수 없는 경우에는 그 장애가 복구되어 신고할 수 있게 된 날의 다음날을 신고기한으로 한다.

④ 「국세기본법」 또는 세법에서 규정하는 신고, 신청, 청구, 그 밖에 서류의 제출, 통지, 납부 또는 징수에 관한 기한이 토요일 및 일요일, 공휴일 및 대체공휴일, 근로자의 날일 때에는 그 다음날을 기한으로 한다.

답 ③

13 □□□

「국세기본법」상 공시송달에 대한 설명으로 옳지 않은 것은?

① 서류의 송달받아야 할 자의 주소 또는 영업소가 국외에 있고 송달하기 곤란한 경우에 서류의 주요 내용을 공고한 날부터 14일이 지나면 서류송달이 된 것으로 본다.

② 서류를 송달받아야 할 자의 주소 또는 영업소가 분명하지 아니한 경우에 서류의 주요 내용을 공고한 날부터 14일이 지나면 서류송달이 된 것으로 본다.

③ 국세정보통신망을 이용하여 공시송달을 할 때에는 다른 공시송달 방법과 함께하여야 한다.

④ 세무서의 게시판이나 그 밖의 적절한 장소를 이용하여 공시송달을 할 때에는 다른 공시송달 방법과 함께 하여야 한다.

14 □□□

「국세기본법」상 서류의 송달에 대한 설명으로 옳지 않은 것은?

① 국세정보통신망에 접속하여 서류를 열람할 수 있게 하였음에도 불구하고 해당 납세자가 2회 연속하여 전자송달된 해당 서류의 납부기한까지 열람하지 아니한 경우에는 두 번째로 열람하지 아니한 서류의 납부기한의 다음 날에 전자송달 신청을 철회한 것으로 본다.

② 서류를 송달받아야 할 자의 주소 또는 영업소가 분명하지 아니한 경우에는 공시송달을 할 수 있고 서류의 주요 내용을 공고한 날부터 14일이 지나면 「국세기본법」 제8조에 따른 서류송달이 된 것으로 본다.

③ 전자송달은 송달받을 자가 지정한 전자우편주소에서 해당 서류를 열람한 것으로 확인되었을 때 그 송달받아야 할 자에게 도달한 것으로 본다.

④ 교부에 의한 서류송달은 해당 행정기관의 소속공무원이 서류를 송달할 장소에서 송달받아야 할 자에게 서류를 교부하는 방법으로 해야 하지만 송달을 받아야 할 자가 송달받기를 거부하지 아니하면 다른 장소에서 교부할 수 있다.

13	서류송달

국세정보통신망을 이용하여 공시송달을 하는 경우에는 다른 공시송달 방법과 함께 하여야 한다.

> 📄 **공시송달 방법**
>
> 공고는 다음 중 어느 하나의 방법으로 공고한다. 이 경우 국세정보통신망을 이용하여 공시송달을 할 때에는 다른 공시송달 방법과 함께 하여야 한다.
> ㉠ 국세정보통신망
> ㉡ 세무서의 게시판이나 그 밖의 적절한 장소
> ㉢ 해당 서류의 송달 장소를 관할하는 시·군·구(자치구를 말함)의 홈페이지, 게시판이나 그 밖의 적절한 장소
> ㉣ 관보 또는 일간신문

답 ④

14	서류송달

전자송달은 송달받을 자가 지정한 전자우편주소에 입력한 때(또는 국세정보통신망에 저장된 때)에 그 송달받아야 할 자에게 도달한 것으로 본다.

답 ③

「국세기본법」상 서류의 송달에 대한 설명으로 옳은 것은?

① 연대납세의무자에게 강제징수에 관한 서류를 송달할 때에는 연대납세의무자 모두에게 각각 송달하여야 한다.

② 소득세 중간예납세액이 100만 원인 납부고지서의 송달을 우편으로 할 때는 일반우편으로 하여야 한다.

③ 정보통신망의 장애로 납부고지서의 전자송달이 불가능한 경우에는 교부에 의해서만 송달을 할 수 있다.

④ 납부고지서를 송달받아야 할 자의 주소를 주민등록표에 의해 확인할 수 없는 경우, 서류의 주요 내용을 공고한 날부터 14일이 지나면 서류송달이 된 것으로 본다.

15	서류송달

(선지분석)

① 연대납세의무자에게 고지·독촉에 관한 서류를 송달할 때에는 연대납세의무자 모두에게 각각 송달하여야 한다.

② 소득세 중간예납세액 및 부가가치세 예정고지세액이 50만 원 미만인 납부고지서의 송달을 우편으로 할 때에는 일반우편으로 송달할 수 있다.

③ 정보통신망의 장애로 납부고지서의 전자송달이 불가능한 경우에는 교부 또는 우편에 의해서 송달을 할 수 있다.

답 ④

「국세기본법」상 서류의 송달에 대한 설명으로 옳은 것은?

① 서류를 송달받아야 할 자 또는 그 사용인이나 그 밖의 종업원 또는 동거인으로서 사리를 판별할 수 있는 사람이 정당한 사유 없이 서류 수령을 거부할 때에는 송달할 장소에 서류를 둘 수 있다.

② 공시송달의 경우 서류의 공고일시가 2023년 4월 1일 오전 9시인 경우 서류송달의 효력 발생시기는 2023년 4월 14일 오전 9시이다.

③ 등기우편에 의한 송달의 경우 당해 우편물이 보통의 경우 도달할 수 있었을 때에 도달한 것으로 추정한다.

④ 국세정보통신망을 이용하여 공시송달을 할 때에는 다른 공시송달 방법과 함께할 필요가 없다.

16	서류송달

(선지분석)

② 공시송달의 경우 서류의 요지를 공고한 날부터 14일이 지나면 서류의 송달이 있는 것으로 본다. 따라서 서류송달의 효력 발생 시기는 2023년 4월 16일 0시부터이다.

③ 등기우편에 따라 송달하는 서류는 송달받아야 할 자에게 도달할 때 효력이 발생한다.

④ 국세정보통신망을 이용하여 공시송달하는 경우에는 다른 공시 송달 방법과 함께하여야 한다.

답 ①

「국세기본법」상 서류의 송달에 대한 설명으로 옳지 않은 것은?

① 서류송달을 받아야 할 자의 주소가 분명하지 아니한 경우에 서류의 주요 내용을 관보에 공고한 날부터 14일이 지나면 서류송달이 된 것으로 본다.

② 전자송달은 당사자가 그 방법을 신청한 경우에 적법한 송달이 된 것으로 본다.

③ 전자송달은 송달받을 자가 지정한 전자우편주소에서 직접 출력한 때부터 효력이 발생한다.

④ 세무공무원이 고지서를 적법한 송달장소에서 교부송달을 시도하였는데 납세자가 부재중이었고, 대신 사리를 판별할 능력이 있는 종업원을 발견하여 송달을 시도하였으나, 그 종업원이 정당한 이유 없이 서류수령을 거부하는 경우 송달장소에 고지서를 두고 와도 적법한 송달이 된다.

17	서류송달

전자송달은 송달받을 자가 지정한 전자우편주소에 입력한 때(또는 국세정보통신망에 저장된 때)에 효력이 발생한다.

> 📄 **송달의 효력발생시기**
>
> ㉠ 송달하는 서류는 송달받아야 할 자에게 도달한 때부터 효력이 발생한다.
> ㉡ 다만, 전자송달의 경우에는 송달받을 자가 지정한 전자우편주소에 입력된 때(국세정보통신망에 저장하는 경우에는 저장된 때)에 그 송달을 받아야 할 자에게 도달한 것으로 본다.

답 ③

「국세기본법」상 서류의 송달에 관한 설명으로 옳지 않은 것은?

① 납세의 고지와 독촉에 관한 서류는 연대납세의무자 중 국세징수상 유리한 자에게만 송달하면 된다.

② 「소득세법」 규정에 의한 중간예납세액의 납부고지서로서 50만 원 미만에 해당하는 납부고지서는 일반우편으로 송달할 수 있다.

③ 연대납세의무자에게 서류를 송달하고자 할 때에는 그 대표자를 명의인으로 하며, 대표자가 없는 때에는 연대납세의무자 중 국세징수상 유리한 자를 명의인으로 한다.

④ 납세의 고지·독촉·강제징수 또는 세법에 의한 정부의 명령에 관계되는 서류의 송달을 우편에 의하고자 할 때에는 등기우편에 의하여야 하는 것이 원칙이다.

18	서류송달

연대납세의무자에게 서류를 송달할 때에는 그 대표자를 명의인으로 한다. 대표자가 없는 경우에는 연대납세의무자 중 국세징수상 유리한 자에게 송달한다. 다만, 납세의 고지와 독촉에 관한 서류는 연대납세의무자 모두에게 각각 송달하여야 한다.

> 📄 **서류송달**

연대납세의무자	연대납세의무자에게 서류를 송달할 때에는 그 대표자를 명의인으로 하며, 대표자가 없을 때에는 연대납세의무자 중 국세를 징수하기에 유리한 자를 명의인으로 함. 다만, 납세의 고지와 독촉에 관한 서류는 연대납세의무자 모두에게 각각 송달하여야 함
상속재산관리인	상속이 개시된 경우 상속재산관리인이 있을 때에는 그 상속재산관리인의 주소 또는 영업소에 송달함
납세관리인	납세관리인이 있을 때에는 납세의 고지와 독촉에 관한 서류는 그 납세관리인의 주소 또는 영업소에 송달함
송달받을 장소의 신고	서류의 송달을 받을 자가 주소 또는 영업소 중에서 송달받을 장소를 정부에 신고한 경우에는 그 신고된 장소에 송달하여야 함. 이를 변경한 경우에도 또한 같음

답 ①

19 □□□

2020년 9급

국세기본법령상 서류의 송달에 대한 설명으로 옳지 않은 것은?

① 서류명의인, 그 동거인 등 법정된 자가 송달할 장소에 없는 경우로서 서류를 등기우편으로 송달하였으나 수취인이 부재중인 것으로 확인되어 반송됨으로써 납부기한 내에 송달이 곤란하다고 인정되는 경우에는 공시송달할 수 있다.

② 독촉에 관한 서류는 연대납세의무자 모두에게 각각 송달하여야 한다.

③ 송달할 장소에서 서류를 송달받아야 할 자가 부재중인 경우에는 송달할 장소에 서류를 둘 수 있다.

④ 상속이 개시된 경우 상속재산관리인이 있을 때에는 세법에서 규정하는 서류는 그 상속재산관리인의 주소 또는 영업소에 송달한다.

---

20 □□□

2022년 7급

「국세기본법」상 법인으로 보는 단체에 대한 설명으로 옳은 것은?

① 주무관청의 허가 또는 인가를 받아 설립된 단체로서 등기되지 아니하고 수익을 구성원에게 분배하지 아니하는 것은 법인으로 보아 「국세기본법」과 세법을 적용한다.

② 사익을 목적으로 출연(出捐)된 기본재산이 있는 재단으로서 등기되지 아니하고 수익을 구성원에게 분배하는 것은 법인으로 보아 「국세기본법」과 세법을 적용한다.

③ 법인이 아닌 단체 중 타인의 계산과 자신의 명의로 수익과 재산을 독립적으로 소유·관리하고 단체의 수익을 구성원에게 분배하는 단체로서 대표자나 관리인이 관할 세무서장에게 신청한 것은 법인으로 보아 「국세기본법」과 세법을 적용한다.

④ 법인으로 보는 법인 아닌 단체는 그 신청한 날이 속하는 과세기간과 그 과세기간이 끝난 날부터 5년이 되는 날이 속하는 과세기간까지는 「소득세법」에 따른 거주자 또는 비거주자로 변경할 수 있다.

19	서류송달

서류를 송달받아야 할 자 또는 사용인이나 종업원 등이 정당한 사유 없이 서류의 수령을 거부하는 경우에는 송달할 장소에 서류를 둘 수 있다.

답 ③

20	법인 아닌 단체

선지분석

② 공익을 목적으로 출연된 기본재산이 있는 재단으로서 등기되지 아니하고 수익을 구성원에게 배분하지 않는 것은 법인으로 본다.

③ 법인이 아닌 단체 중 자신의 계산과 명의로 수익과 재산을 독립적으로 소유·관리하고 단체의 수익을 구성원에게 분배하지 않는 단체로서 대표자나 관리인이 관할 세무서장에게 신청하고 승인을 받은 것은 법인으로 본다.

④ 법인으로 보는 법인 아닌 단체는 그 신청한 날이 속하는 과세기간과 그 과세기간이 끝난 날부터 3년이 되는 날이 속하는 과세기간까지는 「소득세법」에 따른 거주자 또는 비거주자로 변경할 수 없다.

답 ①

「국세기본법」상 법인 아닌 단체에 대한 설명으로 옳지 않은 것은?

① 「국세기본법」에 의하여 법인으로 보는 법인 아닌 단체는 「법인세법」에서 비영리법인으로 본다.

② 주무관청의 허가 또는 인가를 받아 설립된 단체로서 수익을 구성원에게 분배하지 않는 경우에는 대표자나 관리인이 관할 세무서장에게 신청하여 승인을 받아야 법인으로 본다.

③ 법인 아닌 단체가 「국세기본법」에 의하여 법인으로 의제되지 않더라도 「소득세법」에 의하여 그 단체를 1거주자로 보아 과세할 수도 있다.

④ 법인으로 보는 법인 아닌 단체의 국세에 관한 의무는 그 대표자나 관리인이 이행하여야 한다.

「국세기본법」상 법인격이 없는 사단·재단·기타단체에 관한 설명으로 옳지 않은 것은?

① 법인격이 없는 단체 중 공익을 목적으로 출연된 기본재산이 있는 재단으로서 등기되지 아니한 것은 이를 법인으로 보아 「국세기본법」과 세법을 적용한다.

② 법인격이 없는 단체 중 법령에 의하여 주무관청에 등록한 사단으로서 등기되지 아니한 것은 이를 법인으로 본다.

③ 법인으로 신청하여 관할 세무서장의 승인을 얻은 법인격이 없는 단체는 승인을 얻은 날이 속하는 과세기간종료일로부터 5년이 되는 날이 속하는 과세기간까지는 거주자로 변경할 수 없다.

④ 법인으로 보는 법인격이 없는 단체의 국세에 관한 의무는 그 대표자 또는 관리인이 이행하여야 한다.

21	법인 아닌 단체

주무관청의 허가 또는 인가를 받아 설립되거나 법령에 의하여 주무관청에 등록한 사단·재단 기타 단체로서 등기되지 아니한 것은 신청 또는 승인 여부에 무관하게 법인으로 본다.

📄 법인 아닌 단체	
당연법인	다음의 어느 하나에 해당하는 것으로서 수익을 구성원에게 분배하지 않는 것은 법인으로 봄 ㉠ 주무관청의 허가 또는 인가를 받아 설립되거나 법령에 따라 주무관청에 등록한 사단, 재단 그 밖의 단체로서 등기되지 아니한 것 ㉡ 공익을 목적으로 출연된 기본재산이 있는 재단으로서 등기되지 아니한 것
신청·승인법인	다음의 요건을 모두 갖춘 것으로서 대표자나 관리인이 관할 세무서장에게 신청하여 승인을 받은 것도 법인으로 봄 ㉠ 단체의 조직과 운영에 관한 규정을 가지고 대표자나 관리인을 선임하고 있을 것 ㉡ 단체 자신의 계산과 명의로 수익과 재산을 독립적으로 소유·관리할 것 ㉢ 단체의 수익을 구성원에게 분배하지 아니할 것

답 ②

22	법인 아닌 단체

신청에 따라 법인으로 보는 단체는 그 신청에 대하여 관할 세무서장의 승인을 받은 날이 속하는 과세기간과 그 과세기간이 끝난 날부터 3년이 되는 날이 속하는 과세기간까지는 거주자 또는 비거주자로 변경할 수 없다.

답 ③

23 □□□

세법상 '인격(人格)'에 대한 설명으로 옳은 것은?

① 법령에 의해 주무관청에 등록한 사단으로서 등기되지 아니한 것은 관할 세무서장의 승인을 얻어 법인으로 인정받을 수 있다.

② 일정요건을 갖추어 법인으로 의제된 법인격 없는 단체는 「법인세법」상 영리법인으로 본다.

③ 관할 세무서장의 승인에 의하여 법인으로 인정받은 단체는 일정기간이 경과하더라도 거주자로 변경할 수 없다.

④ 법인으로 보지 않는 단체 중 1거주자로 간주되는 법인격 없는 단체의 소득은 대표자의 다른 소득과 합산과세하지 않는다.

24 □□□

법인으로 보는 단체 등에 대한 설명으로 옳지 않은 것은?

① 「국세기본법」에 따른 법인으로 보는 단체는 「법인세법」상 비영리내국법인에 해당한다.

② 「소득세법」상 법인으로 보는 단체 외의 법인 아닌 단체에 해당하는 국외투자기구를 국내원천소득의 실질귀속자로 보는 경우 그 국외투자기구는 1비거주자로서 소득세를 납부할 의무를 진다.

③ 전환 국립대학 법인이 해당 법인의 설립근거가 되는 법률에 따른 교육·연구 활동에 지장이 없는 범위 외의 수익사업을 하는 경우의 납세의무를 적용할 때에는 전환 국립대학 법인을 별도의 법인으로 보지 아니하고 국립대학 법인으로 전환되기 전의 국립학교 또는 공립학교로 본다.

④ 「국세기본법」에 따라 법인으로 보는 단체의 국세에 관한 의무는 그 대표자나 관리인이 이행하여야 한다.

23	법인 아닌 단체

① 법령에 의해 주무관청에 등록한 사단은 관할 세무서장의 승인 없이 당연히 법인으로 인정받을 수 있다.

② 일정요건을 갖추어 법인으로 의제된 법인격 없는 단체는 「법인세법」상 비영리법인으로 본다.

③ 법인으로 신청하여 관할 세무서장의 승인을 얻은 법인격이 없는 단체는 승인을 얻은 날이 속하는 과세기간종료일로부터 3년이 되는 날이 속하는 과세기간까지는 거주자 또는 비거주자로 변경할 수 없다.

답 ④

24	법인 아닌 단체

전환 국립대학 법인이 해당 법인의 설립근거가 되는 법률에 따른 교육·연구 활동에 지장이 없는 범위 외의 수익사업을 하는 경우의 납세의무를 적용할 때에는 전환 국립대학 법인을 별도의 법인으로 보아 과세한다.

답 ③

25 ☐☐☐

다음은 국내에 거주하는 甲이 고교동창생들과 함께 결성한 A동창회에 대한 자료이다. A동창회에 대한 과세방법으로 적절한 것은?

- A동창회는 주사무소를 서울에 두고 있고, 매달 회비를 걷어서 친목모임에 사용하기로 하였다.
- A동창회는 운영규정도 만들었으며, 수익은 분배하지 않기로 하고 甲이 대표가 되기로 하였다.
- A동창회는 주무관청에 등록되지 않았고, 甲은 A동창회와 관련된 사항을 관할 세무서장에게 신고하거나 신청한 적이 없다.

① A동창회를 「법인세법」상 영리법인으로 보아 법인세를 과세한다.
② A동창회를 「법인세법」상 비영리법인으로 보아 법인세를 과세한다.
③ A동창회를 「소득세법」상 1거주자로 보아 소득세를 과세한다.
④ A동창회의 소득을 대표자 甲의 소득으로 보아 소득세를 과세한다.

25	법인 아닌 단체

법인 아닌 단체 해당하는 동창회에 해당되며 주무관청에 등록되어 있지 않고 별도로 신청도 하지 않았으므로 법인에 해당되지 않는다. 따라서 소득세법에 따른 1거주자(주사무소 서울)로 본다.

답 ③

KEYWORD 06 국세부과원칙 및 세법적용원칙

26 ☐☐☐

「국세기본법」상 국세 부과의 원칙에 대한 설명이 아닌 것은?

① 과세의 대상이 되는 소득, 수익, 재산, 행위 또는 거래의 귀속이 명의(名義)일 뿐이고 사실상 귀속되는 자가 따로 있을 때에는 사실상 귀속되는 자를 납세의무자로 하여 세법을 적용한다.
② 세무공무원이 국세의 과세표준을 조사·결정할 때에는 해당 납세의무자가 계속하여 적용하고 있는 기업회계의 기준 또는 관행으로서 일반적으로 공정·타당하다고 인정되는 것은 존중하여야 한다. 다만, 세법에 특별한 규정이 있는 것은 그러하지 아니하다.
③ 납세의무자가 세법에 따라 장부를 갖추어 기록하고 있는 경우에는 해당 국세 과세표준의 조사와 결정은 그 장부와 이와 관계되는 증거자료에 의하여야 한다.
④ 정부는 국세를 감면한 경우에 그 감면의 취지를 성취하거나 국가정책을 수행하기 위하여 필요하다고 인정하면 세법에서 정하는 바에 따라 감면한 세액에 상당하는 자금 또는 자산의 운용 범위를 정할 수 있다.

26	국세부과원칙 및 세법적용원칙

세법적용의 원칙 중 기업회계 기존의 존중에 대한 설명이다.

답 ②

---

27 □□□

거주자 甲이 A회사와 판매수익의 귀속주체를 甲으로 하는 판매약정을 체결한 후 A회사 영업이사 직함을 사용하여 A회사가 생산한 정제유를 A회사 명의로 판매하였다. 甲이 독자적으로 관리·사용하던 A회사 명의의 계좌를 통한 거래 중 무자료 거래에서 확인된 매출누락 등에 따른 세금을 과세관청이 A회사가 아닌 甲에게 부담시키기 위한 국세부과의 원칙은?

① 실질과세의 원칙
② 신의성실의 원칙
③ 근거과세의 원칙
④ 조세감면의 사후관리의 원칙

28 □□□

「국세기본법」상 실질과세의 원칙에 대한 설명으로 옳지 않은 것은?

① 세법 중 과세표준의 계산에 관한 규정은 소득, 수익, 재산, 행위 또는 거래의 명칭이나 형식에 관계없이 그 실질 내용에 따라 적용한다.
② 과세의 대상이 되는 소득, 수익, 재산, 행위 또는 거래의 귀속이 명의일 뿐이고 사실상 귀속되는 자가 따로 있을 때에는 명의자를 납세의무자로 하여 세법을 적용한다.
③ 제3자를 통한 간접적인 방법이나 둘 이상의 행위 또는 거래를 거치는 방법으로 「국세기본법」 또는 세법의 혜택을 부당하게 받기 위한 것으로 인정되는 경우에는 그 경제적 실질내용에 따라 당사자가 직접 거래를 한 것으로 보거나 연속된 하나의 행위 또는 거래를 한 것으로 보아 「국세기본법」 또는 세법을 적용한다.
④ 세법에서 「국세기본법」상 실질과세원칙의 특례규정을 두고 있는 경우에는 그 세법에서 정하는 바에 따른다.

---

27 국세부과원칙 및 세법적용원칙

귀속에 대한 실질과세를 의미한다.

📋 실질과세

귀속	과세의 대상이 되는 소득, 수익, 재산, 행위 또는 거래의 귀속이 명의일 뿐이고 사실상 귀속되는 자가 따로 있을 때에는 사실상 귀속되는 자를 납세의무자로 하여 세법을 적용함
거래내용	세법 중 과세표준의 계산에 관한 규정은 소득, 수익, 재산, 행위 또는 거래의 명칭이나 형식에 관계없이 그 실질 내용에 따라 적용함
간접 또는 우회거래	제3자를 통한 간접적인 방법이나 둘 이상의 행위 또는 거래를 거치는 방법으로 「국세기본법」 또는 세법의 혜택을 부당하게 받기 위한 것으로 인정되는 경우에는 그 경제적 실질 내용에 따라 당사자가 직접 거래를 한 것으로 보거나 연속된 하나의 행위 또는 거래를 한 것으로 보아 「국세기본법」 또는 세법을 적용함

답 ①

---

28 국세부과원칙 및 세법적용원칙

과세의 대상이 되는 소득, 수익, 재산, 행위 또는 거래의 귀속이 명의일 뿐이고 사실상 귀속되는 자가 따로 있을 때에는 사실상 귀속되는 자를 납세의무자로 하여 세법을 적용한다.

답 ②

해커스공무원 김영서 세법 단원별 기출문제집

「국세기본법」상 국세부과의 원칙과 세법적용의 원칙에 대한 설명으로 옳지 않은 것은? (다툼이 있는 경우 판례에 의함)

① 국세를 조사·결정할 때 장부의 기록 내용이 사실과 다르거나 장부의 기록에 누락된 것이 있을 때에는 그 부분에 대해서만 정부가 조사한 사실에 따라 결정할 수 있다.

② 과세기간 진행 중 법률의 개정이나 해석의 변경이 있는 경우 이미 진행한 과세기간분에 대하여 소급과세하는 것은 원칙적으로 허용되지 아니한다.

③ 납세자가 그 의무를 이행할 때에는 신의에 따라 성실하게 하여야 한다. 세무공무원이 직무를 수행할 때에도 또한 같다.

④ 과세의 대상이 되는 소득, 수익, 재산, 행위 또는 거래의 귀속이 명의일 뿐이고 사실상 귀속되는 자가 따로 있을 때에는 사실상 귀속되는 자를 납세의무자로 하여 세법을 적용한다.

국세기본법령상 세법 해석에 대한 설명으로 옳지 않은 것은?

① 세법을 해석·적용할 때에는 과세의 형평(衡平)과 해당 조항의 합목적성에 비추어 납세자의 재산권이 부당하게 침해되지 아니하도록 하여야 한다.

② 기획재정부장관 및 국세청장은 세법의 해석과 관련된 질의에 대하여 세법 해석의 기준에 따라 해석하여 회신하여야 한다.

③ 세법이 새로 제정되거나 개정되어 이에 대한 기획재정부장관의 해석이 필요한 경우 기획재정부장관이 직접 회신할 수 있으며, 이 경우 회신한 문서의 사본을 국세청장에게 송부하여야 한다.

④ 국세청장은 세법의 해석과 관련된 질의가 세법과 이와 관련되는 「국세기본법」의 입법취지에 따른 해석이 필요한 사항에 해당하는 경우 기획재정부장관에게 해석을 요청하지 않고 민원인에게 직접 회신할 수 있다.

29	국세부과원칙 및 세법적용원칙

납세의무가 성립하기 전에 법률의 개정이나 해석의 변경이 있는 경우에는 진행한 과세기간분에 대하여 과세기간 개시일로 소급과세하는 것은 허용된다.

30	국세부과원칙 및 세법적용원칙

세법의 입법 취지에 따른 해석이 필요한 경우로서 납세자의 권리보호를 위하여 필요하다고 기획재정부장관이 인정하는 경우 기획재정부장관이 직접 회신할 수 있으며, 이 경우 회신한 문서의 사본을 국세청장에게 송부하여야 한다.

답 ④

📄 국세부과의 원칙

실질 과세	유형	㉠ 사실상 귀속되는 자를 납세의무자로 하여 세법적용 ㉡ 거래의 명칭이나 형식에 관계없이 그 실질 내용에 따라 적용 ㉢ 제3자를 통한 간접 또는 둘 이상 행위나 거래를 통해 세법 혜택을 부당하게 받은 경우 직접 거래하거나 연속된 하나의 거래로 보아 세법적용
신의 성실	특징	납세자와 과세관청 모두에게 적용되는 원칙
	요건	㉠ 과세관청의 공적 견해표시 ㉡ 납세자가 견해표시를 신뢰(그 신뢰에 납세자의 귀책사유가 없어야 함) ㉢ 신뢰를 바탕으로 한 납세자의 어떠한 행위 ㉣ 과세관청이 당초의 견해표시에 반하는 적법한 처분 ㉤ 납세자의 불이익
근거과세		사실과 다르거나 장부의 기록에 누락된 것이 있을 때에는 그 부분에 대해서만 정부가 조사한 사실에 따라 결정할 수 있음
조세감면 사후관리		운용 범위를 벗어난 자금 또는 자산에 상당하는 감면세액은 세법에서 정하는 바에 따라 감면을 취소하고 징수할 수 있음

답 ②

31 □□□

「국세기본법」상 실질과세원칙에 관한 설명으로 옳지 않은 것은?

① 과세의 대상이 되는 거래의 귀속이 명의일 뿐이고 사실상 귀속되는 자가 따로 있는 때에는 사실상 귀속되는 자를 납세의무자로 한다.

② 사업자등록 명의자와는 별도로 사실상의 사업자가 있는 경우에는 사실상의 사업자를 납세의무자로 본다.

③ 세법 중 과세표준의 계산에 관한 규정은 거래의 명칭이나 형식에 불구하고 그 실질 내용에 따라 적용한다.

④ 제3자를 통한 간접적인 방법으로 거래한 경우 「국세기본법」 또는 세법의 혜택을 부당하게 받기 위한 것인지 여부와 관계없이 그 경제적 실질 내용에 따라 당사자가 직접 거래를 한 것으로 본다.

31	국세부과원칙 및 세법적용원칙

제3자를 통한 간접적인 방법이나 둘 이상의 행위 또는 거래를 거치는 방법으로 거래한 경우 「국세기본법」 또는 세법의 혜택을 부당하게 받기 위한 것으로 인정되는 경우에는 그 경제적 실질 내용에 따라 당사자가 직접 거래를 한 것으로 본다.

답 ④

32 □□□

「국세기본법」상 세법해석의 기준 및 소급과세의 금지에 대한 설명으로 옳지 않은 것은?

① 세법의 해석·적용에 있어서는 과세의 형평과 당해 조합의 합목적성에 비추어 납세자의 재산권이 부당하게 침해되지 아니하도록 하여야 한다.

② 국세를 납부할 의무가 성립한 소득·수익·재산·행위 또는 거래에 대하여는 그 성립 후의 새로운 세법에 의하여 소급하여 과세하지 아니한다.

③ 세법의 해석 또는 국세행정의 관행이 일반적으로 납세자에게 받아들여진 후에는 그 해석이나 관행에 의한 행위 또는 계산은 정당한 것으로 보며, 새로운 해석이나 관행에 의하여 소급하여 과세되지 아니한다.

④ 세법 이외의 법률 중 국세의 부과·징수·감면 또는 그 절차에 관하여 규정하고 있는 조항에 대해서는 세법해석의 기준에 대한 「국세기본법」 규정이 적용되지 아니한다.

32	국세부과원칙 및 세법적용원칙

세법 이외의 법률 중 국세의 부과·징수·감면 또는 그 절차에 관하여 규정하고 있는 조항에 대해서는 세법해석의 기준 규정을 적용할 때에는 세법으로 본다.

📄 세법적용의 원칙

세법해석 기준		과세의 형평과 해당 조항의 합목적성에 비추어 납세자의 재산권이 부당하게 침해되지 않도록 해야 함
소급과세금지	입법	성립 후의 새로운 세법에 따라 소급하여 과세하지 않음
	관행	새로운 해석이나 관행에 의하여 소급하여 과세되지 않음
	소급허용	㉠ 유리한 소급효 ㉡ 납세의무가 성립되기 전에 개정된 세법
세무공무원 재량의 한계		직무를 수행할 때에는 과세의 형평과 해당 세법의 목적에 비추어 일반적으로 적당하다고 인정되는 한계를 엄수
기업회계의 존중		㉠ 일반적으로 공정·타당하다고 인정되는 것은 존중 ㉡ 세법에 특별한 규정이 있는 것은 제외

답 ④

해커스공무원 김영서 세법 단원별 기출문제집

「국세기본법」상 신의성실의 원칙에 관한 판례의 내용으로 옳은 것은?

① 과세관청이 납세의무자에게 부가가치세 면세사업자용 사업자등록증을 교부하였다면 그가 영위하는 사업에 관하여 부가가치세를 과세하지 아니함을 시사하는 언동이나 공적인 견해를 표명한 것으로 볼 수 있다.

② 조세법률주의에 의하여 합법성이 강하게 작용하는 조세실체법에 대한 신의성실의 원칙적용은 합법성을 희생하여서라도 구체적 신뢰보호의 필요성이 인정되는 경우에 한하여 허용된다.

③ 납세의무자가 자산을 과대계상하거나 부채를 과소계상하는 등의 방법으로 분식결산을 하고 이에 따라 과다하게 법인세를 신고·납부하였다가 그 과다납부한 세액에 대하여 취소소송을 제기하여 다툰다는 것만으로도 신의성실의 원칙에 위반될 정도로 심한 배신행위를 하였다고 할 수 있다.

④ 과세관청에게 신의성실의 원칙을 적용하기 위해서는 객관적으로 모순되는 행태가 존재하고, 그 행태가 납세의무자의 심한 배신행위에 기인하였으며, 그에 기하여 야기된 과세관청의 신뢰가 보호받을 가치가 있는 것이어야 한다.

「국세기본법」상 세법적용의 원칙에 대한 설명으로 옳은 것은?

① 둘 이상의 행위 또는 거래를 거치는 방법으로 세법의 혜택을 부당하게 받기 위한 것으로 인정되는 경우에는 그 경제적 실질내용에 따라 연속된 하나의 행위 또는 거래를 한 것으로 보아 세법을 적용한다.

② 납세자가 그 의무를 이행함에 있어서는 신의를 좇아 성실히 하여야 한다. 세무공무원이 그 직무를 수행함에 있어서도 또한 같다.

③ 납세의무자가 세법에 의하여 장부를 비치·기장하고 있는 때에는 당해 국세의 과세표준의 조사와 결정은 그 비치·기장한 장부와 이에 관계되는 증빙자료에 의하여야 한다.

④ 세무공무원이 그 재량에 의하여 직무를 수행함에 있어서는 과세의 형평과 당해 세법의 목적에 비추어 일반적으로 적당하다고 인정되는 한계를 엄수하여야 한다.

33	국세부과원칙 및 세법적용원칙

(선지분석)

① 과세관청이 납세의무자에게 부가가치세 면세사업자용 사업자등록증을 교부한 경우에도 그가 영위하는 사업에 관하여 부가가치세를 과세하지 아니함을 시사하는 언동이나 공적인 견해를 표명한 것으로 볼 수 없다.

③ 납세의무자가 자산을 과대계상하거나 부채를 과소계상하는 등의 방법으로 분식결산을 하고 이에 따라 과다하게 법인세를 신고·납부하였다가 그 과다납부한 세액에 대하여 취소소송을 제기하여 다툰다는 것만으로는 신의성실의 원칙에 위반될 정도로 심한 배신행위를 하였다고 할 수 없다.

④ 과세관청이 아니라 납세의무자에게 신의성실의 원칙을 적용하기 위해서는 객관적으로 모순되는 형태가 존재하고, 그 행태가 납세의무자의 심한 배신행위에 기인하였으며, 그에 기하여 야기된 과세관청의 신뢰가 보호받을 가치가 있는 것이어야 한다.

답 ②

34	국세부과원칙 및 세법적용원칙

세법적용의 원칙 중 세무공무원 재량의 한계에 해당한다.

(선지분석)

① 국세부과의 원칙 중 실질과세원칙이다.

② 국세부과의 원칙 중 신의성실원칙이다.

③ 국세부과의 원칙 중 근거과세원칙이다.

답 ④

02 납세의무의 성립·확정·소멸

KEYWORD 07 성립시기 및 확정시기

01 □□□
2022년 9급

「국세기본법」상 납세의무의 성립과 확정에 대한 설명으로 옳지 않은 것은?

① 청산소득에 대한 법인세의 납세의무 성립시기는 그 법인이 해산을 하는 때이다.
② 원천징수하는 소득세의 납세의무 성립시기는 과세기간이 끝나는 때이다.
③ 소득세와 법인세는 납세의무자가 과세표준과 세액의 신고를 하지 아니한 경우에는 정부가 과세표준과 세액을 결정하는 때에 그 결정에 따라 확정된다.
④ 납세조합이 징수하는 소득세는 납세의무가 성립하는 때에 특별한 절차 없이 그 세액이 확정된다.

02 □□□
2021년 9급

「국세기본법」상 납세의무가 성립하는 때에 특별한 절차 없이 그 세액이 확정되는 국세만을 모두 고르면?

> ㄱ. 예정신고납부하는 소득세
> ㄴ. 납세조합이 징수하는 소득세
> ㄷ. 중간예납하는 법인세(세법에 따라 정부가 조사·결정하는 경우는 제외한다)
> ㄹ. 원천징수 등 납부지연가산세(납부고지서에 따른 납부기한 후의 가산세로 한정한다)
> ㅁ. 중간예납하는 소득세
> ㅂ. 수시부과하여 징수하는 국세

① ㄱ, ㄴ, ㄷ
② ㄴ, ㄷ, ㄹ
③ ㄷ, ㄹ, ㅁ
④ ㄴ, ㄹ, ㅁ, ㅂ

---

01 성립시기 및 확정시기

원천징수하는 소득세의 납세의무 성립시기는 소득금액을 지급하는 때로 한다.

📑 **성립시기**

구분	성립시기
원천징수하는 소득세·법인세	소득금액 또는 수입금액을 지급하는 때
납세조합이 징수하는 소득세 또는 예정신고납부하는 소득세	과세표준이 되는 금액이 발생한 달의 말일
중간예납하는 소득세·법인세 또는 예정신고기간·예정부과기간에 대한 부가가치세	중간예납기간 또는 예정신고기간·예정부과기간이 끝나는 때
수시부과하여 징수하는 국세	수시부과할 사유가 발생한 때

답 ②

02 성립시기 및 확정시기

ㄴ, ㄷ, ㄹ이 「국세기본법」상 납세의무가 성립하는 때에 특별한 절차 없이 그 세액이 확정되는 국세이다.

📑 **성립과 동시에 확정되는 세액**

㉠ 인지세
㉡ 원천징수하는 소득세 또는 법인세
㉢ 납세조합이 징수하는 소득세
㉣ 중간예납하는 법인세(세법에 따라 정부가 조사·결정하는 경우 제외)
㉤ 납지연가산세 및 원천징수 등 납부지연가산세(납부고지서에 따른 납부기한 후의 가산세로 한정)

답 ②

「국세기본법」상 납세의무의 성립시기에 대한 설명으로 옳지 않은 것은?

① 종합부동산세를 납부할 의무는 과세기준일에 성립한다.
② 원천징수하는 소득세·법인세를 납부할 의무는 소득금액 또는 수입금액을 지급하는 때에 성립한다.
③ 수시부과하여 징수하는 국세를 납부할 의무는 수시부과할 사유가 발생한 때에 성립한다.
④ 수입재화의 경우 부가가치세를 납부할 의무는 과세기간이 끝나는 때에 성립한다.

---

03   성립시기 및 확정시기

수입재화에 대한 부가가치세는 세관장에게 수입신고하는 때에 성립한다.

📑 납세의무 성립시기

구분	세목	성립시기

기간과세국세	소득세, 법인세, 부가가치세	㉠ 원칙: 과세기간이 끝나는 때
		㉡ 예외
		  ⓐ 청산소득에 대한 법인세: 해당 법인이 해산을 하는 때
		  ⓑ 수입재화에 대한 부가가치세: 세관장에게 수입신고하는 때
		  ⓒ 금융·보험업자의 수익금액에 부과되는 교육세: 과세기간이 끝나는 때

수시부과국세	상속세	상속이 개시되는 때
	증여세	증여에 의하여 재산을 취득하는 때
	종합부동산세	과세기준일(매년 6월 1일)
	개별소비세, 주세, 교통·에너지·환경세	㉠ 원칙: 과세물품을 제조장으로부터 반출하거나 판매장에 판매하는 때 또는 과세장소에 입장하거나 과세유흥장소에서 유흥음식행위를 한 때 ㉡ 수입물품의 경우: 세관장에게 수입신고를 하는 때
	인지세	과세문서를 작성한 때
	증권거래세	해당 매매거래가 확정되는 때
부가세	교육세, 농어촌특별세	본세의 납세의무가 성립하는 때
	가산세	다음의 구분에 따른 시기를 성립시기로 함. 다만, ㉡과 ㉢의 경우 출자자의 제2차 납세의무를 적용할 때에는 「국세기본법」 및 세법에 따른 납부기한이 경과하는 때로 함 ㉠ 무신고가산세 및 과소신고·초과환급신고가산세: 법정신고기한이 경과하는 때 ㉡ 납부지연가산세(일수×0.022%) 및 원천징수 등 납부지연 가산세(일수×0.022%): 법정납부기한 경과 후 1일마다 그 날이 경과하는 때 ㉢ 납부지연가산세(3%): 납부고지서에 따른 납부기한이 경과하는 때 ㉣ 원천징수 등 납부지연 가산세(3%): 법정납부기한이 경과하는 때 ㉤ 그 밖의 가산세: 가산할 국세의 납세의무가 성립하는 때

답 ④

세법상 납세의무의 성립시기로서 옳지 않은 것은?

① 증권거래세: 증권의 매매거래가 확정되는 때
② 부가가치세: 재화나 용역을 공급하는 때
③ 증여세: 증여에 의하여 재산을 취득하는 때
④ 소득세: 과세기간이 끝나는 때

04	성립시기 및 확정시기

부가가치세의 납세의무 성립시기는 과세기간이 끝나는 때이다.

답 ②

「국세기본법」상 납세의무의 성립시기에 관한 설명으로 옳지 않은 것은?

① 납세조합이 징수하는 소득세와 예정신고납부하는 소득세는 과세표준이 되는 금액이 발생한 달의 말일이 된다.
② 금융보험업자의 수익금액에 부과되는 교육세는 과세기간이 끝나는 때가 된다.
③ 청산소득에 대한 법인세는 당해 법인이 해산하는 때가 된다.
④ 상속세는 상속신고를 완료하는 때가 된다.

05	성립시기 및 확정시기

상속세는 상속이 개시되는 때에 납세의무가 성립한다.

답 ④

「국세기본법」상 납세의무의 성립에 대한 설명으로 옳지 않은 것은?

① 청산소득에 대한 법인세는 그 법인이 해산하는 때에 성립한다.

② 인지세는 과세문서를 작성하는 때 납세의무가 성립한다.

③ 금융업자의 수익금액에 부과되는 교육세는 해당 금융업자의 교육세 납세의무가 확정되는 때에 성립한다.

④ 납세조합이 징수하는 소득세 또는 예정신고납부하는 소득세는 과세표준이 되는 금액이 발생한 달의 말일에 성립한다.

내국법인 (주)D는 제22기(2022년 1월 1일 ~ 12월 31일) 귀속분 법인세 과세표준 및 세액을 법정신고기한까지 신고·납부하지 않았다. 관할 세무서는 2023년 4월 29일 과세표준과 세액을 결정하여 납부고지서를 발송하였다(발송일: 2023년 5월 2일, 도달일: 2023년 5월 4일, 고지서상 납부기한: 2023년 5월 31일). (주)D의 제22기 귀속분 법인세 납세의무의 소멸에 대한 견해 중 옳은 것만을 모두 고른 것은?

> 갑. 법정신고기한의 다음 날 즉, 2023년 4월 1일이 법인세 부과 제척기간의 기산일이다.
>
> 을. 납부고지서를 발송하지 않았다면 제척기간이 만료된 후의 부과처분은 당연히 무효가 되므로, 납부고지를 2033년 3월 31일까지 하여야 한다.
>
> 병. 납부고지서의 발송일의 다음 날(2023년 5월 3일)이 징수권 소멸시효의 기산일이다.
>
> 정. 소멸시효가 완성되는 경우 법인세의 강제징수비 및 이자상당세액에도 그 효력이 미친다.

① 갑, 을

② 갑, 정

③ 을, 병

④ 병, 정

06	성립시기 및 확정시기

금융업자의 수익금액에 부과되는 교육세는 해당 금융업자의 과세기간이 끝나는 때에 성립한다.

답 ③

07	성립시기 및 확정시기

갑과 정의 견해가 옳은 내용이다.

(선지분석)

을. 일반적인 무신고에 해당하므로 제척기간은 7년을 적용한다. 따라서 2030년 3월 31일까지 납부고지를 하여야 한다.

병. 납부고지서에 따른 소멸시효의 기산일은 납부고지서에 따른 납부기한의 다음 날이므로 2023년 6월 1일이 소멸시효의 기산일에 해당된다.

답 ②

08 □□□

「국세기본법」상 납세의무에 대한 설명으로 옳지 않은 것은?

① 농어촌특별세는 본세의 납세의무가 성립하는 때에 납세의무가 성립된다.

② 신고납세제도가 적용되는 세목일지라도 과세표준과 세액을 정부가 결정한 경우에는 그 결정하는 때는 납세의무 확정시기로 한다.

③ 상속세의 경우 납세의무자의 신고는 세액을 확정시키는 효력이 있다.

④ 국세부과의 제척기간이 만료되면 부과권을 행사할 수 없고 징수권도 발생하지 아니한다.

09 □□□

「국세기본법」상 납세의무의 성립시기로 옳지 않은 것은?

① 부가가치세는 과세기간이 끝나는 때 납세의무가 성립한다. 단, 수입재화의 경우에는 세관장에게 수입신고를 하는 때 납세의무가 성립한다.

② 각 사업연도 소득에 대한 법인세는 과세표준과 세액을 정부에 신고하는 때 납세의무가 성립한다.

③ 상속세는 상속이 개시되는 때 납세의무가 성립한다.

④ 인지세는 과세문서를 작성하는 때 납세의무가 성립한다.

| 08 | 성립시기 및 확정시기 |

상속세 및 증여세는 정부부과과세 세목으로, 납세의무자의 신고는 단순협력의무에 불과하므로 세액을 확정시키는 효력이 없다.

답 ③

| 09 | 성립시기 및 확정시기 |

각 사업연도 소득에 대한 법인세는 과세기간이 끝나는 때에 납세의무가 성립한다.

답 ②

02 납세의무의 성립·확정·소멸 31

10 ☐☐☐

국세를 납부할 의무의 확정 또는 그 관련 쟁점에 대한 설명으로 옳은 것은?

① 기한후신고는 과세표준과 세액을 확정하는 효력을 가진다.

② 세법에 따라 당초 확정된 세액을 증가시키는 경정은 당초 확정된 세액에 관한 「국세기본법」 및 기타 세법에서 규정하는 권리·의무관계에 영향을 미치지 아니한다.

③ 과세표준신고서를 법정신고기한까지 제출한 자가 수정신고를 하는 경우, 당해 수정신고에는 당초의 신고에 따라 확정된 과세표준과 세액을 증액하여 확정하는 효력이 인정되지 아니한다.

④ 상속세는 상속이 개시되는 때, 증여세는 증여에 의하여 재산을 취득하는 때에 각각 납세의무가 성립하고, 「상속세 및 증여세법」에 따라 납부의무가 있는 자가 신고하는 때에 확정된다.

KEYWORD 08 경정 등의 효과

11 ☐☐☐

「국세기본법」상 과세관청이 납세의무를 확정하는 결정을 한 후 이를 다시 경정하는 경우에 관한 설명으로 옳지 않은 것은? (단, 다툼이 있을 경우에는 판례에 의함)

① 세법의 규정에 의해 당초 확정된 세액을 증가시키는 경정은 당초 확정된 세액에 관한 권리의무관계를 소멸시킨다.

② 과세관청의 당초 결정에 대하여 「행정소송법」에 따른 소송에 대한 판결이 확정된 경우, 판결확정일로부터 1년이 지나기 전까지는 판결에 따라 경정결정이나 기타 필요한 처분을 할 수 있다.

③ 납세의무자는 증액경정처분의 취소를 구하는 항고소송에서 당초 결정의 위법사유도 주장할 수 있다.

④ 세법의 규정에 의해 당초 확정된 세액을 감소시키는 경정은 그 경정으로 감소되는 세액 외의 세액에 관한 권리의무관계에 영향을 미치지 아니한다.

10	성립시기 및 확정시기

(선지분석)

① 기한후신고는 확정효력이 없다.

③ 신고납부세목의 경우 법정신고기한까지 신고한 경우 수정신고를 하면 확정된다.

④ 상속세 및 증여세는 정부부과세목이므로 고지서를 통해서 확정된다.

답 ②

11	경정 등의 효과

세법의 규정에 의해 당초 확정된 세액을 증가시키는 경정은 당초 확정된 세액에 관한 권리의무관계에 영향을 미치지 아니한다.

📄 「국세기본법」상 경정 등의 효력	
증액경정	당초 확정된 세액에 관한 「국세기본법」 또는 세법에서 규정하는 권리의무관계에 영향을 미치지 않음
감액경정	그 경정으로 감소되는 세액 외의 세액에 관한 「국세기본법」 또는 세법에서 규정하는 권리의무관계에 영향을 미치지 않음

답 ①

12 □□□

「국세기본법」상 당초처분과 경정처분간의 관계에 대한 설명으로 옳지 않은 것은? (다툼이 있는 경우 판례에 의함)

① 당초처분보다 증액하는 경정처분이 있는 경우 당초처분의 소멸시효는 영향을 받지 않고 진행된다.

② 당초처분보다 감액하는 경정처분이 있는 경우 당초처분에 대한 강제징수절차는 감액된 범위 안에서 계속 진행된다.

③ 감액경정처분은 당초처분과 별개의 독립된 과세처분이 아니라 그 실질은 당초처분의 변경이다.

④ 당초처분에 대해 전치절차를 거친 경우라 하더라도 경정처분은 형식적으로 별개의 행위이므로 전치절차를 생략할 수 없다.

KEYWORD 09 제척기간과 소멸시효

13 □□□

거주자 甲의 2021년 귀속 종합소득세에 대한 자료이다. 국세기본법령상 국세의 부과제척기간과 국세징수권의 소멸시효에 대한 설명으로 옳지 않은 것은?

- 거주자 甲이 2021년도 귀속 종합소득세를 신고하지 않자 관할 세무서장은 종합소득세 2,000만 원을 결정하여 2023년 2월 27일 납부고지서(납부기한: 2023년 3월 20일)를 우편 송달하였고, 2023년 3월 2일 甲에게 도달되었다.
- 납부고지된 종합소득세는 역외거래에서 발생한 것이 아니고, 부정행위로 포탈한 것도 아니다.
- 甲은 2023년 12월 31일 현재 위 고지된 세액을 납부하지 않고 있다.
- 甲은 성실신고확인대상사업자가 아니다.

① 甲의 2021년 귀속 종합소득세의 부과제척기간의 기산일은 2022년 6월 1일이다.

② 국세징수권의 소멸시효는 2023년 3월 3일부터 5년이 경과하면 완성된다.

③ 甲의 2021년 귀속 종합소득세 부과제척기간은 해당 국세를 부과할 수 있는 날부터 7년이다.

④ 관할 세무서장의 납부고지는 국세징수권의 소멸시효를 중단시키는 효력을 가진다.

12	경정 등의 효과

조세행정에 있어서 2개 이상의 같은 목적의 행정처분이 단계적·발전적 과정에서 이루어진 것으로서 서로 내용상 관련이 있다든지 조세소송 계속 중에 그 대상인 과세처분을 과세관청이 변경하였는데 위법사유가 공통되는 등과 같이 국세청장으로 하여금 기본적 사실관계와 법률문제에 대하여 다시 판단할 수 있는 기회를 부여하였을 뿐더러 납세의무자로 하여금 굳이 또 전심절차를 거치게 하는 것이 가혹하다고 보이는 등 정당한 사유가 있는 때에는 납세의무자가 전심절차를 거치지 않고도 과세처분의 취소를 청구하는 행정소송을 제기할 수 있다.

답 ④

13	제척기간의 소멸시효

소멸시효는 고지서에 따른 납부기한의 다음날을 기산일로 하므로 2023년 3월 21일부터 5년으로 한다.

답 ②

14 ☐☐☐

국세기본법령상 역외거래 등에 관련된 설명으로 옳지 않은 것은? (단, 조세조약과 「국제조세조정에 관한 법률」 관련 규정 등은 고려하지 아니한다)

① 「국세기본법」에 따른 역외거래에서 발생한 부정행위로 국세를 포탈하거나 환급·공제받은 경우에는 국세는 그 국세를 부과할 수 있는 날부터 15년이 끝난 날 후에는 부과할 수 없다.

② 납세의무자가 역외거래에서 발생한 부정행위로 법정신고기한까지 세법에 따른 국세의 과세표준신고를 하지 아니한 경우에는 「국세기본법」에 따른 무신고납부세액에 100분의 60을 곱한 금액을 가산세로 한다.

③ 납세의무자가 법정신고기한까지 세법에 따른 국세의 과세표준을 신고한 경우로서 역외거래에서 발생한 부정행위로 납부할 세액을 과소신고한 경우에는 「국세기본법」에 따른 과소신고납부세액 등에 100분의 40을 곱한 금액을 가산세로 한다.

④ 역외거래를 이용하여 세금을 탈루하거나 국내 탈루소득을 해외로 변칙유출한 혐의로 조사하는 경우에는 「국세기본법」에 따른 세무조사 기간의 제한 및 세무조사 연장 기간의 제한을 받지 아니한다.

14 　 제척기간과 소멸시효

역외거래의 경우 부정행위로 인한 과소신고는 60%를 가산세로 한다.

답 ③

---

15 ☐☐☐

「국세기본법」상 국세부과 제척기간과 국세징수권 소멸시효에 대한 설명으로 옳지 않은 것은?

① 국세부과의 제척기간이란 국세부과권의 법정존속기간을 말하며, 국세징수권의 소멸시효란 국가가 징수권을 일정 기간 행사하지 아니하면 당해 권리를 소멸시키는 제도를 말한다.

② 국세부과의 제척기간 기산일과 국세징수권의 소멸시효의 기산일은 항상 같다.

③ 국세징수권 소멸시효의 중단사유는 납부고지, 독촉, 교부청구 및 압류가 있다.

④ 국세징수권의 소멸시효는 세법에 따른 분납기간, 납부고지의 유예, 지정납부기한·독촉장에서 정하는 기한의 연장, 징수 유예기간, 압류·매각의 유예기간, 연부연납기간, 세무공무원이 「국세징수법」 제25조에 따른 사해행위 취소소송이나 「민법」 제404조에 따른 채권자대위 소송을 제기하여 그 소송이 진행 중인 기간, 체납자가 국외에 6개월 이상 계속 체류하는 경우 해당 국외 체류 기간에는 진행되지 아니한다.

15 　 제척기간과 소멸시효

국세부과의 제척기간과 국세징수권의 소멸시효의 기산일은 다음과 같다.

📄 **기산일**

⊙ 국세부과의 제척기간 기산일	
과세표준과 세액을 신고하는 국세 (신고하는 종합부동산세 제외)	과세표준신고기한의 다음 날 (중간예납신고기한과 예정신고기한, 수정신고기한은 포함되지 않음)
종합부동산세, 인지세	납세의무 성립일
원천징수의무자 또는 납세조합에 대하여 부과하는 국세	법정납부기한의 다음 날
과세표준신고기한 또는 법정납부기한이 연장되는 경우	연장된 기한의 다음 날
공제·면제·비과세 또는 낮은 세율의 적용 등에 따른 세액을 의무불이행 등의 사유로 징수하는 경우	징수할 수 있는 사유가 발생한 날

ⓛ 국세징수권의 소멸시효 기산일	
신고에 의하여 납세의무가 확정되는 국세에 있어서 신고한 세액	법정신고 납부기한의 다음 날
정부가 결정·경정 또는 수시부과 결정하는 경우 납부고지한 세액	고지에 따른 납부기한의 다음 날
원천징수의무자 또는 납세조합으로부터 징수하는 국세	고지에 따른 납부기한의 다음 날
인지세	고지에 따른 납부기한의 다음 날
법정신고납부기한이 연장되는 경우	연장된 기한의 다음 날

답 ②

「국세기본법」상 국세부과의 제척기간에 대한 설명으로 옳지 않은 것은?

① 법정신고기한까지 소득세 과세표준신고서를 제출하지 아니한 경우에는 소득세를 부과할 수 있는 날부터 7년간을 부과의 제척기간으로 한다.

② 이중장부의 작성에 의하여 소득세를 포탈한 경우에는 소득세를 부과할 수 있는 날부터 10년간을 부과의 제척기간으로 한다.

③ 사기나 그 밖의 부정행위로 법인세를 포탈한 경우 「법인세법」 제67조에 따라 처분된 금액에 대한 소득세에 대해서도 그 소득세를 부과할 수 있는 날부터 10년간을 부과의 제척기간으로 한다.

④ 「국세기본법」에 따른 이의신청 등에 따라 명의대여 사실이 확인되는 경우 그 결정 또는 판결이 확정된 날부터 1년 이내에 명의대여자에 대한 부과처분을 취소할 수 있다. 다만 실제로 사업을 경영한 자에게는 어떠한 처분도 할 수 없다.

「국세기본법」상 국세부과의 제척기간과 국세징수권의 소멸시효에 관한 설명으로 옳지 않은 것은?

① 국세부과의 제척기간은 권리관계를 조속히 확정시키려는 것이므로 국세징수권 소멸시효와는 달리 진행기간의 중단이나 정지가 없다.

② 주된 납세자의 국세가 소멸시효의 완성에 의하여 소멸한 때에는 제2차 납세의무자, 납세보증인과 물적납세의무자에도 그 효력이 미친다.

③ 납부고지, 교부청구 및 연부연납의 허가는 국세징수권 소멸시효의 중단사유에 해당한다.

④ 국세의 소멸시효가 완성한 때에는 그 국세의 강제징수비 및 이자상당세액에도 그 효력이 미친다.

16	제척기간과 소멸시효

「국세기본법」에 따른 이의신청, 심사청구, 심판청구, 「감사원법」에 따른 심사청구 또는 「행정소송법」에 따른 소송에 대한 결정 또는 판결에서 명의대여 사실이 확인된 경우에만 그 결정 또는 판결이 확정된 날부터 1년 이내에 명의대여자에 대한 부과처분을 취소하고 실제로 사업을 경영한 자에게 경정결정이나 그 밖에 필요한 처분을 할 수 있다.

답 ④

17	제척기간과 소멸시효

연부연납기간은 소멸시효의 정지사유에 해당한다.

📄 **소멸시효의 중단사유와 정지사유**

중단사유	정지사유
㉠ 납부고지 ㉡ 독촉 ㉢ 교부청구 ㉣ 압류	㉠ 세법에 따른 분납기간 ㉡ 세법에 따른 납부고지의 유예, 지정납부기한·독촉장에서 정하는 기한의 연장, 징수 유예기간 ㉢ 세법에 따른 압류·매각의 유예기간 ㉣ 세법에 따른 연부연납(年賦延納)기간 ㉤ 세무공무원이 「국세징수법」 제25조에 따른 사해행위(詐害行爲) 취소소송이나 「민법」 제404조에 따른 채권자대위 소송을 제기하여 그 소송이 진행 중인 기간 ㉥ 체납자가 국외에 6개월 이상 계속 체류하는 경우 해당 국외 체류 기간

답 ③

「국세기본법」상 납부의무의 소멸에 대한 설명으로 옳지 않은 것은?

① 국세 및 강제징수비를 납부할 의무는 국세를 부과할 수 있는 기간에 국세가 부과되지 아니하고 그 기간이 끝난 때에 소멸한다.

② 교부청구가 있으면 국세징수권 소멸시효는 중단된다.

③ 납세자가 법정신고기한까지 부가가치세 과세표준신고서를 제출하지 않은 경우 부가가치세를 부과할 수 있는 날부터 5년을 부과제척기간으로 한다.

④ 체납자가 국외에 6개월 이상 계속 체류하는 경우 해당 국외 체류기간에는 국세징수권의 소멸시효가 진행되지 않는다.

「국세기본법」상 국세부과의 제척기간과 관련된 다음 제시문의 괄호 안에 들어갈 내용으로 옳은 것은?

「국세기본법」 제26조의2 제1항에서 규정하고 있는 일반적인 국세부과 제척기간에도 불구하고 「국세기본법」 제7장에 따른 이의신청, 심사청구, 심판청구, 「감사원법」에 따른 심사청구 또는 「행정소송법」에 따른 소송에 대한 결정이나 판결이 확정된 경우에 그 결정 또는 판결에서 명의대여 사실이 확인된 경우에는 그 결정 또는 판결이 확정된 날부터 ( ) 이내에 명의대여자에 대한 부과처분을 취소하고 실제로 사업을 경영한 자에게 경정결정이나 그 밖에 필요한 처분을 할 수 있다.

---

① 2개월

② 3개월

③ 6개월

④ 1년

18	제척기간과 소멸시효

부가가치세를 무신고한 경우에는 7년의 제척기간을 적용한다.

답 ③

19	제척기간과 소멸시효

그 결정 또는 판결이 확정된 날부터 1년 이내에 명의대여자에 대한 부과처분을 취소하고 실제로 사업을 경영한 자에게 경정결정이나 그 밖에 필요한 처분을 할 수 있다.

답 ④

03 납세의무의 확장

KEYWORD 10 납세의무 승계

01 □□□
2016년 7급

「국세기본법」상 납세의무의 승계에 대한 설명으로 옳지 않은 것은?

① 법인이 합병한 경우 합병 후 존속하는 법인은 합병으로 소멸된 법인이 납부할 국세·강제징수비에 대하여 납부할 의무를 진다.
② 상속이 개시된 때에 그 상속인은 피상속인이 납부할 국세·강제징수비를 상속으로 받은 재산의 한도에서 납부할 의무를 진다.
③ 피상속인에게 한 처분은 상속으로 인한 납세의무를 승계하는 상속인에 대해서도 효력이 있다.
④ 상속으로 납세의무를 승계함에 있어서 상속인이 2명 이상일 때에는 각 상속인은 피상속인이 납부할 국세·강제징수비를 상속분에 따라 나누어 계산하여 상속으로 받은 재산의 한도에서 분할하여 납부할 의무를 진다.

| 01 | 납세의무 승계 |

상속인이 2명 이상일 때에는 상속으로 받은 재산의 한도에서 연대하여 납부할 의무를 진다.

📄 납세의무 승계

합병으로 인한 승계	㉠ 법인이 합병한 경우 합병 후 존속하는 법인 또는 합병으로 설립된 법인은 합병으로 소멸된 법인에 부과되거나 그 법인이 납부할 국세와 강제징수비를 납부할 의무를 짐 ㉡ 성립된 국세 등이 모두 승계됨(한도 없음)
상속으로 인한 승계	㉠ 납세의무 승계: 피상속인에게 부과되거나 그 피상속인이 납부할 국세와 강제징수비를 상속으로 받은 재산의 한도에서 납부할 의무를 짐 　상속으로 받은 재산 = 자산총액 − 부채총액 − 상속세 ㉡ 연대납세의무: 상속인이 2명 이상일 때에는 각 상속인은 상속으로 받은 재산의 한도에서 연대납세의무를 짐

답 ④

KEYWORD 11 연대납세의무

02 □□□
2022년 7급

「국세기본법」 또는 세법령상 납세의무에 대한 설명으로 옳은 것만을 모두 고르면?

ㄱ. 「소득세법」 제43조 제3항에 따른 주된 공동사업자가 없는 공동사업에서 발생한 소득금액에 대해서는 공동사업자 간에 연대하여 납부할 의무를 진다.
ㄴ. 법인이 「채무자 회생 및 파산에 관한 법률」 제215조에 따라 신회사를 설립하는 경우 기존의 법인에 부과되거나 납세의무가 성립한 국세 및 강제징수비는 신회사가 연대하여 납부할 의무를 진다.
ㄷ. 법인이 해산한 경우에 「법인세법」 제73조 및 제73조의 2에 따라 원천징수하여야 할 법인세를 징수하지 아니하였거나 징수한 법인세를 납부하지 아니하고 잔여재산을 분배한 때에는 청산인과 잔여재산의 분배를 받은 자가 각각 그 분배한 재산의 가액과 분배받은 재산의 가액을 한도로 그 법인세를 연대하여 납부할 책임을 진다.
ㄹ. 법인이 합병한 경우 합병 후 존속하는 법인 또는 합병으로 설립된 법인은 합병으로 소멸된 법인에 부과되거나 그 법인이 납부할 국세 및 강제징수비를 합병으로 소멸된 법인과 연대하여 납부할 의무를 진다.

① ㄱ, ㄷ
② ㄱ, ㄹ
③ ㄴ, ㄷ
④ ㄴ, ㄹ

| 02 | 연대납세의무 |

ㄱ. 공동사업은 연대납세의무를 지지 않는 것이 원칙이다.
ㄹ. 합병의 경우는 피합병법인의 국세 등을 합병법인이 한도 없이 전액 승계한다.

답 ③

03 □□□

「국세기본법」상 연대납세의무에 대한 설명으로 옳지 않은 것은?

① 공유물 및 공동사업에 관계되는 국세 및 강제징수비는 공유자 또는 공동사업자가 연대하여 납부할 의무가 있다.

② 법인이 분할되는 경우 분할되는 법인에 대하여 분할일 이전에 부과되거나 납세의무가 성립한 국세는 분할되는 법인과 분할로 설립되는 법인 및 존속하는 분할합병의 상대방 법인은 승계한 재산가액을 한도로 연대하여 납부할 책임을 진다.

③ 연대납세의 고지와 독촉에 관한 서류는 그 대표자를 명의인으로 하여 송달하여야 한다.

④ 연대납세의무자의 1인에 대한 과세처분의 무효 또는 취소 등의 사유는 다른 연대납세의무자에게 그 효력이 미치지 아니한다.

KEYWORD 12 제2차 납세의무

04 □□□

국세기본법령상 제2차 납세의무에 대한 설명으로 옳지 않은 것은?

① 청산인의 경우 분배하거나 인도한 재산의 가액을 한도로, 잔여재산을 분배받거나 인도받은 자의 경우에는 각자가 받은 재산의 가액을 한도로 제2차 납세의무를 진다.

② 사업양수인의 제2차 납세의무에 있어서 사업양수인이란 사업장별로 그 사업에 관한 모든 권리(미수금에 관한 것은 제외)와 모든 의무(미지급금에 관한 것은 제외)를 포괄적으로 승계한 자로서 양도인과 특수관계인인 자이거나 양도인의 조세회피를 목적으로 사업을 양수한 자를 말한다.

③ A법인의 과점주주가 아닌 유한책임사원 甲의 재산으로 甲이 납부할 국세에 충당하여도 부족한 경우에는 A법인은 법률에 의하여 甲의 소유주식의 양도가 제한된 경우에만 그 부족한 금액에 대하여 제2차 납세의무를 진다.

④ 유가증권시장에 상장된 법인의 과점주주는 그 법인의 재산으로 그 법인이 납부할 국세에 충당하여도 부족한 경우 그 부족한 금액에 대하여 제2차 납세의무를 지지 아니한다.

---

03 연대납세의무

연대납세의무자에게 서류를 송달하고자 할 때에는 그 대표자를 명의인으로 하며, 대표자가 없는 때에는 연대납세의무자 중 국세징수상 유리한 자를 명의인으로 한다. 다만, 납세의 고지와 독촉에 관한 서류는 연대납세의무자 모두에게 각각 송달하여야 한다.

📄 **연대납세의무**

공유물·공동사업 등	연대하여 납부할 의무를 짐
법인의 분할	**분할법인 존속** 부과되거나 성립한 국세와 강제징수비를 납부할 의무를 짐(승계된 재산가액을 한도로 함) ㉠ 분할법인 ㉡ 분할 또는 분할합병으로 설립되는 법인 ㉢ 존속하는 분할합병의 상대방법인
	분할법인 소멸 부과되거나 납부할 국세와 강제징수비를 납부할 의무를 짐(승계된 재산가액을 한도로 함) ㉠ 분할 또는 분할합병으로 설립되는 법인 ㉡ 존속하는 분할합병의 상대방법인
신회사	신회사를 설립하는 경우 기존의 법인에 부과되거나 납세의무가 성립한 국세와 및 강제징수비는 신회사가 연대하여 납부할 의무를 짐

답 ③

---

04 제2차 납세의무

법인이 제2차 납세의무를 지는 경우에는 과점주주 또는 무한책임사원이 납부하지 않은 국세 등을 대상으로 한다.

답 ③

---

05 □□□

「국세기본법」상 제2차 납세의무자에 관한 설명으로 옳지 않은 것은?

① 법인이 해산한 경우 법인이 납부할 국세에 대하여 청산인 은 제2차 납세의무를 질 수 있다.
② 법인(유가증권 및 코스닥 상장법인 제외)이 납부할 국세 에 대하여 그 법인의 무한책임사원은 제2차 납세의무를 질 수 있다.
③ 사업양도에서 양도일 이전에 확정된 국세에 대하여 법령으 로 정하는 사업의 양수인은 제2차 납세의무를 질 수 있다.
④ 분할법인이 납부해야 할 분할일 이전에 부과된 국세에 대 하여 분할로 신설된 법인은 제2차 납세의무를 질 수 있다.

05 　제2차 납세의무

분할법인이 납부해야 할 분할일 이전에 부과된 국세에 대하여 분할 로 신설된 법인은 연대하여 납세의무를 진다.

📄 **제2차 납세의무**

주된 납세의무자	요건	제2차 납세의무자	한도
해산 법인	㉠ 법인에 부과되거나 그 법인이 납부할 국세 또는 강제징수비를 납부하지 아니하고 청산한 경우 ㉡ 잔여재산을 분배·인도하였을 때에 법인의 재산으로 징수할 금액에 미치지 못하는 경우	㉠ 청산인 ㉡ 잔여재산을 분배·인도받은 자	㉠ 청산인: 인도한 가액 ㉡ 잔여재산을 분배·인도받은 자: 분배·인도받은 자산가액
법인 (유가증권· 코스닥 상장 법인 제외)	법인에 부과되거나 그 법인이 납부할 국세와 강제징수비에 충당하여도 부족한 경우	납세의무 성립일 현재 과점주주와 무한책임사원	㉠ 무한책임사원: 한도 없음 ㉡ 과점주주: 지분율(의결권 없는 주식 제외)
납부기간 만료일 현재 법인의 무한책임 사원 또는 과점주주	㉠ 출자자의 소유주식 또는 출자지분을매각하려 하여도 매수희망자가 없는 경우 ㉡ 법률 또는 그 법인의 정관에 의하여 양도가 제한된 경우 ㉢ 그 법인이 외국법인인 경우로서 출자자의 소유주식 또는 출자지분이 외국에 있는 재산에 해당하여 「국세징수법」에 따른 압류 등 강제징수가 제한되는 경우	법인	(자산 − 부채) × 지분율
사업 양도인	양도일 이전에 양도인의 납세의무가 확정된 그 사업에 관한 국세와 강제징수비를 양도인의 재산으로 충당하여도 부족한 경우	사업양수인(양도인과 특수관계인에 해당하거나 양도인의 조세회피를 목적으로 양수한 자)	양수한 재산가액

답 ④

「국세기본법」상 제2차 납세의무에 대한 설명으로 옳지 않은 것은?

① 청산인 등의 제2차 납세의무는 청산인의 경우 분배하거나 인도한 재산의 가액을 한도로 하고, 그 분배 또는 인도를 받은 자의 경우에는 각자가 받은 재산의 가액을 한도로 한다.

② 비상장법인의 과점주주는 그 법인이 납부해야 하는 국세 중 징수부족한 금액에 대하여 제2차 납세의무를 진다.

③ 법인의 출자자가 소유한 주식의 양도가 법률에 의해 제한된 경우에는, 그 출자자가 납부할 국세에 대하여 법인은 제2차 납세의무를 진다.

④ 사업양수인의 제2차 납세의무에 있어서 사업양수인이란 사업장별로 그 사업에 관한 미수금을 포함한 모든 권리와 모든 의무를 포괄적으로 승계한 자를 말한다.

거주자 갑은 비상장법인인 (주)A의 발행주식총수 100,000주(20,000주는 의결권이 없음) 중 75,000주(15,000주는 의결권이 없음)를 보유하고 있으며, 과점주주로서 법인의 경영에 지배적인 영향력을 행사하고 있다. (주)A가 10억 원의 국세를 체납하였고, (주)A의 재산으로 충당하여도 부족한 금액이 8억 원인 경우 갑이 제2차 납세의무자로서 부담하여야 할 한도는 얼마인가?

① 6억 원

② 7.5억 원

③ 8억 원

④ 10억 원

06	제2차 납세의무

사업양수인의 제2차 납세의무에 있어서 사업양수인이란 사업장별로 그 사업에 관한 미수금과 미지급금을 제외한 모든 권리와 모든 의무를 포괄적으로 승계한 자를 말한다.

답 ④

07	제2차 납세의무

• 과점주주의 제2차 납세의무는 의결권이 없는 주식을 제외한 지분비율만큼 제2차 납세의무를 진다.

• 따라서 갑이 제2차 납세의무자로서 부담하여야 할 한도는,

$$8억 \ 원 \times \frac{75{,}000주 - 15{,}000주}{100{,}000주 - 20{,}000주} = 6억 \ 원이다.$$

📄 **제2차 납세의무 한도계산**

과점주주의 경우에는 그 부족한 금액을 그 법인의 발행주식 총수(의결권이 없는 주식은 제외) 또는 출자총액으로 나눈 금액에 해당 과점주주가 법인의 경영에 지배적인 영향력을 행사하고 있는 주식 수(의결권이 없는 주식은 제외) 또는 출자액을 곱하여 산출한 금액을 한도로 한다.

㉠ 무한책임사원(한도 없음)

㉡ 과점주주

$$과점주주 \ 한도 = 법인 \ 납부부족액 \times \frac{과점주주의 \ 주식수^*(또는 \ 출자액)}{발행주식총수^*(또는 \ 출자총액)}$$

* 의결권 없는 주식은 제외한다.

답 ①

「국세기본법」상 출자자의 제2차 납세의무에 관한 설명으로 옳지 않은 것은?

① 법인의 재산으로 그 법인이 납부할 국세에 충당하여도 부족한 경우에는 그 국세의 납세의무성립일 현재 과점주주가 아닌 유한책임사원은 그 부족한 금액에 대하여 제2차 납세의무를 부담하지 않는다.

② 법인의 재산으로 그 법인이 납부할 국세에 충당하여도 부족한 경우에는 그 국세의 납세의무성립일 현재 과점주주로서 주주명부에 명의만 주주로 등록된 자는 그 부족한 금액에 대하여 제2차 납세의무를 진다.

③ 법인의 재산으로 그 법인이 납부할 국세에 충당하여도 부족한 경우에는 과점주주로서 그 국세의 납세의무성립일 현재 발생주식 총수의 100분의 50을 초과하는 주식에 대한 법인의 경영에 지배적인 영향력을 행사하는 자는 그 부족한 금액에 대하여 제2차 납세의무를 진다.

④ 법인의 재산으로 그 법인이 납부할 국세에 충당하여도 부족한 경우에는 그 국세의 납세의무성립일 현재 명예회장, 회장, 사장, 부사장, 전무, 상무, 이사 그 밖에 그 명칭에 관계없이 법인의 경영에 지배적인 영향력을 행사하는 과점주주는 그 부족한 금액에 대하여 제2차 납세의무를 진다.

08	제2차 납세의무

과점주주는 해당 법인의 지분율이 50%를 초과하면서 법인의 경영에 지배적인 영향력을 행사하는 자를 말하므로, 주주명부에 명의만 등록된 자는 제2차 납세의무자에 해당하지 않는다.

답 ②

「국세기본법」상 사업양수인의 제2차 납세의무에 대한 설명으로 옳은 것은? (사업양도인과 양수인은 특수관계에 해당된다)

① 사업양도일 이전에 양도인의 납세의무가 성립된 그 사업에 관한 국세와 강제징수비를 양도인의 재산으로 충당하여도 부족할 때에는 대통령령으로 정하는 사업의 양수인은 그 부족한 금액에 대하여 양수한 재산의 가액을 한도로 제2차 납세의무를 진다.

② 사업을 양도함에 따라 납부하여야 할 사업용 부동산(토지·건물 등)에 대한 양도소득세는 당해 사업에 관한 국세가 아니므로 사업양수인은 제2차 납세의무를 지지 않는다.

③ 사업의 양도인에게 둘 이상의 사업장이 있는 경우에 하나의 사업장을 양수한 자는 양수한 사업장 외의 다른 사업장과 관계되는 국세와 강제징수비에 대해서도 제2차 납세의무를 진다.

④ 사업장별로 그 사업에 관한 모든 권리(미수금에 관한 것을 포함)와 모든 의무(미지급금에 관한 것을 포함)를 포괄적으로 승계한 사업양수인에 한하여 제2차 납세의무를 진다.

09	제2차 납세의무

⟮선지분석⟯

① 사업양도일 이전에 양도인의 납세의무가 확정된 그 사업에 관한 국세와 강제징수비에 대하여 제2차 납세의무를 진다.

③ 양수한 사업장 외의 사업장에 대해서는 제2차 납세의무를 지지 않는다.

④ 사업의 포괄양도에서 미수금과 미지급금은 포함하지 않는다.

답 ②

「국세기본법」상 제2차 납세의무에 대한 설명으로 옳지 않은 것은?

① 법인의 제2차 납세의무는 그 법인의 자산총액에서 부채총액을 뺀 가액을 그 법인의 발행 주식 총액 또는 출자총액으로 나눈 가액에 그 출자자의 소유주식 금액 또는 출자액을 곱하여 산출한 금액을 한도로 한다.

② 사업이 양도·양수된 경우에 양도일 이전에 양도인의 납세의무가 확정된 그 사업에 관한 국세와 강제징수비를 양도인의 재산으로 충당하여도 부족할 때에는 대통령령으로 정하는 사업의 양수인(양도인의 특수관계인)은 그 부족한 금액에 대하여 대통령령이 정하는 양수한 재산의 가액을 한도로 제2차 납세의무를 진다.

③ 법인이 해산한 경우에 그 법인에 부과되거나 그 법인이 납부할 국세 또는 강제징수비를 납부하지 아니하고 청산 후 남은 재산을 분배하거나 인도하였을 때에 그 법인에 대하여 강제징수를 집행하여도 징수할 금액에 미치지 못하는 경우에는 청산인 또는 해산에 의한 잔여재산을 분배하거나 인도받은 자는 그 부족한 금액에 대하여 제2차 납세의무를 진다. 이에 따른 제2차 납세의무는 청산인의 경우 분배하거나 인도한 재산의 가액을 한도로 하고, 그 분배 또는 인도를 받은 자의 경우에는 각자가 받은 재산의 가액을 한도로 한다.

④ 법인(유가증권 및 코스닥 상장법인 제외)의 재산으로 그 법인에 부과되거나 그 법인이 납부할 국세와 강제징수비에 충당하여도 부족한 경우에는 그 국세의 납부기간 만료일 현재 그 법인의 무한책임사원은 그 부족한 금액에 대하여 제2차 납세의무를 진다.

「국세기본법」상 납세의무의 확장에 대한 설명으로 옳지 않은 것은?

① 피상속인이 체결한 보험계약의 수익자로서 단독 상속인이 피상속인의 사망으로 보험금을 수령하고 상속을 포기한 경우 상속포기를 한 상속인은 피상속인이 납부할 국세를 그 보험금의 한도 내에서 납부할 의무를 진다.

② 공동사업에 관계되는 부가가치세 및 강제징수비는 공동사업자가 연대하여 납부할 의무를 진다.

③ 법령이 정하는 바에 따라 제2차 납세의무를 지는 법인에는 비상장법인뿐만 아니라 상장법인도 포함된다.

④ 사업양도인의 특수관계인에 해당하는 사업양수인은 양도일 이후 성립된 사업양도인의 국세에 대해 납세의무가 있다.

10	제2차 납세의무

법인(유가증권 및 코스닥 상장법인 제외)의 재산으로 그 법인에 부과되거나 그 법인이 납부할 국세와 강제징수비에 충당하여도 부족한 경우에는 그 국세의 '납세의무 성립일' 현재 그 법인의 무한책임사원은 그 부족한 금액에 대하여 제2차 납세의무를 진다.

답 ④

11	제2차 납세의무

사업양도인의 특수관계인에 해당하는 사업양수인은 양도일 현재 확정된 사업양도인이 국세에 대해서 납세의무가 있다.

답 ④

12 ☐☐☐

「국세기본법」상 납세의무에 대한 설명으로 옳지 않은 것은?

① 합병 후 존속하는 법인은 합병으로 소멸된 법인이 납부할 국세와 강제징수비를 납부할 의무를 진다.

② 공동사업에서 발생하는 부가가치세는 공동사업자가 연대하여 납부할 의무를 진다.

③ 법인(유가증권 및 코스닥 상장법인 제외)의 재산으로 그 법인이 납부할 국세와 강제징수비에 충당하여도 부족한 경우에는 그 국세의 납세의무확정일 현재의 무한책임사원은 그 부족한 금액에 대하여 제2차 납세의무를 진다.

④ 사업이 양도·양수된 경우에 양도일 이전에 양도인의 납세의무가 확정된 그 사업에 관한 국세와 강제징수비를 양도인의 재산으로 충당하여도 부족할 때에는 대통령령으로 정하는 사업의 양수인(양도인의 특수관계인)은 그 부족한 금액에 대하여 양수한 재산의 가액을 한도로 제2차 납세의무를 진다.

KEYWORD 13 국세우선권

13 ☐☐☐

A은행은 저당권에 의하여 담보된 채권(종합부동산세의 법정기일 전에 저당권 설정을 등기한 사실이 증명됨) 1억 7천5백만 원을 회수하기 위하여 의류업을 하는 채무자 甲의 주택을 강제경매신청하고 경매개시결정에 따라 압류하였다. 첫 매각기일까지 경매법원에 배당을 요구한 비용과 채권은 다음과 같다. 甲의 주택매각대금이 3억 원일 경우 甲의 납세지 관할 세무서장이 배당받을 수 있는 금액은?

- A은행이 해당 주택을 경매하는 데 든 비용 1천5백만 원
- 주택 임대차에 관한 보증금 중 일정 금액으로서 「주택임대차보호법」 제8조에 따라 임차인 乙이 우선하여 변제받을 수 있는 금액 1천만 원
- 경매개시결정된 주택에 대하여 甲에게 부과된 종합부동산세 2천만 원
- 甲이 종업원에게 변제하여야 할 근로관계로 인한 채권 중 「근로기준법」에 따른 최종 3개월분의 임금과 재해보상금 1억 원
- 저당권에 의하여 담보된 A은행의 채권 1억 7천5백만 원

① 0원

② 1천만 원

③ 1천5백만 원

④ 2천만 원

12	제2차 납세의무

출자자 등의 제2차 납세의무는 납세의무확정일이 아니라 납세의무성립일 현재 무한책임사원과 과점주주를 그 대상으로 한다.

답 ③

13	국세우선권

종합부동산세는 저당권의 설정시기와 상관없이 우선순위를 적용받을 수 있다.

- 1순위: 15,000,000원
- 2순위: 10,000,000 + 100,000,000 = 110,000,000원
- 3순위(종합부동산세): 20,000,000원

답 ④

14 □□□

거주자 甲이 2020년 귀속 종합소득세를 납부하지 않아 관할 세무서장은 甲의 주택을 2021년 10월 7일에 압류하고, 2023년 4월 5일에 매각하였다. 다음 자료에 따라 주택의 매각대금 70,000,000원 중에서 종합소득세로 징수할 수 있는 금액은?

- 강제징수비: 7,000,000원
- 종합소득세: 80,000,000원(신고일: 2021년 5월 20일)
- 해당 주택에 설정된 저당권에 의해 담보되는 채권: 10,000,000원(저당권 설정일: 2021년 5월 25일)
- 해당 주택에 대한 임차보증금(확정일자: 2021년 5월 30일): 40,000,000원(이 중 주택임대차보호법 에 따라 임차인이 우선하여 변제받을 수 있는 금액은 15,000,000원임)
- 甲이 운영하는 기업체 종업원의 임금채권: 30,000,000원(이 중 최종 3개월분의 임금은 18,000,000원임)

① 0원
② 20,000,000원
③ 30,000,000원
④ 53,000,000원

15 □□□

「국세기본법」상 국세의 법정기일로 옳지 않은 것은? (단, 확정 전 보전압류는 고려하지 않는다)

① 양도담보재산에서 국세를 징수하는 경우: 그 납세의무의 확정일
② 과세표준과 세액의 신고에 따라 납세의무가 확정되는 국세의 경우: 신고한 해당 세액에 대해서는 그 신고일
③ 원천징수의무자나 납세조합으로부터 징수하는 국세와 인지세의 경우: 그 납세의무의 확정일
④ 과세표준과 세액을 정부가 결정 · 경정 또는 수시부과 결정을 하는 경우 고지한 세액: 그 납부고지서 발송일

14	국세우선권

매각대금 70,000,000원
- 1순위: 강제징수비 7,000,000원
- 2순위: 소액임차보증금 15,000,000원, 3개월 임금 18,000,000원
- 3순위: 소득세 30,000,000원

국세의 법정기일이 저당권설정일과 확정일자보다 빠르기 때문에 우선적으로 배분받는다.

답 ③

15	국세우선권

양도담보재산에서 국세를 징수하는 경우는 납부고지서의 발송일을 법정기일로 한다.

📄 국세의 법정기일

과세표준과 세액의 신고에 따라 납세의무가 확정되는 국세(중간예납하는 법인세와 예정 신고납부하는 부가가치세 포함)의 경우 신고한 해당 세액	그 신고일
과세표준과 세액을 정부가 결정 · 경정 또는 수시부과 결정을 하는 경우 고지한 해당 세액	그 납부고지서의 발송일
원천징수의무자나 납세조합으로부터 징수하는 국세와 인지세	그 납세의무의 확정일
제2차 납세의무자(보증인 포함)의 재산에서 국세를 징수하는 경우 또는 양도담보재산에서 국세를 징수하는 경우	납부고지서의 발송일
납세자의 재산을 확정 전 보전압류한 경우에 그 압류와 관련하여 확정된 세액	그 압류등기(등록)일
「부가가치세법」에 따라 신탁재산에서 부가가치세 등을 징수하는 경우(수탁자의 물적 납세의무)	수탁자를 납세의무자로 하는 물적납세의무에 따른 납부고지서의 발송일

답 ①

16 □□□

甲세무서장은 법인세를 체납하고 있는 乙회사에 대하여 회사 소유 A부동산을 압류하고 이를 매각한 금액으로 법인세를 충당하려고 한다. 그런데 乙회사에게는 체불임금도 있고, A부동산을 담보로 한 丙은행 대출채권도 있다. 이 경우 A부동산의 매각대금에 대한 변제 순위가 빠른 순서대로 바르게 나열된 것은?

① A부동산에 법인세의 법정기일 이전에 저당권이 설정된 경우: 丙은행 대출채권 > 법인세 > 최종 3월분 이외의 임금채권

② A부동산에 법인세의 법정기일 이전에 저당권이 설정된 경우: 최종 3월분 이외의 임금채권 > 丙은행 대출채권 > 법인세

③ A부동산에 법인세의 법정기일 이후에 저당권이 설정된 경우: 법인세 > 丙은행 대출채권 > 최종 3월분 이외의 임금채권

④ A부동산에 법인세의 법정기일 이후에 저당권이 설정된 경우: 최종 3월분 이외의 임금채권 > 법인세 > 丙은행 대출채권

17 □□□

「국세기본법」 및 「국세징수법」상 납세담보와 국세우선권에 관한 설명으로 옳은 것은 모두 몇 개인가?

> ㄱ. 납세보증보험증권으로 납세담보를 제공할 때에는 담보할 국세의 100분의 110 이상의 가액에 상당하는 담보를 제공하여야 한다.
>
> ㄴ. 납세자가 국세의 법정기일 전 1년 내에 법령으로 정하는 친족이나 그 밖의 특수관계인과 전세권·질권 또는 저당권 설정계약을 한 경우에는 짜고 한 거짓 계약으로 추정한다.
>
> ㄷ. 국세의 법정기일 전에 저당권 등에 담보된 채권은 저당권 등이 설정된 그 재산에 대하여 부과된 국세(상속세, 증여세 및 종합부동산세)보다 우선하지 못한다.
>
> ㄹ. 「자본시장과 금융투자업에 관한 법률」에 따른 유가증권시장에 상장된 유가증권을 납세담보로 제공한 자는 그 담보물로 담보한 국세와 강제징수비를 납부할 수 있다. 이때 납부하려고 하는 자는 그 뜻을 기재한 문서로 관할 세무서장에게 신청하여야 한다.

① 1개

② 2개

③ 3개

④ 4개

16	국세우선권

[경우1] A부동산에 법인세의 법정기일 이전에 저당권이 설정된 경우: 丙은행 대출채권 > 최종 3월분 이외의 임금채권 > 법인세

[경우2] A부동산에 법인세의 법정기일 이후에 저당권이 설정된 경우: 법인세 > 丙은행 대출채권 > 최종 3월분 이외의 임금채권

📋 **매각대금 배분순서**

법정기일 전에 담보된 채권이 있는 경우	법정기일 후에 담보된 채권이 있는 경우
㉠ 강제징수비, 공익비용	㉠ 강제징수비, 공익비용
㉡ 소액임차보증금, 최우선변제임 금채권	㉡ 소액임차보증금, 최우선변제임 금채권
㉢ 피담보채권	㉢ 국세
㉣ 일반임금채권	㉣ 피담보채권
㉤ 국세	㉤ 일반임금채권
㉥ 공과금 및 일반채권	㉥ 공과금 및 일반채권

답 ③

17	국세우선권

옳은 것은 3개(ㄱ, ㄴ, ㄷ)이다.

(선지분석)

ㄹ. 납세담보물로 해당 국세 등을 납부할 수 있는 것은 금전에 한한다. 따라서 유가증권을 담보로 제공한 경우는 해당 유가증권으로 국세 등을 납부할 수 없다.

답 ③

18 □□□

「국세기본법」상 국세의 우선징수에 관한 설명으로 옳지 않은 것은?

① 지방세의 강제징수에 있어서 그 강제징수금액 중에서 부가가치세를 징수하는 경우의 그 '지방세의 체납처분비'는 그 부가가치세에 우선한다.

② 경매에 의한 재산의 매각에 있어서 그 매각금액 중에서 법인세를 징수하는 경우의 그 '경매에 소요된 비용'은 그 법인세에 우선한다.

③ 종합소득세로 신고한 당해 세액에 대하여 그 신고일 이후에 저당권 설정등기를 한 재산의 매각에 있어서 그 매각대금 중에서 종합소득세를 징수하는 경우의 그 '저당권에 의하여 담보된 채권'은 그 종합소득세에 우선한다.

④ 파산절차에 의한 재산의 매각에 있어서 그 매각금액 중에서 증여세를 징수하는 경우의 그 '파산절차에 소요된 비용'은 그 증여세에 우선한다.

18	국세우선권

소득세의 법정기일은 신고일이다. 따라서 법정기일 이후에 저당권을 설정등기한 재산은 소득세에 우선하여 매각대금을 배분받을 수 없다.

답 ③

19 □□□

관할 세무서장은 개인사업자인 甲에 대한 세무조사 결과 종합소득세를 9,000만 원 증액경정하고 납부고지서를 2023년 5월 30일에 발송하여 2023년 6월 4일에 송달되었다. 그러나 甲이 종합소득세를 기한 내에 납부하지 않아 관할 세무서장은 甲소유의 주택을 압류하여 공매하였으며, 매수인은 공매대금 1억 원을 전액 납부하였다. 공매과정에서 배당을 신청한 채권자 및 채권액이 다음과 같을 때, 관할 세무서장이 배당받을 수 있는 금액은?

- 「주택임대차보호법」에 따라 우선 변제받는 임차인의 임차보증금 중 일정액: 1,000만 원
- 종업원 乙에 대한 임금채권: 2,400만 원(월 200만 원 × 12개월, 퇴직금과 재해보상금은 없는 것으로 가정한다)
- 압류된 주택에 대한 A은행의 채권: 4,000만 원(채권최고액 5,000만 원, 근저당권 설정등기일: 2023년 6월 2일)

① 44,000,000원

② 66,000,000원

③ 84,000,000원

④ 90,000,000원

19	국세우선권

법정기일(납부고지서 발송일 2023년 5월 30일)이 담보설정일(2023년 6월 2일)보다 우선하므로 매각대금의 배분순서는 다음과 같다.

- 1순위: 소액임차보증금 1,000만 원, 우선변제임금채권 600만 원 (3개월 임금)
- 2순위: 종합소득세 8,400만 원
- 3순위: 담보채권 0원

답 ③

20 □□□

한국세무서는 거주자 甲의 2021년도 귀속분 소득세인 100,000,000원이 체납되어 거주자 甲소유의 주택D를 2023년 6월 1일에 압류하여 2023년 7월 20일에 매각하였다. 다음 자료에 따라 주택D의 매각대금 100,000,000원 중 거주자 甲이 체납한 소득세로 징수될 수 있는 금액은?

- 거주자 甲의 소득세 신고일: 2022년 5월 30일
- 강제징수비: 3,000,000원
- 주택D에 설정된 저당권에 따른 피담보채권
  (저당권 설정일: 2022년 3월 28일): 50,000,000원
- 주택D에 대한 임차보증금: 25,000,000원
  (해당 임차보증금에 대하여는 대항요건을 갖춘 확정일자를 2022년 6월 5일에 받았으며, 이 중 「주택임대차보호법」에 따른 우선변제금은 12,000,000원임)
- 거주자 甲이 운영하는 기업체 종업원의 임금채권: 30,000,000원(이 중 「근로기준법」에 따른 우선변제금액은 15,000,000원)
- 주택D에 부과된 국세는 없음

① 5,000,000원
② 17,000,000원
③ 20,000,000원
④ 70,000,000원

21 □□□

국세의 우선에 대한 설명으로 옳지 않은 것은?

① 과세표준과 세액을 정부가 결정하는 경우 고지한 해당 세액 관련 법정기일은 그 납부고지서의 발송일이다.
② 납세자가 국세의 법정기일 전 1년 내에 저당권 설정계약을 한 경우에는 짜고 한 거짓 계약으로 간주한다.
③ 임금채권(최종 3개월분의 임금채권, 재해보상금채권이 아님)에 우선하는 저당권부채권이 있고, 국세채권이 그 저당권부채권에 우선하는 경우에는, 국세채권이 임금채권에 우선한다.
④ 지방세 강제징수에 의하여 납세자의 재산을 압류한 경우에 국세 및 강제징수비의 교부청구가 있으면 교부청구된 국세 및 강제징수비는 압류에 관계되는 지방세의 다음 순위로 징수한다.

| 20 | 국세우선권 |

소득세로 징수될 수 있는 금액은 다음과 같다.

배분 순서	채권금액	배분액
㉠ 강제징수비	3,000,000원	3,000,000원
㉡ 소액임차보증금, 우선변제임금채권	12,000,000 + 15,000,000 = 27,000,000원	27,000,000원
㉢ 담보채권	50,000,000원	50,000,000원
㉣ 일반임금채권	15,000,000원	15,000,000원
㉤ 소득세	100,000,000원	5,000,000원

답 ①

| 21 | 국세우선권 |

국세의 법정기일 전 1년 내에 특수관계인과 전세권·질권 또는 저당권 설정 계약 등을 한 경우에는 짜고 한 거짓 계약으로 추정한다.

답 ②

22 ☐☐☐

양도담보권자의 물적납세의무의 성립 및 존속요건에 대한 설명으로 옳지 않은 것은?

① 납세자의 양도담보재산으로써 납세자의 국세 및 강제징수비를 징수하려면 납세자가 국세 및 강제징수비를 체납하여야 한다.

② 「국세징수법」 제7조 제1항에 따라 양도담보권자에게 납부고지가 있은 후 납세자가 양도에 의하여 실질적으로 담보된 채무를 불이행하여 해당 재산이 양도담보권자에게 확정적으로 귀속되고 양도담보권이 소멸하는 경우에는 납부고지 당시의 양도담보재산이 계속하여 양도담보재산으로서 존속하는 것으로 본다.

③ 납세자의 재산(양도담보재산 제외)에 대하여 강제징수를 집행하여도 징수할 금액에 미치지 못하는 경우에 해당하여야 한다.

④ 양도담보재산이 납세자가 체납한 국세의 법정기일 전에 담보의 목적이 되어야 한다.

23 ☐☐☐

「국세기본법」상 양도담보권자의 물적납세의무에 관한 설명으로 옳지 않은 것은?

① 제2차 납세의무자의 소유재산에 대한 양도담보권자는 물적납세의무를 지지 아니한다.

② 양도담보권자가 물적납세의무를 부담하는가의 여부는 양도담보권의 설정일과 양도담보설정자가 체납한 국세의 법정기일의 선후(先後)와 밀접한 관계가 있다.

③ 양도담보권자의 물적납세의무에 있어서 양도담보재산이란 당사자간의 계약에 의하여 납세자가 그 재산을 양도할 때에 실질적으로 양도인에 대한 채권담보의 목적이 된 재산을 말한다.

④ 양도담보권자가 납부고지를 받기 전에 양도담보권을 실행하여 소유권을 취득하고 양도담보권자의 대금채무와 양도담보설정자의 피담보채무를 상계하였으면 물적납세의무를 지울 수 없다.

22	양도담보

양보담보재산이 납세자가 체납한 국세의 법정기일 후에 담보의 목적이 되어야 한다.

답 ④

23	양도담보

양도담보설정자가 제2차 납세의무자인 경우에도 양도담보설정자의 소유재산에 대한 양도담보권자는 물적납세의무를 진다.

답 ①

24 □□□

양도담보와 관련된 설명으로 옳지 않은 것은?

① 「국세기본법」상 납세자가 국세 및 강제징수비를 체납한 경우에 그 납세자에게 국세의 법정기일 후 담보의 목적이 된 양도담보재산이 있을 때에는 그 납세자의 다른 재산에 대하여 강제징수를 집행하여도 징수할 금액에 미치지 못하는 경우에만 「국세징수법」에서 정하는 바에 따라 그 양도담보재산으로써 납세자의 국세 및 강제징수비를 징수할 수 있다.

② 「국세기본법」상 세무서장은 납세자가 제3자와 짜고 거짓으로 재산에 양도담보 설정계약을 하고 그 등기를 함으로써 그 재산의 매각금액으로 국세를 징수하기가 곤란하다고 인정할 때에는 그 행위의 취소를 법원에 청구할 수 있다.

③ 「국세기본법」에서 양도담보재산이란 당사자 간의 계약에 의하여 납세자가 그 재산을 양도하였을 때에 실질적으로 양도인에 대한 채권담보의 목적이 된 재산을 말한다.

④ 부가가치세법령상 양도담보의 목적으로 부동산상의 권리를 제공하는 것은 재화의 공급으로 본다.

24	양도담보

양도담보는 「부가가치세법」상 공급에 해당하지 않는다.

답 ④

04 과세와 환급

KEYWORD 15 국세환급금

01 ☐☐☐
2016년 7급

「국세기본법」상 국세환급에 대한 설명으로 옳은 것은?

① 국세환급은 별도의 환급신청이 필요하지 않으며, 당초 물납했던 재산으로 환급받는 물납재산환급의 경우에도 국세환급가산금을 받을 수 있다.

② 세무서장은 국세환급금으로 결정한 금액을 납세자의 동의와 관계없이 대통령령으로 정하는 바에 따라 체납된 국세와 강제징수비에 충당하여야 한다. 이는 다른 세무서에 체납된 국세와 강제징수비에 충당하는 경우에도 같다.

③ 세무서장이 국세환급금의 결정이 취소됨에 따라 이미 충당되거나 지급된 금액의 반환을 청구하는 경우에는 고지와 독촉의 절차 없이 당해 납세자의 재산에 대하여 압류를 행한다.

④ 납세자의 국세환급금에 관한 권리는 행사할 수 있는 때부터 10년간 행사하지 아니하면 소멸시효가 완성된다.

01	국세환급금

(선지분석)

① 당초 물납했던 재산으로 환급받는 물납재산환급의 경우에는 국세환급가산금을 받을 수 없다.

③ 세무서장이 국세환급금의 결정이 취소됨에 따라 이미 충당되거나 지급된 금액의 반환을 청구하는 경우에는 「국세징수법」의 고지·독촉 및 강제징수의 규정을 준용한다.

④ 납세자의 국세환급금에 관한 권리는 행사할 수 있는 때부터 5년간 행사하지 아니하면 소멸시효가 완성된다.

🗐 국세환급금의 충당

직권 충당	㉠ 체납된 국세와 강제징수비 ㉡ 납부기한 전 징수 사유로 인한 납부고지
납세자 동의 충당	㉠ 세법에 따라 자진납부하는 국세 ㉡ 납부고지에 의하여 납부하는 국세(납부기한 전 징수는 제외)
신청에 의한 충당	환급세액을 국세에 충당할 것을 청구 가능(청구일을 납부일로 함)
소액 환급금	충당한 후 남은 금액이 10만 원 이하이고, 지급결정을 한 날부터 1년 이내에 환급이 이루어지지 아니하는 경우에는 납부고지에 의하여 납부하는 국세에 충당 가능(납세자의 동의가 있는 것으로 봄)

답 ②

02 ☐☐☐
2014년 9급

「국세기본법」상 국세환급금에 대한 설명으로 옳지 않은 것은?

① 납세자의 국세환급금 및 환급가산금에 관한 권리는 행사할 수 있는 때부터 5년간 행사하지 아니하면 소멸시효가 완성된다.

② 국세환급금으로 세법에 따라 자진납부하는 국세에 충당하는 경우에는 납세자가 그 충당에 동의해야 하는 것은 아니다.

③ 부가가치세 환급세액을 청구하는 소송은 「행정소송법」상 당사자소송의 절차에 따라야 한다.

④ 납세자는 국세환급금에 관한 권리를 법령에 정하는 바에 따라 타인에게 양도할 수 있다.

02	국세환급금

세법에 따라 자진납부하는 국세와 납부고지에 의하여 납부하는 국세(납부기한 전 징수 제외)는 납세자가 그 충당에 동의한 경우에만 충당한다.

답 ②

「국세기본법」상 국세환급금의 충당과 환급에 대한 설명으로 옳지 않은 것은?

① 세무서장이 국세환급금의 결정이 취소됨에 따라 이미 충당되거나 지급된 금액의 반환을 청구하는 경우에는 「국세징수법」의 고지·독촉 및 강제징수의 규정을 준용한다.

② 국세환급금으로 결정한 금액을 체납된 국세와 강제징수비에 충당한 경우 체납된 국세 또는 강제징수비와 국세환급금은 체납된 국세의 법정납부기한과 대통령령으로 정하는 국세환급금 발생일 중 늦은 때로 소급하여 대등액에 관하여 소멸한 것으로 본다.

③ 납세자가 세법에 따라 환급받을 환급세액이 있는 경우에는 그 환급세액을 납부고지에 의하여 납부하는 국세 및 세법에 따라 자진납부하는 국세에 충당할 것을 청구할 수 있다.

④ 원천징수의무자가 원천징수하여 납부한 세액에서 환급받을 환급세액이 있는 경우 원천징수의무자가 그 환급액을 즉시 환급해 줄 것을 요구하는 때에는 그 원천징수의무자가 원천징수하여 납부하여야 할 세액에 충당하고 남은 금액을 즉시 환급한다.

국세기본법령상 국세환급금의 발생일로 옳지 않은 것은?

① 적법하게 납부된 후 법률이 개정되어 환급하는 경우: 당초 과세표준 신고일

② 원천징수의무자가 원천징수하여 납부한 세액을 「국세기본법」 제45조의2 제5항에 따른 경정청구에 따라 환급하는 경우: 원천징수세액 납부기한의 만료일

③ 「조세특례제한법」에 따라 근로장려금을 환급하는 경우: 근로장려금의 결정일

④ 적법하게 납부된 국세의 감면으로 환급하는 경우: 그 감면 결정일

03	국세환급금

원천징수의무자가 원천징수하여 납부한 세액에서 환급받을 환급세액이 있는 경우 그 환급액은 그 원천징수의무자가 원천징수하여 납부하여야 할 세액에 충당하고 남은 금액을 환급한다. 다만, 원천징수의무자가 그 환급액을 즉시 환급해 줄 것을 요구하는 경우나 원천징수하여 납부하여야 할 세액이 없는 경우에는 즉시 환급한다.

답 ④

04	국세환급금

적법하게 납부된 후 법률이 개정되어 환급하는 경우는 개정된 법률의 시행일을 환급금발생일로 한다.

답 ①

05 □□□ 2012년 7급

국세환급가산금의 기산일에 대한 설명으로 옳지 않은 것은? (단, 국세는 분할납부하지 않는다고 가정한다)

① 「법인세법」, 「소득세법」, 「부가가치세법」, 「개별소비세법」, 「주세법」 또는 「교통·에너지·환경세법」에 따른 환급세액을 신고 또는 잘못 신고함에 따른 경정으로 인하여 환급하는 경우: 경정결정일의 다음 날

② 적법하게 납부된 후 법률이 개정되어 발생한 국세환급금: 개정된 법률의 시행일의 다음 날

③ 착오납부, 이중납부 또는 납부 후 그 납부의 기초가 된 신고 또는 부과를 경정하거나 취소함에 따라 발생한 국세환급금: 국세의 납부일의 다음 날

④ 적법하게 납부된 국세의 감면으로 발생한 국세환급금: 감면결정일의 다음 날

06 □□□ 2022년 7급

다음은 「국세기본법」상 국세환급금의 충당과 환급 및 기한 후 신고에 관한 규정이다. (가), (나)에 들어갈 내용을 바르게 연결한 것은?

> 제51조【국세환급금의 충당과 환급】
> ⑥ 국세환급금 중 제2항에 따라 충당한 후 남은 금액은 국세환급금의 결정을 한 날부터 [(가)] 내에 대통령령으로 정하는 바에 따라 납세자에게 지급하여야 한다.
> 제45조의3【기한 후 신고】
> ③ 제1항에 따라 기한후과세표준신고서를 제출하거나 제45조 제1항에 따라 기한후과세표준신고서를 제출한 자가 과세표준수정신고서를 제출한 경우 관할 세무서장은 세법에 따라 신고일부터 [(나)] 이내에 해당 국세의 과세표준과 세액을 결정 또는 경정하여 신고인에게 통지하여야 한다.

	(가)	(나)
①	20일	2개월
②	20일	3개월
③	30일	2개월
④	30일	3개월

05	국세환급금

「소득세법」·「법인세법」·「부가가치세법」·「개별소비세법」·「주세법」, 「교통·에너지·환경세법」 또는 「조세특례제한법」에 따른 환급세액의 신고, 환급신청, 경정 또는 결정으로 인하여 환급하는 경우의 기산일은 신고를 한 날(신고한 날이 법정신고기일 전인 경우에는 해당 법정신고기일) 또는 신청을 한 날부터 30일이 지난 날(세법에서 환급기한을 정하고 있는 경우에는 그 환급기한의 다음 날)의 다음 날이다. 다만, 환급세액을 법정신고기한까지 신고하지 않음에 따른 결정으로 인하여 발생한 환급세액을 환급할 때에는 해당 결정일부터 30일이 지난 날의 다음 날로 한다.

📑 국세환급금 기산일

착오납부, 이중납부 또는 납부 후 그 납부의 기초가 된 신고 또는 부과를 경정하거나 취소	국세 납부일의 다음 날
국세의 감면	감면결정일의 다음 날
법률의 개정	법률시행일의 다음 날
신고 또는 잘못 신고함에 따른 경정으로 인한 환급	법정신고기일로부터 30일 지난 날의 다음 날

답 ①

06	국세환급금

• (가) 국세환급금 중 제2항에 따라 충당한 후 남은 금액은 국세환급금의 결정을 한 날부터 30일 내에 대통령령으로 정하는 바에 따라 납세자에게 지급하여야 한다.

• (나) 제1항에 따라 기한후과세표준신고서를 제출하거나 제45조 제1항에 따라 기한후과세표준신고서를 제출한 자가 과세표준수정신고서를 제출한 경우 관할 세무서장은 세법에 따라 신고일부터 3개월 이내에 해당 국세의 과세표준과 세액을 결정 또는 경정하여 신고인에게 통지하여야 한다.

답 ④

52 해커스공무원 학원·인강 gosi.Hackers.com

07 ☐☐☐

「국세기본법」상 국세환급가산금에 관한 설명으로 옳지 않은 것은?

① 납세자의 국세환급가산금에 관한 권리는 행사할 수 있는 때로부터 5년간 행사하지 아니하면 소멸시효가 완성된다.

② 국세의 이중납부에 따라 발생한 국세환급금을 지급할 때에는 그 국세납부일의 다음 날부터 지급결정을 하는 날까지의 기간과 금융회사 등의 예금이자율 등을 고려하여 법령으로 정하는 이자율에 따라 계산한 금액을 국세환급금에 가산하여야 한다.

③ 국세환급금으로 결정한 금액을 법으로 정하는 바에 따라 국세 또는 강제징수비에 충당하게 되는 경우에는 국세환급가산금을 국세환급금에 가산하지 아니한다.

④ 납세자가 상속세를 물납한 후 그 부과의 일부를 감액하는 결정·경정에 따라 환급하는 경우에는 국세환급가산금을 국세환급금에 가산하지 아니한다.

08 ☐☐☐

「국세기본법」상 국세의 환급에 대한 설명으로 옳지 않은 것은?

① 국세환급금의 소멸시효는 세무서장이 납세자의 환급청구를 촉구하기 위하여 납세자에게 하는 환급청구의 통지로 인하여 중단되지 아니한다.

② 국세환급금과 국세환급가산금을 과세처분의 취소 또는 무효확인청구의 소 등 행정소송으로 청구한 경우 시효의 중단에 관하여 「민법」에 따른 청구를 한 것으로 본다.

③ 납세자가 상속세를 물납한 후 그 부과의 전부 또는 일부를 취소하거나 감액하는 경정 결정에 따라 환급하는 경우에는 해당 물납재산으로 환급하면서 국세환급가산금도 지급하여야 한다.

④ 2020년 1월 1일 이후 국세를 환급하는 분부터 과세의 대상이 되는 소득의 귀속이 명의일 뿐이고 실질귀속자가 따로 있어 명의대여자에 대한 과세를 취소하고 실질귀속자를 납세의무자로 하여 과세하는 경우 명의대여자 대신 실질귀속자가 납부한 것으로 확인된 금액은 실질귀속자의 기납부세액으로 먼저 공제하고 남은 금액이 있는 경우에는 실질귀속자에게 환급한다.

07	국세환급금

국세환급가산금이란 국세환급금을 충당 또는 환급할 경우에 그 국세환급금에 가산되는 법정이자에 해당하므로, 국세환급금을 충당하는 경우에도 국세환급가산금은 동일하게 적용한다.

📄 물납재산 환급

대상	상속세를 물납 가능(환급가산금은 지급하지 않음)
환급순서	㉠ 신청에 따라 환급 ㉡ 신청이 없는 경우 물납허가순서의 역순으로 환급
물납재산에 대한 수익적 지출	국가 부담
물납재산에 대한 자본적 지출	납세자 부담
환급의 제한	㉠ 물납재산이 매각된 경우 ㉡ 해당 물납재산의 성질상 분할하여 환급하는 것이 곤란한 경우 ㉢ 해당 물납재산이 임대 중에 있거나 다른 행정용 도로 사용되고 있는 경우 ㉣ 사용계획이 수립되어 해당 물납재산으로 환급하는 것이 곤란하다고 인정되는 경우 등

답 ③

08	국세환급금

물납재산을 환급할 때 환급가산금은 지급하지 않는다.

답 ③

09 □□□

「국세기본법」상 수정신고에 대한 설명으로 옳은 것은?

① 납부세액의 감액수정신고는 물론 증액수정신고도 허용된다.
② 세무조정과정에서의 누락으로 인하여 불완전한 신고를 한 경우에는 수정신고를 할 수 있다.
③ 수정신고에 의한 가산세의 감면에 있어 과소신고가산세 및 초과환급신고가산세는 전액, 납부지연가산세는 50%를 경감한다.
④ 당초 법정신고기한 내에 과세표준신고를 하지 않고 기한후신고를 한 경우에는 수정신고를 할 수 없다.

09	수정신고와 경정청구

선지분석
① 납부세액을 증액하는 경우 수정신고 사유에 해당된다. 해당 세액을 감액하는 것은 경정청구 사유에 해당된다.
③ 법정신고기한으로부터 2년 이내에 수정신고가 이루어지는 경우에는 신고불성실가산세의 일정액을 감면하며, 납부지연가산세는 감면되지 않는다.
④ 기한후신고를 한 자도 수정신고를 할 수 있다.

📄 **수정신고**

대상자	㉠ 과세표준신고서를 법정신고기한까지 제출한 자(연말정산 또는 원천징수로 과세가 종결된 자) ㉡ 기한후신고를 한 자
신고기한	해당 국세의 과세표준과 세액을 결정 또는 경정하여 통지하기 전으로서 국세부과 제척기간이 끝나기 전까지 할 수 있음
신고사유	㉠ 과세표준 및 세액이 신고하여야 할 과세표준 및 세액에 미치지 못할 때 ㉡ 결손금액 또는 환급세액이 세법에 따라 신고하여야 할 결손금액이나 환급세액을 초과할 때 ㉢ 원천징수의무자의 정산 과정에서의 누락, 세무조정 과정에서 국고보조금과 공사부담금을 익금과 손금 동시에 누락한 경우 등의 불완전한 신고를 하였을 때
신고효력	㉠ 정부부과제도: 수정신고도 정부의 결정 없이는 확정하는 효력이 없음 ㉡ 신고납세제도: 법정신고기한까지 신고한 자의 수정신고는 정부의 결정 없이 확정됨
추가납부	수정신고하는 납세자는 부족한 금액과 가산세를 추가하여 납부해야 함

답 ②

10 □□□

「국세기본법」상 경정청구제도에 대한 설명으로 옳지 않은 것은?

① 근로소득만 있어서 소득세 과세표준확정신고를 하지 않은 납세자도 일정한 경우에는 「국세기본법」 제45조의2 제1항에 따라 경정청구를 할 수 있다.
② 법정신고기한까지 과세표준신고서를 제출한 납세자 또는 기한후신고를 한 자가 「국세기본법」 제45조의2 제1항에 따라 경정청구를 하려면(결정 또는 경정처분을 받은 경우는 제외) 법정신고기한이 경과한 후 3년 이내에 청구를 해야 한다.
③ 최초의 신고를 할 때 과세표준 및 세액계산의 근거가 된 거래행위의 효력과 관계되는 계약이 해제권의 행사에 의하여 해제된 경우에는 후발적 사유에 의한 경정청구를 할 수 있다.
④ 후발적 사유에 의한 경정청구는 그 사유가 발생한 것을 안 날로부터 3개월 이내에 할 수 있다.

10	수정신고와 경정청구

과세표준신고서를 법정신고기한 내에 제출한 자 또는 기한후신고를 한 자가 경정청구 사유에 해당하는 때에는 최초신고 및 수정신고한 국세의 과세표준 및 세액의 결정 또는 경정을 법정신고기한이 지난 후 5년 이내에 관할 세무서장에게 청구할 수 있다. 다만, 결정 또는 경정으로 인하여 증가된 과세표준 및 세액에 대하여는 해당 처분이 있음을 안 날(처분의 통지를 받은 때에는 그 받은 날)부터 90일 이내(법정신고기한이 지난 후 5년 이내에 한함)에 경정을 청구할 수 있다.

답 ②

11 □□□

국세기본법 상 수정신고와 경정 등의 청구에 대한 설명으로 옳은 것만을 모두 고르면?

> ㄱ. 상속세의 수정신고는 당초의 신고에 따라 확정된 과세 표준과 세액을 증액하여 확정하는 효력을 가진다.
> ㄴ. 과세표준신고서를 법정신고기한까지 제출한 자 또는 국세의 과세표준 및 세액의 결정을 받은 자는 후발적 사유가 발생한 경우 그 사유가 발생한 것을 안 날부터 4개월 이내에 결정 또는 경정을 청구할 수 있다.
> ㄷ. 과세표준신고서를 법정신고기한까지 제출한 자 및 기한후과세표준신고서를 제출한 자는 관할 세무서장이 과세표준과 세액을 결정 또는 경정하여 통지하기 전으로서 국세의 부과제척기간이 끝나기 전까지 수정신고를 할 수 있다.
> ㄹ. 과세표준신고서를 법정신고기한까지 제출한 자뿐만 아니라 기한후과세표준신고서를 제출한 자도 과세표준 및 세액의 결정 또는 경정을 청구할 수 있다.

① ㄱ, ㄴ
② ㄱ, ㄷ
③ ㄴ, ㄹ
④ ㄷ, ㄹ

12 □□□

「국세기본법」상 수정신고와 경정청구에 대한 설명으로 옳지 않은 것은?

① 법정신고기한까지 과세표준신고서를 제출한 자 또는 기한후신고를 한 자는 과세표준신고서에 기재된 과세표준 및 세액이 세법에 따라 신고하여야 할 과세표준 및 세액 보다 큰 경우 과세표준수정신고서를 제출할 수 있다.
② 국세의 과세표준 및 세액의 결정 또는 경정을 받은 자가 소득의 귀속을 제3자에게로 변경시키는 결정 또는 경정이 있을 때에는 그 사유가 발생한 것을 안 날부터 3개월 이내에 결정 또는 경정을 청구할 수 있다.
③ 법정신고기한까지 과세표준신고서를 제출한 자 또는 기한후신고를 한 자는 과세표준신고서에 기재된 환급세액이 세법에 따라 신고하여야 할 환급세액을 초과할 때에는 법에 정한 바에 따라 과세표준수정신고서를 제출할 수 있다.
④ 결정 또는 경정의 청구를 받은 세무서장은 그 청구를 받은 날부터 2개월 이내에 과세표준 및 세액을 결정 또는 경정하거나 결정 또는 경정하여야 할 이유가 없다는 뜻을 그 청구를 한 자에게 통지하여야 한다.

11	수정신고와 경정청구

ㄷ, ㄹ이 옳은 설명이다.

(선지분석)
ㄱ. 상속세는 정부부과세목이므로 수정신고로 확정되지 않는다.
ㄴ. 후발적 사유에 따른 경정청구는 발생한 것을 안 날로부터 3개월 이내에 청구할 수 있다.

답 ④

12	수정신고와 경정청구

법정신고기한까지 과세표준신고서를 제출한 자 또는 기한후신고를 한 자는 과세표준신고서에 기재된 과세표준 및 세액이 세법에 따라 신고하여야 할 과세표준 및 세액보다 큰 경우 경정청구서를 제출할 수 있다.

> 📄 수정신고 사유
> ㉠ 과세표준 및 세액이 신고하여야 할 과세표준 및 세액에 미치지 못할 때
> ㉡ 결손금액 또는 환급세액이 세법에 따라 신고하여야 할 결손금액이나 환급세액을 초과할 때
> ㉢ 원천징수의무자의 정산 과정에서의 누락, 세무조정과정에서 국고보조금과 공사부담금을 익금과 손금 동시에 누락한 경우 등의 불완전한 신고를 하였을 때

답 ①

「국세기본법」상 경정청구에 관한 설명으로 옳지 않은 것은?

① 법인세 납세의무자가 법정신고기한까지 과세표준확정신고를 한 후 다시 적법한 경정청구를 한 경우에는 그 금액에 대해 납세자의 경정청구만으로도 납세의무가 확정되는 효력이 있다.

② 납세자의 신고에 의해 확정되는 국세뿐만 아니라 정부의 결정에 의하여 확정되는 국세도 경정청구를 할 수 있다.

③ 납세자가 과세표준신고서를 법정신고기한까지 제출하였으나 해당 국세를 자진 납부하지 않은 경우에도 경정청구를 할 수 있다.

④ 납세자가 과세표준신고서를 법정신고기한까지 제출한 후 관할 세무서장이 경정처분을 한 경우에도 납세자는 경정청구를 할 수 있다.

13	수정신고와 경정청구

수정신고와 달리 경정 등의 청구는 세액을 확정하는 효력이 없다.

📄 **수정신고 및 경정청구의 확정 효력**	
수정신고	⊙ 정부부과제도 세목: 수정신고를 하더라도 정부의 결정 없이는 해당 세액을 확정하는 효력이 없음 ⓒ 신고납세제도 세목: 법정신고기한까지 신고한 자는 수정신고로 해당 세액을 확정하는 효력이 있음
경정청구	경정청구만으로는 감액경정의 확정력을 가지지 못하며, 과세관청의 결정이 있어야 확정됨

답 ①

「국세기본법」상 경정청구의 청구기간과 관련한 다음 제시문의 ㄱ ~ ㄷ에 들어갈 내용을 바르게 연결한 것은?

> 납세자가 법정신고기한까지 과세표준신고서를 제출하거나 기한후신고를 한 경우에는 「국세기본법」 제45조의2 제1항에 따라 경정청구를 할 수 있는데 이 경우 법정신고기한이 지난 후 (ㄱ) 이내에 관할 세무서장에게 그 경정청구를 해야 한다. 다만, 결정 또는 경정으로 인하여 증가된 과세표준 및 세액에 대하여는 해당 처분이 있음을 안 날(처분의 통지를 받은 때에는 그 받은 날)부터 (ㄴ) 이내[법정신고기한이 지난 후 (ㄷ) 이내로 한정한다]에 경정을 청구할 수 있다.

	ㄱ	ㄴ	ㄷ
①	5년	60일	5년
②	3년	60일	3년
③	5년	90일	5년
④	3년	90일	3년

14	수정신고와 경정청구

법정신고기한이 지난 후 5년 이내에 관할 세무서장에게 청구할 수 있다. 다만, 결정 또는 경정으로 인하여 증가된 과세표준 및 세액에 대하여는 해당 처분이 있음을 안 날(처분의 통지를 받은 때에는 그 받은 날)부터 90일 이내(법정신고기한이 지난 후 5년 이내로 한정함)에 경정을 청구할 수 있다.

답 ③

국세기본법령상 후발적 사유에 의한 경정청구에 대한 설명으로 옳지 않은 것은?

① 과세표준신고서를 법정신고기한까지 제출한 자는 소득이나 그 밖의 과세물건의 귀속을 제3자에게로 변경시키는 결정 또는 경정이 있을 때에는 후발적 사유에 의한 경정을 청구할 수 없다.

② 국세의 과세표준 및 세액의 결정을 받은 자는 조세조약에 따른 상호합의가 최초의 신고·결정 또는 경정의 내용과 다르게 이루어졌을 때에는 후발적 사유에 의한 경정을 청구할 수 있다.

③ 과세표준신고서를 법정신고기한까지 제출한 자는 최초의 신고·결정 또는 경정에서 과세표준 및 세액의 계산 근거가 된 거래 또는 행위 등이 그에 관한 심사청구, 심판청구, 「감사원법」에 따른 심사청구에 대한 결정이나 소송에 대한 판결(판결과 같은 효력을 가지는 화해나 그 밖의 행위를 포함한다)에 의하여 다른 것으로 확정되었을 때에는 후발적 사유에 의한 경정을 청구할 수 있다.

④ 후발적 사유가 발생하였을 때에는 그 사유가 발생한 것을 안 날부터 3개월 이내에 결정 또는 경정을 청구할 수 있다.

15	수정신고와 경정청구

소득이나 그 밖의 과세물건의 귀속을 제3자에게로 변경시키는 결정 또는 경정은 후발적 사유에 해당된다. 이러한 후발적 사유에 따른 경정청구는 법정신고기한까지 신고한 자 또는 결정을 받은 자가 할 수 있다.

답 ①

「국세기본법」상 후발적 사유에 의한 경정청구에 대한 설명으로 옳지 않은 것은? (다툼이 있는 경우 판례에 의함)

① 최초의 신고·결정 또는 경정에서 과세표준 및 세액의 계산 근거가 된 거래 또는 행위 등이 그에 관한 심사청구, 심판청구, 「감사원법」에 따른 심사청구에 대한 결정이나 소송에 대한 판결에 의하여 다른 것으로 확정되었을 때에는 그 사유가 발생한 것을 안 날부터 3개월 이내의 경우라도, 국세부과 제척기간이 경과하였다면 경정청구를 할 수 없다.

② 국세의 과세표준 및 세액의 결정을 받은 자는 소득이나 그 밖의 과세물건의 귀속을 제3자에게로 변경시키는 경정이 있는 경우 「국세기본법」에서 규정하는 기간에도 불구하고 그 사유가 발생한 것을 안 날부터 3개월 이내에 경정을 청구할 수 있다.

③ 「국세기본법」에 따라 경정의 청구를 받은 세무서장은 그 청구를 받은 날부터 2개월 이내에 과세표준 및 세액을 경정하거나 경정하여야 할 이유가 없다는 뜻을 그 청구를 한 자에게 통지하여야 한다.

④ 최초의 결정을 할 때 과세표준 및 세액의 계산 근거가 된 거래의 효력과 관계되는 계약이 국세의 법정신고기한이 지난 후에 해제권의 행사에 의하여 해제된 경우도 경정청구사유가 된다.

16	수정신고와 경정청구

심사청구 등의 결정이나 소송에 대한 판결은 후발적 사유에 해당하므로 그 사유가 발생한 것을 안 날로부터 3개월 이내에 경정청구를 할 수 있다.

📄 **후발적 사유에 따른 경정청구**

청구사유	다음의 사유가 발생한 것을 안날로부터 3개월 이내에 경정청구를 할 수 있음
	㉠ 최초의 신고 등이 그에 관한 소송에 대한 판결에 의하여 다른 것으로 확정되었을 때
	㉡ 소득이나 그 밖의 과세물건의 귀속을 제3자에게로 변경시키는 경우
	㉢ 상호합의가 최초의 신고·결정 또는 경정의 내용과 다르게 이루어졌을 때
	㉣ 결정 또는 경정으로 인하여 그 결정 또는 경정의대상이 된 과세표준 및 세액과 연동된 다른 세목(같은 과세기간으로 한정한다)이나 연동된 다른 과세기간(같은 세목으로 한정한다)의 과세표준 또는 세액이 세법에 따라 신고하여야 할 과세표준 또는 세액을 초과할 때
	㉤ 최초의 신고 등의 효력과 관계되는 계약이 해제권의 행사에 의하여 해제되거나 해당 계약의 성립 후 부득이한 사유로 해제되거나 취소된 때
결정통지	과세관청은 후발적 사유에 따른 경정청구를 받은 날부터 2개월 이내에 결정을 통지하여야 함

답 ①

17 ☐☐☐

「국세기본법」상 후발적 사유로 인한 경정청구를 할 수 있는 경우에 해당하는 것은?

① 「법인세법」에 의한 국고보조금에 상당하는 금액을 익금과 손금에 동시에 산입하지 아니한 경우
② 최초의 신고에 있어서 과세표준 및 세액의 근거가 된 거래의 효력에 관계되는 계약이 해제권의 행사에 의하여 해제된 때
③ 과세표준신고서에 기재된 결손금액이 세법에 의하여 신고하여야 할 결손금액에 미달하는 때
④ 법인이 자산을 과대계상하거나 부채를 과소계상하는 등의 분식회계로 인하여 과다납부한 조세를 환급청구하는 경우

18 ☐☐☐

「국세기본법」상 기한후신고에 대한 설명으로 옳지 않은 것은?

① 납세자가 적법하게 기한후과세표준신고서를 제출한 경우 관할 세무서장은 세법에 따라 신고일부터 30일 이내에 해당 국세의 과세표준과 세액을 결정하여야 한다.
② 적법하게 기한후과세표준신고서를 제출한 자로서 세법에 따라 납부하여야 할 세액이 있는 자는 그 세액을 납부하여야 한다.
③ 적법한 기한후신고가 있다고 하더라도 그 신고에는 해당 국세의 납세의무를 확정하는 효력은 없다.
④ 납세자가 적법하게 기한후과세표준신고서를 제출한 경우이지만, 세무서장이 과세표준과 세액을 결정할 것을 미리 알고 그러한 신고를 한 경우에는 기한후신고에 따른 무신고가산세 감면을 해주지 않는다.

17	수정신고와 경정청구

(선지분석)

① 국고보조금에 상당하는 금액을 익금과 손금에 동시에 산입하지 아니한 경우 수정신고사유에 해당된다.
③ 과세표준신고서에 기재된 결손금액이 세법에 의하여 신고하여야 할 결손금액에 미달하는 때 일반적인 경정청구의 사유에 해당된다.
④ 법인이 자산을 과대계상하거나 부채를 과소계상하는 등의 분식회계로 인하여 과다납부한 조세를 환급청구하는 경우는 일반적인 경정청구 대상에 해당된다.

답 ②

18	수정신고와 경정청구

기한후과세표준신고서를 제출하거나 기한후과세표준신고서를 제출한 자가 과세표준수정신고서를 제출한 경우 관할 세무서장은 세법에 따라 신고일부터 3개월 이내에 해당 국세의 과세표준과 세액을 결정 또는 경정하여 신고인에게 통지하여야 한다. 다만, 그 과세표준과 세액을 조사할 때 조사 등에 장기간이 걸리는 등 부득이한 사유로 신고일부터 3개월 이내에 결정 또는 경정할 수 없는 경우에는 그 사유를 신고인에게 통지하여야 한다.

답 ①

KEYWORD 17 가산세

19 □□□

「국세기본법」상 가산세에 관한 설명으로 옳지 않은 것은?

① 「소득세법」상 지급명세서 제출의무를 부담하는 자가 이를 고의적으로 위반한 경우에는 가산세의 한도를 두지 아니한다.
② 정부가 「국세기본법」에 따라 가산세를 부과하는 경우 납세자가 의무를 이행하지 아니한 데 대한 정당한 사유가 있는 때에는 해당 가산세를 부과하지 아니한다.
③ 가산세는 해당 의무가 규정된 세법의 해당 국세의 세목으로 한다. 다만, 해당 국세를 감면하는 경우에 가산세는 그 감면대상에 포함시키지 아니하는 것으로 한다.
④ 납세의무자가 대법원 판결과 다른 조세심판원의 결정취지를 그대로 믿어 세법에 규정된 신고·납부의무를 해태한 경우에는 가산세를 부과하지 않는다.

19	가산세

대법원의 판례는 법원성이 있정되나 조세심판원의 결정은 법원성이 없으므로 대법원의 판결과 다른 조세심판원의 결정을 근거로 한 납세자의 과세행위는 가산세 감면의 정당한 사유에 해당하지 않는다.

📑 **가산세 한도**

신고 및 납부 등 가산세를 제외한 지급명세서불성실가산세 등 협력의무에 대한 가산세는 그 의무위반의 종류별로 각각 5천만 원(중소기업이 아닌 기업은 1억 원)을 한도로 한다. 다만, 고의적으로 위반한 경우는 제외한다.

답 ④

20 □□□

「국세기본법」상 가산세 감면 등이 적용될 수 없는 것은?

① 납세자가 입은 화재로 인한 신고의 지연이 가산세 부과의 원인인 경우로서 그 화재가 기한연장사유에 해당하는 경우
② 과세전적부심사 결정·통지기간 이내에 그 결과를 통지하지 아니하고 지연됨으로써 그 지연된 기간에 부과되는 가산세인 경우
③ 납세자가 세법에서 정한 의무를 이행하지 아니한 데 대한 정당한 사유가 있는 때
④ 과세표준수정신고서를 제출한 과세표준과 세액을 경정할 것을 미리 알고 법정신고기한이 지난 후 1개월 초과 3개월 이내에 수정신고서를 제출한 경우

20	가산세

법정신고기한이 지난 후 1개월 초과 3개월 이내에 수정신고서를 제출하고 세액을 납부하는 경우에는 과소신고가산세 및 초과환급신고가산세의 75%를 감면한다. 다만, 과세표준과 세액을 경정할 것을 미리 알고 제출한 경우에는 그러하지 아니하다.

📑 **가산세 감면**

㉠ 과소신고·초과환급신고가산세 감면(과세표준과 세액을 경정할 것을 미리 알고 과세표준 수정신고서를 제출한 경우는 제외)

법정신고기한이 지난 후 다음 기간 내 수정신고하는 경우	감면율
1개월 이내	90%
1개월 초과 3개월 이내	75%
3개월 초과 6개월 이내	50%
6개월 초과 1년 이내	30%
1년 초과 1년 6개월 이내	20%
1년 6개월 초과 2년 이내	10%

㉡ 무신고가산세 감면(과세표준과 세액을 경정할 것을 미리 알고 기한후과세표준신고서를 제출한 경우는 제외)

법정신고기한이 지난 후 다음 기간 내 기한후신고하는 경우	감면율
1개월 이내	50%
1개월 초과 3개월 이내	30%
3개월 초과 6개월 이내	20%

* 과세표준과 세액의 경정할 것을 미리 알고 있는 경우는 다음과 같다.
  ⓐ 해당 국세에 관하여 세무공무원이 조사를 착수한 것을 알고 과세표준신고서를 제출한 경우
  ⓑ 해당 국세에 관하여 관할 세무서장으로부터 과세자료 해명통지를 받고 과세표준신고서를 제출한 경우

답 ④

「국세기본법」상 가산세액의 100분의 50에 상당하는 금액을 감면하는 사유에 해당하지 않은 것은?

① 과세표준과 세액을 신고하지 아니한 자가 법정신고기한 경과 후 1개월 이내에 법령의 규정에 따라 기한후신고를 한 경우(무신고가산세에 한함)

②「국세기본법」또는 세법에 따라 가산세를 부과하는 경우 그 부과의 원인이 되는 사유가 법령의 규정에 따라 천재지변 등의 기한연장 사유에 해당하는 경우

③ 과세표준수정신고서를 제출한 과세표준과 세액에 관하여 경정이 있을 것을 미리 알고 제출한 경우를 제외하고 법정신고기한 경과 후 3개월 초과 6개월 이내에 법령의 규정에 따라 수정신고를 한 경우(과소신고가산세·초과환급신고가산세에 한함)

④ 결정·통지가 지연됨으로써 해당기간에 부과되는 납부지연가산세에 있어서 법령의 규정에 따른 과세전적부심사 결정·통지기간 이내에 그 결과를 통지하지 아니한 경우(납부지연가산세에 한함)

「국세기본법」상 수정신고에 대한 설명으로 옳지 않은 것은?

①「소득세법」제73조 제1항 제1호(근로소득만 있는 자)에 따라 소득세 과세표준확정신고의무가 면제되는 자는 수정신고를 할 수 있는 자에 해당한다.

② 적법한 수정신고를 하였더라도 그 신고로 인하여 납세의무확정효력이 발생하지 않는 경우도 있다.

③ 과세표준신고액에 상당하는 세액을 자진납부하는 국세에 관하여 수정신고를 한 자는 과소신고세액 등을 추가로 납부하여야 하는데 이를 납부하지 않은 경우에는 수정신고에 따른 과소신고가산세를 감면해주지 않는다.

④ 납세자의 과소신고에 대해 관할 세무서장이 해당 세법에 따라 과세표준과 세액을 경정하여 통지한 경우 그 경정통지한 부분에 대해서는 수정신고를 할 수 없다.

21	가산세

과세당국은「국세기본법」또는 세법에 따라 가산세를 부과하는 경우 그 부과의 원인이 되는 사유가 천재지변 등의 기한연장 사유에 해당하거나 납세자가 의무를 이행하지 않은 것에 대한 정당한 사유가 있는 때에는 해당 가산세를 부과하지 않는다.

📑 가산세 감면

㉠ 다음의 경우는 가산세 전액을 감면한다.
　ⓐ 가산세 부과의 원인이 되는 사유가 기한연장 사유에 해당되는 경우
　ⓑ 정당한 사유가 있는 경우

㉡ 정당한 사유로 보는 경우
　ⓐ 해석에 관한 질의·회신 등에 따라 신고·납부하였으나 이후 다른 과세처분을 하는 경우
　ⓑ 토지 등의 수용 또는 사용 등 그 밖의 법령 등으로 인해 세법상 의무를 이행할 수 없게 된 경우
　ⓒ 실손의료보험금을 의료비에서 제외할 때에 실손의료보험금 지급의 원인이 되는 의료비를 지출한 과세기간과 해당 보험금을 지급받은 과세기간이 달라 해당 보험금을 지급받은 후 의료비를 지출한 과세기간에 대한 소득세를 수정신고하는 경우

㉢ 정당한 사유로 보지 않는 경우
　ⓐ 법령의 부지·착오
　ⓑ 세무공무원의 잘못된 설명을 믿고 그 신고납부의무를 이행하지 아니하였다 하더라도 그것이 관련 법령에 어긋나는 것임이 명백한 경우

답 ②

22	가산세

법정신고기한이 지난 뒤 2년 이내에 수정신고를 하는 경우에는 과소신고·초과환급신고가산세를 감면한다. 이 경우 추가로 납부할 세액을 납부하지 않은 경우에도 감면대상에 해당된다.

답 ③

「국세기본법」상 가산세의 감면에 대한 설명으로 옳지 않은 것은?

① 납세자가 의무를 이행하지 아니한 데 대한 정당한 사유가 있는 경우에는 가산세를 부과하지 아니한다.
② 법정신고기한이 지난 후 6개월 초과 1년 이내에 「국세기본법」 제45조에 따라 수정신고한 경우에는 과소신고·초과환급신고가산세액의 30%에 상당하는 금액을 감면한다. 다만, 과세표준과 세액을 경정할 것을 미리 알고 과세표준수정신고서를 제출하는 경우에는 제외한다.
③ 법정신고기한이 지난 후 「국세기본법」 제45조의3에 따라 기한후신고납부를 한 경우에 그 신고납부가 법정신고기한이 지난 후 1개월 이내에 이루어진 경우에는 무신고가산세의 50%에 상당하는 금액을 감면한다. 다만, 과세표준과 세액을 결정할 것을 미리 알고 기한후 과세표준신고서를 제출한 경우는 제외한다.
④ 「국세기본법」 제81조의15에 따른 과세전적부심사 결정·통지기간에 그 결과를 통지하지 아니한 경우에는 신고·납부관련 가산세의 50%에 상당하는 금액을 감면한다.

23	가산세

「국세기본법」 제81조의15에 따른 과세전적부심사 결정·통지기간에 그 결과를 통지하지 아니한 경우에는 납부·환급관련 가산세의 50%에 상당하는 금액을 감면한다. 즉, 납부·환급에 대한 가산세만 대상으로 하므로 신고에 대한 가산세는 감면대상이 아니다.

📋 **가산세 감면(가산세액의 50% 감면)**

과세전적부심사 지연통지	과세전적부심사 결정·통지기간에 그 결과를 통지하지 아니한 경우(결정·통지가 지연됨으로써 해당 기간에 부과되는 납부지연가산세만 해당됨)
제출 등	세법에 따른 제출·신고·가입·등록·개설의 기한이 지난 후 1개월 이내에 해당 세법에 따른 제출 등의 의무를 이행하는 경우
확정신고기한까지 수정신고	예정신고기한 및 중간신고 기한까지 예정신고 및 중간신고를 하였으나 과소신고하거나 초과신고한 경우로서 확정신고기한까지 과세표준을 수정하여 신고한 경우(해당기간에 부과되는 과소신고·초과환급신고가산세만 해당하며, 과세표준과세액을 경정할 것을 미리 알고 과세표준신고를 하는 경우는 제외)
확정신고기한까지 신고	예정신고 및 중간신고를 하지 아니하였으나 확정신고기한까지 과세표준신고를 한 경우(해당 기간에 부과되는 무신고가산세만 해당하며, 과세표준과세액을 경정할 것을 미리 알고 과세표준신고를 하는 경우는 제외)

답 ④

「국세기본법」상 가산세에 대한 설명으로 옳지 않은 것은?

① 세법에 따른 제출기한이 지난 후 1개월 이내에 해당 세법에 따른 제출의무를 이행하는 경우 제출의무 위반에 대하여 세법에 따라 부과되는 해당 가산세액의 100분의 50에 상당하는 금액을 감면한다.
② 납세자가 의무를 이행하지 아니한 데 대한 정당한 사유가 있는 때에는 해당 가산세를 부과하지 아니한다.
③ 가산세는 해당 의무가 규정된 세법의 해당 국세의 세목으로 하며, 해당 국세를 감면하는 경우에는 가산세도 그 감면대상에 포함한 것으로 한다.
④ 가산세 부과의 원인이 되는 사유가 「국세기본법」에 따른 기한연장 사유에 해당하는 경우에는 해당 가산세를 부과하지 아니한다.

24	가산세

가산세는 해당 의무가 규정된 세법의 해당 국세의 세목에 해당하며, 해당 국세를 감면하는 경우 가산세는 그 감면대상에 포함하지 않는다.

답 ③

25 ☐☐☐

「국세기본법」상 가산세에 대한 설명으로 옳지 않은 것은?

① 원천징수 등 납부지연가산세가 부과되는 부분에 대해서는 납부지연가산세를 별도로 부과하지 아니한다.

② 가산세는 납부할 세액에 가산하거나 환급받을 세액에서 공제한다.

③ 과세기간을 잘못 적용하여 소득세를 신고납부한 경우, 그 신고가 「국세기본법」상 부정행위로 인한 무신고 등에 해당하지 않는 한, 실제 신고납부한 날에 실제 신고납부한 금액의 범위에서 당초 신고납부하였어야 할 과세기간에 대한 국세를 자진납부한 것으로 보아 납부지연가산세를 계산한다.

④ 국가가 가산세를 납부하는 경우는 없다.

26 ☐☐☐

「국세기본법」상 가산세에 대한 설명으로 옳지 않은 것은?

① 가산세는 납부할 세액에 가산하거나 환급받을 세액에서 공제한다.

② 「소득세법」에 따라 소득세를 원천징수하여 납부할 의무를 지는 자에게 원천징수 등 납부지연가산세를 부과하는 경우에는 납부하지 아니한 세액의 100분의 20에 상당하는 금액을 가산세로 한다.

③ 과세전적부심사 결정·통지기간에 그 결과를 통지하지 아니한 경우 결정·통지가 지연됨으로써 해당 기간에 부과되는 납부지연가산세액의 100분의 50에 상당하는 금액을 감면한다.

④ 무신고가산세의 납세의무는 법정신고기한이 경과하는 때 납세의무가 성립한다.

25	가산세

국가도 「법인세법」상 비과세 대상에 해당하므로 대부분의 가산세를 적용하지 않는다. 다만 국가에 대한 가산세 면제 규정이 없는 경우에는 가산세를 부과할 수 있다.

답 ④

26	가산세

원천징수 등 납부지연가산세는 다음과 같이 계산한다.

> **📄 원천징수 등 납부지연가산세**
>
> 국세를 징수하여 납부할 의무를 지는 자가 징수하여야 할 세액을 세법에 따른 납부기한까지 납부하지 아니하거나 과소납부한 경우에는 납부하지 아니한 세액 또는 과소납부분 세액의 100분의 50(아래 ㉠의 금액과 ㉡ 중 법정납부기한의 다음 날부터 납부고지일까지의 기간에 해당하는 금액을 합한 금액은 100분의 10)에 상당하는 금액을 한도록 하여 다음의 금액을 합한 금액을 가산세로 한다.
> ㉠ 납부하지 아니한 세액 또는 과소납부분 세액의 100분의 3에 상당하는 금액
> ㉡ 납부하지 아니한 세액 또는 과소납부분 세액 × 법정납부기한의 다음 날부터 납부일까지의 기간 × 0.022%

답 ②

---

05 국세불복제도

KEYWORD 18 국세불복제도

01 □□□

2019년 7급

국세기본법령상 조세불복제도에 대한 설명으로 옳은 것은? (다툼이 있는 경우 판례에 의한다)

① 불복을 하더라도 압류 및 공매의 집행에 효력을 미치지 아니하는 것이 원칙이다.

②「조세범 처벌절차법」에 따른 통고처분에 대해서는 불복할 수 없다.

③ 심판청구에 대한 재조사결정의 취지에 따른 후속처분이 심판청구를 한 당초처분보다 납세자에게 불리하더라도 불이익변경금지원칙이 적용되지 아니하므로 후속처분 중 당초처분의 세액을 초과하는 부분은 위법하지 않다.

④ 국세청장이 심사청구의 내용이나 절차가 「국세기본법」 또는 세법에 적합하지 아니하여 20일 이내의 기간을 정하여 보정을 요구한 경우 보정기간은 심사청구기간에 산입하지 아니하나 심사청구에 대한 결정기간에는 산입한다.

02 □□□

2019년 9급

국세기본법령상 조세불복의 대리인에 대한 설명으로 옳지 않은 것은? (단, 지방세는 고려하지 않는다)

① 이의신청인 등과 처분청은 변호사를 대리인으로 선임할 수 있다.

② 이의신청인 등은 신청 또는 청구의 대상이 되는 금액이 3천만 원 미만인 경우 그 배우자도 대리인으로 선임할 수 있다.

③ 조세불복의 신청 또는 청구의 취하는 대리인이 본인으로부터 특별한 위임을 받은 경우에만 할 수 있다.

④ 법인이 아닌 심판청구인이 심판청구의 대상 세목이 상속세이고, 청구금액이 5천만 원인 경우 조세심판원에 세무사를 국선대리인으로 선정하여 줄 것을 신청할 수 있다.

01	국세불복제도

(선지분석)

① 조세불복을 진행하더라도 공매를 할 수 없다.

③ 심판청구에 대한 판결은 불이익변경금지원칙을 적용하므로 재조사의 경우에도 불리한 처분을 할 수 없다.

④ 보정기간은 청구기간이나 결정기간에 산입하지 않는다.

답 ②

02	국세불복제도

국선대리인을 신청하기 위해서는 해당 세목이 상속세, 증여세 및 종합부동산세가 아닌 세목을 대상으로 한다.

답 ④

03 □□□

「국세기본법」상 불복에 대한 설명으로 옳지 않은 것은?

① 이의신청을 하려는 자는 관할 세무서장이나 관할 지방국세청장에게 이의신청을 청구할 수 있다.

② 이의신청, 심사청구 또는 심판청구의 재결청은 결정서에 그 결정서를 받은 날부터 90일 이내에 이의신청인은 심사청구 또는 심판청구를, 심사청구인 또는 심판청구인은 행정소송을 제기할 수 있다는 내용을 적어야 한다.

③ 대리인은 본인을 위하여 그 신청 또는 청구에 관한 모든 행위를 할 수 있으므로 그 신청 또는 청구의 취하에 있어서도 특별한 위임을 받을 필요는 없다.

④ 이의신청, 심사청구 또는 심판청구는 세법에 특별한 규정이 있는 것을 제외하고는 해당 처분의 집행에 효력을 미치지 아니하나 해당 재결청이 필요하다고 인정할 때에는 그 처분의 집행을 중지하게 하거나 중지할 수 있다.

04 □□□

「국세기본법」상 불복절차에 대한 설명으로 옳지 않은 것은?

① 세법상의 처분에 의해 권리나 이익의 침해를 당한 자가 행정소송을 제기하기 위해서는 「국세기본법」상의 심사청구 또는 심판청구를 거치거나 「감사원법」상의 심사청구를 거쳐야 한다.

② 제2차 납세의무자로서 납부고지서를 받은 자나 보증인도 이해관계인으로서 위법한 처분을 받은 자의 처분에 대하여 취소 또는 변경을 청구할 수 있다.

③ 국세청장의 처분에 대하여 불복하려는 자는 이의신청을 거친 후에 또는 이의신청을 거치지 아니하고, 심사청구 또는 심판청구를 제기할 수 있다.

④ 세법상의 처분에 대한 불복으로 「행정심판법」상의 행정심판을 청구할 수 없다.

03	국세불복제도

대리인은 본인을 위하여 그 신청 또는 청구에 관한 모든 행위를 할 수 있다. 다만, 그 신청 또는 청구의 취하는 특별한 위임을 받은 경우에만 할 수 있다.

📄 **대리인**

㉠ 이의신청인, 심사청구인 또는 심판청구인과 처분청은 변호사, 세무사 또는 「세무사법」에 따라 등록한 공인회계사를 대리인으로 선임할 수 있다.

㉡ 이의신청인, 심사청구인 또는 심판청구인은 신청 또는 청구의 대상이 3천만 원(지방세의 경우는 1천만 원) 미만의 소액인 경우에는 그 배우자, 4촌 이내의 혈족 또는 그 배우자의 4촌 이내의 혈족을 대리인으로 선임할 수 있다.

㉢ 대리인은 본인을 위하여 그 신청 또는 청구에 관한 모든 행위를 할 수 있다. 다만, 그 신청 또는 청구의 취하는 특별한 위임을 받은 경우에만 할 수 있다.

답 ③

04	국세불복제도

국세청장의 과세표준 조사결정에 따른 처분은 이의신청이 배제된다.

📄 **이의신청 배제**

다음과 같이 국세청장이 조사·결정 또는 처리하였거나 하였어야 할 것에 대하여는 이의신청이 배제된다.
㉠ 국세청의 감사결과로서의 시정지시에 따른 처분
㉡ 세법에 따라 국세청장이 하여야 할 처분

답 ③

05 ⬚⬚⬚

「국세기본법」상 조세불복에 따른 권리구제에 대한 설명으로 옳지 않은 것은?

① 세법에 따른 처분으로서 위법한 처분에 대한 행정소송은 「국세기본법」상의 심사청구 또는 심판청구와 그에 대한 결정을 거치지 아니하면 제기할 수 없다.

② 「국세기본법」상 불복청구의 대상인 「국세기본법」 또는 세법에 따른 처분에는 개인에 대한 소득금액변동통지는 포함되나 세무조사 결정은 포함되지 않는다.

③ 「감사원법」에 따라 심사청구를 한 처분이나 그 심사청구에 대한 처분은 「국세기본법」상 불복청구의 대상이 아니다.

④ 세법에 따른 처분에 의하여 권리를 침해당하게 될 제2차 납세의무자로서 납부고지서를 받은 자는 위법 또는 부당한 처분을 받은 자의 처분에 대하여 그 처분의 취소 또는 변경을 청구하거나 그 밖에 필요한 처분을 청구할 수 있다.

05	국세불복제도

세무조사결정은 납세의무자의 권리의무에 직접 영향을 미치므로 불복청구의 대상이 된다. 그리고 법인에 대한 소득금액변동통지는 불복청구의 대상이 되나, 개인에 대한 소득금액변동통지는 불복청구의 대상이 되지 않는다.

답 ②

06 ⬚⬚⬚

「국세기본법」상 불복절차에 관한 설명으로 옳지 않은 것은?

① 「국세기본법」 또는 세법의 규정에 의한 처분이 국세청장이 조사·결정 또는 처리하거나 하였어야 할 것인 경우를 제외하고는 그 처분에 대하여 심사청구 또는 심판청구에 앞서 이의신청을 할 수 있다.

② 「국세기본법」상의 심판청구에 대한 결정이 있은 때에는 당해 행정청은 결정의 취지에 따라 즉시 필요한 처분을 하여야 한다.

③ 국세처분에 관한 행정소송은 「행정소송법」의 규정에 불구하고 심사청구 또는 심판청구에 대한 결정의 통지를 받은 날로부터 90일 이내에 제기하여야 한다. 결정기간 내에 결정의 통지를 받지 못한 경우에는 행정소송을 제기할 수 없다.

④ 국세청장은 심사청구의 내용이나 절차가 「국세기본법」 또는 세법에 적합하지 아니하나 보정할 수 있다고 인정하는 때에는 20일 이내의 기간을 정하여 보정할 것을 요구할 수 있다.

06	국세불복제도

재결청은 해당 신청 또는 청구에 대한 결정기간이 지나도 그 결정을 하지 못하였을 때에는 이의신청인은 심사청구 또는 심판청구를, 심사청구인 또는 심판청구인은 행정소송제기를 결정의 통지를 받기 전이라도 그 결정기간이 지난 날부터 할 수 있다는 내용을 서면으로 지체 없이 그 신청인 또는 청구인에게 통지하여야 한다. 따라서 심사청구 또는 심판청구의 결정기간 내에 결정의 통지를 받지 못한 경우에는 결정기간이 지난 날부터 행정소송을 제기할 수 있다.

답 ③

「국세기본법」상 국세불복제도에 대한 설명으로 옳지 않은 것은?

① 「조세범 처벌절차법」에 의한 통고처분에 대하여는 「국세기본법」에 의한 이의신청은 가능하나 심판청구는 제기할 수 없다.

② 「국세기본법」 또는 세법에 의한 처분으로서 위법 또는 부당한 처분을 받거나 필요한 처분을 받지 못함으로써 권리 또는 이익의 침해를 당한 자는 「국세기본법」에 의한 심사청구 또는 심판청구를 제기할 수 있다.

③ 「국세기본법」에 의한 불복은 동일한 처분에 대하여는 심사청구와 심판청구를 중복하여 제기할 수 없다.

④ 불복의 대상인 처분이 국세청장이 조사·결정 또는 처리하거나 하였어야 할 것인 경우에는 이의신청이 배제된다.

「국세기본법」상 국세의 불복절차에 대한 설명으로 옳지 않은 것은?

① 조세심판관회의는 심판청구에 대한 결정을 할 때 심판청구를 한 처분 외의 처분에 대해서는 그 처분의 전부 또는 일부를 취소 또는 변경하거나 새로운 처분의 결정을 하지 못한다.

② 심사청구 또는 심판청구의 대상이 된 처분에 대한 재조사 결정에 따른 처분청의 처분에 대해서는 해당 재조사 결정을 한 재결청에 대하여 심사청구 또는 심판청구를 제기할 수 있다.

③ 담당 조세심판관에게 공정한 심판을 기대하기 어려운 사정이 있다고 의심될 때에는 심판청구인은 그 조세심판관의 제척을 신청할 수 있다.

④ 「감사원법」에 따른 심사청구를 한 처분에 대하여는 「국세기본법」에 따른 취소 또는 변경을 청구할 수 없다.

---

07   국세불복제도

「조세범 처벌절차법」에 따른 통고처분에 대해서는 「국세기본법」에 따른 불복을 제기할 수 없다.

> **「국세기본법」상 불복청구 제외대상**
>
> 다음의 처분에 대해서는 「국세기본법」에 따른 불복을 할 수 없다.
> ㉠ 심사청구·심판청구에 대한 처분. 다만, 재조사결정에 따른 처분청의 처분에 대해서는 해당 재조사결정을 한 재결청에 대하여 심사청구 또는 심판청구를 제기할 수 있음
> ㉡ 이의신청에 대한 처분과 재조사결정에 따른 처분청의 처분
> ㉢ 「조세범 처벌법」에 따른 통고처분
> ㉣ 「감사원법」에 따라 심사청구를 한 처분이나 그 심사청구에 대한 처분
> ㉤ 「국세기본법」 또는 세법에 따른 과태료 부과처분

답 ①

---

08   국세불복제도

담당 조세심판관에게 공정한 심판을 기대하기 어려운 사정이 있다고 의심될 때에는 심판청구인은 그 조세심판관의 기피를 신청할 수 있다.

답 ③

국세불복제도에 대한 설명으로 옳지 않은 것은?

① 심사청구를 거치지 아니하고는 심판청구를 할 수 없다.

② 심사청구나 심판청구에 대한 결정은 해당 심사청구나 심판청구를 받은 날부터 90일 이내에 하여야 한다.

③ 국세심사위원회 회의는 공개하지 않지만 국세심사위원회 위원장이 필요하다고 인정하는 때에는 이를 공개할 수 있다.

④ 국세청장은 심사청구의 내용이 세법에 적합하지 아니하나 보정할 수 있다고 인정하는 때에는 20일 이내의 기간을 정하여 보정할 것을 요구할 수 있다.

국세불복청구에 관한 설명 중 옳은 것은?

① 담당 조세심판관에게 심판의 공정이 기대하기 어려운 사정이 있다고 인정되는 경우에는 심판청구인이 조세심판원장에게 해당 조세심판관의 회피를 신청할 수 있다.

② 이의신청인, 심사청구인, 심판청구인 또는 처분청(처분청의 경우는 심판청구에 한한다)은 그 신청 또는 청구에 관계되는 서류를 열람할 수 있으며, 해당 재결청에 의견을 진술할 수 있다.

③ 조세심판청구에 대하여는 조세심판원장이 심판관회의의 심리를 거쳐 결정한다.

④ 조세심판관회의는 심판청구를 한 처분 이외에 대하여는 불이익이 되는 결정을 하지 못하는 것을 원칙으로 하지만 특별한 사유가 있는 경우에는 그러하지 아니하다.

---

09   국세불복제도

심사청구에 대한 처분에 대해서는 심판청구를 제기할 수 없다. 따라서 심사청구와 심판청구를 중복해서 제기할 수 없다.

> 📋 **보정기간**
>
> ㉠ 세무서장 · 국세청장 또는 조세심판원장은 이의신청 · 심사청구 또는 심판청구의 내용이나 절차가 「국세기본법」 또는 세법에 적합하지 않아 보정할 수 있다고 인정되면 다음의 기간을 정하여 보정할 것을 요구할 수 있다. 다만, 보정할 사항이 경미한 경우에는 직권으로 보정할 수 있다.
>   ⓐ 이의신청 · 심사청구의 경우: 20일 이내
>   ⓑ 심판청구의 경우: 상당한 기간
> ㉡ 이러한 보정기간은 청구기간 또는 결정기간에 산입하지 않는다.

답 ①

10   국세불복제도

(선지분석)

① 담당 조세심판관에게 심판의 공정이 기대하기 어려운 사정이 있다고 인정되는 경우에는 심판청구인이 조세심판원장에게 해당 조세심판관의 기피를 신청할 수 있다.

③ 조세심판원장은 심판청구를 받으면 이에 관한 조사와 심리를 담당할 주심조세심판관 1명과 배석조세심판관 2명 이상을 지정하여 조세심판관회의를 구성하게 한다. 조세심판관회의의 의결방법은 주심조세심판관이 그 의장이 되며, 담당 조세심판관 3분의 2 이상의 출석으로 개의하고 출석조세심판관의 과반수의 찬성으로 의결한다.

④ 조세심판관회의는 심판청구를 한 처분 이외에 대하여는 불이익이 되는 결정을 하지 못하며, 예외 규정은 없다.

답 ②

「국세기본법」상 심판청구제도에 대한 설명으로 옳지 않은 것은?

① 심판청구에 대한 결정을 할 때에는 심판청구를 한 처분보다 청구인에게 불리한 결정을 하지 못한다.
② 청구금액이 3천만 원 이상이고 청구기간 내에 심판청구가 이루어진 때에는 조세심판관회의가 심리를 거쳐 결정한다.
③ 심판청구인은 자신의 심판청구와 관련하여 법령이 정하는 바에 따라 해당 재결청에 의견진술을 할 수 있지만, 처분청은 그러하지 않다.
④ 조세심판관회의는 주심조세심판관이 그 의장이 되며, 담당조세심판관 3분의 2 이상의 출석으로 개의하고 출석조세심판관의 과반수의 찬성으로 의결한다.

---

11 | 국세불복제도

이의신청인, 심사청구인, 심판청구인 또는 처분청(처분청의 경우 심판청구에 한정)은 그 신청 또는 청구에 관계되는 서류를 열람할 수 있으며 해당 재결청에 의견을 진술할 수 있다.

답 ③

「국세기본법」상 조세심판에 관한 설명으로 옳지 않은 것은?

① 「감사원법」에 따라 심사청구를 한 처분이나 그 심사청구에 대한 처분은 심판청구의 대상이 되는 처분에 포함되지 아니한다.
② 심판청구인은 변호사 이외에도 세무사 또는 「세무사법」의 규정에 따라 등록한 공인회계사를 대리인으로 선임할 수 있다.
③ 심판청구는 세법에 특별한 규정이 있는 것을 제외하고는 그 결정이 있기 전까지 당해 과세처분의 집행을 중지시킨다.
④ 조세심판관회의는 심판청구에 대한 결정을 할 때 심판청구를 한 처분보다 청구인에게 불리한 결정을 하지 못한다.

---

12 | 국세불복제도

집행부정지의 원칙에 따라 이의신청·심사청구 또는 심판청구는 세법에 특별한 규정이 있는 경우를 제외하고는 집행이 정지되지 않는다.

📄 집행정지 사유

㉠ 해당 재결청(裁決廳)이 처분의 집행 또는 절차의 속행 때문에 불복청구인에게 중대한 손해가 생기는 것을 예방할 필요성이 긴급하다고 인정할 때에는 처분의 집행 또는 절차 속행의 전부 또는 일부를 정지할 수 있다.
㉡ 불복에 대한 결정이 확정되기 전에는 공매할 수 없다.

답 ③

13 ☐☐☐

「국세기본법」상 심판청구제도에 대한 설명으로 옳지 않은 것은?

① 담당 조세심판관 외의 조세심판원 소속 공무원은 조세심판원장의 명에 따라 심판청구인의 장부나 서류의 제출을 요구할 수 있다.

② 심판청구를 하려는 자는 불복의 사유 등이 기재된 심판청구서를 그 처분을 하였거나 하였어야 할 세무서장이나 조세심판원장에게 제출하여야 한다.

③ 심판청구인 또는 처분청은 「국세기본법 시행령」으로 정하는 바에 따라 해당 재결청에 의견을 진술할 수 있다.

④ 청구기간이 지난 후에 심판청구를 받은 경우에는 조세심판관회의의 심리를 거치지 않고 주심조세심판관이 심리하여 결정할 수 있다.

14 ☐☐☐

「국세기본법」상 심사와 심판에 대한 설명으로 옳은 것으로만 묶은 것은?

ㄱ. 심사청구가 이유 있다고 인정되어 행한 재조사 결정에 따른 처분청의 처분에 대한 행정소송은 심사청구와 그에 대한 결정을 거치지 아니하면 제기할 수 없다.

ㄴ. 「감사원법」에 따라 심사청구를 한 처분이나 그 심사청구에 대한 처분에 대해서는 「국세기본법」에 따른 처분의 취소 또는 변경을 청구하거나 필요한 처분을 청구할 수 없다.

ㄷ. 국세청장은 심사청구의 내용이나 절차가 「국세기본법」 또는 세법에 적합하지 아니하나 보정(補正)할 수 있다고 인정되면 20일 이내의 기간을 정하여 보정할 것을 요구할 수 있고, 보정할 사항이 경미한 경우에는 직권으로 보정할 수 있다.

ㄹ. 심판청구를 제기한 후 같은 날 심사청구를 제기한 경우에는 심사청구를 기각하는 결정을 한다.

① ㄱ, ㄴ
② ㄱ, ㄹ
③ ㄴ, ㄷ
④ ㄷ, ㄹ

13　국세불복제도

조세심판관 외의 조세심판원 소속 공무원은 조세심판원장의 명에 따라 심판청구인 등에 대한 질문과 장부 등 물건에 대한 검사 및 감정의뢰를 할 수 있다. 따라서 장부, 서류 등 제출은 해당되지 않는다.

📑 **질문검사권**

㉠ 담당 조세심판관은 심판청구에 관한 조사와 심리를 위하여 필요하면 직권으로 또는 심판청구인의 신청에 의하여 다음의 행위를 할 수 있다.
　ⓐ 심판청구인, 처분청, 관계인 또는 참고인에 대한 질문
　ⓑ ⓐ에 열거한 자의 장부, 서류, 그 밖의 물건의 제출 요구
　ⓒ ⓐ에 열거한 자의 장부, 서류, 그 밖의 물건의 검사 또는 감정기관에 대한 감정의뢰
㉡ 담당 조세심판관 외의 조세심판원 소속 공무원은 조세심판원장의 명에 따라 위 ㉠의 ⓐ와 ⓒ의 행위를 할 수 있다.

답 ①

14　국세불복제도

ㄴ, ㄷ이 심사와 심판에 대한 옳은 설명이다.

（선지분석）

ㄱ. 재조사결정에 따라 조세불복을 하는 경우에는 심사청구 또는 심판청구를 거친 후에 행정소송을 제기할 수도 있고 심사청구 또는 심판청구를 거치지 않고 행정소송을 제기할 수 있다.

ㄹ. 심판청구를 제기한 후 같은 날 심사청구를 제기한 경우에는 심사청구를 각하하는 결정을 한다.

답 ③

15 ☐☐☐

조세불복 및 그 관련 제도에 대한 설명으로 옳은 것은?

① 조세심판관회의는 조세심판관회의 의장이 필요하다고 인정할 때 이외에는 공개하지 아니한다.
② 행정소송이 계속 중인 국세의 체납으로 압류한 재산(부패·변질·감량되기 쉬운 재산이 아님)은 소(訴)에 대한 판결이 확정되기 전에 공매할 수 있다.
③ 조세심판원의 재조사결정에 따른 후속 처분에 대하여는 심사청구나 심판청구를 할 수 없다.
④ 납세의무자가 세법에 따른 과태료 부과처분의 취소를 구하는 심판청구를 한 경우 조세심판원은 그를 심리하여 인용 또는 기각의 결정을 하여야 한다.

16 ☐☐☐

「국세기본법」상 다른 법률과의 관계에 대한 설명으로 옳지 않은 것은?

① 국세에 관하여 세법에 별도의 규정이 있는 경우를 제외하고는 「국세기본법」에서 정하는 바에 따른다.
② 조세조약에 따른 상호합의절차가 개시된 경우 상호합의절차의 개시일부터 종료일까지의 기간은 심판청구의 청구기간에 산입하지 아니한다.
③ 심사청구 또는 심판청구에 대한 결정기간에 결정의 통지를 받지 못한 경우에는 결정의 통지를 받기 전이라도 그 결정기간이 지난 날부터 행정소송을 제기할 수 있다.
④ 위법 또는 부당한 처분에 대하여 감사원 심사청구를 거친 경우에는 바로 행정소송을 제기할 수 없다.

15	국세불복제도

(선지분석)
② 압류한 재산은 판결이 확정되기 전에는 공매할 수 없다.
③ 재조사결정에 따른 처분에 대해서 심사청구 또는 심판청구를 할 수 있다.
④ 과태료 부과처분은 불복대상에 해당하지 않는다.

답 ①

16	국세불복제도

감사원의 심사청구를 거친 경우에는 바로 행정소송을 제기할 수 있다.

답 ④

「국세기본법」상 재조사 결정에 대한 설명으로 옳은 것은?

① 재조사 결정은 「국세기본법」에 규정되어 있지 아니하나 실무상 사용하고 있는 결정의 한 방식이다.

② 과세전적부심사 청구에 따른 재조사 결정에 따라 조사를 하는 경우 과세전적부심사의 청구대상이 된다.

③ 재조사 결정이 있는 경우 처분청은 재조사 결정일로부터 60일 이내에 결정서 주문에 기재된 범위에 한정하여 조사하고, 그 결과에 따라 취소 · 경정하거나 필요한 처분을 하여야 한다.

④ 심사청구 또는 심판청구에 대한 재조사 결정에 따른 처분청의 처분에 대해서는 해당 재조사 결정을 한 재결청에 대하여 심사청구 또는 심판청구를 제기할 수 없다.

---

17 국세불복제도

(선지분석)

① 재조사 결정은 「국세기본법」에 규정되어 있다.

② 재조사 결정에 따른 조사는 다시 과세전적부심사를 할 수 없다.

④ 심사청구 또는 심판청구에 대한 재조사 결정에 따른 처분청의 처분에 대해서 다시 심사청구 또는 심판청구를 할 수 있다.

답 ③

06 납세자의 권리

KEYWORD 19　납세자의 권리

01 ☐☐☐
2019년 9급

「국세기본법」상 납세자의 권리에 대한 설명으로 옳지 않은 것은?

① 세무공무원은 법령에서 정한 경우를 제외하고는 납세자가 성실하며 납세자가 제출한 신고서 등이 진실한 것으로 추정하여야 한다.
② 납세자는 세무조사를 받는 경우에 세무사로 하여금 조사에 참여하게 하거나 의견을 진술하게 할 수 있다.
③ 세무조사는 납세자의 사업과 관련하여 세법에 따라 신고·납부의무가 있는 세목별로 나누어 실시하는 것이 원칙이다.
④ 세무공무원은 납세자가 세무공무원에게 직무와 관련하여 금품을 제공한 경우에는 같은 세목 및 같은 과세기간에 대해서 재조사할 수 있다.

02 ☐☐☐
2021년 7급

「국세기본법」상 세무조사에 대한 설명으로 옳지 않은 것은?

① 과세전적부심사에 따른 재조사 결정에 의한 조사(결정서 주문에 기재된 범위의 조사에 한정)를 하는 경우 같은 세목 및 같은 과세기간에 대하여 재조사를 할 수 없다.
② 상속세·증여세 조사, 주식변동 조사, 범칙사건 조사 및 출자·거래관계에 있는 관련자에 대하여 동시조사를 하는 경우에는 세무조사 기간의 제한 및 세무조사 연장기간의 제한을 받지 아니한다.
③ 세무공무원은 납세자에 대한 구체적인 탈세 제보가 있는 경우에는 조사 목적에 필요한 최소한의 범위에서 납세자 등 정당한 권한이 있는 자가 임의로 제출한 장부 등을 납세자의 동의를 받아 세무관서에 일시 보관할 수 있다.
④ 세무조사는 납세지 관할 세무서장 또는 지방국세청장이 수행하지만, 납세자의 주된 사업장이 납세지와 관할을 달리하는 경우에는 국세청장(같은 지방국세청 소관 세무서 관할 조정의 경우에는 지방국세청장)이 그 관할을 조정할 수 있다.

01	납세의 권리

세무조사는 납세자의 사업과 관련된 세목을 통합하여 조사하는 것을 원칙으로 한다.

답 ③

02	납세의 권리

재조사결정의 따른 조사는 같은 세목 및 같은 과세기간에 대하여 재조사를 할 수 있다.

답 ①

03 □□□

2019년 7급

국세기본법령상 세무조사에 대한 설명으로 옳지 않은 것은?

① 국세청장이 심사청구에 대하여 처분청으로 하여금 사실관계를 재조사하여 그 결과에 따라 필요한 처분을 하도록 하는 재조사결정에 따라, 세무공무원이 재조사결정에 의한 조사를 마친 경우에는 세무조사 내용 등이 포함된 조사 결과를 납세자에게 서면으로 통지할 의무가 있다.

② 세무공무원은 국세환급금의 결정을 위한 확인조사를 하는 경우에는 같은 세목 및 같은 과세기간에 대하여 재조사를 할 수 있다.

③ 세무공무원은 거래처 현지확인이 필요한 경우로서 「국세기본법」 제81조의8 제2항에 따라 기간을 정한 세무조사를 최초로 연장하는 경우에는 관할 세무관서의 장의 승인만으로 세무조사 기간을 연장할 수 있다.

④ 증거인멸 등으로 조사 목적을 달성할 수 없다고 인정되는 경우를 제외하고, 세무공무원은 세무조사를 하는 경우에는 조사를 받을 납세자에게 조사를 시작하기 15일 전에 조사대상 세목, 조사기간 및 조사사유 그 밖에 법령이 정하는 사항을 통지하여야 한다.

03	납세자의 권리

세무조사의 결과를 통지하여야 한다. 다만, 재조사결정에 의한 경우에는 세무조사 결과를 통지하지 않을 수 있다.

답 ①

04 □□□

2021년 9급

국세기본법령상 세무조사 기간의 연장사유에 해당하지 않는 것은?

① 납세자가 장부·서류 등을 은닉하거나 제출을 지연하거나 거부하는 등 조사를 기피하는 행위가 명백한 경우

② 거래처 조사, 거래처 현지확인 또는 금융거래 현지확인이 필요한 경우

③ 세금탈루 혐의가 포착되거나 조사 과정에서 「조세범 처벌절차법」에 따른 조세범칙조사를 개시하는 경우

④ 국외자료의 수집·제출 또는 상호합의절차 개시에 따라 외국 과세기관과의 협의가 필요한 경우

04	납세자의 권리

국외자료의 수집·제출 또는 상호합의절차 개시에 따라 외국 과세기관과의 협의가 필요한 경우는 세무조사 중지사유에 해당된다.

답 ④

05 □□□

「국세기본법」상 납세자의 권리에 대한 설명으로 옳지 않은 것은?

① 세무공무원은 사업자등록증을 발급하는 경우에는 납세자 권리헌장의 내용이 수록된 문서를 납세자에게 내주어야 한다.

② 납세자 본인의 권리 행사에 필요한 정보를 납세자(세무사 등 납세자로부터 세무업무를 위임받은 자를 포함한다)가 요구하는 경우 세무공무원은 신속하게 정보를 제공하여야 한다.

③ 세무공무원은 세무조사를 시작할 때 조사원증을 납세자 또는 관련인에게 제시한 후 납세자권리헌장을 교부하고 그 요지를 직접 낭독해 주어야 하며, 조사사유, 조사기간, 납세자보호위원회에 대한 심의 요청사항·절차 및 권리구제 절차 등을 설명하여야 한다.

④ 세무공무원은 납세자가 자료의 제출을 지연하는 등 대통령령으로 정하는 사유로 세무조사를 진행하기 어려운 경우에는 세무조사를 중지할 수 있으며, 세무조사의 중지기간 중에도 납세자에 대하여 국세의 과세표준과 세액을 결정 또는 경정하기 위한 질문을 하거나 장부 등의 검사·조사 또는 그 제출을 요구할 수 있다.

06 □□□

「국세기본법」상 같은 세목 및 같은 과세기간에 대하여 재조사를 할 수 있는 경우에 해당하지 않는 것은?

① 납세자가 세무공무원에게 직무와 관련 없이 금품을 제공하거나 금품제공을 알선한 경우

② 거래상대방에 대한 조사가 필요한 경우

③ 조세탈루의 혐의를 인정할 만한 명백한 자료가 있는 경우

④ 「국세기본법」 제81조의11 제3항에 따른 부분조사를 실시한 후 해당 조사에 포함되지 아니한 부분에 대하여 조사하는 경우

05	납세자의 권리

세무조사 중지기간 중에는 질문을 하거나 장부 등의 검사·조사 또는 제출을 요구할 수 없다.

> 📑 **세무조사 중지**
>
> 다음의 경우는 세무조사를 중지할 수 있으며 이러한 기간은 세무조사 기간 및 세무조사 연장기간에 산입하지 않는다. 세무공무원은 세무조사의 중지기간 중에는 납세자에 대하여 국세의 과세표준과 세액을 결정 또는 경정하기 위한 질문을 하거나 장부 등의 검사·조사 또는 그 제출을 요구할 수 없다.
> ㉠ 납세자가 조사중지 신청
> ㉡ 상호합의절차 개시
> ㉢ 기타
>   ⓐ 납세자 소재불명
>   ⓑ 납세자 해외출국
>   ⓒ 장부 은닉 또는 제출 지연·거부
>   ⓓ 노동쟁의
> ㉣ 납세자보호관 또는 담당관의 일시중지 요청

답 ④

06	납세자의 권리

세무공무원에게 직무와 관련하여 금품을 제공하거나 금품제공을 알선한 경우가 재조사 사유에 해당된다. 직무와 관련이 없이 금품을 제공했으므로 재조사 사유에 해당하지 않는다.

> 📑 **재조사**
>
> ㉠ 원칙: 같은 세목 및 같은 과세기간에 재조사를 금지한다.
> ㉡ 예외: 다음의 경우는 재조사를 할 수 있다.
>   ⓐ 탈루혐의 명백 자료가 있는 경우
>   ⓑ 거래 상대방 조사를 하는 경우
>   ⓒ 2개 이상 과세기간 잘못이 있는 경우
>   ⓓ 불복청구 또는 과세전적부심사청구 재조사 결정에 따라 조사하는 경우
>   ⓔ 공무원에게 금품 제공·알선한 경우
>   ⓕ 탈세혐의자 일제 조사를 하는 경우
>   ⓖ 환급금 결정을 위한 확인이 필요한 경우
>   ⓗ 과세관청 외의 기관이 제공한 자료를 처리하기 위한 조사를 하는 경우
>   ⓘ 조세범칙행위 명백한 자료가 있는 경우
>   ⓙ 부분조사를 실시한 후 해당 조사에 포함되지 아니한 부분에 대하여 조사하는 경우

답 ①

「국세기본법」상 세무조사에 대한 설명으로 옳지 않은 것은?

① 정기선정하여 세무조사를 하는 경우 세무공무원은 객관적 기준에 따라 공정하게 그 대상을 선정하여야 한다.

② 세무공무원은 과세관청의 조사결정에 의하여 과세표준과 세액이 확정되는 세목의 경우 과세표준과 세액을 결정하기 위하여 세무조사를 할 수 있다.

③ 납세자가 조사를 기피하는 행위가 명백한 경우 세무공무원은 세무조사 기간을 연장할 수 있다.

④ 세무공무원은 거래상대방에 대한 조사가 필요한 경우에도 같은 세목에 대하여 재조사를 할 수 없다.

---

07   납세자의 권리

세무공무원은 거래상대방에 대한 조사가 필요한 경우 같은 세목에 대하여 재조사를 할 수 있다.

> 📄 **재조사 금지**
>
> 다음 중 어느 하나에 해당하는 경우가 아니면 같은 세목 및 같은 과세기간에 대하여 재조사를 할 수 없다.
> ㉠ 조세탈루의 혐의를 인정할 만한 명백한 자료가 있는 경우
> ㉡ 거래상대방에 대한 조사가 필요한 경우
> ㉢ 2개 이상의 사업연도와 관련하여 잘못이 있는 경우
> ㉣ 불복청구 또는 과세전적부심사청구 재조사결정에 따라 조사를 하는 경우(결정서 주문에 기재된 범위의 조사에 한정)
> ㉤ 납세자가 세무공무원에게 직무와 관련하여 금품을 제공하거나 금품제공을 알선한 경우
> ㉥ 부동산투기 등 경제질서 교란 등을 통한 탈세혐의가 있는 자에 대하여 일제조사를 하는 경우
> ㉦ 과세관청 외의 기관이 직무상 목적을 위해 작성하거나 취득해 과세관청에 제공한 자료의 처리를 위해 조사하거나 국세환급금의 결정을 위한 확인조사를 하는 경우
> ㉧ 「조세범 처벌절차법」에 따른 조세범칙행위의 혐의를 인정할 만한 명백한 자료가 있는 경우(다만, 조세범칙조사심의위원회가 조세범칙조사의 실시에 관한 심의를 한 결과 조세범칙행위의 혐의가 없다고 의결한 경우에는 조세범칙행위의 혐의를 인정할 만한 명백한 자료로 인정하지 아니함)
> ㉨ 부분조사(확인을 위하여 필요한 부분에 한정한 세무조사)를 실시한 후 해당 조사에 포함되지 아니한 부분에 대하여 조사하는 경우

답 ④

「국세기본법」상 세무조사에 관한 설명으로 옳은 것만을 모두 고른 것은?

> ㄱ. 납세자가 세법이 정하는 신고 등의 납세협력의무를 이행하지 아니한 경우 정기선정에 의한 조사 외에 세무조사를 실시할 수 있다
> ㄴ. 세무공무원은 납세자가 장부·서류 등의 제출거부 등 조사를 기피하는 행위가 명백한 경우 세무조사 기간을 연장할 수 있다.
> ㄷ. 세무공무원은 거래상대방에 대한 조사가 필요한 경우 같은 세목 및 같은 과세기간에 대한 재조사를 할 수 없다.
> ㄹ. 세무조사의 사전통지를 받은 납세자가 천재지변 등의 사유로 인하여 조사를 받기 곤란한 경우에는 조사를 연기해 줄 것을 구두로 관할 세무서장에게 신청할 수 있다.

① ㄱ, ㄴ
② ㄱ, ㄴ, ㄹ
③ ㄷ
④ ㄷ, ㄹ

---

08   납세자의 권리

ㄱ, ㄴ이 옳은 설명이다.

(선지분석)

ㄷ. 세무공무원은 거래상대방에 대한 조사가 필요한 경우에는 같은 세목 및 같은 과세기간에 대한 재조사를 할 수 있다.

ㄹ. 세무조사의 사전통지를 받은 납세자가 천재지변 등의 사유로 인하여 조사를 받기 곤란한 경우에는 조사를 연기해 줄 것을 문서로 관할 세무서장에게 신청할 수 있다.

답 ①

「국세기본법」상 세무공무원이 세무조사시 같은 세목 및 같은 과세기간에 대하여 재조사를 할 수 있는 경우에 해당하지 않는 것은?

① 조세탈루가 의심되는 경우
② 거래상대방에 대한 조사가 필요한 경우
③ 2개 이상의 사업연도와 관련하여 잘못이 있는 경우
④ 국세환급금의 결정을 위한 확인조사를 하는 경우

09	납세자의 권리

조세탈루의 혐의를 인정할 만한 명백한 자료가 있는 경우가 세목 및 같은 과세기간에 대하여 재조사를 할 수 있는 사유에 해당된다.

답 ①

「국세기본법」상 납세자의 성실성 추정에서 제외되는 사유로 옳지 않은 것은?

① 무자료거래, 위장가공거래 등 거래내용이 사실과 다른 혐의가 있는 경우
② 납세자에 대한 구체적인 탈세제보가 있는 경우
③ 납세자가 세법이 정하는 신고를 이행하지 아니한 경우
④ 국세청장이 납세자의 신고내용에 대하여 과세자료, 세무정보 및 감사의견, 외부감사 실시내용 등 회계성실도 자료 등을 고려하여 정기적으로 성실도를 분석한 결과 불성실 혐의가 있다고 인정하는 경우

10	납세자의 권리

국세청장이 납세자의 신고내용에 대한 정기적인 성실도 분석 결과 불성실 혐의가 있다고 인정하는 경우는 정기선정 조사사유에 해당하며, 성실성 추정 배제사유(정기선정 이외 조사사유)에 해당하지 않는다.

성실성 추정 배제사유

세무공무원은 납세자가 다음에 해당하는 경우를 제외하고는 납세자가 성실하며 납세자가 제출한 신고서 등이 진실한 것으로 추정하여야 한다.
㉠ 세법에서 정하는 신고, 성실신고확인서의 제출, 세금계산서 또는 계산서의 작성·교부·제출, 지급명세서의 작성·제출 등의 납세협력의무를 이행하지 않은 경우
㉡ 무자료거래, 위장·가공거래 등 거래내용이 사실과 다른 혐의가 있는 경우
㉢ 납세자에 대한 구체적인 탈세제보가 있는 경우
㉣ 신고내용에 탈루나 오류의 혐의를 인정할 만한 명백한 자료가 있는 경우
㉤ 납세자가 세무공무원에게 직무와 관련하여 금품을 제공하거나 금품제공을 알선한 경우

답 ④

「국세기본법」에서 규정하고 있는 납세자의 권리에 대한 설명으로 옳지 않은 것은?

① 세무조사의 사전통지를 받은 납세자가 장기출장을 사유로 조사를 받기 곤란한 경우에는 조사의 연기를 신청할 수 있다.

② 세무공무원은 납세자가 세법에서 정하는 신고 등의 납세협력의무를 이행하지 아니한 경우에도 납세자가 성실하며 납세자가 제출한 신고서 등이 진실한 것으로 추정하여야 한다.

③ 납세자의 과세정보에 대한 비밀유지원칙에 불구하고 지방자치단체가 지방세 부과·징수 등을 위하여 사용할 목적으로 과세정보를 요구하는 경우 세무공무원은 이를 제공할 수 있다.

④ 납세자 본인의 권리행사에 필요한 정보를 납세자가 요구하는 경우 세무공무원은 이를 신속하게 제공하여야 한다.

「국세기본법」상 납세자의 권리에 대한 설명으로 옳지 않은 것은?

① 세무공무원은 납세자 甲에 대한 구체적인 탈세제보가 있는 경우 甲이 제출한 신고서를 진실한 것으로 추정할 수 없다.

② 납세자는 세무조사시에 변호사, 공인회계사, 세무사 등으로 하여금 조사에 참여하게 하거나 의견을 진술하게 할 수 있다.

③ 세무공무원은 조사대상 세목·업종·규모, 조사난이도 등을 고려하여 세무조사 기간이 최소한이 되도록 정하여야 하되, 거래처 조사가 필요한 경우에는 세무조사 기간을 연장할 수 있다.

④ 세무공무원은 납세자 乙의 거래상대방에 대한 조사가 필요한 경우에도 乙의 같은 세목과 같은 과세기간에 대하여 재조사를 할 수 없다.

11	납세자의 권리

세무공무원은 납세자가 세법에서 정하는 신고 등의 납세협력의무를 이행하지 아니한 경우에는 납세자가 성실하며 납세자가 제출한 신고서 등이 진실한 것으로 추정하지 아니한다.

답 ②

12	납세자의 권리

세무공무원은 납세자 乙의 거래상대방에 대한 조사가 필요한 경우에는 乙의 같은 세목과 같은 과세기간에 대하여 재조사를 할 수 있다.

답 ④

「국세기본법」상 세무조사에 관한 설명으로 옳지 않은 것은?

① 조사대상 과세기간 중 연간 수입금액 또는 양도가액이 가장 큰 과세기간의 연간 수입금액 또는 양도가액이 100억 원 미만인 납세자에 대한 세무조사 기간은 20일 이내로 하는 것을 원칙으로 한다.

② 세무공무원은 다른 과세기간·세목 또는 항목에 대한 구체적인 세금탈루 증거자료가 확인되어 다른 과세기간·세목 또는 항목에 대한 조사가 필요한 경우에는 조사진행 중 세무조사의 범위를 확대할 수 있다.

③ 세무공무원은 수시선정 세무조사 사유에 해당하는 경우로써 납세자의 동의가 있는 경우에는 세무조사 기간 동안 세무조사의 목적으로 납세자의 장부 또는 서류 등을 세무관서에 일시 보관할 수 있다.

④ 납세자의 사업과 관련된 세목이 여러 가지인 경우 이를 통합하지 않고 특정한 세목만을 조사하는 것을 원칙으로 한다.

「국세기본법」상 세무조사 중 통합조사의 원칙에 대한 설명으로 옳지 않은 것은?

① 세금탈루 혐의 등을 고려하여 특정 세목만을 조사할 필요가 있는 경우에는 특정한 세목만을 조사할 수 있다.

② 조세채권의 확보 등을 위하여 특정 세목만을 긴급히 조사할 필요가 있는 경우에는 특정한 세목만을 조사할 수 있다.

③ 명의위장, 차명계좌의 이용을 통하여 세금을 탈루한 혐의에 대한 확인이 필요한 경우에 해당하는 사유로 인한 부분조사는 같은 세목 및 같은 과세기간에 대하여 2회를 초과하여 실시할 수 있다.

④ 「국세기본법」에 따른 경정 등의 청구에 대한 처리를 위하여 확인이 필요한 경우에는 부분조사를 실시할 수 있다.

13	납세자의 권리

세무조사는 납세자의 사업과 관련하여 세법에 따라 신고·납부의무가 있는 세목을 통합하여 실시하는 것을 원칙으로 한다.

📄 **부분조사**

통합조사 원칙에도 불구하고 다음의 어느 하나에 해당하는 경우에는 해당사항에 대한 확인을 위하여 필요한 부분에 한정한 조사(부분조사)를 실시할 수 있다. 다만, 아래 ⓒ ~ ⓑ에 해당하는 사유로 인한 부분조사는 같은 세목 및 같은 과세기간에 대하여 2회를 초과하여 실시할 수 없다.

ⓐ 경정 등의 청구에 대한 처리 또는 국세환급금의 결정을 위하여 확인이 필요한 경우

ⓑ 이의신청, 심사청구, 심판청구 또는 과세전적부심사에 따른 재조사결정에 따라 사실관계의 확인 등이 필요한 경우

ⓒ 거래상대방에 대한 세무조사 중에 거래 일부의 확인이 필요한 경우

ⓓ 납세자에 대한 구체적인 탈세 제보가 있는 경우로서 해당 탈세 혐의에 대한 확인이 필요한 경우

ⓔ 명의위장, 차명계좌의 이용을 통하여 세금을 탈루한 혐의에 대한 확인이 필요한 경우

ⓕ 그 밖에 세무조사의 효율성 및 납세자의 편의 등을 고려하여 특정 사업장, 특정 항목 또는 특정 거래에 대한 확인이 필요한 경우로서 대통령령으로 정하는 경우

답 ④

14	납세자의 권리

명의위장, 차명계좌의 이용을 통하여 세금을 탈루한 혐의에 대한 확인이 필요한 경우에 해당하는 사유로 인한 부분조사는 같은 세목 및 같은 과세기간에 대하여 2회를 초과할 수 없다.

📄 **통합조사와 부분조사**

㉠ 통합조사: 세무조사는 통합하여 실시하는 것이 원칙으로 한다. 다만, 다음의 경우는 특정세목만 조사할 수 있다.
  ⓐ 세목의 특성 등 특정세목만 조사할 필요가 있는 경우
  ⓑ 특정 세목만 긴급조사할 필요가 있는 경우

㉡ 부분조사: 다음의 경우는 부분조사를 할 수 있다. 다만, ⓒ, ⓓ, ⓔ의 경우는 같은 세목 및 같은 과세기간의 부분조사는 2회를 초과할 수 없다.
  ⓐ 경정청구(비거주자 또는 외국법인의 조세조약을 위한 경정청구 포함), 환급금 확인
  ⓑ 재조사 결정 확인
  ⓒ 거래 일부 확인
  ⓓ 해당 탈세 확인
  ⓔ 명의위장, 차명계좌 확인

답 ③

---

15 ☐☐☐

「국세기본법」상 납세자의 권리에 대한 설명으로 옳지 않은 것은?

① 세무공무원은 명백한 세금탈루 혐의 또는 세법 적용의 착오 등이 있는 조사대상 과세기간의 특정 항목이 다른 과세기간에도 있어 동일하거나 유사한 세금탈루 혐의 또는 세법 적용 착오 등이 있을 것으로 의심되어 다른 과세기간의 그 항목에 대한 조사가 필요한 경우에는 조사 진행 중 세무조사의 범위를 확대할 수 있다.

② 세무공무원은 무자료 거래 등 거래 내용이 사실과 다른 혐의가 있어 실제 거래 내용에 대한 조사가 필요한 경우 관할 세무관서의 장의 승인을 받아 세무조사 기간을 연장할 수 있으나, 그 기한은 20일 이내여야 한다.

③ 납세자에 대한 구체적 탈세제보가 있는 경우는 세무공무원이 납세자의 성실성을 추정해야 하는 경우에서 제외된다.

④ 세무공무원은 조세탈루의 혐의를 인정할 만한 명백한 자료가 있는 경우 같은 세목 및 같은 과세기간에 대해서 재조사를 할 수 있다.

15	납세자의 권리

세무공무원은 무자료 거래 등 거래 내용이 사실과 다른 혐의가 있어 실제 거래 내용에 대한 조사가 필요한 경우에는 기간에 제한이 없이 세무조사가 가능하다.

📄 세무조사 기간의 제한

다음에 해당하는 사유가 있을 경우에는 세무조사 기간의 제한 및 세무조사 연장기간의 제한을 받지 않는다.
- ㉠ 무자료 거래, 위장·가공 거래 등 거래 내용이 사실과 다른 혐의가 있어 실제 거래 내용에 대한 조사가 필요한 경우
- ㉡ 역외거래를 이용하여 세금을 탈루하거나 국내 탈루소득을 해외로 변칙유출한 혐의로 조사하는 경우
- ㉢ 명의위장, 이중장부의 작성, 차명계좌의 이용, 현금거래의 누락 등의 방법을 통하여 세금을 탈루한 혐의로 조사하는 경우
- ㉣ 거짓계약서 작성, 미등기양도 등을 이용한 부동산 투기 등을 통하여 세금을 탈루한 혐의로 조사하는 경우
- ㉤ 상속세·증여세 조사, 주식변동 조사, 범칙사건 조사 및 출자·거래관계에 있는 관련자에 대하여 동시조사를 하는 경우

답 ②

16 ☐☐☐

「국세기본법」상 납세자의 권리에 관한 설명으로 옳지 않은 것은?

① 납세자는 소득세·법인세·부가가치세의 과세표준과 세액을 결정하거나 경정하기 위한 실지조사를 받는 경우에 변호사·공인회계사·세무사로 하여금 조사에 입회하거나 의견을 진술하게 할 수 있다.

② 세무공무원은 국세에 관한 조사를 위하여 당해 장부·서류 기타 물건을 조사하는 경우에는 조사를 받을 납세자에게 조사개시 10일 전에 조사대상 세목, 조사기간, 조사사유 및 기타 사항을 통지하여야 한다.

③ 세무공무원은 거래상대방에 대한 세무조사가 필요한 경우 같은 세목 및 같은 과세기간에 대하여 재조사를 할 수 있다.

④ 납부고지하려는 세액이 1백만 원 이상인 과세예고통지를 받은 자는 그 통지를 받은 날부터 30일 이내에 당해 세무서장 또는 지방국세청장에게 과세전적부심사를 청구할 수 있다.

16	납세자의 권리

세무공무원은 국세에 관한 조사를 위하여 해당 장부, 서류 또는 그 밖의 물건 등을 조사하는 경우에는 조사를 받을 납세자에게 조사를 시작하기 15일 전에 조사대상 세목, 조사기간 및 조사사유 등을 문서로 통지하여야 한다. 다만, 사전에 통지하면 증거인멸 등으로 조사목적을 달성할 수 없다고 인정되는 경우에는 그렇지 않다.

답 ②

17 □□□

「국세기본법」상 납세자의 권리에 대한 설명으로 옳은 것은?

① 거래상대방에 대한 조사가 필요한 경우에도 같은 세목, 같은 과세기간에 대해서는 재조사를 할 수 없다.

② 소득세의 결정을 위한 세무조사에는 조세전문가의 조력을 받을 수 있으나, 범칙사건의 세무조사에는 조력을 받을 수 없다.

③ 납세자가 지급명세서의 작성·제출 등의 납세협력 의무를 이행하지 아니했지만, 성실하다고 추정되는 경우에는 세무조사가 허용되지 않는다.

④ 과세전적부심사 청구서를 제출받은 과세관청은 그 청구부분에 대한 결정이 있을 때까지 과세표준 및 세액의 결정이나 경정결정을 유보하여야 한다. 그러나 세무조사결과 통지 및 과세예고통지를 하는 날부터 국세부과제척기간의 만료일까지의 기간이 3개월 이하인 경우는 예외로 한다.

18 □□□

「국세기본법」상 정기선정 세무조사 사유로 옳지 않은 것은?

① 국세청장이 납세자의 신고내용에 대하여 과세자료, 세무정보 및 감사의견, 외부감사 실시내용 등 회계성실도 자료 등을 고려하여 정기적으로 성실도를 분석한 결과 불성실 혐의가 있다고 인정하는 경우

② 최근 4과세기간(또는 4사업연도) 이상 동일세목의 세무조사를 받지 아니한 납세자에 대하여 업종, 규모 등을 고려하여 대통령령이 정하는 바에 따라 신고내용이 적정한지를 검증할 필요가 있는 경우

③ 신고내용에 탈루나 오류의 혐의를 인정할 만한 명백한 자료가 있는 경우

④ 무작위추출방식에 의하여 표본조사를 하려는 경우

17	납세자의 권리

(선지분석)

① 거래상대방에 대한 조사가 필요한 경우에도 같은 세목, 같은 과세기간에 대해서 재조사를 할 수 있다.

② 소득세의 결정을 위한 세무조사에는 조세전문가의 조력을 받을 수 있다. 또한 범칙사건의 세무조사도 조력을 받을 수 있다.

③ 납세자가 지급명세서의 작성·제출 등의 납세협력 의무를 이행하지 않은 경우에는 성실성 추정을 배제하고 수시선정에 따른 세무조사를 할 수 있다.

답 ④

18	납세자의 권리

신고내용에 탈루나 오류의 혐의를 인정할 만한 명백한 자료가 있는 경우는 수시선정 세무조사 사유에 해당된다.

📄 **정기선정에 의한 조사**

세무공무원은 다음 중 어느 하나에 해당하는 경우에 정기적으로 신고의 적정성을 검증하기 위하여 대상을 선정, 즉 정기선정하여 세무조사를 할 수 있다.

㉠ 국세청장이 납세자의 신고 내용에 대하여 과세자료, 세무정보 및 「주식회사의 외부감사에 관한 법률」에 따른 감사의견, 외부감사 실시내용 등 회계성실도 자료 등을 고려하여 정기적으로 성실도를 분석한 결과 불성실 혐의가 있다고 인정하는 경우

㉡ 최근 4과세기간(또는 4사업연도) 이상 같은 세목의 세무조사를 받지 않은 납세자(장기미조사자)에 대하여 업종, 규모, 경제력 집중 등을 고려하여 신고 내용이 적정한지를 검증할 필요가 있는 경우

㉢ 무작위추출방식으로 표본조사를 하려는 경우

답 ③

「국세기본법」상 세무조사에 대한 설명으로 옳지 않은 것은?

① 세무공무원이 세무조사를 실시하기 전 조사기간, 조사대상세목 등을 납세자에게 사전통지해야 하는 경우에는 조사를 시작하기 15일 전에 그 통지를 해야 한다.

② 세무조사는 통합조사가 원칙이지만 차명계좌를 이용하여 세금을 탈루한 혐의에 대한 확인이 필요한 경우 그 확인을 위해 필요한 부분에 한정하여 조사를 실시할 수도 있는데, 그러한 조사의 경우에도 같은 세목 및 같은 과세기간에 대하여 2회까지만 실시할 수 있다.

③ 세무공무원은 세무조사를 마쳤을 때에는 그 조사를 마친 날부터 30일 이내에 조사결과를 납세자에게 통지해야 하는데, 「조세범 처벌절차법」에 따른 조세범칙조사를 한 경우에는 결과통지를 하지 않는다.

④ 세무조사 중 납세자의 장부 등을 납세자의 동의를 받아 적법하게 세무관서에 일시보관하는 경우, 세무공무원은 납세자가 그 장부 등의 반환을 요청한 경우로서 세무조사에 지장이 없다고 판단될 때에는 요청한 장부 등을 즉시 반환하여야 한다.

「국세기본법」상 세무조사에 대한 설명으로 옳지 않은 것은?

① 세무공무원은 「조세범 처벌절차법」에 따른 조세범칙조사를 시작할 때 납세자권리헌장을 교부하고 그 요지를 직접 낭독해 주어야 한다.

② 세무공무원이 「조세범 처벌절차법」에 따른 조세범칙조사를 함에 있어서는 조사를 시작하기 10일 전에 조사대상 세목 등을 사전통지하여야 한다.

③ 세무공무원은 세무조사를 마쳤을 때에는 납세관리인을 정하지 않고 국내에 주소 또는 거소를 두지 아니한 경우 등 대통령령으로 정하는 경우를 제외하고는 법률에 규정된 사항이 포함된 조사결과를 납세자에게 서면으로 통지하여야 하는데, 이때 서류를 송달받아야 할 자의 주소 또는 영업소가 분명하지 아니하다면 그 조사를 마친 날부터 40일 이내에 통지를 하여야 한다.

④ 세무공무원이 세무조사의 목적으로 납세자의 장부를 적법한 요건을 갖추어 일시 보관하려는 경우 납세자로부터 일시 보관 동의서를 받아야 하며, 일시 보관증을 교부하여야 한다.

19	납세자의 권리

세무공무원은 세무조사를 마쳤을 때에는 그 조사를 마친 날부터 20일 이내(공시송달 사유의 경우 40일 이내)에 조사 결과를 납세자에게 설명하고, 서면으로 통지하여야 한다. 또한 조세범칙조사의 경우 통지의 대상에서 제외되지 않는다.

📄 **세무조사 결과 통지와 예외**

결과의 통지	세무공무원은 세무조사를 마쳤을 때에는 그 조사를 마친 날부터 20일(공시송달 사유에 해당하는 경우는 40일) 이내에 조사 내용, 결정 또는 경정할 과세표준·세액 및 산출근거 등이 포함된 조사 결과를 납세자에게 설명하고, 이를 서면으로 통지하여야 함
통지의 예외	다음 중 어느 하나에 해당하는 경우에는 이러한 결과통지를 요하지 않음 ㉠ 납세관리인을 정하지 않고 국내에 주소 또는 거소를 두지 않은 경우 ㉡ 불복청구·과세전적부심사가 이유 있다고 인정되어 그 청구의 대상이 된 처분의 취소·경정 또는 필요한 처분을 하기 위한 사실관계 확인 등 추가적으로 조사가 필요한 경우에 행한 재조사결정에 따른 세무조사인 경우 ㉢ 세무조사결과통지서 수령을 회피하거나 거부하는 경우

답 ③

20	납세자의 권리

세무공무원은 세무조사를 하는 경우에는 조사를 받을 납세자(납세자가 납세관리인을 정하여 관할 세무서장에게 신고한 경우에는 납세관리인을 말함)에게 조사를 시작하기 15일 전에 조사대상 세목, 조사기간 및 조사사유, 부분세무조사시 부분세무조사의 범위 등을 문서로 통지(이하 사전통지)하여야 한다. 다만, 사전통지하면 증거인멸 등으로 조사목적을 달성할 수 없다고 인정되는 경우에는 통지하지 않는다.

답 ②

21 □□□

「국세기본법」상 과세전적부심사에 대한 설명으로 옳지 않은 것은?

① 세무서장은 세무서에 대한 지방국세청장의 업무감사 결과(현지에서 시정조치하는 경우를 포함한다)에 따라 세무서장이 과세하는 경우에는 미리 납세자에게 그 내용을 서면으로 통지하여야 한다.

② 세무서장은 세무조사에서 확인된 것으로 조사대상자 외의 자에 대한 과세자료 및 현지 확인조사에 따라 세무서장이 과세하는 경우에는 미리 납세자에게 그 내용을 서면으로 통지하여야 한다.

③ 세무서장은 납부고지하려는 세액이 100만 원 미만인 경우에는 미리 납세자에게 그 내용을 서면으로 통지하지 않아도 된다.

④ 세무조사 결과 통지 및 과세예고통지를 하는 날부터 국세부과 제척기간의 만료일까지의 기간이 3개월 이하인 경우, 해당하는 통지를 받은 자는 통지를 받은 날부터 30일 이내에 통지를 한 세무서장이나 지방국세청장에게 통지 내용의 적법성에 관한 심사를 청구할 수 있다.

22 □□□

「국세기본법」상 과세전적부심사의 청구를 할 수 있는 경우는 모두 몇 개인가?

> ㄱ. 「국세징수법」에 규정된 납부기한 전 징수의 사유가 있는 경우
> ㄴ. 납부고지하려는 세액이 100만 원 이상인 과세예고통지를 받은 경우
> ㄷ. 「조세범 처벌법」 위반으로 통고처분하는 경우
> ㄹ. 세무조사 결과에 대한 서면통지를 받은 경우
> ㅁ. 국세청장의 훈령·예고·고시 등과 관련하여 새로운 해석이 필요한 경우
> ㅂ. 「국제조세조정에 관한 법률」에 따라 조세조약을 체결한 상대국이 상호합의절차의 개시를 요청한 경우

① 2개
② 3개
③ 4개
④ 5개

21	납세자의 권리

세무조사 결과 통지 및 과세예고통지를 하는 날부터 국세부과제척기간의 만료일까지의 기간이 3개월 이하인 경우에는 과세전적부심사의 청구를 할 수 없다.

> 📑 **과세전적부심사 배제사유**
>
> 다음 중 어느 하나에 해당하는 경우에는 과세전적부심사를 청구할 수 없다.
> ㉠ 납부기한 전 징수 또는 수시부과의 사유가 있는 경우
> ㉡ 「조세범 처벌법」 위반으로 고발 또는 통고처분하는 경우
> ㉢ 세무조사결과통지 및 과세예고통지를 하는 날부터 국세부과제척기간의 만료일까지의 기간이 3개월 이하인 경우
> ㉣ 「국제조세조정에 관한 법률」에 따라 조세조약을 체결한 상대국이 상호합의절차의 개시를 요청한 경우
> ㉤ 불복청구 또는 과세전적부심사청구 재조사결정에 따른 세무조사인 경우

답 ④

22	납세자의 권리

과세전적부심사의 청구 대상은 3개(ㄴ, ㄹ, ㅁ)이다.

답 ②

23 ⬜⬜⬜

「국세기본법」상 과세전적부심사와 관련된 설명으로 옳지 않은 것은?

① 조세쟁송제도가 사후적 권리구제제도라면 과세전적부심사 제도는 사전적 권리구제제도에 해당한다.

② 세무조사 결과통지 및 과세예고통지를 하는 날부터 국세부과제척기간의 만료일까지의 기간이 4월인 경우에는 과세전적부심사를 청구할 수 없다.

③ 과세전적부심사를 받기 위해서는 세무조사결과에 대한 서면통지 또는 법령이 정하는 과세예고 통지를 받은 날부터 30일 이내에 심사를 청구하여야 한다.

④ 과세전적부심사청구의 배제사유에 해당하는 경우가 아니라면 과세전적부심사의 청구부분에 대하여는 과세전적부심사에 대한 결정이 있을 때까지 과세표준 및 세액의 결정이나 경정결정이 유보된다.

24 ⬜⬜⬜

「국세기본법」상 과세전적부심사에 대한 설명 중 옳은 것은?

① 납부고지서를 받은 소득세에 대하여 고지서를 수령한 날부터 30일 내 과세전적부심사를 청구할 수 있다.

② 세무서 또는 지방국세청에 대한 지방국세청장 또는 국세청장의 업무감사결과(현지에서 시정조치하는 경우 포함)에 따라 세무서장 또는 지방국세청장이 하는 과세예고통지는 과세전적부심사의 청구를 할 수 없다.

③ 세무조사 결과통지 등을 받은 자는 그 통지를 받은 날부터 20일 이내에 당해 세무서장 또는 지방국세청장에게 통지내용에 대한 과세전적부심사를 청구할 수 있다.

④ 법령과 관련하여 국세청장의 유권해석을 변경하여야 하거나 새로운 해석이 필요한 경우 및 과세전적부심사 청구금액이 10억 원 이상에 해당하는 경우에는 국세청장에게 과세전적부심사를 청구할 수 있다.

23	납세자의 권리

세무조사결과통지 및 과세예고통지를 하는 날부터 국세부과제척기간의 만료일까지의 기간이 3월 이하인 경우에는 과세전적부심사를 청구할 수 없다.

답 ②

24	납세자의 권리

(선지분석)

① 납부고지서를 받은 소득세는 조세불복대상에 해당된다.

② 세무서 또는 지방국세청에 대한 지방국세청장 또는 국세청장의 업무감사결과(현지에서 시정조치하는 경우 포함)에 따라 세무서장 또는 지방국세청장이 하는 과세예고통지는 과세전적부심사의 청구를 할 수 있다.

③ 세무조사 결과통지 등을 받은 자는 그 통지를 받은 날부터 30일 이내에 당해 세무서장 또는 지방국세청장에게 통지내용에 대한 과세전적부심사를 청구할 수 있다.

답 ④

25 ☐☐☐

「국세기본법」상 과세전적부심사에 대한 설명으로 옳지 않은 것은?

① 세무서장으로부터 세무조사 결과에 대한 서면통지를 받은 자는 과세전적부심사를 청구하지 아니한 채, 통지를 한 세무서장에게 통지받은 내용의 전부 또는 일부에 대하여 과세표준 및 세액을 조기에 결정하거나 경정결정해 줄 것을 신청할 수 없다.

② 세무서장으로부터 세무조사 결과에 대한 서면통지를 받은 자에게 「국세징수법」에 규정된 납부기한 전 징수의 사유가 있거나 세법에서 규정하는 수시부과 사유가 있는 경우에는 과세전적부심사를 청구할 수 없다.

③ 과세전적부심사 청구를 받은 지방국세청장은 해당 국세심사위원회회의 심사를 거쳐 결정을 하고 그 결과를 청구를 받은 날부터 30일 이내에 청구인에게 통지하여야 한다.

④ 과세전적부심사 청구기간이 지났거나 보정기간에 보정하지 아니한 경우에는 과세전적부심사 청구를 받은 세무서장은 해당 국세심사위원회의 심사를 거쳐 심사하지 아니한다는 결정을 한다.

25	납세자의 권리

세무조사에 대한 서면통지 또는 과세예고통지를 받은 자는 과세전적부심사를 청구하지 않고 통지를 한 세무서장이나 지방국세청장에게 통지받은 내용의 전부 또는 일부에 대하여 과세표준 및 세액을 조기에 결정하거나 경정결정해 줄 것을 신청할 수 있다. 이 경우 해당 세무서장이나 지방국세청장은 신청받은 내용대로 즉시 결정이나 경정결정을 하여야 한다.

답 ①

26 ☐☐☐

「국세기본법」상 세무조사권 남용 금지에 대한 설명으로 옳지 않은 것은?

① 세무공무원은 부분조사를 실시한 후 해당 조사에 포함되지 아니한 부분에 대하여 조사하는 경우에는 같은 세목 및 같은 과세기간에 대하여 재조사를 할 수 있다.

② 세무공무원은 과세전적부심사청구가 이유 있다고 인정되어 행한 재조사결정에 따라 조사를 하는 경우에 결정서 주문에 기재된 범위의 조사를 넘어 같은 세목 및 같은 과세기간에 대하여 재조사를 할 수 있다.

③ 세무공무원은 세무조사를 하기 위하여 필요한 최소한의 범위에서 장부등의 제출을 요구하여야 하며, 조사대상 세목 및 과세기간의 과세표준과 세액의 계산과 관련 없는 장부등의 제출을 요구해서는 아니 된다.

④ 세무공무원은 적정하고 공평한 과세를 실현하기 위하여 필요한 최소한의 범위에서 세무조사(「조세범 처벌절차법」에 따른 조세범칙조사를 포함한다)를 하여야 하며, 다른 목적 등을 위하여 조사권을 남용해서는 아니 된다.

26	납세자의 권리

세무공무원은 과세전적부심사청구가 이유 있다고 인정되어 행한 재조사결정에 따라 조사를 하는 경우에 결정서 주문에 기재된 범위 범위에 한하여 조사할 수 있다.

답 ②

27 ☐☐☐

「국세기본법」상 납세자로부터 세금 관련 서류를 받은 사실을 세무공무원이 확인해 주는 방법으로 옳지 않은 것은?

① 세무공무원은 납세자로부터 과세표준신고서를 국세정보통신망에 의하여 제출받은 경우 당해 접수사실을 전자적 형태가 아닌 우편으로 통보하여야 한다.
② 세무공무원은 납세자로부터 경정청구서를 팩스로 제출받는 경우에는 납세자에게 접수증을 교부하지 아니할 수 있다.
③ 세무공무원은 납세자로부터 과세표준수정신고서를 우편으로 제출받은 경우에는 납세자에게 접수증을 교부하지 아니할 수 있다.
④ 세무공무원은 납세자로부터 이의신청서를 직접 제출받는 경우에는 납세자에게 접수증을 교부하여야 한다.

---

28 ☐☐☐

「국세기본법」상 보칙에 대한 내용으로 옳지 않은 것은?

① 고지할 국세(인지세를 제외한다) 또는 강제징수비의 합계액이 1만 원 미만인 때에는 그 금액은 없는 것으로 본다.
② 납세자가 국내에 주소 또는 거소를 두지 아니한 때에는 국세에 관한 사항을 처리하게 하기 위하여 납세관리인을 정하여야 한다. 이 경우 납세관리인을 정한 납세자는 문서로 관할 세무서장에게 신고하여야 한다.
③ 「국제조세조정에 관한 법률」에 따른 계좌신고의무자로서 신고기한 내에 신고하지 아니한 금액이나 과소 신고한 금액이 20억 원을 초과하는 자의 인적사항, 신고의무 위반금액 등을 공개할 수 있다.
④ 납세자는 각 세법이 규정하는 바에 따라 모든 거래에 관한 장부 및 증빙서류를 성실하게 작성하여 비치하여야 하며, 이를 그 거래사실이 속하는 과세기간에 대한 당해 국세의 법정신고기한이 지난 날부터 5년(역외거래와 관련된 장부 및 증거서류는 7년)간 보존하여야 한다.

27	보칙

세무공무원은 납세자로부터 과세표준신고서를 국세정보통신망에 의하여 제출받은 경우 당해 접수사실을 전자적 형태로 통보할 수 있다.

📄 **서류접수증 발급**

원칙	㉠ 납세자 또는 세법에 따라 과세자료를 제출할 의무가 있는 자로부터 과세표준 신고서 등의 서류를 받는 경우에 세무공무원은 납세자 등에게 접수증을 발급하여야 함 ㉡ 이 경우 납세자 등으로부터 신고서 등을 국세정보통신망을 통해 받은 경우에는 그 접수사실을 전자적 형태로 통보할 수 있음
예외	다음 중 어느 하나에 해당하는 경우에는 접수증을 발급하지 않을 수 있음 ㉠ 납세자가 신고서 등의 서류를 우편이나 팩스로 제출하는 경우 ㉡ 납세자가 신고서 등을 세무공무원을 거치지 않고 지정된 신고함에 직접 투입하는 경우

답 ①

28	보칙

「국제조세조정에 관한 법률」에 따른 계좌신고의무자로서 신고기한 내에 신고하지 아니한 금액이나 과소 신고한 금액이 50억 원을 초과하는 자의 인적사항, 신고의무 위반금액 등을 공개할 수 있다.

📄 **명단공개 제외 대상**

㉠ 불성실기부금수령단체 명단공개 제외
  ⓐ 이의신청·심사청구·심판청구, 「감사원법」에 따른 심사청구 또는 「행정소송법」에 따른 행정소송 중에 있는 경우
  ⓑ 위원회가 공개할 실익이 없거나 공개하는 것이 부적절하다고 인정하는 경우
㉡ 조세포탈범 명단공개: 위원회가 공개할 실익이 없거나 공개하는 것이 부적절하다고 인정하는 경우
㉢ 해외금융계좌 신고위무 위반자 명단공개 제외
  ⓐ 위원회가 신고의무자의 신고의무 위반에 정당한 사유가 있다고 인정하는 경우
  ⓑ 「국제조세조정에 관한 법률」 제55조에 따라 수정신고 및 기한후신고를 한 경우(해당 해외금융계좌와 관련하여 세무공무원이 세무조사에 착수한 것을 알았거나 과세자료 해명 통지를 받고 수정신고 및 기한후신고를 한 경우는 제외)

답 ③

29 ☐☐☐

「국세기본법」 및 「국세징수법」상 세무공무원의 비밀유지에도 불구하고 국세청장이 인적사항 등을 공개할 수 있는 자가 아닌 것은? (단, 체납된 국세가 이의신청·심사청구 등 불복청구 등에 있거나 그 밖에 대통령령으로 정하는 사유는 없다)

① 체납발생일부터 1년이 지난 국세가 2억 원 이상인 체납자
② 대통령령으로 정하는 불성실기부금수령단체
③ 「조세범 처벌법」 제3조 제1항에 따른 범죄로 유죄판결이 확정된 자로서 포탈세액이 연간 1억 원 이상인 자
④ 「국제조세조정에 관한 법률」에 따른 해외금융계좌 정보의 신고의무자로서 신고기한 내에 신고하지 아니한 금액이나 과소신고한 금액이 50억 원을 초과하는 자

29	보칙

「조세범 처벌법」 제3조 제1항에 따른 범죄로 유죄판결이 확정된 자로서 포탈세액이 연간 2억 원 이상인 자로 한다.

답 ③

30 ☐☐☐

「국세기본법」상 세무공무원이 납세자권리헌장의 내용이 수록된 문서를 납세자에게 내주어야 하는 경우에 해당하지 않는 것은?

① 「조세범 처벌절차법」에 따른 조세범칙조사를 하는 경우
② 납세자가 경정청구를 하는 경우
③ 사전통지 없이 세무조사를 하는 경우
④ 사업자등록증을 발급하는 경우

30	보칙

납세자가 경정청구를 하는 경우는 납세자권리헌장의 내용이 수록된 문서를 내주어야 하는 경우에 해당하지 않는다.

> 📑 **납세자권리헌장**
>
> 세무공무원은 다음 중 어느 하나에 해당하는 경우에는 이러한 납세자권리헌장의 내용이 수록된 문서를 납세자에게 내주어야 한다.
> ㉠ 국세의 과세표준과 세액을 결정 또는 경정하기 위하여 질문하고 해당 장부, 서류 또는 그 밖의 물건을 검사·조사(「조세범 처벌절차법」에 따른 조세범칙조사를 포함한다)하는 경우
> ㉡ 사업자등록증을 발급하는 경우
> ㉢ 그 밖에 대통령령이 정하는 경우

답 ②

31 □□□

국세기본법령상 보칙에 대한 설명으로 옳지 않은 것은?

① 고지할 국세(인지세는 제외) 및 강제징수비를 합친 금액이 1만 원 미만일 때에는 그 금액은 없는 것으로 본다.

② 국세청장은 「국세기본법」상 비밀 유지 규정에도 불구하고 불성실기부금수령단체의 인적사항, 국세추징명세 등을 공개할 수 있으므로 체납된 국세가 이의신청·심사청구 등 불복청구 중에 있는 경우에도 공개할 수 있다.

③ 국세청장은 「국제조세조정에 관한 법률」에 따른 해외금융계좌 신고의무 위반행위를 적발하는 데 중요한 자료를 제공한 자에게는 20억 원의 범위에서 포상금을 지급할 수 있으나, 해외금융계좌 신고의무 불이행에 따른 과태료 금액이 2천만 원 미만인 경우에는 포상금을 지급하지 아니한다.

④ 납세자가 국외로 주소 또는 거소를 이전할 때에는 국세에 관한 사항을 처리하기 위하여 납세관리인을 정하여야 한다.

31	보칙

체납된 국세가 이의신청·심사청구 등 불복청구 중에 있는 경우에는 공개할 수 없다.

답 ②

Ⅱ

국세징수법

01 총칙 및 보칙

KEYWORD 21 「국세징수법」 총칙 및 보칙

01 □□□

2019년 9급

「국세징수법」에 대한 설명으로 옳은 것은?

① 「국세징수법」에서 규정한 사항 중 「국세기본법」이나 다른 세법에 특별한 규정이 있는 것에 관하여는 그 법률에서 정하는 바에 따른다.
② 체납자란 납세자의 국세 또는 강제징수비의 납부를 보증한 자를 말한다.
③ 체납액의 징수 순위는 강제징수비, 가산세, 국세(가산세 제외)로 한다.
④ 세무서장은 체납된 국세와 관련하여 「국세기본법」에 따른 심사청구가 계류 중인 경우라 하더라도 신용정보회사가 체납발생일로부터 1년이 지나고 체납액이 5백만 원 이상인 자의 체납자료를 요구한 경우 이를 제공할 수 있다.

---

02 □□□

2014년 9급 변형

「국세징수법」상 체납자로 하여금 간접적으로 국세를 납부하도록 유인하는 제도에 대한 설명으로 옳지 않은 것은?

① 세무서장은 허가 등을 받아 사업을 경영하는 자가 해당 사업과 관련된 소득세, 법인세, 부가가치세를 3회 이상 체납한 경우로서 그 체납액이 500만 원 이상일 때에는 법령으로 정하는 경우를 제외하고 그 주무관서에 사업의 정지 또는 허가 등의 취소를 요구할 수 있다.
② 「주택임대차보호법」에 따른 주거용 건물 또는 「상가건물 임대차보호법」에 따른 상가건물을 임차하여 사용하려는 자는 해당 건물에 대한 임대차계약을 하기 전 또는 임대차계약을 체결하고 임대차 기간이 시작하는 날까지 임대인의 동의를 받아 그 자가 납부하지 아니한 국세 또는 체납액의 열람을 임차할 건물 소재지의 관할 세무서장에게 신청할 수 있다.
③ 국세청장은 정당한 사유 없이 5천만 원 이상의 국세를 체납한 자 중 배우자 또는 직계존비속이 국외로 이주(국외에 3년 이상 장기체류 중인 경우를 포함한다)한 사람에 대하여 법무부장관에게 출국금지를 요청하여야 한다.
④ 체납된 국세가 이의신청·심사청구 등 불복청구 중에 있는 경우에도 체납발생일부터 1년이 지나고 국세가 2억 원 이상인 체납자의 인적사항은 공개할 수 있다.

01	「국세징수법」 총칙 및 보칙

(선지분석)
② 보증인이란 납세자의 국세 또는 강제징수비의 납부를 보증한 자를 말한다.
③ 체납액의 징수순위는 강제징수비, 국세(가산세 제외), 가산세로 한다.
④ 조세불복 중인 경우에는 정보를 제공할 수 없다.

답 ①

02	「국세징수법」 총칙 및 보칙

체납된 국세가 이의신청·심사청구 등 불복청구 중에 있는 경우에는 인적사항 공개 대상에서 제외된다.

📄 **체납자 명단공개 제외대상**

다음의 경우는 명단공개대상에서 제외된다.
㉠ 체납된 국세가 심판청구 등 불복청구 중에 있는 경우
㉡ 법정 계산식에 따라 계산한 최근 2년간의 체납액 납부비율이 100분의 50 이상인 경우
㉢ 회생계획인가 결정에 따라 체납된 세금의 징수유예를 받고 그 유예기간 중에 있거나 체납된 세금을 회생계획의 납부일정에 따라 납부하고 있는 경우
㉣ 미성년자 등의 사정으로 국세정보공개심의위원회가 공개할 실익이 없거나 공개하는 것이 부적절한 경우로 인정한 경우
㉤ 「부가가치세법」에 따라 물적납세의무를 부담하는 수탁자가 물적납세의무와 관련된 부가가치세 또는 강제징수비를 체납한 경우
㉥ 「종합부동산세법」에 따라 물적납세의무를 부담하는 수탁자가 물적납세의무와 관련된 종합부동산세 또는 강제징수비를 체납한 경우

답 ④

03 ☐☐☐

「국세징수법」상 고액·상습체납자의 감치 사유와 관련이 없는 것은?

① 국세를 3회 이상 체납하고 있고, 체납 발생일부터 각 1년이 경과하였으며, 체납된 국세의 합계액이 2억 원 이상인 경우

② 체납된 국세의 납부능력이 있음에도 불구하고 정당한 사유 없이 체납한 경우

③ 국세정보위원회의 의결에 따라 해당 체납자에 대한 감치 필요성이 인정되는 경우

④ 5천만 원의 국세를 체납한 자로서 직계존비속이 국외로 이주한 경우

03	「국세징수법」 총칙 및 보칙

5천만 원의 국세를 체납한 자로서 직계존비속이 국외로 이주한 경우는 출국금지 사유에 해당된다.

답 ④

---

04 ☐☐☐

「국세징수법」상 납세증명서 제도에 관한 설명으로 옳은 것은?

① 납세증명서는 발급일 현재 독촉장에서 정하는 기한의 연장에 관계된 금액과 압류·매각의 유예액 등을 포함한 체납액이 없다는 사실을 증명하는 것이다.

② 「출입국관리법」에 따른 외국인등록 또는 「재외동포의 출입국과 법적 지위에 관한 법률」에 따른 국내거소신고를 한 외국인이 체류기간 연장허가 등 체류 관련 허가를 법무부장관에게 신청하는 경우 납세증명서를 제출하여야 한다.

③ 지방자치단체가 국가로부터 대금을 지급받아 그 대금이 지방자치단체 금고에 귀속되는 경우 납세증명서를 제출하여야 한다.

④ 법원의 전부명령에 따라 원래의 계약자 외의 자가 지방자치단체로부터 대금을 지급받는 경우 압류채권자와 채무자의 납세증명서를 제출하여야 한다.

04	「국세징수법」 총칙 및 보칙

(선지분석)

① 납세증명서는 발급일 현재 독촉장에서 정하는 기한의 연장에 관계된 금액과 압류·매각의 유예액 등을 제외하고 체납액이 없다는 사실을 증명하는 것이다.

③ 지방자치단체가 국가로부터 대금을 지급받아 그 대금이 지방자치단체 금고에 귀속되는 경우에는 납세증명서 제출이 면제된다.

④ 법원의 전부명령에 따라 원래의 계약자 외의 자가 지방자치단체로부터 대금을 지급받는 경우 압류채권자의 납세증명서를 제출하여야 한다.

> **📄 납세증명서의 개념**
>
> 다음의 금액을 제외하고는 다른 체납액이 없다는 사실을 증명하는 것이다.
> ㉠ 독촉장에서 정하는 기간의 연장에 관계된 금액
> ㉡ 압류·매각의 유예액
> ㉢ 납부고지의 유예액
> ㉣ 「채무자 회생 및 파산에 관한 법률」에 따른 징수유예액 또는 강제징수에 따라 압류된 재산의 환가유예에 관련된 체납액
> ㉤ 「부가가치세법」에 따라 물적납세의무를 부담하는 수탁자가 그 물적납세의무와 관련하여 체납한 부가가치세 또는 강제징수비
> ㉥ 「종합부동산세법」에 따라 물적납세의무를 부담하는 수탁자가 그 물적납세의무와 관련하여 체납한 종합부동산세 또는 강제징수비
> ㉦ 「조세특례제한법」(재기중소기업의 체납액 등에 대한 과세특례)에 따른 압류 또는 매각이 유예된 체납액
> ㉧ 「조세특례제한법」(재기중소기업에 대한 납부고지의 유예 등의 특례)에 따른 납부고지의 유예 또는 지정납부기한 등의 연장에 관계된 국세 또는 체납액
> ㉨ 「조세특례제한법」(영세개인사업자의 체납액 징수특례)에 따른 체납액 징수특례를 적용받은 징수곤란 체납액

답 ②

「국세징수법」의 내용에 관한 설명으로 옳지 않은 것은?

① 「국세징수법」에 규정하는 사항으로서 「국세기본법」 또는 다른 세법에 특별한 규정이 있는 것에 관하여는 그 법률이 정하는 바에 의한다.
② 국세(가산세 제외), 가산세, 강제징수비 중 징수순위가 가장 빠른 것은 강제징수비이다.
③ 납세증명서의 유효기간은 원칙적으로 그 발급일로부터 30일간이다.
④ 국가가 발주하는 건설공사를 수주하고 건설공사계약을 체결하는 때에는 납세증명서를 제출하여야 한다.

국세징수를 강제하기 위한 세법상의 조치에 관하여 설명한 것으로 옳지 않은 것은?

① 납세자가 국가·지방자치단체 또는 정부관리기관과 물품의 납품계약 또는 공사계약을 체결하는 때에는 납세증명서를 제출하여야 한다.
② 관할 세무서장(지방국세청장을 포함)은 납세자가 허가 등을 받은 사업과 관련된 소득세, 법인세 및 부가가치세를 체납한 경우 해당 사업의 주무관청에 그 납세자에 대하여 허가 등의 갱신과 그 허가 등의 근거 법률에 따른 신규 허가 등을 하지 아니할 것을 요구할 수 있다. 다만, 재난, 질병 또는 사업의 현저한 손실, 그 밖에 일정한 사유가 있는 경우에는 그러하지 아니하다.
③ 세무서장은 신용정보업자 등에게 체납발생일로부터 1년이 경과하고 체납액이 500만 원 이상인 체납자 등의 체납자료를 제공할 수 있다.
④ 납세증명서의 유효기간은 그 증명서를 발급한 날부터 30일간으로 한다. 다만, 발급일 현재 해당 신청인에게 납부고지된 국세가 있는 경우에는 해당 국세의 지정납부기한까지로 할 수 있다.

05	「국세징수법」 총칙 및 보칙

국가가 발주하는 건설공사를 수주하고 건설공사계약을 체결하는 때에는 납세증명서를 제출하지 않는다. 납세증명서는 국가 등으로부터 대금을 지급받을 때 제출해야 한다.

📑 납세증명서의 제출특례 및 유효기간

제출특례	국가 등으로부터 대금을 지급받는 자가 원래의 계약자 외의 자인 경우에는 다음의 구분에 따라 납세증명서를 제출해야 함 ㉠ 채권양도로 인한 경우: 양도인과 양수인의 납세증명서 ㉡ 법원의 전부명령에 따르는 경우: 압류채권자의 납세증명서 ㉢ 건설공사의 하도급대금을 직접 지급받는 경우: 수급사업자의 납세증명서
유효기간	㉠ 발급한 날부터 30일 ㉡ 고지된 국세가 있는 경우 지정납부기한으로 함

답 ④

06	「국세징수법」 총칙 및 보칙

납세증명서는 국가 등으로부터 대금을 지급받을 때 제출하여야 한다. 따라서 계약을 체결하는 때에는 납세증명서를 제출할 필요가 없다.

답 ①

07 ☐☐☐

2017년 9급 변형

「국세징수법」상 납세증명서에 대한 설명으로 옳지 않은 것은?

① 납세자가 국가로부터 받게 될 계약대금 중 일부금액으로 체납세액 전액을 납부하려는 경우에는 국가에게 납세증명서를 제출하지 아니하여도 된다.

② 납세증명서의 유효기간은 그 증명서를 발급한 날부터 30일간이며, 납세증명서 발급일 현재 발급신청인에게 고지된 국세가 있는 경우에는 고지된 국세의 지정납부기한까지로 할 수 있다.

③ 납세증명서를 발급받으려는 내국법인은 본점 소재지를 관할하는 세무서장(단, 국세청장이 납세자의 편의를 위하여 발급세무서를 달리 정하는 경우에는 그 발급세무서의 장)에게 발급신청에 관한 문서를 제출하여야 한다.

④ 납세자가 납세증명서를 제출해야 하는 경우 해당 주무관서 등이 국세청장 또는 관할 세무서장에게 조회(국세청장에게 조회하는 경우에는 국세정보통신망을 통한 방법으로 한정한다)하거나 납세자의 동의 없이 「전자정부법」에 따른 행정정보의 공동이용을 통하여 그 체납사실 여부를 확인하는 경우에는 납세증명서를 제출받은 것으로 볼 수 있다.

08 ☐☐☐

2020년 9급 변형

국세징수법령상 납세증명서와 미납국세 등의 열람 제도에 대한 설명으로 옳지 않은 것은? (단, 납세증명서발급과 미납국세 등의 열람을 위한 다른 요건은 모두 충족된 것으로 본다)

① 임차인이 미납국세 등을 열람하는 경우, 임대인이 각 세법에 따른 과세표준 및 세액의 신고기한까지 신고한 국세 중 납부하지 아니한 국세의 열람이 가능하다.

② 과세표준 및 세액을 신고하였으나 납부하지 아니한 소득(종합소득)세 납세의무는 과세표준 확정신고기한까지는 납세증명서를 통하여 확인할 수 없다.

③ 내국인이 해외이주 목적으로 「해외이주법」 제6조에 따라 외교부장관에게 해외이주신고를 하는 경우에는 대통령령으로 정하는 바에 따라 납세증명서를 제출하여야 한다.

④ 미납국세 등의 열람으로는 임대인에게 납부고지서를 발급한 후 납기가 도래하지 아니한 국세를 열람할 수 없다.

---

07 「국세징수법」 총칙 및 보칙

납세자가 납세증명서를 제출해야 하는 경우 해당 주무관서 등이 국세청장 또는 관할 세무서장에게 조회(국세청장에게 조회하는 경우에는 국세정보통신망을 통한 방법으로 한정)하거나 납세자의 동의를 받아 「전자정부법」에 따른 행정정보의 공동이용을 통하여 그 체납사실 여부를 확인하는 경우에는 납세증명서를 제출받은 것으로 볼 수 있다.

답 ④

08 「국세징수법」 총칙 및 보칙

납부고지서를 발급한 후 지정납부기한이 도래하지 아니한 국세는 열람이 가능하다.

> 📑 **열람할 수 있는 국세**
> ㉠ 체납액
> ㉡ 발급한 고지서로 납기가 도래하기 전의 국세
> ㉢ 신고기한까지 신고한 국세 중 납부하지 아니한 국세

답 ④

국세징수법령상 국세를 납부하도록 강제하는 제도에 대한 설명으로 옳지 않은 것은?

① 세무서장은 허가 등을 받아 사업을 경영하는 자가 해당 사업과 관련된 소득세, 법인세 및 부가가치세를 3회 이상 체납한 경우로서 그 체납액이 5백만 원 이상이면 공시송달의 방법으로 납세가 고지된 경우에도 그 주무관서에 사업의 정지를 요구할 수 있다.

② 납세자는 「국가를 당사자로 하는 계약에 관한 법률 시행령」에 따른 수의계약과 관련하여 국가로부터 대금을 지급받는 경우 납세증명서를 제출하지 아니하여도 된다.

③ 세무서장은 이자소득에 대한 지급명세서 등 금융거래에 관한 정보를 체납자의 재산조회와 강제징수를 위하여 사용할 수 있다.

④ 국세청장은 정당한 사유 없이 5천만 원 이상의 국세를 체납한 자 중 미화 5만 달러 상당액 이상의 국외자산이 발견되었으나, 관할 세무서장이 압류 등으로 조세채권을 확보할 수 없고, 강제징수를 회피할 우려가 있다고 인정되는 자에 대하여 법무부장관에게 법령에 따라 출국금지를 요청하여야 한다.

「국세징수법」상 납세자가 국세를 체납한 때에 세무서장이 허가 등을 요하는 사업의 주무관서에 당해 납세자에 대하여 그 허가 등을 하지 아니할 것을 요구할 수 있는 사유로 옳은 것은?

① 국세를 포탈하고자 하는 행위가 있다고 인정되는 때

② 공시송달의 방법으로 납부고지된 경우

③ 납세자 또는 그 동거가족이 질병이나 중상해로 6개월 이상의 치료가 필요한 경우 또는 사망하여 상중(喪中)인 경우

④ 납세자가 경영하는 사업에 현저한 손실이 발생하거나 부도 또는 도산의 우려가 있는 경우

09	「국세징수법」 총칙 및 보칙

세무서장은 허가를 받아 사업을 경영하는 자가 해당 사업과 관련된 소득세, 법인세 및 부가가치세를 3회 이상 체납한 경우로서 그 체납액이 5백만 원 이상인 경우에는 그 사업의 정지 또는 허가의 취소를 그 주무관서에 요구할 수 있다. 다만, 정당한 사유로 인한 체납의 경우는 제외한다. 정당한 사유에는 공시송달이 해당되므로 주무관서에 사업의 정지 또는 허가의 취소를 요구할 수 없다.

답 ①

10	「국세징수법」 총칙 및 보칙

국세를 포탈하고자 하는 행위가 있다고 인정되는 때는 정당한 사유에 해당하지 않는다.

답 ①

11 □□□

「국세징수법」상 관허사업의 제한에 관한 설명으로 옳지 않은 것은?

① 납세자에게 공시송달의 방법으로 납부고지된 때에는 납세자가 국세를 체납하였더라도 세무서장은 허가 등을 요하는 사업의 주무관서에 그 허가 등을 하지 아니할 것을 요구할 수 없다.

② 국세의 체납을 이유로 세무서장이 허가 등을 요하는 사업의 주무관서에 관허사업의 제한을 요구한 후 납세자가 당해 국세를 납부하더라도 세무서장이 그 관허사업의 제한 요구를 반드시 철회하여야 하는 것은 아니다.

③ 허가 등을 받아 사업을 경영하는 자가 해당 사업과 관련된 소득세, 법인세 및 부가가치세를 3회 이상 체납한 경우로서 그 체납액이 500만 원 이상인 때에는 법령이 정하는 예외사유에 해당하지 않는 한 세무서장은 그 주무관서에 사업의 정지 또는 허가 등을 취소를 요구할 수 있다.

④ 세무서장의 적법한 관허사업의 제한 요구가 있는 때에 당해 주무관서는 정당한 사유가 없는 한 이에 따라야 한다.

---

11 │ 「국세징수법」 총칙 및 보칙

국세체납을 이유로 세무서장이 허가 등을 요하는 사업의 주무관서에 관허사업의 제한을 요구한 후 납세자가 당해 국세를 납부한 경우 세무서장은 그 관허사업의 제한 요구를 반드시 철회하여야 한다.

📋 **체납에 정당한 사유**

㉠ 사업 허가 등의 갱신과 신규 허가 등 제한
　ⓐ 공시송달의 방법으로 납부고지된 경우
　ⓑ 납세자가 재난 또는 도난으로 재산에 심한 손실을 입은 경우
　ⓒ 납세자가 경영하는 사업에 현저한 손실이 발생하거나 부도 또는 도산의 우려가 있는 경우
　ⓓ 납세자 또는 그 동거가족이 질병이나 중상해로 6개월 이상의 치료가 필요한 경우 또는 사망하여 상중(喪中)인 경우
　ⓔ 「민사집행법」에 따른 강제집행 및 담보권 실행 등을 위한 경매가 시작되거나 채무자회생 및 파산에 관한 법률에 따른 파산선고를 받은 경우
　ⓕ 「어음법」 및 「수표법」에 따른 어음교환소에서 거래정지처분을 받은 경우
　ⓖ 납세자의 총 재산 추산(推算)가액이 강제징수비(압류에 관계되는 국세에 우선하는 채권금액이 있는 경우 이를 포함)를 징수하면 남을 여지가 없어 강제징수를 종료할 필요가 있는 경우
　ⓗ 「부가가치세법」에 따라 물적납세의무를 부담하는 수탁자가 그 물적납세의무와 관련한 부가가치세 또는 강제징수비를 체납한 경우
　ⓘ 「종합부동산세법」에 따라 물적납세의무를 부담하는 수탁자가 그 물적납세의무와 관련한 종합부동산세 또는 강제징수비를 체납한 경우

㉡ 사업의 정지 또는 허가 등의 취소
　ⓐ 위 ㉠의 어느 하나에 해당하는 경우
　ⓑ 그 밖에 관할 세무서장이 납세자에게 납부가 곤란한 사정이 있다고 인정하는 경우

답 ②

「국세징수법」상 관허사업의 제한에 대한 설명으로 옳지 않은 것은?

① 세금체납이 있었지만 그 원인이 납세자가 재난으로 재산에 심한 손실을 입은 경우로 세무서장이 인정하는 경우에는 세무서장은 인·허가 주무관서에 그 납세자에 대한 인·허가를 하지 아니할 것을 요구할 수 없다.

② 인·허가를 받아 사업을 경영하는 납세자가 해당 사업과 관련된 소득세, 법인세 및 부가가치세를 3회 이상 체납한 경우로서 그 체납세액이 500만 원 이상이라고 하더라도 납세자의 동거가족의 질병으로 납세가 곤란한 경우로 세무서장이 인정하는 경우에는 세무서장은 그 주무관서에 사업의 정지 또는 허가의 취소를 요구할 수 없다.

③ 인·허가 주무관서에 관허사업의 제한요구를 한 후 해당 국세를 징수하였을 때에는 세무서장은 즉시 그 요구를 철회하여야 한다.

④ 세무서장이 관허사업의 제한요구를 함에 있어서 납세자의 세금 체납횟수가 문제되는 경우에는 그 체납세금은 납세자의 모든 세금을 포함한다.

국세징수법령상 체납자에 대한 관허사업의 제한이나 출국금지의 요청 등을 설명한 것으로 옳지 않은 것은?

① 세무서장은 허가 등을 받아 사업을 경영하는 자가 해당 사업과 관련된 소득세, 법인세 및 부가가치세를 3회 이상 체납한 경우로서 그 체납액이 500만 원 이상일 때에는 대통령령으로 정하는 경우를 제외하고 그 주무관서에 사업의 정지 또는 허가 등의 취소를 요구할 수 있다.

② 납세자에게 공시송달의 방법으로 납부가 고지되었으나 납세자가 국세를 체납하였을 때에 세무서장은 허가 등이 필요한 사업의 주무관서에 그 납세자에 대하여 그 허가 등을 하지 아니할 것을 요구하여야 한다.

③ 대법원 판례는 재산을 해외로 도피할 우려가 있는지 여부 등을 확인하지 않은 채 단순히 일정금액 이상의 조세를 미납하였고 그 미납에 정당한 사유가 없다는 사유만으로 바로 출국금지처분을 하는 것은 헌법상의 기본권 보장 원리 및 과잉금지의 원칙에 비추어 허용되지 않는다고 본다.

④ 국세청장은 체납액 징수 등으로 출국금지사유가 해소된 경우에는 지체 없이 법무부장관에게 출국금지의 해제를 요청하여야 한다.

12	「국세징수법」 총칙 및 보칙

관허사업의 제한이 되는 국세는 해당 사업과 관련된 소득세, 법인세 및 부가가치세를 대상으로 한다.

답 ④

13	「국세징수법」 총칙 및 보칙

공시송달에 따라 고지된 경우는 체납의 정당한 사유에 해당하므로 관허사업의 제한을 할 수 없다.

답 ②

02 임의적 징수절차

KEYWORD 22 고지와 독촉

01 □□□
2022년 9급

「국세기본법」 및 국세징수법령상 지정납부기한과 관련된 설명으로 옳지 않은 것은?

① 「국세기본법」에 따른 납부지연가산세 및 원천징수 등 납부지연가산세 중 지정납부기한이 지난 후의 가산세를 징수하는 경우에는 납부고지서를 발급하지 아니할 수 있다.

② 납세자가 국세를 지정납부기한까지 완납하지 아니하였다 하더라도 「국세기본법」 및 세법에 따라 물적납세의무를 부담하는 경우에는 독촉장을 발급하지 아니할 수 있다.

③ 납부고지서의 송달이 지연되어 도달한 날에 이미 지정납부기한이 지난 경우에는 도달한 날부터 14일이 지난 날을 지정납부기한으로 한다.

④ 국세징수권의 소멸시효는 지정납부기한의 연장으로 중단된다.

02 □□□
2022년 7급

「국세징수법」상 송달지연으로 인한 지정납부기한 등의 연장에 대한 설명으로 옳지 않은 것은?

① 납부고지서 또는 독촉장의 송달이 지연되어 도달한 날에 이미 지정납부기한 등이 지난 경우에는 도달한 날부터 14일이 지난 날을 지정납부기한 등으로 한다(단, 납부기한 전에 납부고지를 하는 경우를 제외한다).

② 납부고지서 또는 독촉장의 송달이 지연되어 도달한 날부터 14일 이내에 지정납부기한 등이 도래하는 경우에는 도달한 날부터 14일이 지난 날을 지정납부기한 등으로 한다(단, 납부기한 전에 납부고지를 하는 경우를 제외한다).

③ 납부기한 전에 납부고지를 하는 경우에 납부고지서가 단축된 기한 전에 도달한 경우에는 그 단축된 기한을 납부하여야 할 기한으로 한다.

④ 납부기한 전에 납부고지를 하는 경우에 납부고지서가 단축된 기한이 지난 후에 도달한 경우에는 도달한 날의 다음 날을 납부기한으로 한다.

---

01 | 고지와 독촉

지정납부기한이 법에 따라 연장된 경우에는 소멸시효가 정지된다.

답 ④

02 | 고지와 독촉

납부기한 전에 납부고지하는 경우에 납부고지서가 단축된 기한이 지난 후에 도달한 경우에는 도달한 날을 납부기한으로 한다.

답 ④

「국세징수법」상 징수절차에 대한 설명으로 옳지 않은 것은?

① 세무서장은 국세를 징수하려면 그 국세의 과세기간, 세목, 세액, 납부기한(납부고지를 하는 날부터 30일 이내의 범위로 정한다)을 적은 납부고지서 등을 발급하여야 한다.

② 세무서장은 납세자의 체납액을 제2차 납세의무자로부터 징수하려면 제2차 납세의무자에게 납부고지서로 고지하여야 하며, 납세자에게도 그 사실을 통지하여야 한다.

③ 납부고지서는 징수결정 즉시 발급하여야 한다. 다만, 재난 등으로 납부고지를 유예한 경우 유예기간이 끝난 날의 다음 날에 발급한다.

④ 납세자가 국세의 체납으로 강제징수를 받은 때에는 세무서장은 납부기한 전이라도 이미 납세의무가 확정된 국세는 징수할 수 있다.

| 03 | 고지와 독촉 |

세무서장은 국세를 징수하려면 납세자에게 그 국세의 과세기간, 세목, 세액 및 그 산출 근거, 납부기한(납부고지를 하는 날부터 30일 이내의 범위로 정함)과 납부장소를 적은 납부고지서를 발급하여야 한다.

답 ①

「국세징수법」 및 「국세기본법」상 국세징수절차에 대한 설명으로 옳지 않은 것은?

① 세무서장은 국세를 징수하려면 납세자에게 그 국세의 과세기간, 세목, 세액 및 그 산출근거, 납부기한(납부고지를 하는 날부터 30일 이내의 범위로 정한다)과 납부장소를 적은 납부고지서를 발급하여야 한다.

② 납부고지서는 징수결정 즉시 발급하여야 한다. 다만, 재난 등으로 납부고지를 유예한 경우 유예기간이 끝난 날의 다음 날에 발급한다.

③ 「국세기본법」에 따른 납부지연가산세 및 원천징수 등 납부지연가산세 중 지정납부기한이 지난 후의 가산세를 징수하는 경우에는 납부고지서를 발급하지 아니할 수 있다.

④ 연대납세의무자에게 납부의 고지에 관한 서류를 송달할 때에는 그 대표자를 명의인으로 하며, 대표자가 없을 때에는 연대납세의무자 중 국세를 징수하기에 유리한 자를 명의인으로 한다.

| 04 | 고지와 독촉 |

연대납세의무자에게 서류를 송달할 때에는 그 대표자를 명의인으로 하며, 대표자가 없을 때에는 연대납세의무자 중 국세를 징수하기에 유리한 자를 명의인으로 한다. 다만, 납부의 고지와 독촉에 관한 서류는 연대납세의무자 모두에게 각각 송달하여야 한다.

답 ④

05 ☐☐☐

「국세기본법」 및 「국세징수법」상 징수절차에 대한 설명으로 옳지 않은 것은?

① 납부고지는 일반적으로 부과처분으로서의 성질과 징수처분으로서의 성질을 동시에 가진다.

② 납세자의 우편에 의한 세금 신고는 발송한 때에 효력이 발생하지만, 우편에 의한 납부고지는 납세자에게 도달함으로써 효력이 발생한다.

③ 제2차 납세의무자에 대한 납부고지의 경우 본래 납세의무자의 납부고지서를 같이 첨부해서 제2차 납세의무자에게 고지하여야 한다.

④ 양도담보권자로부터 납세자의 체납액을 징수하고자 할 때에는 납부고지서에 의하여 고지하여야 한다.

KEYWORD 23 납부기한 전 징수

06 ☐☐☐

「국세징수법」상 납부기한 전에 국세를 징수할 수 있는 사유에 해당하는 것은 모두 몇 개인가?

> ㄱ. 세무서장의 통고처분을 받은 때
> ㄴ. 법인이 해산한 때
> ㄷ. 경매가 시작된 때
> ㄹ. 기업의 구조조정 절차가 시작된 때
> ㅁ. 국세의 체납으로 강제징수를 받을 때
> ㅂ. 「어음법」 및 「수표법」에 따른 어음교환소에서 거래정지처분을 받은 때
> ㅅ. 납세자의 사업이 중대한 위기에 처한 때
> ㅇ. 파산선고를 받은 경우

① 4개
② 5개
③ 6개
④ 7개

05	고지와 독촉

세무서장은 납세자의 체납액을 제2차 납세의무자로부터 징수하려면 제2차 납세의무자에게 징수하려는 체납액의 과세기간, 세목, 세액 및 그 산출 근거, 납부기한, 납부장소와 제2차 납세의무자로부터 징수할 금액 및 그 산출 근거와 그 밖에 필요한 사항을 적은 납부고지서로 고지하여야 한다.

답 ③

06	납부기한 전 징수

납부기한 전 징수 사유에 해당되는 것은 5개(ㄴ, ㄷ, ㅁ, ㅂ, ㅇ)이다.

📄 **납부기한 전 징수 사유**

관할 세무서장은 다음의 어느 하나에 해당하는 사유가 있어 납부기한까지 기다려서는 국세를 징수할 수 없는 경우 납부기한 전이라도 이미 납세의무가 확정된 국세를 징수할 수 있다.

㉠ 국세, 지방세 또는 공과금의 체납으로 강제징수 또는 체납처분이 시작된 경우

㉡ 「민사집행법」에 따른 강제집행 및 담보권 실행 등을 위한 경매가 시작되거나 「채무자 회생 및 파산에 관한 법률」에 따른 파산선고를 받은 경우

㉢ 법인이 해산한 경우

㉣ 「어음법」 및 「수표법」에 따른 어음교환소에서 거래정지처분을 받은 경우

㉤ 국세를 포탈(逋脫)하려는 행위가 있다고 인정되는 경우

㉥ 납세관리인을 정하지 아니하고 국내에 주소 또는 거소를 두지 아니하게 된 경우

답 ②

07 □□□

「국세징수법」상 납부기한 전 징수와 교부청구의 공통된 사유에 해당하지 않는 것은?

① 파산선고를 받은 경우
② 경매가 개시된 때
③ 법인이 해산한 때
④ 국세를 포탈하고자 하는 행위가 있다고 인정되는 때

08 □□□

「국세징수법」상 납부기한 전 징수의 설명으로 옳지 않은 것은?

① 납부의 고지를 한 국세도 납부기한 전 징수를 할 수 있다.
② 납부기한 전 징수의 고지를 받고 납부기한까지 완납하지 않으면 독촉절차를 거치지 않고 납세자의 재산을 압류할 수 있다.
③ 국세를 포탈하고자 하는 행위가 있다고 인정되는 때는 납부기한 전 징수의 사유가 아니다.
④ 파산선고를 받은 경우는 납부기한 전 징수의 사유에 해당된다.

07	납부기한 전 징수

국세를 포탈하고자 하는 행위가 있다고 인정되는 때와 납세관리인을 정하지 아니하고 국내에 주소 또는 거소를 두지 않게 된 때는 납기전징수 사유에만 해당한다.

📄 납부기한 전 징수와 교부청구 사유 비교	
납부기한 전 징수와 교부청구사유의 공통된 사유	㉠ 국세, 지방세 또는 공과금의 체납으로 강제징수 또는 체납처분이 시작된 경우 ㉡ 「민사집행법」에 따른 강제집행 및 담보권 실행 등을 위한 경매가 시작되거나「채무자 회생 및 파산에 관한 법률」에 따른 파산선고를 받은 경우 ㉢ 법인이 해산한 경우
납부기한 전 징수에만 해당되는 사유	㉣ 「어음법」 및 「수표법」에 따른 어음교환소에서 거래정지처분을 받은 경우 ㉤ 국세를 포탈하려는 행위가 있다고 인정될 때 ㉥ 납세관리인을 정하지 아니하고 국내에 주소 또는 거소를 두지 아니하게 된 때

답 ④

08	납부기한 전 징수

국세를 포탈하고자 하는 행위가 있다고 인정되는 때는 납부기한 전 징수의 사유에 해당한다.

답 ③

09 □□□

「국세징수법」상 재난 등으로 인한 납부기한 등의 연장 및 납부고지의 유예에 대한 설명으로 옳지 않은 것은?

① 관할 세무서장은 납부기한등을 연장하거나 납부고지를 유예한 경우 그 연장 또는 유예기간 동안 「국세기본법」에 따른 납부지연가산세 및 원천징수 등 납부지연가산세를 부과하지 않는다.

② 관할 세무서장은 납세자가 재난 또는 도난으로 재산에 심한 손실을 입은 경우로 국세를 납부기한 또는 독촉장에서 정하는 납부기한 등까지 납부할 수 없다고 인정되는 경우 납부기한등을 연장(세액을 분할하여 납부하도록 하는 것을 포함)할 수 있다.

③ 세무서장은 지정납부기한이 연장된 경우에는 그 유예한 국세에 대하여 강제징수(교부청구는 포함)를 할 수 없다.

④ 관할 세무서장은 납부기한등의 연장 또는 납부고지의 유예를 하는 경우 그 연장 또는 유예와 관계되는 금액에 상당하는 납세담보의 제공을 요구할 수 있다.

---

09 납부기한 등의 연장 등

세무서장은 지정납부기한이 연장된 경우에는 그 유예한 국세에 대하여 강제징수(교부청구는 제외)를 할 수 없다.

┌───┐
📄 **납부기한 등의 연장 사유**

㉠ 납세자가 재난 또는 도난으로 재산에 심한 손실을 입은 경우

㉡ 납세자가 경영하는 사업에 현저한 손실이 발생하거나 부도 또는 도산의 우려가 있는 경우

㉢ 납세자 또는 그 동거가족이 질병이나 중상해로 6개월 이상의 치료가 필요한 경우 또는 사망하여 상중(喪中)인 경우

㉣ 그 밖에 납세자가 국세를 납부기한등까지 납부하기 어렵다고 인정되는 경우로서 다음의 어느 하나에 해당하는 경우

　ⓐ 권한 있는 기관에 장부나 서류 또는 그 밖의 물건이 압수 또는 영치된 경우 및 이에 준하는 경우

　ⓑ 정전, 프로그램의 오류, 그 밖의 부득이한 사유로 「한국은행법」에 따른 한국은행(그 대리점을 포함) 및 「우체국예금·보험에 관한 법률」에 따른 체신관서의 정보처리장치나 시스템을 정상적으로 가동시킬 수 없는 경우

　ⓒ 금융회사등·체신관서의 휴무, 그 밖에 부득이한 사유로 정상적인 국세 납부가 곤란하다고 국세청장이 인정하는 경우

　ⓓ 「세무사법」에 따라 납세자의 장부 작성을 대행하는 세무사(세무사법에 따라 등록한 세무법인을 포함) 또는 세무사법에 따라 세무대리업무등록부에 등록한 공인회계사(「공인회계사법」에 따라 등록한 회계법인을 포함)가 화재, 전화(戰禍), 그 밖의 재해를 입거나 해당 납세자의 장부(장부 작성에 필요한 자료를 포함)를 도난당한 경우

　ⓔ 위 ㉠ ~ ㉢의 규정에 준하는 사유가 있는 경우
└───┘

답 ③

---

10 □□□

「국세징수법」상 재난 등으로 인한 납부기한 등의 연장 및 납부고지의 유예에 대한 설명으로 옳지 않은 것은?

① 관할 세무서장은 납세자가 일정한 사유로 국세를 납부기한 또는 독촉장에서 정하는 납부기한 등까지 납부할 수 없다고 인정되는 경우 납부기한 등을 연장(세액을 분할하여 납부하도록 하는 것을 포함한다)할 수 있다.

② 납부기한 등의 연장을 받으려는 납세자가 납부기한 등의 만료일(납부고지의 유예는 납부고지 예정인 국세의 납부하여야 할 기한의 만료일) 3일 전까지 신청을 하였으나 관할 세무서장이 그 신청일부터 3일 이내에 승인 여부를 통지하지 아니한 경우에는 신청일부터 3일이 되는 날에 신청을 승인한 것으로 본다.

③ 관할 세무서장은 납부기한 등의 연장을 하는 경우 그 연장기간을 연장한 날(또는 납부고지의 유예를 하는 경우 그 유예기간을 유예한 날)의 다음 날부터 9개월 이내로 정하며, 연장 또는 유예기간 중의 분납기한 및 분납금액을 정할 수 있다. 이 경우 관할 세무서장은 연장 또는 유예 기간이 6개월을 초과하는 경우에는 가능한 한 연장 또는 유예기간 시작 후 6개월이 지난 날부터 3개월 이내에 균등액을 분납할 수 있도록 정해야 한다.

④ 관할 세무서장은 납부기한 등의 연장 또는 납부고지의 유예를 하는 경우 그 연장 또는 유예와 관계되는 금액에 상당하는 납세담보의 제공을 요구할 수 있다.

---

10 납부기한 등의 연장 등

납부기한 등의 연장을 받으려는 납세자가 납부기한 등의 만료일(납부고지의 유예는 납부고지 예정인 국세의 납부하여야 할 기한의 만료일) 10일 전까지 신청을 하였으나 관할 세무서장이 그 신청일부터 10일 이내에 승인 여부를 통지하지 아니한 경우에는 신청일부터 10일이 되는 날에 신청을 승인한 것으로 본다.

답 ②

「국세징수법」상 재난 등으로 인한 납부기한 등의 연장 및 납부고지의 유예에 대한 설명으로 옳지 않은 것은? (단, 상호합의절차에 따른 특례는 고려하지 않는다)

① 정전, 프로그램의 오류, 그 밖의 부득이한 사유로 「한국은행법」에 따른 한국은행(그 대리점을 포함한다) 및 「우체국예금·보험에 관한 법률」에 따른 체신관서의 정보처리장치나 시스템을 정상적으로 가동시킬 수 없는 경우는 납세담보의 제공을 요구할 수 없다.

② 납세자는 납부기한등의 연장 또는 납부고지의 유예를 신청하려는 경우 기한(납부기한 등 또는 납부고지 예정인 국세를 납부해야 할 기한을 말한다) 만료일 3일 전까지 신청서를 관할 세무서장에게 제출(「국세기본법」에 따른 국세정보통신망을 통한 제출을 포함한다)해야 한다. 다만, 관할 세무서장이 납세자가 기한 만료일 3일 전까지 신청서를 제출할 수 없다고 인정하는 경우에는 기한 만료일까지 제출할 수 있다.

③ 관할 세무서장은 납부기한 등의 연장을 받으려는 납세자의 신청을 받은 경우 납부기한 등의 만료일 3일 전까지 납세자에게 납부기한 등의 연장 승인 여부를 통지하여야 하며, 납부고지의 유예를 신청받은 경우에는 납부고지 예정인 국세의 납부하여야 할 기한의 만료일 3일 전까지 납세자에게 납부고지 유예의 승인 여부를 통지하여야 한다.

④ 세법에 따른 납부고지의 유예, 지정납부기한·독촉장에서 정하는 기한의 연장, 징수 유예기간 중에는 국세징수권의 소멸시효가 정지된다.

「국세징수법」상 재난 등으로 인한 납부기한 등의 연장 및 납부고지의 유예에 관한 설명으로 옳지 않은 것은?

① 국세를 분할납부하여야 하는 각 기한까지 분할납부하여야 할 금액을 납부하지 아니한 경우 그 납부기한 등의 연장 또는 납부고지의 유예를 취소하고 연장 또는 유예와 관계되는 국세를 한꺼번에 징수할 수 있다.

② 관할 세무서장은 납부기한등의 연장 또는 납부고지의 유예를 취소한 경우 납세자에게 그 사실을 통지하여야 한다.

③ 세무서장은 지정납부기한이 연장된 경우에는 그 유예한 국세 또는 체납액에 대하여는 강제징수나 교부청구를 할 수 없다.

④ 납부기한 등의 연장을 받으려는 납세자가 납부기한 등의 만료일(납부고지의 유예는 납부고지 예정인 국세의 납부하여야 할 기한의 만료일) 10일 전까지 신청을 하였으나 관할 세무서장이 그 신청일부터 10일 이내에 승인 여부를 통지하지 아니한 경우에는 신청일부터 10일이 되는 날에 신청을 승인한 것으로 본다.

11	납부기한 등의 연장 등

관할 세무서장은 납부기한 등의 연장을 받으려는 납세자의 신청을 받은 경우 납부기한 등의 만료일까지 납세자에게 납부기한 등의 연장 승인 여부를 통지하여야 하며, 납부고지의 유예를 신청받은 경우에는 납부고지 예정인 국세의 납부하여야 할 기한의 만료일까지 납세자에게 납부고지 유예의 승인 여부를 통지하여야 한다.

답 ③

12	납부기한 등의 연장 등

납부기한 등이 연장된 경우에도 교부청구는 할 수 있다.

답 ③

「국세징수법」상 재난 등으로 인한 납부기한을 연장하는 경우 관할 세무서장이 납부할 금액에 상당하는 담보의 제공을 요구할 수 있는 경우로 옳은 것은?

① 권한 있는 기관에 장부 또는 서류가 압수 또는 영치된 때
② 납세자가 화재를 입은 경우
③ 정전으로 한국은행 및 체신관서의 정보통신망의 정상적인 가동이 불가능한 경우
④ 금융회사의 휴무로 정상적인 세금납부가 곤란하다고 국세청장이 인정하는 경우

「국세징수법」상 국세의 납부기한에 관한 설명으로 옳지 않은 것은?

① 납부기한 전 징수를 위하여 고지하는 경우에 납부고지서가 도달한 날에 이미 지정납부기한이 지난 때에는 그 도달한 날을 납부기한으로 한다.
② 납세자가 경영하는 사업에 현저한 손실이 발생하거나 부도 또는 도산의 우려가 있는 경우에 납부기한의 연장을 신청하면 관할 세무서장은 납부기한을 연장할 수 있다.
③ 납부고지서를 송달한 경우(납부기한전 징수에 해당하지 않음)에 도달한 날로부터 14일 이내에 지정납부기한이 도래하는 것에 대하여는 도달한 날로부터 14일이 지난 날을 납부기한으로 한다.
④ 납세자가 재난 또는 도난으로 재산에 심한 손실을 입은 경우에 관할 세무서장은 납세자의 담보제공을 조건으로 납부기한을 연장할 수 있다.

13	납부기한 등의 연장 등

권한 있는 기관에 장부 또는 서류가 압수 또는 영치된 때는 담보의 제공을 요구할 수 있다.

> 📑 **담보제공**
>
> 관할 세무서장은 납부고지의 유예를 하는 경우 그 유예와 관계되는 금액에 상당하는 담보의 제공을 요구할 수 있다. 다만, 다음의 경우는 담보제공을 요구할 수 없다.
> ㉠ 납세자가 재난 또는 도난으로 재산에 심한 손실을 입은 경우
> ㉡ 정전, 프로그램의 오류 그 밖의 부득이한 사유로 한국은행(그 대리점을 포함) 및 체신관서의 정보처리장치의 정상적인 가동이 불가능한 경우
> ㉢ 금융회사 등 또는 체신관서의 휴무 그 밖의 부득이한 사유로 정상적인 세금납부가 곤란하다고 국세청장이 인정하는 경우
> ㉣ 납세자가 그 사업에서 심각한 손해를 입거나 그 사업이 중대한 위기에 처한 경우에는 관할 세무서장이 납부할 금액, 연장되는 납부기간, 과거 납세자의 국세 또는 체납액 납부내역 등을 고려하여 그 연장한 납부기한까지 해당 국세를 납부할 수 있다고 인정하는 경우
> ㉤ 그 밖에 이에 준하는 사유

답 ①

14	납부기한 등의 연장 등

납세자가 화재, 전화 기타 재해를 입거나 도난을 당한 경우는 담보제공을 요구할 수 없는 사유에 해당된다.

답 ④

15 ☐☐☐

2022년 9급

국세징수법령상 납세담보에 대한 설명으로 옳지 않은 것은?

① 증권시장에 상장된 유가증권으로서 매매사실이 있는 것은 납세담보로 인정하고 있다.

② 보석 또는 자동차와 같이 자산적 가치가 있는 것은 법에 열거되지 않더라도 납세담보로 인정한다.

③ 납세담보로서 금전을 제공한 자는 그 금전으로 담보한 국세 및 강제징수비를 납부할 수 있다.

④ 관할 세무서장은 납세담보를 제공받은 국세 및 강제징수비가 그 담보기간에 납부되지 않는 경우 납세담보가 납세보증서이면 보증인으로부터 징수절차에 따라 징수한 금전으로 해당 국세 및 강제징수비를 징수한다.

16 ☐☐☐

2014년 9급 변형

「국세징수법」상 납세담보에 대한 설명으로 옳지 않은 것은?

① 납세담보로서 금전을 제공한 자는 그 금전으로 담보한 국세와 강제징수비를 납부할 수 있다.

② 납세보증보험증권의 납세담보의 가액은 보험금액이다.

③ 금전을 납세담보로 제공할 때에는 담보할 국세의 100분의 120 이상의 가액에 상당하는 현금을 제공하여야 한다.

④ 납세담보를 제공한 자는 세무서장의 승인을 받아 그 담보를 변경할 수 있다.

15	납세담보

납세담보를 법에서 열거한 것만 대상으로 하기 때문에 열거되지 않은 자동차나 보석은 담보로 제공할 수 없다.

📄 **납세담보**

종류	담보제공	담보의 평가	제공방법
보증인의 납세보증서	120% (은행 110%)	보증액	납세보증서 제출
금전	110%	평가 불필요	공탁하고 공탁수령증 제출
법에 따른 유가증권	120%	담보로 제공한 날의 전날을 평가기준일로 하여 「상속세 및 증여세법 시행령」을 준용하여 계산한 가액	㉠ 공탁하고 공탁수령증을 세무서장에게 제출 ㉡ 등록된 유가증권은 담보 제공의 뜻을 등록하고 그 등록확인증 제출
납세보증 보험증권	110%	보험금액	납세보증보험증권 제출 (보험기간은 납세담보기간에 30일 이상을 가산한 기간으로 함)
토지 · 건물 · 공장재단 · 광업재단 · 선박 · 항공기 및 건설기계	120%	㉠ 토지 및 건물은 「상속세 및 증여세법」에 따라 평가한 가액 ㉡ 위 ㉠ 외의 자산은 감정가액 또는 지방세 시가표준액	㉠ 등기필증 또는 등록필증을 제출하며 세무서장이 저당권 설정 ㉡ 토지를 제외하고 화재보험증권 제출(보험기간은 납세담보기간에 30일 이상을 가산한 기간으로 함)

답 ②

16	납세담보

금전을 납세담보로 제공할 때에는 담보할 국세의 100분의 110 이상의 가액에 상당하는 현금을 제공하여야 한다.

답 ③

「국세기본법」상 납세담보에 대한 설명으로 옳지 않은 것은?

① 납세보증보험증권에 의한 납세담보의 가액의 평가는 보험금액에 의한다.
② 보증인의 납세보증서로 납세담보를 제공한 자는 세무서장의 승인을 얻어 그 담보를 변경할 수 있으나, 세무서장은 보증인의 변경을 요구할 수 없다.
③ 토지·건물을 납세담보로 제공하고자 하는 자는 그 등기필증을 세무서장에게 제시하여야 한다.
④ 세무서장은 납세담보의 제공을 받은 국세와 강제징수비가 납부된 때에는 지체 없이 담보해제의 절차를 밟아야 한다.

「국세기본법」상 납세담보에 대한 설명으로 옳은 것은?

① 금전, 보험에 든 등록된 자동차와 건설기계는 납세담보로 제공할 수 있다.
② 납세담보를 제공한 자는 그 담보를 임의로 변경할 수 있다.
③ 상장된 유가증권을 납세담보로 제공한 자는 그 담보물로 국세와 강제징수비를 납부할 수 있다.
④ 납세보증보험증권으로 납세담보를 한 경우, 납세담보의 가액은 그 보험금액으로 한다.

17	납세담보

세무서장은 납세담보물의 가액 감소, 보증인의 자력 감소 또는 그 밖의 사유로 그 납세담보로는 국세와 강제징수비의 납부를 담보할 수 없다고 인정할 때에는 담보를 제공한 자에게 담보물의 추가제공 또는 보증인의 변경을 요구할 수 있다.

답 ②

18	납세담보

선지분석
① 자동차는 담보로 제공할 수 없다.
② 납세담보의 변경은 관할 세무서장의 승인을 받아 할 수 있다.
③ 금전만 담보로써 국세 등을 납부할 수 있다.

답 ④

「국세기본법」상 납세담보에 대한 설명으로 옳지 않은 것은?

① 등록된 유가증권을 납세담보로 제공하려는 자는 그 유가증권을 공탁하고 그 공탁수령증을 세무서장(세법에 따라 국세에 관한 사무를 세관장이 관장하는 경우에는 세관장을 말함)에게 제출하여야 한다.

② 보험에 든 등기된 건물을 납세담보로 제공하려는 자는 그 화재보험증권을 제출하여야 한다. 이 경우 그 보험기간은 납세담보를 필요로 하는 기간에 30일 이상을 더한 것이어야 한다.

③ 납세담보를 제공한 자는 세무서장의 승인을 받아 그 담보를 변경할 수 있다.

④ 납세담보를 금전으로 제공한 자는 그 금전으로 담보한 국세와 강제징수비를 납부할 수 있다.

「국세기본법」상 납세담보에 대한 설명이다. 옳은 것은?

① 금전도 납세담보로 제공할 수 있다.

② 등록된 국채·지방채 또는 사채의 경우에는 공탁하고 그 공탁수령증을 세무서장에게 제출하여야 한다.

③ 국채와 지방채는 액면가액으로 평가한다.

④ 납세담보를 제공한 자는 이후 그 담보를 변경할 수 없다.

⑤ 납세담보는 보석류도 납세담보로 제공할 수 있다.

19	납세담보

등록된 유가증권을 납세담보로 제공하려는 경우 담보제공의 뜻을 등록하고 그 등록확인증을 제출한다.

답 ①

20	납세담보

(선지분석)

② 등록된 국채·지방채 또는 사채는 담보제공의 뜻을 등록하고 그 등록확인증을 제출하여야 한다.

③ 국채와 지방채는 「상속세 및 증여세법」에 의해서 평가한다.

④ 납세담보를 제공한 자는 세무서장의 승인을 받아 그 담보를 변경할 수 있다.

⑤ 납세담보는 「국세기본법」에 열거한 자산만 가능하므로 보석류는 담보로 제공할 수 없다.

답 ①

KEYWORD 26 압류

01 □□□

국세징수법령상 신고납부 및 강제징수에 대한 설명으로 옳은 것은?

① 국세의 징수에 관하여 「국세기본법」에 특별한 규정이 있는 경우에도 「국세징수법」에서 정한 바에 따른다.

② 금전을 납세담보로 제공하는 경우에는 담보할 확정된 국세의 100분의 120 이상의 가액에 상당하는 담보를 제공해야 한다.

③ 공매재산에 설정된 저당권은 매각으로 소멸되지 아니한다.

④ 「여신전문금융업법」에 따른 신용카드 또는 직불카드로 국세를 납부하는 경우에는 국세납부 대행기관의 승인일을 납부일로 본다.

02 □□□

세무공무원 甲이 국세징수법령에 따라 판단한 것으로 옳은 것은?

① 납부기한 전 징수 사유가 없는 A가 독촉장을 받은 상태(독촉장에 지정된 납부기한이 지나지 않음)로 체납된 국세를 완납하지 않았으므로 A의 소유재산은 압류의 대상이 된다.

② 체납자 B의 퇴직금 총액(소득세 및 소득세분 지방소득세를 뺀 총액)이 1천만 원일 경우 5백만 원까지는 압류가 금지되므로 이를 제외한 퇴직금에 대한 압류를 집행할 수 있다.

③ 천재지변 등으로 인한 납부기한 등의 연장 등을 적용받은 C의 경우 납부기한 등 연장 중에는 교부청구와 참가압류는 모두 불가능하다.

④ 체납 발생일부터 2년이 지나고 체납액이 300만 원인 D에 대한 체납자료를 신용정보회사에게 제공할 수 있다.

01	압류

선지분석

① 국세징수법보다 「국세기본법」을 우선적으로 적용한다.

② 금전을 납세담보로 제공하는 경우에는 국세의 110% 이상의 가액을 담보로 제공해야 한다.

③ 공매재산에 설정된 저당권은 매각으로 소멸된다.

답 ④

02	압류

선지분석

① 독촉장에 의한 납부기한이 지나지 않은 경우에는 압류를 할 수 없다.

③ 교부청구는 할 수 있다.

④ 체납발생일로부터 1년이 지나고 체납액이 500만 원 이상인 경우 정보를 제공할 수 있다.

📄 **급여채권**

㉠ 급료·연금·임금·봉급·상여금·세비·퇴직연금, 그 밖에 이와 비슷한 성질을 가진 급여채권에 대하여는 그 총액(총액은 지급받을 수 있는 급여금 전액에서 그 근로소득 또는 퇴직소득에 대한 소득세 및 소득세분 지방소득세를 뺀 금액으로 함)의 2분의 1에 해당하는 금액은 압류하지 못한다.
다만, 그 금액이 월 185만 원에 미치지 못하는 경우에는 185만 원을 압류하지 못한다. 이러한 압류금지 금액이 300만 원을 초과하는 경우에는 '300만 원 + (급여총액 × 1/2 − 300만 원) × 1/2'에 해당하는 금액은 압류하지 못한다.

㉡ 퇴직금이나 그 밖에 이와 비슷한 성질을 가진 급여채권에 대하여는 그 총액의 2분의 1에 해당하는 금액은 압류하지 못한다.

답 ②

03 ☐☐☐

「국세징수법」상 강제징수에 대한 설명으로 옳지 않은 것은?

① 관할 세무서장은 재판상의 가압류 또는 가처분 재산이 강제징수 대상인 경우에는 「국세징수법」에 따른 강제징수를 할 수 없다.

② 관할 세무서장은 강제징수를 할 때 납세자가 국세의 징수를 피하기 위하여 한 재산의 처분이나 그 밖에 재산권을 목적으로 한 법률행위(「신탁법」 제8조에 따른 사해신탁을 포함한다)에 대하여 「신탁법」 및 「민법」을 준용하여 사해행위의 취소 및 원상회복을 법원에 청구할 수 있다.

③ 관할 세무서장은 납세자가 독촉 또는 납부기한 전 징수의 고지를 받고 지정된 기한까지 국세를 완납하지 아니한 경우 재산의 압류, 압류재산의 매각·추심 및 청산의 절차에 따라 강제징수를 한다.

④ 체납자의 재산에 대하여 강제징수를 시작한 후 체납자가 사망한 경우에도 그 재산에 대한 강제징수는 계속 진행하여야 한다.

04 ☐☐☐

「국세징수법」상 강제징수의 절차에 대한 설명으로 옳지 않은 것은?

① 세무공무원이 재산을 압류하기 위하여 필요하다 하더라도 폐쇄된 문이나 금고를 직접 열 수 없다.

② 세무공무원은 제3자의 가옥에 체납자의 재산을 은닉한 혐의가 있다고 인정되는 때에는 제3자의 가옥을 수색할 수 있다.

③ 주로 야간에 주류를 제공하는 영업을 하는 장소에 대하여는 해가 진 후에도 영업 중에는 수색을 시작할 수 있다.

④ 세무공무원이 강제징수를 하기 위하여 재산을 압류할 때에는 그 신분을 표시하는 증표를 지니고 이를 관계자에게 보여 주어야 한다.

03	압류

관할 세무서장은 재판상의 가압류 또는 가처분 재산이 강제징수 대상인 경우에는 「국세징수법」에 따른 강제징수를 할 수있다.

답 ①

04	압류

세무공무원은 재산을 압류하기 위하여 필요할 때에는 체납자의 가옥·선박·창고 또는 그 밖의 장소를 수색하거나 폐쇄된 문·금고 또는 기구를 열게 하거나 또는 직접 열 수 있다. 체납자의 재산을 점유하는 제3자가 재산의 인도를 거부할 때에도 또한 같다.

답 ①

「국세징수법」상 강제징수에 대한 설명으로 옳지 않은 것은?

① 납세자가 독촉장을 받고 지정된 기한까지 국세를 완납하지 아니한 경우에는 세무서장은 납세자의 재산을 압류한다.

② 압류의 대상이 되는 재산은 체납자의 소유가 아니더라도 무방하며, 금전적 가치를 가지고 양도성을 가져야 하고, 압류금지 재산이 아니어야 한다.

③ 세무서장은 채권을 압류할 때에는 그 뜻을 해당 채권의 채무자에게 통지하여야 하고, 그 통지를 한 때에는 체납액을 한도로 하여 체납자인 채권자를 대위한다.

④ 압류와 관계되는 체납액의 전부가 납부 또는 충당된 경우 경우에는 그 압류를 즉시 해제하여야 한다.

「국세징수법」상 강제징수에 관한 설명으로 옳지 않은 것은?

① 세무공무원은 체납자가 국세징수를 면탈하려고 재산권을 목적으로 한 법률행위를 한 경우 사해행위의 취소를 법원에 청구할 수 있다.

② 세무공무원은 납세자가 독촉장을 송달받고 그 지정된 기한까지 국세를 완납하지 아니한 때에는 납세자의 재산을 압류한다.

③ 세무서장은 체납자가 일정한 요건을 갖춘 경우 강제징수에 의한 재산의 압류나 압류재산의 매각을 유예할 수 있다.

④ 세무서장은 확정 전 보전압류한 재산이 금전, 납부기한 내 추심할 수 있는 예금 또는 유가증권인 경우에는 납세자의 신청이 없는 경우에도 확정된 국세에 이를 충당할 수 있다.

06	압류

세무서장은 확정 전 보전압류한 재산이 금전, 납부기한 내 추심할 수 있는 예금 또는 유가증권인 경우에는 납세자의 신청이 있는 경우에 확정된 국세에 이를 충당할 수 있다.

📋 확정 전 보전압류

요건	㉠ 세무서장은 납세자에게 납부기한 전 징수 사유가 있어 국세가 확정된 후에는 그 국세를 징수할 수 없다고 인정할 때에는 국세로 확정되리라고 추정되는 금액의 한도에서 납세자의 재산을 압류할 수 있음 ㉡ 이러한 경우 세무서장은 재산을 압류하려면 미리 지방국세청장의 승인을 받아야 함 ㉢ 세무서장은 재산을 압류하였을 때에는 해당 납세자에게 문서로 통지하여야 함
해제사유	세무서장은 다음의 어느 하나에 해당할 때에는 재산의 압류를 즉시 해제하여야 함 ㉠ 통지를 받은 자가 납세담보를 제공하고 압류 해제를 요구한 경우 ㉡ 압류를 한 날부터 3개월(국세 확정을 위하여 실시한 세무조사가 「국세기본법」에 따라 납세자가 자료의 제출을 지연하는 등의 사유로 중지된 경우에 그 중지 기간은 빼고 계산함)이 지날 때까지 압류에 따라 징수하려는 국세를 확정하지 아니한 경우
신청에 따른 충당	세무서장은 압류한 재산이 금전, 납부기한 내 추심할 수 있는 예금 또는 유가증권인 경우 납세자의 신청이 있을 때에는 확정된 국세에 이를 충당할 수 있음

답 ④

05	압류

압류의 대상이 되는 재산은 체납자의 소유이며 금전적 가치를 가지고 있어야 한다.

답 ②

07 □□□

「국세징수법」에 관한 설명으로 옳은 것은?

① 교부청구는 국세징수권 소멸시효의 정지사유에 해당한다.
② 퇴직금 그 밖에 이와 비슷한 성질을 가진 급여채권에 대하여는 그 총액의 3분의 1을 초과하여 압류할 수 없다.
③ 납부기한 전 징수를 위한 고지의 경우 당해 고지서가 도달한 날에 이미 납부기한이 경과한 때에는 도달한 날로부터 14일이 경과하는 날을 납부기한으로 한다.
④ 체납자가 사망한 후 체납자 명의의 재산에 대하여 한 압류는 그 재산을 상속한 상속인에 대하여 한 것으로 본다.

08 □□□

「국세징수법」상 세무공무원이 납세자의 체납된 세금 10억 원을 이유로 그의 재산을 압류하려고 함에 있어서 그 재산이 다음과 같은 경우 세무공무원이 압류할 수 있는 재산의 총액은?

- 법령에 따라 급여하는 상이급여금: 500만 원
- 체납자의 생계유지에 필요한 소액금융재산: 보장성보험의 만기환급금 150만 원
- 월급여(그에 대한 근로소득세와 소득세분 지방소득세 100만 원 포함): 800만 원

① 325만 원
② 350만 원
③ 375만 원
④ 450만 원

07	압류

선지분석

① 교부청구는 국세징수권 소멸시효의 중단사유에 해당한다.
② 퇴직금 그 밖에 이와 비슷한 성질을 가진 급여채권에 대하여는 그 총액의 2분의 1을 초과하여 압류할 수 없다.
③ 납부기한 전 징수를 위한 고지의 경우 해당 고지서가 도달한 날에 이미 납부기한이 지났을 때에는 그 도달한 날을 납부기한으로 하고, 해당 고지서의 도달 후 단축된 기한이 도래할 때에는 그 단축된 기한을 납부기한으로 한다.

답 ④

08	압류

- 상이급여금 전액과 보장성보험의 만기환급금 150만 원은 압류금지재산에 해당한다.
- 압류금지 재산: 300만 원 + (700만 원[*] − 600만 원)× $\frac{1}{4}$

  = 325만 원

  [*] 800만 원 − 100만 원(소득세 및 지방소득세) = 700만 원
- 압류가능 재산: 700만 원 − 325만 원 = 375만 원

> 📋 **압류금지 재산 - 급여채권**
>
> ㉠ 급여채권에 대하여는 그 총액(소득세 및 소득세분 지방소득세를 뺀 금액)의 2분의 1에 해당하는 금액은 압류하지 못함
> ㉡ 최저 월 185만 원은 압류하지 못함
> ㉢ 압류금지 금액이 300만 원을 초과하는 경우 압류금지 금액은 다음으로 계산함
>
> > 300만 원 + (급여총액 − 600만 원) × $\frac{1}{4}$
>
> ㉣ 퇴직금에 대하여는 그 총액의 2분의 1에 해당하는 금액은 압류하지 못함

답 ③

09 □□□ 2022년 7급

「국세징수법」상 관할 세무서장이 압류를 즉시 해제하여야 하는 경우에 해당하지 않는 것은?

① 국세 부과의 전부를 취소한 경우
② 압류 후 재산가격이 변동하여 체납액 전액을 현저히 초과한 경우
③ 압류와 관계되는 체납액의 전부가 납부된 경우
④ 여러 재산을 한꺼번에 공매(公賣)하는 경우로서 일부 재산의 공매대금으로 체납액 전부를 징수한 경우

10 □□□ 2016년 7급 변형

「국세징수법」상 세무서장이 압류를 즉시 해제하여야 하는 경우에 해당하지 않는 것은?

① 압류와 관계되는 체납액의 전부가 납부 또는 충당된 경우
② 세무서장에게 소유권을 주장하고 반환을 청구하려는 증거서류를 제출한 제3자의 소유권 주장이 상당한 이유가 있다고 인정하는 경우
③ 제3자가 체납자를 상대로 소유권에 관한 소송을 제기하여 승소 판결을 받고 그 사실을 증명한 경우
④ 압류 후 재산가격이 변동하여 징수할 체납액 전액을 현저히 초과하는 경우

09	압류

압류 후 재산가격이 변동하여 체납액 전액을 현저히 초과한 경우는 압류를 해제할 수 있는 사유에 해당된다(선택적 사항).

📄 압류해제사유

필수적 해제사유	㉠ 압류와 관계되는 체납액의 전부가 납부 또는 충당(국세환급금, 그 밖에 관할 세무서장이 세법상 납세자에게 지급할 의무가 있는 금전을 체납액과 대등액에서 소멸시키는 것을 말함)된 경우 ㉡ 국세 부과의 전부를 취소한 경우 ㉢ 여러 재산을 한꺼번에 공매(公賣)하는 경우로서 일부 재산의 공매대금으로 체납액 전부를 징수한 경우 ㉣ 총 재산의 추산(推算)가액이 강제징수비(압류에 관계되는 국세에 우선하는 「국세기본법」에 따른 채권 금액이 있는 경우 이를 포함)를 징수하면 남을 여지가 없어 강제징수를 종료할 필요가 있는 경우. 다만, 교부청구 또는 참가압류가 있는 경우로서 교부청구 또는 참가압류와 관계된 체납액을 기준으로 할 경우 남을 여지가 있는 경우는 제외함 ㉤ 그 밖에 ㉠ ~ ㉣의 규정에 준하는 사유로 압류할 필요가 없게 된 경우
임의적 해제사유	㉠ 압류 후 재산가격이 변동하여 체납액 전액을 현저히 초과한 경우 ㉡ 압류와 관계되는 체납액의 일부가 납부 또는 충당된 경우 ㉢ 국세 부과의 일부를 취소한 경우 ㉣ 체납자가 압류할 수 있는 다른 재산을 제공하여 그 재산을 압류한 경우

답 ②

10	압류

압류 후 재산가격이 변동하여 징수할 체납액 전액을 현저히 초과하는 경우는 압류를 해제할 수 있다.

답 ④

「국세징수법」상 세무서장이 압류를 즉시 해제하여야 하는 경우가 아닌 것은?

① 체납자가 압류할 수 있는 다른 재산을 제공하고 압류해제를 요구한 경우
② 확정 전 보전압류의 통지를 받은 자가 납세담보를 제공하고 압류해제를 요구한 경우
③ 압류한 재산에 대해 소유권을 주장하는 제3자의 주장이 상당한 이유가 있다고 인정하는 경우
④ 제3자가 체납자를 상대로 소유권에 관한 소송을 제기하여 승소 판결을 받고 그 사실을 증명한 경우

「국세징수법」상 압류의 효력에 대한 설명으로 옳지 않은 것은?

① 압류의 효력은 압류재산으로부터 생기는 법정과실 및 천연과실에 미친다.
② 채권압류의 효력은 채권압류통지서가 해당 채권의 채무자에게 송달된 때에 발생한다.
③ 유가증권에 대한 압류의 효력은 세무공무원이 그 재산을 점유한 때에 발생한다.
④ 부동산에 대한 압류의 효력은 그 압류대상을 점유한 때에 발생한다.

11	압류

세무서장은 체납자가 압류할 수 있는 다른 재산을 제공하여 그 재산을 압류한 경우는 임의적 해제사유에 해당된다.

답 ①

12	압류

부동산에 대한 압류의 효력은 그 압류의 등기 또는 등록이 완료된 때에 발생한다.

📄 부동산 등 압류

절차	㉠ 부동산 등은 압류등기를 등기소에 촉탁함 ㉡ 압류하면 체납자에게 통지함
효력	㉠ 등기·등록이 완료된 때 ㉡ 압류의 효력은 압류재산의 소유권이 이전되기 전에 법정기일이 도래한 국세의 체납액에도 미침
압류 부동산 등의 사용·수익	압류한 부동산 등을 체납자가 사용·수익할 수 있음(다만, 가치가 줄어들 우려가 있는 경우는 제외함)

답 ④

13 □□□

「국세징수법」상 교부청구와 참가압류에 대한 설명으로 옳지 않은 것은?

① 관할 세무서장이 참가압류를 한 후에 선행압류기관이 권리의 변동에 등기가 필요한 재산에 대한 압류를 해제한 경우 그 참가압류는 참가압류 통지서가 선행압류기관에 송달된 때로 소급하여 압류의 효력을 갖는다.

② 관할 세무서장은 납부, 충당, 국세 부과의 취소나 그 밖의 사유로 교부를 청구한 체납액의 납부의무가 소멸된 경우 그 교부청구를 해제하여야 한다.

③ 관할 세무서장은 참가압류를 한 경우 그 사실을 체납자, 제3채무자 및 저당권자 등에게 통지하여야 한다.

④ 관할 세무서장은 압류하려는 재산이 이미 다른 기관에 압류되어 있는 경우 참가압류 통지서를 선행압류기관에 송달함으로써 교부청구를 갈음하고 그 압류에 참가할 수 있다.

14 □□□

「국세징수법」상 세무서장이 집행법원 등에 체납액의 교부를 청구하여야 하는 사유로 옳지 않은 것은?

① 납세관리인을 정하지 아니하고 국내에 주소 또는 거소를 두지 아니하게 된 때

② 강제집행을 받을 때

③ 국세의 체납으로 강제징수를 받을 때

④ 법인이 해산한 때

13	압류

권리의 변동에 등기가 필요한 재산에 대한 선행압류기관이 압류를 해제한 경우 참가압류의 등기 또는 등록이 완료된 때로 소급하여 효력이 발생한다.

📄 **교부청구와 참가압류**

ⓝ 교부청구

사유	ⓐ 국세, 지방세 또는 공과금의 체납으로 강제징수 또는 체납처분이 시작된 경우 ⓑ 「민사집행법」에 따른 강제집행 및 담보권 실행 등을 위한 경매가 시작되거나 「채무자 회생 및 파산에 관한 법률」에 따른 파산선고를 받은 경우 ⓒ 법인이 해산한 경우
효력	ⓐ 집행기관이 경매 등을 해제하는 경우 교부청구의 효력이 상실됨 ⓑ 소멸시효 진행의 중단
해제	납부 등이 되면 교부청구를 해제함

ⓛ 참가압류

절차	ⓐ 압류하려는 재산을 다른 기관이 먼저 압류하고 있을 때 참가압류 통지서를 송달하여 압류에 참가함 ⓑ 참가하면 체납자에게 통지함 ⓒ 대상 자산이 등기·등록이 필요한 경우 등기·등록을 촉탁함
효력	기압류기관이 압류해제하면 다음으로 소급하여 압류가 발생됨 ⓐ 등기·등록이 필요하지 않은 재산: 참가압류 통지서가 기압류기관에 송달된 때 ⓑ 등기 또는 등록을 필요한 재산: 참가압류의 등기 또는 등록이 완료된 때

답 ①

14	압류

납세관리인을 정하지 아니하고 국내에 주소 또는 거소를 두지 아니하게 된 때는 교부청구사유에 해당하지 않는다.

답 ①

15 □□□

「국세징수법」상 압류의 효력에 대한 설명으로 옳지 않은 것은?

① 동산에 대한 압류의 효력은 세무공무원이 그 재산을 점유한 때에 발생한다.

② 광업재단에 대한 압류는 당해 압류재산의 소유권이 이전되기 전에 법정기일이 도래한 국세에 대한 체납액에 대하여도 그 효력이 미친다.

③ 채권압류통지서의 송달을 받은 후에 제3채무자가 체납자에 대하여 이행을 한 경우에 그 채무이행으로서 채권압류자인 국가에 대항할 수 없다.

④ 압류의 등기 또는 등록을 요하는 특허권 등 무체재산권에 대한 압류의 효력은 무체재산권 압류통지서가 제3채무자에게 송달된 때에 발생한다.

16 □□□

「국세징수법」상 압류에 관한 설명으로 옳은 것은 모두 몇 개인가?

> ㄱ. 세무서장은 국세를 징수하기 위하여 필요한 재산 이외의 재산을 절대로 압류할 수 없다.
> ㄴ. 압류할 재산이 공유물인 경우 각자의 지분이 정해져 있지 않으면 그 지분이 균등한 것으로 보아 압류한다.
> ㄷ. 강제징수는 재판상의 가압류 또는 가처분으로 인하여 그 집행에 영향을 받지 아니한다.
> ㄹ. 체납자가 사망한 후 체납자 명의의 재산에 대하여 한 압류는 그 재산을 상속한 상속인에 대하여 한 것으로 본다.
> ㅁ. 신원보증금 · 계약보증금 등의 조건부 채권은 그 조건 성립 전에도 압류할 수 있다.

① 2개

② 3개

③ 4개

④ 5개

15	압류

무체재산권 압류의 효력은 그 압류의 등기 또는 등록이 완료된 때에 발생한다. 다만, 등기 또는 등록을 요하지 않는 경우에는 재산압류통지서가 권리자에게 도달한 때에 그 효력이 발생한다.

답 ④

16	압류

옳은 것은 4개(ㄴ, ㄷ, ㄹ, ㅁ)이다.

(선지분석)

ㄱ. 관할 세무서장은 국세를 징수하기 위하여 필요한 재산 외의 재산을 압류할 수 없다. 다만 불가분물(不可分物) 등 부득이한 경우에는 압류할 수 있다.

답 ③

「국세징수법」상 압류에 관한 설명으로 옳지 않은 것은?

① 직무상 필요한 제복·법의와 훈장이나 그 밖의 명예의 증표는 압류금지 재산에 해당한다.

② 채권압류의 효력은 세무서장이 채권압류를 결정하는 때에 발생한다.

③ 관할 세무서장은 채권을 압류하려는 경우 그 뜻을 제3채무자에게 통지하여야 한다.

④ 압류는 국세징수권이라는 권리의 행사이므로 국세징수권의 소멸시효의 진행을 중단시킨다.

17	압류

채권 압류의 효력은 채권 압류 통지서가 제3채무자에게 송달된 때에 발생한다.

답 ②

「국세징수법」상 사해행위의 취소에 관한 설명으로 옳지 않은 것은?

① 납세보증인으로부터 국세의 전액을 징수할 수 있는 경우에는 사해행위취소권을 행사할 수 있다.

② 사해행위의 취소를 요구할 수 있는 경우는 국세의 징수를 면탈하려고 재산권을 목적으로 한 법률행위를 한 재산 이외의 다른 자력이 없어 국세를 완납할 수 없는 경우로 한다.

③ 징수하고자 하는 국세의 금액이 사해행위의 목적이 된 재산의 처분예정가액보다 적은 때에는 사해행위의 목적이 된 재산이 분할 가능하면 국세에 상당하는 사해행위의 일부의 취소와 재산의 일부의 반환을 청구하는 것으로 본다.

④ 사해행위의 취소에 의해 반환받은 재산에 대하여 강제징수를 하고 국세에 충당한 후 잔여분이 있는 경우에는 그 재산을 반환한 수익자 또는 전득자에게 반환한다.

18	압류

• 사해행위의 취소를 요구할 수 있는 경우는 압류를 면하고자 양도한 재산 이외에 다른 자력이 없어 국세를 완납할 수 없는 경우로 한다.

• 제2차 납세의무자, 보증인 등으로부터 국세의 전액을 징수할 수 있는 경우에는 납세의무자를 무자력으로 인정하지 아니한다.

🗎 **사해행위의 취소**	
사해행위 취소	세무공무원은 강제징수를 집행할 때 사해행위의 취소 및 원상회복을 법원에 청구할 수 있음
납세의무자의 무자력	㉠ 압류를 면하고자 양도한 재산 이외에 다른 자력이 없어 국세를 완납할 수 없는 경우로 함 ㉡ 제2차 납세의무자, 보증인 등으로부터 국세의 전액을 징수할 수 있는 경우에는 납세의무자를 무자력으로 보지 않음
강제징수 후 해당 재산의 반환	국세에 충당한 후 잔여가 있는 경우 수익자 또는 전득자에게 반환함

답 ①

「국세징수법」상 국세의 강제징수에 관한 설명으로 옳지 않은 것은?

① 관할 세무서장은 국세를 징수하기 위하여 필요한 재산 외의 재산을 압류할 수 없다. 다만 불가분물(不可分物) 등 부득이한 경우에는 압류할 수 있다.

② 체납자 또는 제3자가 압류재산의 사용 또는 수익을 하는 경우라도 그 재산으로부터 생기는 모든 천연과실에 대하여 압류의 효력이 미친다.

③ 강제징수는 재판상의 가압류 또는 가처분으로 인하여 그 집행에 영향을 받지 아니한다.

④ 체납자의 재산에 대하여 강제징수를 집행한 후 체납자가 사망하였거나 체납자인 법인이 합병에 의하여 소멸된 때에도 그 재산에 대하여 한 강제징수는 계속 진행해야 한다.

강제징수의 효력에 대한 설명으로 옳지 않은 것은?

① 강제징수는 재판상의 가압류 또는 가처분으로 인하여 그 집행에 영향을 받지 아니한다.

② 체납자인 법인의 재산에 대하여 강제징수를 집행한 후 그 법인이 합병에 의하여 소멸한 때에는 그 재산에 대하여 한 강제징수는 중지하여야 한다.

③ 급료·임금·봉급·세비·퇴직연금 기타 이와 유사한 채권의 압류는 국세와 강제징수비를 한도로 하여 압류 후에 수입할 금액에 미친다.

④ 체납자가 사망한 후 체납자 명의의 재산에 대하여 한 압류는 그 재산을 상속한 상속인에 대하여 한 것으로 본다.

19	압류

압류의 효력은 압류재산으로부터 생기는 천연과실 또는 법정과실에 미친다. 다만, 체납자 또는 제3자가 압류재산의 사용 또는 수익을 하는 경우 그 재산의 매각으로 인하여 권리를 이전하기 전까지 이미 거두어들인 천연과실에 대해서는 압류의 효력이 미치지 아니한다.

답 ②

20	압류

체납자의 재산에 대하여 강제징수를 집행한 후 체납자가 사망하였거나 체납자인 법인이 합병에 의하여 소멸되었을 때에도 그 재산에 대한 강제징수는 계속 진행하여야 한다.

답 ②

「국세징수법」상 압류에 대한 설명으로 옳지 않은 것은?

① 관할 세무서장은 납세자에게 국세를 포탈하려는 행위가 있다고 인정되어 국세가 확정된 후 그 국세를 징수할 수 없다고 인정할 때에는 국세로 확정되리라고 추정되는 금액의 한도에서 납세자의 재산을 압류할 수 있다.

② 세무공무원은 재산을 압류하기 위하여 필요한 경우에는 체납자의 주거 등의 폐쇄된 문·금고 또는 기구를 열게 할 수는 있으나 직접 열 수는 없다.

③ 세무공무원은 강제징수를 하면서 압류할 재산의 소재 또는 수량을 알아내기 위하여 필요한 경우 체납자와 채권·채무 관계가 있는 자에게 구두 또는 문서로 질문하거나 장부, 서류 및 그 밖의 물건을 검사할 수 있다.

④ 세무공무원은 수색을 하는 경우 그 신분을 나타내는 증표 및 수색 통지서를 지니고 이를 관계자에게 보여 주어야 한다.

「국세징수법」상 재산의 압류에 대한 설명으로 옳은 것은?

① 발명 또는 저작에 관한 것으로서 공표되지 아니한 것이라도 압류할 수 있다.

② 퇴직금과 퇴직연금은 동일하게 그 총액의 3분의 2에 해당하는 금액까지만 압류할 수 있다.

③ 체납자가 압류재산을 사용하는 경우 그 재산으로부터 생기는 천연과실과 법정과실에 대해서는 압류의 효력이 미치지 아니한다.

④ 세무서장은 체납자가 국유재산을 매수한 것이 있을 때에는 소유권 이전 전이라도 그 재산에 관한 체납자의 정부에 대한 권리를 압류한다.

21	압류

세무공무원은 재산을 압류하기 위하여 필요한 경우에는 체납자의 주거 등의 폐쇄된 문·금고 또는 기구를 열게 할 수는 있으며 직접 열 수도 있다.

답 ②

22	압류

(선지분석)

① 발명 또는 저작에 관한 것으로서 공표되지 아니한 것은 압류할 수 없다.

② 퇴직금은 그 총액의 2분의 1에 해당하는 금액까지만 압류할 수 있으며, 퇴직연금은 그 총액의 2분의 1에 해당하는 금액으로 해당 연금 중 최저생계비수준의 금액을 제외한 금액까지만 압류할 수 있다.

③ 체납자가 압류재산을 사용하는 경우 그 재산으로부터 생기는 천연과실에 대해서는 압류의 효력이 미치지 않는다.

답 ④

23 □□□

「국세징수법」상 납부기한 전 징수 사유와 교부청구 사유에 공통으로 해당하는 것은?

① 「국제조세조정에 관한 법률」에 따른 상호합의절차가 진행 중인 경우
② 경매가 시작된 때
③ 국세를 포탈하려는 행위가 있다고 인정될 때
④ 납세관리인을 정하지 아니하고 국내에 주소 또는 거소를 두지 아니하게 된 때

23	압류

📄 **납부기한 전 징수와 교부청구의 공통된 사유**

㉠ 국세, 지방세 또는 공과금의 체납으로 강제징수 또는 체납처분이 시작된 경우
㉡ 「민사집행법」에 따른 강제집행 및 담보권 실행 등을 위한 경매가 시작되거나 「채무자 회생 및 파산에 관한 법률」에 따른 파산선고를 받은 경우
㉢ 법인이 해산한 경우

답 ②

KEYWORD 27 매각

24 □□□

「국세징수법」상 공매제도에 대한 설명으로 옳지 않은 것은?

① 법률적으로 납세의무가 확정되기 전에 압류가 허용되어 압류한 재산의 경우에는 그 압류에 관계되는 국세의 납세의무가 확정되기 전이라도 공매할 수 있다.
② 제1회 공매 후 1년간 5회 이상 공매하여도 매각되지 아니하였다면 압류재산을 수의계약으로 매각할 수 있다.
③ 세무서장은 압류한 재산의 공매에 전문 지식이 필요하거나 그 밖에 특수한 사정이 있어 직접 공매하기에 적당하지 아니하다고 인정할 때에는 대통령령으로 정하는 바에 따라 한국자산관리공사로 하여금 공매를 대행하게 할 수 있다.
④ 세무서장은 압류된 재산이 「자본시장과 금융투자업에 관한 법률」에 따른 증권시장에 상장된 증권일 때에는 이를 해당 시장에서 직접 매각할 수 있다.

24	매각

법률적으로 납세의무가 확정되기 전에 압류가 허용되어 압류한 재산의 경우에도 그 압류에 관계되는 국세의 납세의무가 확정되기 전에는 공매할 수 없다.

📄 **공매**

대상	㉠ 압류한 재산을 공매함(통화는 제외함) ㉡ 압류 재산이 상장된 증권일 때에는 해당 시장에서 직접 매각 가능함 ㉢ 가상자산사업자를 통해 거래되는 가상자산은 가상자산사업자를 통해 직접 매각할 수 있음
제한	㉠ 확정 전 공매할 수 없음 ㉡ 불복 중에도 공매할 수 없음(부패 등 재산가액이 줄어들 우려가 있는 경우는 제외함)
매각예정가격	공매재산의 최저가격을 의미함
매각예정가격 결정	감정인에게 평가를 의뢰하여 그 가액을 참고할 수 있음
공매보증	㉠ 공매보증은 공매예정가격의 100분의 10 이상으로 함 ㉡ 공매보증은 다음의 어느 하나에 해당하는 것으로 함 ⓐ 금전 ⓑ 국공채 ⓒ 증권시장에 상장된 증권 ⓓ 「보험업법」에 따른 보험회사가 발행한 보증보험증권
매수인의 제한	체납자, 세무공무원 및 감정평가업자는 직접적으로든 간접적으로든 압류재산을 매수할 수 없음
공고 기간	㉠ 공고하고 10일 지난 후 공매함 ㉡ 다만, 보관비용이 많이 들거나 가액이 줄어들 우려가 있는 경우는 10일 전이라도 가능함

답 ①

---

25 □□□   2022년 7급

「국세징수법」상 압류재산의 매각에 대한 설명으로 옳은 것은?

① 체납자는 제3자의 계산으로 압류재산을 매수할 수 있다.

② 관할 세무서장이 선정한 전문매각기관의 임직원은 매각 관련사실행위 대행의 대상인 예술품 등을 직접 매수할 수 있다.

③ 관할 세무서장은 공매재산에 압류와 관계되는 국세보다 우선하는 제한물권 등이 있는 경우 제한물권 등을 매수인에게 인수하게 하거나 매수대금으로 그 제한물권 등에 의하여 담보된 채권을 변제하는 데 충분하다고 인정된 경우가 아니면 그 재산을 공매하지 못한다.

④ 공매를 집행하는 공무원은 공매예정가격 이상으로 매수신청한 자가 없는 경우에 즉시 그 장소에서 재입찰을 실시할 수 없다.

26 □□□   2015년 9급

「국세징수법」상 압류재산의 매각에 대한 설명으로 옳지 않은 것은?

① 압류된 재산이 「자본시장과 금융투자업에 관한 법률」에 따른 증권시장에 상장된 증권인 경우에는 해당 시장에서 직접 매각할 수 있다.

② 압류한 재산의 추산가격이 1천만 원 미만인 경우에는 공매가 아니라 수의계약으로 매각할 수 있다.

③ 체납자도 최고입찰가격 이상을 제시한 경우에는 압류재산을 매수할 수 있다.

④ 국세채권이 확정되기 전 적법하게 재산압류가 이루어진 경우라 하더라도 해당 재산을 매각하려면 우선 납세의무가 확정되어야 한다.

25	매각

선지분석

① 체납자는 제3자의 계산으로 압류재산을 매수할 수 없다.

② 전문매각기관의 임직원은 예술품 등을 직접적 또는 간접적으로 매수할 수 없다.

④ 공매예정가격 이상으로 매수신청한 자가 없으면 즉시 그 장소에서 재입찰을 할 수 있다.

답 ③

26	매각

체납자, 세무공무원 및 감정평가업자는 직접적으로든 간접적으로든 압류재산을 매수하지 못한다.

> 📄 **수의계약 대상**
>
> ㉠ 수의계약으로 매각하지 아니하면 매각대금이 강제징수비에 충당하고 남을 여지가 없는 경우
> ㉡ 부패·변질 또는 감량되기 쉬운 재산으로서 속히 매각하지 아니하면 그 재산가액이 줄어들 우려가 있는 경우
> ㉢ 압류한 재산의 추산가격이 1천만 원 미만인 경우
> ㉣ 법령으로 소지 또는 매매가 규제된 재산인 경우
> ㉤ 제1회 공매 후 1년간 5회 이상 공매하여도 매각되지 아니한 경우
> ㉥ 공매하는 것이 공익을 위하여 적절하지 아니한 경우

답 ③

27 □□□

「국세징수법」상 공매시 공유자 우선매수권에 대한 설명으로 옳지 않은 것은?

① 공유자 우선매수 신고를 하려면 매각결정 기일 전까지 하여야 한다.

② 공유자 우선매수를 하려는 자는 최고가 매수신청가격이 있는 경우 최고가 매수신청가격으로 우선매수를 신청할 수 있다.

③ 여러 사람이 공유자에게 매각결정을 하였을 때에는 특별한 협의가 없으면 공유지분의 비율에 따라 공매재산을 매수하게 한다.

④ 세무서장은 매수인이 매각대금을 납부하지 아니하였을 때에는 매각대금이 완납될 때까지 공매를 중지하여야 한다.

28 □□□

「국세징수법」상 압류·매각의 유예에 대한 설명 중 옳지 않은 것은?

① 세무서장은 납세자가 일정한 요건을 충족하는 경우에는 강제징수요건이 이미 충족되었더라도 납세자에게 기한의 이익을 주기 위하여 그 체납액에 대하여 강제징수에 의한 재산의 압류나 압류재산의 매각을 일정기간(1년 이내) 유예할 수 있다.

② 독촉에 의한 납부기한 전에는 재난 등으로 인한 납부기한 등의 연장 등이 가능하고 독촉에 의한 납부기한 경과 이후에는 압류·매각의 유예가 가능하다.

③ 압류·매각의 유예기간 동안 납부지연가산세를 부과하지 않는다.

④ 국세청장이 성실납세자로 인정하는 기준에 해당하는 때에는 압류·매각의 유예가 가능하다.

27	매각

세무서장은 매수인이 매각대금을 납부하지 아니하였을 때에는 최고가 매수신청인에게 다시 매각결정을 할 수 있다.

> 📄 **공유자·배우자의 우선매수권**
>
> ㉠ 공유자의 우선매수: 공유자는 공매재산이 공유물의 지분인 경우 매각결정기일 전까지 공매보증을 제공하고 다음의 구분에 따른 가격으로 공매재산을 우선매수하겠다는 신청을 할 수 있다.
> ⓐ 최고가 매수신청인이 있는 경우: 최고가 매수신청가격
> ⓑ 최고가 매수신청인이 없는 경우: 공매예정가격
> ㉡ 체납자의 배우자 우선매수: 체납자의 배우자는 공매재산이 압류한 부부공유의 동산 또는 유가증권인 경우 공유자의 우선매수를 준용하여 공매재산을 우선매수하겠다는 신청을 할 수 있다.
> ㉢ 공유자 또는 체납자의 배우자의 매각결정
> ⓐ 관할 세무서장은 공유자 또는 체납자의 배우자에 따른 우선매수 신청이 있는 경우 최고가 매수신청인을 정하는 규정에도 불구하고 그 공유자 또는 체납자의 배우자에게 매각결정을 하여야 함
> ⓑ 관할 세무서장은 여러 사람의 공유자가 우선매수 신청을 하고 매각절차를 마친 경우 공유자 간의 특별한 협의가 없으면 공유지분의 비율에 따라 공매재산을 매수하게 함
> ⓒ 관할 세무서장은 공유자 또는 체납자의 배우자에 따른 우선매수 규정에 따라 매각결정 후 매수인이 매수대금을 납부하지 아니한 경우 최고가 매수신청인에게 다시 매각결정을 할 수 있음

답 ④

28	매각

압류·매각의 유예기간은 납부지연가산세 및 원천징수 등 납부지연가산세 계산기간에 산입한다.

답 ③

29 □□□

「국세징수법」상 압류재산의 매각에 대한 설명으로 옳지 않은 것은?

① 매각예정가격 이상으로 입찰한 자가 없을 때에는 즉시 그 장소에서 재입찰에 부칠 수 있다.

② 압류재산이 법령으로 소지가 규제된 재산인 경우에는 수의계약으로 매각할 수 있다.

③ 체납자는 직접적으로든 간접적으로든 압류재산을 매수하지 못한다.

④ 압류한 재산이 예술품 등인 경우라 하더라도 납세자의 신청이 없으면 세무서장은 전문매각기관을 선정하여 예술품 등의 매각을 대행하게 할 수 없다.

30 □□□

국세의 압류·매각의 유예에 대한 설명으로 옳지 않은 것은?

① 압류·매각의 유예기간 내에 분할하여 징수할 수 있다.

② 압류·매각의 유예를 하는 경우에는 그에 상당하는 납세담보의 제공을 요구할 수 있다.

③ 압류·매각의 유예기간은 2년 이내로 한다.

④ 세무서장은 압류·매각의 유예를 하는 경우에 필요하다고 인정하면 이미 압류한 재산의 압류를 해제할 수 있다.

29	매각

세무서장은 압류한 재산이 예술적·역사적 가치가 있어 가격을 일률적으로 책정하기 어렵고, 그 매각에 전문적인 식견이 필요하여 직접 매각하기에 적당하지 아니한 물품인 경우에는 직권이나 납세자의 신청에 따라 예술품 등의 매각에 전문성과 경험이 있는 기관 중에서 전문매각기관을 선정하여 예술품 등의 매각을 대행하게 할 수 있다.

답 ④

30	매각

압류·매각의 유예기간은 1년으로 한다.

📄 압류·매각의 유예

요건	다음 어느 하나에 해당하는 경우 강제징수를 유예할 수 있음 ㉠ 성실납세자 ㉡ 사업을 정상적으로 운영할 수 있게 되어 체납액의 징수가 가능하다고 인정되는 경우
압류해제	압류한 재산의 압류를 해제할 수 있음
담보제공	㉠ 납세담보의 제공을 요구할 수 있음 ㉡ 성실납세자는 납세담보의 제공을 요구하지 않을 수 있음
절차	㉠ 유예한 날의 다음 날부터 1년 이내로 함 ㉡ 유예기간 이내에 분할하여 징수할 수 있음

답 ③

「국세징수법」상 공매에 대한 설명으로 옳지 않은 것은?

① 「국세기본법」에 따른 심판청구 절차가 진행 중인 국세의 체납으로 압류한 재산이 변질되기 쉬운 재산으로서 속히 매각하지 아니하면 그 재산가액이 줄어들 우려가 있는 경우에는 그 심판청구에 대한 결정이 확정되기 전에도 공매할 수 있다.

② 경매의 방법으로 재산을 공매할 때에는 경매인을 선정하여 이를 취급하게 할 수 있다.

③ 낙찰이 될 가격의 입찰을 한 자가 둘 이상일 때에는 재공매한다.

④ 관할 세무서장은 공유자 또는 체납자의 배우자에 따른 우선매수 신청이 있는 경우 최고가 매수신청인을 정하는 규정에도 불구하고 그 공유자 또는 체납자의 배우자에게 매각결정을 하여야 한다.

31	매각

낙찰될 가격의 입찰을 한 자가 둘 이상일 때에는 즉시 추첨으로 낙찰자를 정한다.

답 ③

MEMO

Ⅲ

부가가치세법

01 총칙

KEYWORD 28 「부가가치세법」 총칙

01 □□□
2007년 9급 변형

우리나라의 부가가치세 제도에 관한 설명으로 옳은 것은?

① 영세율적용대상 사업자인 경우에는 「부가가치세법」상의 사업자등록을 하지 않아도 된다.
② 사업자가 조기환급기간에 대한 과세표준과 환급세액을 세무서장에게 신고하는 경우에는 조기환급기간에 대한 환급세액을 해당 조기환급신고기한이 지난 후 25일 이내에 사업자에게 환급하여야 한다.
③ 대리납부의무자가 대리납부를 하지 아니한 경우에는 대리납부가산세를 부과한다.
④ 간이과세자에 대하여는 공급가액을 과세표준으로 한다.

KEYWORD 29 사업장

02 □□□
2021년 7급

부가가치세법령상 납세지 및 사업자등록에 대한 설명으로 옳은 것만을 모두 고르면?

> ㄱ. 국가, 지방자치단체 또는 지방자치단체조합이 공급하는 부동산 임대용역에 있어서 사업장은 그 부동산의 등기부상 소재지이다.
> ㄴ. 신규로 사업을 시작하는 자가 주된 사업장에서 총괄하여 납부하려는 경우에는 주된 사업장의 사업자등록증을 받은 날부터 20일까지 주사업장 총괄 납부 신청서를 주된 사업장의 관할 세무서장에게 제출하여야 한다.
> ㄷ. 무인자동판매기를 통하여 재화 또는 용역을 공급하는 사업에 있어서 사업장은 그 사업에 관한 업무를 총괄하는 장소이다. 다만, 그 이외의 장소도 사업자의 신청에 의하여 추가로 사업장으로 등록할 수 있다.
> ㄹ. 법인이 주사업장 총괄 납부의 신청을 하는 경우 주된 사업장은 본점 또는 주사무소를 말하며, 지점 또는 분사무소는 주된 사업장으로 할 수 없다.

① ㄴ
② ㄱ, ㄴ
③ ㄱ, ㄷ
④ ㄷ, ㄹ

---

01 「부가가치세법」 총칙

(선지분석)
① 영세율적용대상 사업자도 과세사업자에 해당하므로 사업자등록을 해야 한다.
② 사업자가 조기환급기간에 대한 과세표준과 환급세액을 세무서장에게 신고하는 경우에는 조기환급기간에 대한 환급세액을 해당 조기환급신고기한이 지난 후 15일 이내에 사업자에게 환급하여야 한다.
④ 간이과세자는 공급대가를 과세표준으로 한다.

답 ③

02 사업장

ㄴ이 옳은 설명이다.

(선지분석)
ㄱ. 국가 등이 공급하는 부동산 임대업은 업무총괄 장소를 사업장으로 한다.
ㄷ. 무인자동판매기는 사업장을 추가로 등록할 수 없다.
ㄹ. 총괄 납부 사업자의 경우 법인은 본점과 지점 중에 선택할 수 있다.

답 ①

「부가가치세법」상 사업장에 대한 설명으로 옳지 않은 것은?

① 무인자동판매기를 통하여 재화 · 용역을 공급하는 사업은 무인자동판매기가 설치된 장소를 사업장으로 한다.

② 사업장을 설치하지 아니하고 사업자등록도 하지 아니하는 경우에는 과세표준 및 세액을 결정하거나 경정할 당시의 사업자의 주소 또는 거소를 사업장으로 한다.

③ 사업자가 자기의 사업과 관련하여 생산한 재화를 직접 판매하기 위하여 특별히 판매시설을 갖춘 장소는 사업장으로 본다.

④ 재화를 보관하고 관리할 수 있는 시설만 갖춘 장소로서 법령이 정하는 바에 따라 하치장으로 신고된 장소는 사업장으로 보지 아니한다.

「부가가치세법」상 사업장에 관한 설명으로 옳지 않은 것은?

① 부가가치세는 사업장마다 신고 · 납부하는 것을 원칙으로 한다.

② 광업에 있어서 광업사무소가 광구 안에 있는 때에는 광업사무소의 소재지를 사업장으로 한다.

③ 제조업에 있어서 따로 제품의 포장만을 하거나 용기에 충전만을 하는 장소도 사업장이 될 수 있다.

④ 건설업과 운수업에 있어서는 사업자가 법인인 경우에는 당해 법인의 등기부상 소재지를 사업장으로 한다.

03	**사업장**

무인자동판매기를 통하여 재화 · 용역을 공급하는 사업은 업무총괄장소를 사업장으로 한다.

📄 「부가가치세법」상 사업장	
광업	광업사무소 소재지
제조업	최종 제품 완성장소(단순포장, 용기의 충전, 저유소 제외)
건설 · 운수 · 부동산매매업	㉠ 법인: 법인의 등기부상 소재지(등기부상 지점 포함) ㉡ 개인: 업무총괄장소 ㉢ 법인의 명의로 등록된 차량을 개인이 운용: 법인의 등기부상 소재지 ㉣ 개인의 명의로 등록된 차량을 개인이 운용: 등록된 개인의 업무총괄장소
부동산임대업	부동산의 등기부상 소재지 * 업무총괄장소: 부동산의 권리만 대여, 국가, 지방자치단체, 한국토지공사, 한국자산관리공사 등이 임대
다단계판매원	다단계판매업자의 주된 사업장 소재지(다단계판매원의 별도의 장소가 있는 경우 그 장소)
무인자동판매기	업무총괄장소 * 사업장 추가 등록할 수 없음

답 ①

04	**사업장**

제조업의 사업장은 최종 제품을 완성하는 장소로 한다. 다만, 제품의 포장만을 하거나 용기에 충전만을 하는 장소는 사업장에 해당하지 않는다.

답 ③

해커스공무원 김영서 세법 단원별 기출문제집

「부가가치세법」에 대한 설명으로 옳지 않은 것은?

① 하치장설치신고서를 하치장 관할 세무서장에게 제출한 경우에는 하치장도 사업장으로 볼 수 있다.

② 재화와 용역을 공급하고 받은 대가에 공급가액과 세액이 별도 표시되지 아니한 경우에는 해당 거래금액의 110분의 100을 공급가액으로 한다.

③ 부동산임대에 따른 간주임대료에 대하여는 세금계산서를 발급하거나 발급받을 수 없다.

④ 재화 또는 용역의 공급대가로 외국통화를 받은 경우 공급시기 도래 후에 원화로 환산하는 것은 공급시기의 기준환율 또는 재정환율에 의하여 환산한 금액을 공급가액으로 한다.

「부가가치세법」상 재화의 수입에 대한 설명으로 옳지 않은 것은?

① 재화의 수입시기는 「관세법」에 따른 수입신고가 수리된 때로 한다.

② 외국으로부터 국가, 지방자치단체에 기증되는 재화의 수입에 대하여는 부가가치세를 면제한다.

③ 재화의 수입에 대한 부가가치세의 과세표준은 그 재화에 대한 관세의 과세가격과 관세, 개별소비세, 주세, 교육세, 농어촌특별세 및 교통·에너지·환경세를 합한 금액으로 한다.

④ 재화를 수입하는 자의 부가가치세 납세지는 수입자의 주소지로 한다.

05	사업장

하치장은 사업자가 재화의 보관·관리시설만을 갖추고 하치장설치신고를 한 장소로서, 「부가가치세법」상 사업장에 해당하지 아니한다.

📑 사업장의 구분

직매장	사업자가 자기의 사업과 관련하여 생산 또는 취득한 재화를 직접 판매하기 위하여 특별히 판매시설을 갖춘 장소를 직매장이라 하고 사업장으로 봄
하차장	사업자가 재화의 보관·관리시설만을 갖추고 판매행위가 이루어지지 않는 장소를 하치장이라 하고 사업장으로 보지 않음
임시 사업장	사업장이 있는 사업자가 그 사업장 외에 각종 경기대회·박람회·국제회의 기타 이와 유사한 행사가 개최되는 장소에서 임시사업장을 개설하는 경우 그 임시사업장은 기존 사업장에 포함되는 것으로 함

답 ①

06	사업장

재화를 수입하는 자의 부가가치세 납세지는 수입신고하는 세관의 소재지로 한다.

답 ④

KEYWORD 30 납세의무자

「부가가치세법」상 납세의무자에 관한 설명으로 옳지 않은 것은?

① 신탁재산과 관련된 재화 또는 용역을 공급하는 경우에는 원칙적으로 위탁자가 부가가치세 납세의무자가 된다.
② 부가가치세의 납세의무자는 국가, 지방자치단체, 지방자치단체조합 및 법인격 없는 재단을 포함한다.
③ 청산 중에 있는 내국법인은 「상법」의 규정에 의한 계속등기 여부에 불구하고 사실상 사업을 계속하는 경우에는 납세의무가 있다.
④ 농민이 자기농지의 확장 또는 농지개량 작업에서 생긴 토사석을 일시적으로 판매하는 경우에는 납세의무가 없다.

07	납세의무자

신탁재산과 관련된 재화 또는 용역을 공급하는 경우에는 원칙적으로 수탁자가 부가가치세 납세의무자가 된다.

📄 **납세의무자**

사업자	⊙ 영리목적 불문: 국가, 지방자치단체, 비영리 법인 등도 포함
	ⓛ 사업성[1]: 계속·반복성(사업자등록 여부 및 거래징수 여부와 무관하게 부가가치세 납세의무가 있음)
	ⓒ 독립성[2]: 인적·물적독립(근로자 ×)
재화를 수입하는 자	재화를 수입하는 자이므로 사업자 여부를 불문하고 납세의무자에 해당

[1] 사업성에 따른 과세 여부 판단
  ⓐ 농민이 자기농지의 확장 또는 농지개량작업에서 생긴 토사석을 일시적으로 판매하는 경우에는 납세의무가 없음
  ⓑ 청산중에 있는 내국법인이 「상법」의 규정에 의한 계속등기 여부에 불구하고 사실상 사업을 계속하는 경우에는 납세의무가 있음
  ⓒ 새마을금고가 사업상 독립적으로 부가가치세가 과세되는 재화를 공급하는 경우에는 납세의무가 있음
[2] 소득세 비과세 농가부업소득
  ⓐ 축산·어로·양어·고공품제조 및 유사활동: 부가가치세를 과세하지 않음(독립된 사업으로 보지 않음)
  ⓑ 민박, 음식물판매, 특산물 제조, 전통차 제조 및 유사활동: 부가가치세를 과세함(독립된 사업으로 봄)

답 ①

「부가가치세법」상 납세의무자에 관한 설명으로 옳지 않은 것은?

① 부가가치세 납세의무자인 사업자란 사업상 독립적으로 재화 또는 용역을 공급하는 자로서 그 사업목적은 영리인 경우에 한한다.
② 신탁재산과 관련된 재화 또는 용역을 위탁자 명의로 공급하는 경우는 「신탁법」에 따른 위탁자가 부가가치세를 납부할 의무가 있다.
③ 재화를 수입하는 자는 사업자가 아니어도 부가가치세의 납세의무자가 될 수 있다.
④ 위탁자를 알 수 있는 위탁매매의 경우에는 위탁자가 직접 재화를 공급하거나 공급받은 것으로 본다.

08	납세의무자

부가가치세 납세의무자인 사업자란 영리목적의 유무에 불구하고 사업상 독립적으로 재화 또는 용역을 공급하는 자를 말한다.

답 ①

09 □□□

「부가가치세법」상 사업자등록에 대한 설명으로 옳지 않은 것은?

① 둘 이상의 사업장이 있는 사업자는 사업개시일부터 20일 이내에 주사업장의 관할 세무서장에게 등록하여야 한다.

② 둘 이상의 사업장이 있는 사업자는 해당 사업자의 본점 또는 주사무소 관할 세무서장에게 사업자단위로 등록할 수 있다.

③ 사업자등록을 한 사업자가 사업자단위로 등록하려면 사업자단위 과세사업자로 적용받으려는 과세기간 개시 20일 전까지 등록하여야 한다.

④ 사업장 관할 세무서장은 사업자가 폐업하게 되는 경우 지체 없이 사업자등록을 말소하여야 한다.

10 □□□

「부가가치세법」의 사업자등록에 대한 다음 설명 중 옳지 않은 것은?

① 「부가가치세법」상 면세사업자는 「부가가치세법」상의 사업자등록의무는 없으나 「법인세법」 또는 「소득세법」상의 등록의무는 있다.

② 부가가치세 과세사업자가 사업자등록을 하더라도 「법인세법」 또는 「소득세법」상 사업자등록을 별개로 하여야 한다.

③ 부가가치세 과세사업과 면세사업을 겸영하는 사업자는 「부가가치세법」상 사업자등록을 하여야 한다.

④ 「소득세법」 및 「법인세법」에 의하여 사업자등록을 한 자로서 면세사업을 영위하던 자가 추가로 과세사업을 영위하는 경우 사업자등록정정신고서를 제출하면 사업자등록신청을 한 것으로 본다.

09	사업자등록

둘 이상의 사업장이 있는 사업자는 사업개시일부터 20일 이내에 주사업장의 관할 세무서장에게 등록할 수 있다.

📄 **사업자등록**

원칙	⊙ 사업장단위등록 ⓛ 사업자는 사업장마다 사업개시일부터 20일 이내에 사업장 관할 세무서장에게 등록하여야 함. 다만, 신규로 사업을 시작하려는 자는 사업개시일 전이라도 등록할 수 있음
예외	⊙ 사업자단위등록 ⓛ 2 이상의 사업장이 있는 사업자는 사업자단위로 해당 사업자의 본점 또는 주사무소 관할 세무서장에게 등록할 수 있음

답 ①

10	사업자등록

「부가가치세법」에 따라 사업자등록을 한 사업자는 「법인세법」 또는 「소득세법」에 따른 사업자등록을 별도로 하지 않는다.

📄 **사업자등록증**

발급기한	⊙ 신청을 받은 세무서장은 사업자의 인적사항과 그 밖에 필요한 사항을 기재한 사업자등록증을 신청일부터 2일(토요일, 공휴일 또는 근로자의 날은 제외) 이내에 신청자에게 발급하여야 함 ⓛ 다만, 사업장시설이나 사업현황을 확인하기 위하여 국세청장이 필요하다고 인정하는 경우에는 발급기한을 5일 이내에서 연장하고 조사한 사실에 따라 사업자등록증을 발급할 수 있음
보정요구	⊙ 관할 세무서장은 등록신청의 내용을 보정할 필요가 있다고 인정되는 때에는 10일 이내의 기간을 정하여 보정을 요구할 수 있음 ⓛ 이 경우 해당 보정기간은 등록증발급기간에 산입하지 않음
직권등록	사업자가 등록을 하지 아니하는 경우에는 관할 세무서장이 조사하여 등록시킬 수 있음
등록거부	⊙ 사업을 개시하기 전에 사업자등록의 신청을 받은 세무서장은 신청자가 사업을 사실상 개시하지 아니할 것이라고 인정되는 때에는 등록을 거부할 수 있음 ⓛ 따라서 사업개시일 이후에는 등록거부를 할 수 없음

답 ②

「부가가치세법」상 사업자등록에 관한 설명으로 옳지 않은 것은?

① 사업자가 사업자등록을 하지 아니한 경우에는 관할 세무서장이 조사하여 등록시킬 수 있다.

② 사업자등록을 하지 아니한 사업자는 매입세액공제를 받을 수 없지만, 과세기간이 끝난 후 20일 이내에 등록을 신청한 경우에는 등록신청일부터 공급시기가 속하는 과세기간 기산일까지 역산한 기간 내의 것은 공제한다.

③ 면세사업자도 「부가가치세법」상의 사업자등록을 하여야 한다.

④ 사업종류의 변경, 사업장의 이전은 사업자등록의 정정신고 사유이다.

11	**사업자등록**

사업자등록은 「부가가치세법」상 납세의무자에게만 그 의무가 있으며, 면세사업자에게는 사업자등록의무가 없다. 그러나 「소득세법」과 「법인세법」에 따라 면세사업자도 사업자등록을 해야 한다. 따라서 과세사업자(과세·면세 겸영사업자 포함)는 「부가가치세법」에 따라 사업자등록을 해야 하며, 면세사업자는 「소득세법」 또는 「법인세법」에 따라 사업자등록을 해야 한다. 「부가가치세법」에 따라 사업자등록을 한 과세사업자(과세·면세 겸영사업자 포함)는 「법인세법」이나 「소득세법」에 따라 사업자등록을 하지 않는다.

답 ③

「부가가치세법」의 주사업장 총괄납부에 관한 설명으로 가장 옳지 않은 것은?

① 사업장이 2 이상인 경우에는 주사업장 총괄납부신청을 하면 주된 사업장 관할 세무서장에게 부가가치세액을 일괄 납부하거나 환급받을 수 있다.

② 주사업장 총괄납부에서 주된 사업장은 법인인 경우에는 본점(주사무소 포함) 또는 지점(분사무소 포함) 중 선택할 수 있으며 개인은 주사무소로 하는 것이 원칙이다.

③ 주사업장 총괄납부는 납부 및 환급만 주된 사업장에서 총괄하고 신고 및 세금계산서 발급 등은 각 사업장별로 하여야 한다.

④ 2개 이상의 사업장을 가지고 있는 기존사업자로서 주사업장 총괄납부하고자 하는 자는 과세기간 개시 20일 전에 주사업장 총괄납부신청서를 제출하면 다음 과세기간부터 총괄납부할 수 있다.

⑤ 주사업장 총괄납부 사업자에 대한 과세표준 및 세액의 결정·경정과 그 납부고지는 주사업장 관할 세무서장이 행한다.

12	**사업자등록**

주사업장 총괄납부 사업자에 대한 과세표준 및 세액의 결정·경정과 그 납부고지는 각 사업장 관할 세무서장이 행한다.

📄 **주사업장 총괄납부와 사업자단위 과세제도 비교**

구분	주사업장 총괄납부	사업자단위 과세제도
공통	㉠ 신청(승인 ×)　㉡ 계속사업자 신청·포기: 적용(포기)하고자 하는 과세기간 개시 20일 전 신청 → 신청(포기)한 과세기간 다음 과세기간부터 적용　㉢ 개인사업자의 주된 사업장: 주사무소　㉣ 판매목적 타사업장 반출의 경우: 간주공급으로 보지 않음	
차이	㉠ 신규사업자 신청: 주된 사업장의 사업자등록증 수령일부터 20일 이내 → 신청일이 속하는 과세기간부터 적용　㉡ 판매목적 타사업장 반출의 경우 세금계산서 발급·신고하는 경우 간주공급대상이 됨　㉢ 법인 주된 사업장: 본점 또는 지점(선택)　㉣ 주된 사업장에서 납부·환급만 총괄	㉠ 신규사업자 신청: 사업개시일로부터 20일 이내 신청 → 신청일이 속하는 과세기간부터 적용　㉡ 법인 주된 사업장: 본점　㉢ 주된 사업장에서 모든 업무를 함

답 ⑤

13 ☐☐☐

「부가가치세법」상 사업자단위 과세제도에 대한 설명으로 옳은 것은?

① 사업자단위 과세를 적용받는 경우에는 부가가치세 신고·납부 업무를 수행하는 사업자단위과세 적용사업장을 본점(주사무소 포함) 또는 지점(분사무소 포함) 중에서 선택하여 지정할 수 있다.

② 사업자단위 과세제도를 적용하는 경우에도 사업자등록은 각 사업장별로 하고 각 사업장별 등록번호로 세금계산서를 발행하여야 한다.

③ 2개 사업장의 사업자등록을 마친 사업자가 사업자단위로 등록하려면 사업자단위 과세사업자로 적용받으려는 과세기간 개시 20일 전까지 등록하여야 한다.

④ 사업자단위 과세의 포기는 사업자단위 과세사업자로 등록한 날로부터 3년이 되는 날이 속하는 과세기간의 다음 과세기간부터 할 수 있다.

13	사업자등록

(선지분석)

① 사업자단위 과세를 총괄하는 사업장은 법인의 본점(주사무소 포함) 또는 개인의 주사무소로 한다.

② 사업자단위 과세제도를 적용하는 경우에는 주된 사업장만 사업자등록을 하고 주된 사업장의 등록번호로 세금계산서를 발급한다.

④ 사업자단위 과세제도를 포기하는 기간의 제한은 없다.

답 ③

02 과세거래

KEYWORD 32 과세대상

01 ☐☐☐

2022년 9급

「부가가치세법」상 과세대상 거래에 대한 설명으로 옳지 않은 것은?

① 재화의 공급은 계약상 또는 법률상의 모든 원인에 따라 재화를 인도하거나 양도하는 것으로 한다.
② 용역의 공급은 계약상 또는 법률상의 모든 원인에 따른 것으로서 역무를 제공하는 것과 시설물, 권리 등 재화를 사용하게 하는 것 중 어느 하나에 해당하는 것으로 한다.
③ 수출신고가 수리된 물품으로서 선적되지 아니한 물품을 보세구역에서 반입하는 것은 재화의 수입에 해당한다.
④ 고용관계에 따라 근로를 제공하는 것은 용역의 공급으로 보지 아니한다.

02 ☐☐☐

2019년 9급

부가가치세법령상 재화 또는 용역의 공급에 대한 설명으로 옳지 않은 것은?

① 자기가 주요자재의 일부를 부담하고 상대방으로부터 인도받은 재화를 가공하여 새로운 재화를 만드는 가공계약에 따라 재화를 인도하는 것은 용역의 공급에 해당한다.
② 건설업의 경우 건설업자가 건설자재의 전부를 부담하더라도 용역의 공급으로 본다.
③ 사업자가 자신의 용역을 자기의 사업을 위하여 대가를 받지 아니하고 공급함으로써 다른 사업자와의 과세형평이 침해되는 경우에는 자기에게 용역을 공급하는 것으로 본다.
④ 고용관계에 따라 근로를 제공하는 것은 용역의 공급으로 보지 아니한다.

01	과세대상

수출신고가 수리된 물품으로서 선적되지 아니한 물품을 보세구역에서 반입하는 것은 재화의 수입에 해당하지 않는다.

> 📄 **재화의 수입**
>
> 다음의 물품을 국내에 반입하는 것을 재화의 수입으로 한다.
> ㉠ 외국에서 국내에 도착한 물품(수입신고 수리 전)
> ㉡ 수출신고 수리된 물품(선적되지 않은 물품을 보세구역에서 반입 시 제외)

답 ③

02	과세대상

자기가 주요자재의 일부를 부담하고 상대방으로부터 인도받은 재화를 가공하여 새로운 재화를 만드는 가공계약에 따라 재화를 인도하는 것은 재화의 공급에 해당된다.

> 📄 **가공계약**
>
> ㉠ 주요자재의 전부 또는 일부를 부담하여 가공하는 경우는 재화의 공급에 해당된다.
> ㉡ 주요자재를 전혀 부담하지 않고 가공만 하는 경우는 용역의 공급에 해당된다.
> ㉢ 건설업은 자재 부담 여부에 상관없이 용역의 공급에 해당된다.

답 ①

03 ☐☐☐

「부가가치세법」상 부가가치세의 과세대상이 되는 재화의 공급으로만 묶인 것은?

> ㄱ. 질권의 목적으로 동산을 제공하는 것
> ㄴ. 사업자가 사업을 폐업하는 경우 남아있는 재화(매입세액이 공제되지 않은 재화 제외)
> ㄷ. 장기할부판매 계약에 의하여 재화를 양도하는 것
> ㄹ. 사업을 위하여 대가를 받지 아니하고 다른 사업자에게 인도 또는 양도하는 견본품
> ㅁ. 현물출자에 의하여 재화를 양도하는 것

① ㄱ, ㄴ, ㄹ
② ㄱ, ㄷ, ㅁ
③ ㄴ, ㄷ, ㅁ
④ ㄷ, ㄹ, ㅁ

03	과세대상

ㄴ, ㄷ, ㅁ이 재화의 공급에 해당한다.

선지분석

ㄱ. 질권의 목적으로 동산을 제공하는 것은 재화의 공급으로 보지 않는다.

ㄹ. 대가를 받지 않고 다른 사업자에게 인도·양도하는 견본품은 사업상 증여에 해당하지 아니한다.

📑 재화의 공급으로 보지 않는 것

㉠ 질권, 저당권, 양도담보 등 담보목적 제공(채무불이행으로 채무변제시 공급에 해당됨)
㉡ 사업의 포괄적 양도*(미수금, 미지급금, 사업무관 토지 및 건물은 제외해도 포괄양도로 봄)
㉢ 물납
㉣ 신탁재산의 소유권 이전으로서 다음의 어느 하나에 해당하는 것
　ⓐ 위탁자로부터 수탁자에게 신탁재산을 이전하는 경우
　ⓑ 신탁의 종료로 인하여 수탁자로부터 위탁자에게 신탁재산을 이전하는 경우
　ⓒ 수탁자가 변경되어 새로운 수탁자에게 신탁재산을 이전하는 경우
㉤ 기타 재화의 공급으로 보지 않는 것
　ⓐ 수재·화재·도난 등으로 재화가 망실 또는 멸실된 경우
　ⓑ 각종 손해배상금
　ⓒ 사업자가 위탁가공을 위하여 원자재를 국외의 수탁가공 사업자에게 대가 없이 반출하는 것(국외의 수탁가공사업자가 가공한 재화를 양도하는 경우에 그 원료의 반출에 대해서는 재화의 공급으로 보아 영세율을 적용함)
*사업양수인이 대리납부규정에 따라 부가가치세를 대리납부하는 경우에는 재화의 공급으로 봄

답 ③

KEYWORD 33 과세거래

04 ☐☐☐

부가가치세법령상 용역의 공급시기에 대한 설명으로 옳은 것은? (단, 폐업은 고려하지 않는다)

① 역무의 제공이 완료되는 때 또는 대가를 받기로 한 때를 공급시기로 볼 수 없는 경우에는 예정신고기간 또는 과세기간의 종료일을 공급시기로 본다.

② 사업자가 용역의 공급시기가 되기 전에 세금계산서를 발급하고 그 세금계산서 발급일부터 7일 이내에 대가를 받으면 그 대가를 받은 때를 용역의 공급시기로 본다.

③ 사업자가 다른 사업자와 상표권 사용계약을 할 때 사용대가 전액을 일시불로 받고 상표권을 사용하게 하는 용역을 둘 이상의 과세기간에 걸쳐 계속적으로 제공하고 그 대가를 선불로 받는 경우에는 예정신고기간 또는 과세기간의 종료일을 공급시기로 본다.

④ 완성도기준지급조건부로 용역을 공급하는 경우 역무의 제공이 완료되는 날 이후 받기로 한 대가의 부분에 대해서는 대가의 각 부분을 받기로 한 때를 용역의 공급시기로 본다.

04	과세거래

선지분석

① 역무의 제공이 완료되는 때 또는 대가를 받기로 한 때를 공급시기로 볼 수 없는 경우에는 역무제공이 완료되고 공급가액이 확정되는 때를 공급시기로 본다.

② 공급시기 전에 세금계산서를 발급하고 7일 이내 대가를 받은 경우에는 세금계산서의 발급일을 공급시기로 한다.

④ 완성도기준지급조건부로 용역을 공급하는 경우 역무의 제공이 완료되는 날 이후 받기로 한 대가의 부분에 대해서는 역무의 제공이 완료된 날을 공급시기로 본다.

답 ③

부가가치세법령상 재화 또는 용역의 공급에 대한 설명으로 옳지 않은 것은?

① 재화의 공급은 계약상 또는 법률상의 모든 원인에 따라 재화를 인도하거나 양도하는 것으로 한다.

② 사업자가 자기의 과세사업과 관련하여 취득한 재화로서 「부가가치세법」 제38조에 따른 매입세액이 공제된 재화를 자기의 면세사업을 위하여 직접 사용하는 것은 재화의 공급으로 보지 아니한다.

③ 산업상·상업상 또는 과학상의 지식·경험 또는 숙련에 관한 정보를 제공하는 것은 용역의 공급으로 본다.

④ 사업용자산을 「상속세 및 증여세법」 제73조 및 「지방세법」 제117조에 따라 물납하는 것은 재화의 공급으로 보지 아니한다.

「부가가치세법」상 재화의 공급에 대한 설명으로 옳지 않은 것은?

① 질권, 저당권 또는 양도담보의 목적으로 동산, 부동산 및 부동산상의 권리를 제공하는 것은 재화의 공급으로 보지 않는다.

② 사업용 자산을 「상속세 및 증여세법」 제73조, 「지방세법」 제117조에 따라 물납하는 것은 재화의 공급으로 보지 않는다.

③ 사업장별로 그 사업에 관한 모든 권리와 의무를 포괄적으로 승계하고, 그 사업을 양수받는 자가 그 대가를 지급하는 때에 그 대가를 받은 자로부터 부가가치세를 징수하여 납부한 경우에는 재화의 공급으로 본다.

④ 사업자가 위탁가공을 위하여 원료를 대가 없이 국외의 수탁가공 사업자에게 반출하여 가공한 재화를 양도하는 경우에 그 원료를 반출하는 것은 재화의 공급으로 보지 않는다.

---

05 과세거래

매입세액이 공제된 재화를 면세사업에 사용하면 간주공급에 해당된다.

답 ②

---

06 과세거래

사업자가 위탁가공을 위하여 원료를 국외의 수탁가공 사업자에게 대가 없이 반출하는 것은 재화의 공급으로 보지 않는다. 다만, 원료를 대가 없이 국외의 수탁가공사업자에게 반출하여 가공한 재화를 양도하는 경우에 그 원료의 반출에 대하여 영세율이 적용되는 것은 재화의 공급으로 본다.

답 ④

「부가가치세법」상 재화 및 용역의 공급에 대한 설명으로 옳지 않은 것은?

① 건설업의 건설업자가 건설자재의 전부 또는 일부를 부담하는 것은 용역의 공급이다.

② 사업자가 위탁가공을 위하여 원자재를 국외의 수탁가공 사업자에게 대가 없이 반출하는 것(영세율이 적용되는 것 제외)은 재화의 공급으로 본다.

③ 「민사집행법」에 따른 경매에 따라 재화를 인도하거나 양도하는 것은 재화의 공급으로 보지 않는다.

④ 사업자가 특수관계인이 아닌 타인에게 대가를 받지 않고 용역을 공급하는 것은 용역의 공급으로 보지 않는다.

「부가가치세법」상 과세거래인 재화의 공급으로 보지 않는 것은?

① 사업자가 위탁가공을 위하여 원자재를 국외의 수탁가공 사업자에게 대가 없이 반출하는 것

② 자기가 주요자재의 전부 또는 일부를 부담하고 상대방으로부터 인도받은 재화에 공작을 가하여 새로운 재화를 만드는 가공계약에 의하여 재화를 인도하는 것

③ 재화의 인도대가로서 다른 재화를 인도받거나 용역을 제공받는 교환계약에 의하여 재화를 인도 또는 양도하는 것

④ 기한부 판매계약에 의하여 재화를 인도하는 것

07	과세거래

사업자가 위탁가공을 위하여 원자재를 국외의 수탁가공 사업자에게 대가 없이 반출하는 것(영세율이 적용되는 것 제외)은 재화의 공급으로 보지 아니한다.

답 ②

08	과세거래

사업자가 위탁가공을 위하여 원자재를 국외의 수탁가공사업자에게 대가 없이 반출하는 것은 재화의 공급으로 보지 않는다.

답 ①

「부가가치세법」상 용역의 공급에 대한 설명으로 옳지 않은 것은?

① 사업자가 법률상의 모든 원인에 의하여 역무를 제공하는 것은 용역의 공급으로 본다.

② 사업자가 거래상대방으로부터 인도받은 재화에 주요 자재를 전혀 부담하지 아니하고 단순히 가공만 하여 주는 것은 용역의 공급으로 본다.

③ 사업자가 대가를 받지 아니하고 특수관계인이 아닌 타인에게 용역을 공급하는 것은 용역의 공급으로 본다.

④ 고용관계에 의하여 근로를 제공하는 것은 용역의 공급으로 보지 아니한다.

09	과세거래

사업자가 대가를 받지 아니하고 특수관계인이 아닌 타인에게 용역을 공급하는 것은 용역의 공급으로 보지 아니한다.

📄 용역의 공급

용역의 공급	㉠ 재화 외의 재산 가치가 있는 모든 역무와 그 밖의 행위 ㉡ 역무의 제공 ㉢ 시설물, 권리 등 재화를 사용하게 하는 것(특허권 대여) ㉣ 노하우 제공
용역으로 보지 않는 것	㉠ 용역의 무상공급(단, 특수관계인에게 사업용부동산의 무상 임대용역은 과세*) ㉡ 근로자의 용역제공 * 산학협력단에게 제공하는 부동산 무상 임대용역은 제외

답 ③

「부가가치세법」상 재화 또는 용역의 공급에 대한 설명으로 옳지 않은 것은?

① 주된 거래와 관련하여 부수하여 공급되는 재화 또는 용역은 주된 거래인 재화 또는 용역의 공급에 포함하는 것으로 본다.

② 고용관계에 의해 근로를 제공하는 것은 용역의 공급으로 보지 아니한다.

③ 매입세액이 공제되지 않은 재화가 잔존하는 상태에서 사업을 폐지하는 경우에 당해 재화는 사업자 자신에게 공급하는 것으로 본다.

④ 거래처로부터 인도받은 재화에 주요자재를 전혀 부담하지 아니하고 단순히 가공만 하여 주는 것은 용역의 공급으로 본다.

10	과세거래

사업자가 사업을 폐업하는 경우 남아 있는 재화는 자기에게 공급하는 것으로 본다. 다만, 매입세액이 공제되지 않은 재화는 해당하지 않는다.

답 ③

11 □□□

부가가치세법령상 과세거래에 해당하는 것은?

① 사업장이 둘 있는 사업자(사업자단위 과세사업자와 주사업장총괄납부 사업자에 모두 해당하지 아니함)가 자기의 사업과 관련하여 생산한 재화로서 매입세액이 불공제된 재화를 판매할 목적으로 자기의 다른 사업장에 반출하는 경우
② 사업자가 「민사집행법」에 따른 경매(같은 법에 따른 강제경매, 담보권실행을 위한 경매와 「민법」·「상법」 등 그 밖의 법률에 따른 경매 포함)에 따라 재화를 인도하거나 양도하는 경우
③ 사업자가 대가를 받지 않고 특수관계인 외의 자에게 사업용 부동산의 임대용역을 공급하는 경우
④ 사업자가 사업을 위하여 증여하는 것으로서 「부가가치세법 시행령」에 따른 자기적립마일리지 등으로만 전부를 결제받고 재화를 공급하는 경우

12 □□□

「부가가치세법」상 재화의 공급시기(폐업 전에 공급한 재화의 공급시기가 폐업일 이후에 도래하는 경우에는 제외한다)로 옳지 않은 것은?

① 현금판매, 외상판매 또는 할부판매의 경우에는 재화가 인도되거나 이용가능하게 되는 때
② 전력이나 그 밖에 공급단위를 구획할 수 없는 재화를 계속적으로 공급하는 경우에는 대가의 각 부분을 받기로 한 때
③ 재화의 공급으로 보는 가공의 경우에는 재화의 가공이 완료된 때
④ 무인판매기를 이용하여 재화를 공급하는 경우에는 해당 사업자가 무인판매기에서 현금을 꺼내는 때

11	과세거래

판매목적 타사업장 반출은 매입세액공제 여부에 불문하고 간주공급을 적용한다.

📄 간주공급

구분		세금계산서 발급	매입세액 불공제 경우
자가 공급	면세전용	×	공급 ×
	비영업용에 해당하는 개별소비세 과세대상 자동차와 그 유지를 위한 재화	×	공급 ×
	판매목적 타사업장 반출	○	공급 ○
개인적 공급		×	공급 ×
사업상 증여		×	공급 ×
폐업시 잔존재화		×	공급 ×

답 ①

12	공급시기

재화의 공급으로 보는 가공의 경우에는 가공된 재화가 인도되는 때를 공급시기로 한다.

📄 재화의 공급시기

현금, 외상, 할부, 상품권, 가공 (재화공급)	인도일, 이용가능일
장기할부, 중간지급조건부, 완성도기준조건부, 계속적 공급	대가 각 부분을 받기로 한 때
외국반출, 중계무역방식 수출	선(기)적일
위탁판매수출	공급가액이 확정되는 때
외국인도, 위탁가공무역방식, 원료를 대가없이 국외의 사업자에게 반출하여 가공한 재화를 양도하는 경우의 그 원료의 반출	재화가 인도되는 때
무인판매기	현금을 꺼내는 때
보세구역에서 국내로 공급 (재화의 수입)	수입신고 수리일
폐업 이후 도래	폐업일
위탁매매	수탁자(대리인)가 공급하는 때 (위탁자 또는 본인을 알 수 없는 경우 각각 공급이 이루어짐)
리스거래 (공급자 또는 세관장이 직접 인도)	공급자, 세관장의 공급시기 적용

답 ③

13 □□□

「부가가치세법」상 재화 또는 용역의 공급시기에 관한 설명으로 옳지 않은 것은?

① 사업자가 재화 또는 용역의 공급시기가 되기 전에 재화 또는 용역에 대한 대가의 전부 또는 일부를 받고, 그 받은 대가에 대하여 세금계산서를 발급하면 그 세금계산서를 발급하는 때를 재화 또는 용역의 공급시기로 본다.

② 사업자가 재화 또는 용역의 공급시기가 되기 전에 세금계산서를 발급하고 그 세금계산서를 발급일부터 7일 이내에 대가를 받으면 해당 대가를 받은 때를 재화 또는 용역의 공급시기로 본다.

③ 사업자가 보세구역 안에서 보세구역 밖의 국내에 재화를 공급하는 경우가 재화의 수입에 해당할 때에는 수입신고 수리일을 재화의 공급시기로 본다.

④ 공급단위를 구획할 수 없는 용역을 계속적으로 공급하는 경우에는 대가의 각 부분을 받기로 한 때를 용역의 공급시기로 본다.

13	공급시기

사업자가 재화 또는 용역의 공급시기가 되기 전에 세금계산서를 발급하고 그 세금계산서를 발급일부터 7일 이내에 대가를 받으면 해당 세금계산서를 발급한 때를 재화 또는 용역의 공급시기로 본다.

📄 **공급시기 특례**

세금계산서 선발급	세금계산서 후발급
공급시기: 세금계산서 발급일 ㉠ 대가의 전부나 일부를 받고 그 받은 대가에 대하여 세금계산서 또는 영수증을 발급한 경우 ㉡ 발급 후 7일 이내 대가 ㉢ 발급 후 7일 이후(요건충족시) 　ⓐ 계약서 등에 따라 청구시기와 지급시기를 따로 적고, 대금청구시기와 지급시기 사이의 기간이 30일 이내인 경우 　ⓑ 세금계산서 발급일이 속하는 과세기간(공급받는 자가 조기환급을 받은 경우에는 세금계산서 발급일부터 30일 이내)에 재화 또는 용역의 공급시기가 도래하는 경우 ㉣ 대가수령무관 　ⓐ 재화·용역의 장기할부 　ⓑ 재화·용역의 계속적 공급	공급시기: 작성연월일(공급일 다음 달 10일까지 발급) ㉠ 거래처별 1역월(작성일: 그 달의 말일) ㉡ 거래처별 1역월 이내 임의기간(작성일: 그 기간 종료일) ㉢ 증빙확인시 거래일(작성일: 그 거래일)

답 ②

14 □□□

부가가치세법령상 세금계산서를 발급하는 때를 재화 또는 용역의 공급시기로 보는 경우에 해당하지 않는 것은? (단, 재화 또는 용역의 공급시기 및 세금계산서는 법령에 따른 것으로 본다)

① 사업자가 「부가가치세법 시행령」 제28조 제3항 제4호에 따라 전력이나 그 밖에 공급단위를 구획할 수 없는 재화를 계속적으로 공급하는 경우의 공급시기가 되기 전에 세금계산서를 발급하는 경우

② 사업자가 「부가가치세법」 제15조 또는 제16조에 따른 재화 또는 용역의 공급시기가 되기 전에 재화 또는 용역에 대한 대가의 전부 또는 일부를 받고, 그 받은 대가에 대하여 세금계산서를 발급하는 경우

③ 사업자가 「부가가치세법 시행규칙」 제17조에 따른 장기할부판매로 재화를 공급하는 경우의 공급시기가 되기 전에 세금계산서를 발급하는 경우

④ 대가를 지급하는 사업자가 거래 당사자 간의 계약서 등에 대금 청구시기와 지급시기를 따로 적고, 대금 청구시기와 지급시기 사이의 기간이 60일인 경우로서 재화 또는 용역을 공급하는 사업자가 그 재화 또는 용역의 공급시기가 되기 전에 세금계산서를 발급하고 그 세금계산서 발급일부터 7일이 지난 후에 대가를 받는 경우

14	공급시기

대가를 지급하는 사업자가 거래 당사자 간의 계약서 등에 대금 청구시기와 지급시기를 따로 적고, 대금 청구시기와 지급시기 사이의 기간이 30일 이내인 경우로서 재화 또는 용역을 공급하는 사업자가 그 재화 또는 용역의 공급시기가 되기 전에 세금계산서를 발급하고 그 세금계산서 발급일부터 7일이 지난 후에 대가를 받는 경우는 세금계산서를 발급하는 때를 공급시기로 본다.

답 ④

15 ☐☐☐

「부가가치세법」상 재화의 공급시기에 관한 설명으로 옳지 않은 것은?

① 폐업 전에 공급한 재화의 공급시기가 폐업일 이후에 도래하는 경우에는 그 폐업일을 공급시기로 본다.

② 재화의 할부판매의 경우에는 대가의 각 부분을 받기로 한 때를 공급시기로 본다.

③ 상품권 등을 현금 또는 외상으로 판매하고 그 후 해당 상품권 등에 의하여 현물과 교환하는 경우에는 재화가 실제로 인도되는 때를 공급시기로 본다.

④ 완성도기준지급조건부로 재화를 공급하는 경우에는 대가의 각 부분을 받기로 한 때를 공급시기로 본다.

16 ☐☐☐

부가가치세법령상 용역의 공급시기에 대한 설명으로 옳지 않은 것은?

① 장기할부조건부로 용역을 공급하는 경우에는 대가의 각 부분을 받기로 한 때로 한다.

② 사업자가 부동산 임대용역을 공급하고 전세금 또는 임대보증금을 받는 경우(「부가가치세법 시행령」 제65조에 따라 계산한 금액을 공급가액으로 함)에는 예정신고기간 또는 과세기간의 종료일로 한다.

③ 중간지급조건부로 용역을 공급하는 경우 역무의 제공이 완료되는 날 이후 받기로 한 대가의 부분에 대해서는 역무의 제공이 완료되는 날 이후 그 대가를 받는 때로 한다.

④ 헬스클럽장 등 스포츠센터를 운영하는 사업자가 연회비를 미리 받고 회원들에게 시설을 이용하게 하는 것을 둘 이상의 과세기간에 걸쳐 계속적으로 제공하고 그 대가를 선불로 받는 경우에는 예정신고기간 또는 과세기간의 종료일로 한다.

15	공급시기

일반적인 할부판매의 경우는 재화가 인도되거나 이용가능하게 되는 때가 공급시기에 해당된다.

16	공급시기

중간지급조건부로 용역을 공급하는 경우 역무의 제공이 완료되는 날 이후 받기로 한 대가의 부분에 대해서는 역무의 제공이 완료되는 날을 공급시가로 한다.

답 ③

📑 용역의 공급시기

장기할부, 중간지급조건부, 완성도기준조건부, 계속적 공급	대가의 각 부분을 받기로 한 때
간주임대료	
2 이상 과세기간에 걸쳐 부동산임대용역을 제공하고 그 대가를 선불 또는 후불로 받은 경우(초월산입, 말월불산입)	
스포츠센터, 상표권사용 등 용역을 2 이상 과세기간에 걸쳐 공급하고 그 대가를 선불로 받은 경우(초월산입, 말월불산입)	예정신고기간의 종료일 또는 과세기간 종료일
사회기반시설에 대한 민간투자법 방식(BOT)을 준용하여 2 이상 과세기간에 대한 용역대가를 받는 경우	
폐업일 이후에 도래하는 경우	폐업일

답 ②

17 ☐☐☐

「부가가치세법」상 부수재화의 공급에 관한 설명으로 옳지 않은 것은?

① 해당 대가가 주된 거래인 재화의 공급대가에 통상적으로 포함되어 공급되는 재화는 주된 재화의 공급에 포함되는 것으로 본다.

② 거래의 관행으로 보아 통상적으로 주된 재화의 공급에 부수하여 공급되는 것으로 인정되는 재화는 주된 재화의 공급에 포함되는 것으로 본다.

③ 주된 사업과 관련하여 우연히 또는 일시적으로 공급되는 재화의 공급은 별도의 공급으로 보지 아니한다.

④ 주된 사업과 관련하여 주된 재화의 생산 과정에서 필연적으로 생기는 과세대상 재화의 공급에 대한 과세 여부는 주된 사업의 과세 여부에 따른다.

18 ☐☐☐

「부가가치세법」상 총칙 규정에 대한 설명으로 옳은 것은?

① 부가가치세는 재화 또는 용역의 공급 및 용역의 수입에 대하여 과세한다.

② 재화란 재산가치의 유무와 관계없이 물건과 권리를 포함한다.

③ 국가와 지방자치단체는 부가가치세의 납세의무자가 아니다.

④ 거래의 관행으로 보아 주된 거래인 재화의 공급에 필수적으로 부수되는 용역공급은 주된 거래인 재화의 공급에 포함된다.

17	부수재화 · 용역

주된 사업과 관련하여 우연히 또는 일시적으로 공급되는 재화의 공급은 별도의 공급으로 본다.

> 📄 **부수재화 · 용역**
>
> ㉠ 거래의 부수되는 재화 또는 용역: 주된 재화 또는 용역 거래에 부수되어 공급되는 것은 주된 재화 또는 용역의 공급에 포함되는 것으로 한다.
> ㉡ 사업에 부수되는 재화 또는 용역: 사업에 부수되는 재화 또는 용역의 공급은 별도의 공급으로 보아 주된 사업의 과세 또는 면세 여부에 따라 부수 재화 · 용역을 판단한다(다만, 일시 · 우연히 발생한 부수 재화 또는 용역이 면세인 경우에는 면세로 판단함).

답 ③

18	부수재화 · 용역

(선지분석)
① 부가가치세는 재화 또는 용역의 공급 및 재화의 수입에 대하여 과세한다.
② 재화란 재산가치가 있는 물건과 권리를 말한다.
③ 국가와 지방자치단체는 부가가치세 납세의무자에 해당한다.

> 📄 **주된 거래에 부수되는 재화 또는 용역**
>
> 거래의 관행이나 주된 거래의 대가에 포함되어 거래되는 부수재화 · 용역은 주된 재화 또는 용역의 공급에 포함되는 것으로 본다.

답 ④

「부가가치세법」상 부수재화 및 부수용역의 공급과 관련된 설명으로 옳지 않은 것은?

① 주된 재화 또는 용역의 공급에 부수되어 공급되는 것으로서 거래의 관행으로 보아 통상적으로 주된 재화 또는 용역의 공급에 부수하여 공급되는 것으로 인정되는 재화 또는 용역의 공급은 주된 재화 또는 용역의 공급에 포함되는 것으로 본다.

② 주된 재화 또는 용역의 공급에 부수되어 공급되는 것으로서 해당 대가가 주된 재화 또는 용역의 공급에 대한 대가에 통상적으로 포함되어 공급되는 재화 또는 용역의 공급은 주된 재화 또는 용역의 공급에 포함되는 것으로 본다.

③ 면세되는 재화 또는 용역의 공급에 통상적으로 부수되는 재화 또는 용역의 공급은 그 면세되는 재화 또는 용역의 공급에 포함되는 것으로 본다.

④ 주된 사업에 부수되는 주된 사업과 관련하여 주된 재화의 생산 과정에서 필연적으로 생기는 재화의 공급은 별도의 공급으로 보지 아니한다.

19	부수재화 · 용역

주된 사업에 부수해서 발생하는 필수부수재화는 별도의 공급에 해당된다.

답 ④

부가가치세법령상 재화공급의 특례에 대한 설명으로 옳지 않은 것은?

① 사업자가 자기의 과세사업과 관련하여 생산하거나 취득한 재화로서 매입세액이 공제된 재화를 자기의 면세사업을 위하여 직접 사용하거나 소비하는 것은 재화의 공급으로 본다.

② 사업자가 자기의 과세사업과 관련하여 생산하거나 취득한 재화로서 매입세액이 공제된 재화를 사업을 위하여 증여하는 것 중 「재난 및 안전관리 기본법」의 적용을 받아 특별재난지역에 공급하는 물품을 증여하는 것은 재화의 공급으로 보지 아니한다.

③ 사업자가 폐업할 때 자기의 과세사업과 관련하여 생산하거나 취득한 재화로서 매입세액이 공제된 재화 중 남아있는 재화는 자기에게 공급하는 것으로 본다.

④ 저당권의 목적으로 부동산을 제공하는 것은 재화의 공급으로 본다.

20	간주공급

저당권 등의 담보를 목적으로 제공하는 것은 재화의 공급에 해당하지 않는다.

답 ④

21 □□□

「부가가치세법」상 재화의 간주공급에 해당하지 않는 것은?

① 사업자가 자기의 사업과 관련하여 생산한 재화를 실비변 상적이거나 복지후생적인 목적이 아닌 사용인의 개인적 인 목적으로 무상 사용·소비하는 경우(단, 매입시 매입 세액이 공제되지 아니한 재화는 제외함)

② 사업자가 자기의 사업과 관련하여 생산하거나 취득한 재 화를 면세사업을 위하여 사용·소비한 경우(단, 매입시 매입세액이 공제되지 아니한 재화는 제외함)

③ 운수업을 영위하는 사업자가 운수사업용으로 법령에서 정한 승용자동차를 구입하여 매입세액을 공제받은 후 이 를 임직원의 업무용으로 사용하는 경우(단, 당초 구입시 매입세액이 공제되지 아니한 재화는 제외함)

④ 사업자가 자기의 사업과 관련하여 생산하거나 취득한 재 화를 사업을 위하여 대가를 받지 아니하고 다른 사업자에 게 인도 또는 양도하는 견본품

21	간주공급

사업자가 자기의 사업과 관련하여 생산하거나 취득한 재화를 사업을 위하여 대가를 받지 아니하고 다른 사업자에게 인도 또는 양도하는 견본품은 재화의 공급으로 보지 않는다.

📑 간주공급

자가공급	다음의 경우는 간주공급으로 과세대상이 됨 ㉠ 면세전용: 사업자가 자기생산·취득재화를 자기의 면세 사업을 위하여 직접사용하거나 소비하는 것 ㉡ 영업용이 아닌 개별소비세 과세대상 자동차와 유지 　ⓐ 사업자가 자기생산·취득재화를 매입세액이 공제되 지 않는 개별소비세과세대상 자동차로 사용·소비하 거나 또는 유지를 위하여 사용·소비 하는 것 　ⓑ 운수업 등 사업자가 자기생산·취득재화를 해당 업 종에 직접 사용하지 않고 다른 용도로 사용하는 것 ㉢ 판매목적 타사업장 반출 　ⓐ 자기의 사업과 관련하여 생산 또는 취득한 재화를 판매할 목적으로 자기의 다른 사업장에 반출하는 것 　ⓑ 사업단위과세 또는 주사업장총괄납부를 적용받는 과세기간에는 간주공급을 적용하지 않음. 다만, 주사 업장총괄납부의 경우는 세금계산서를 발급하고 신고 하면 공급으로 과세함
개인적 공급	다음의 경우는 간주공급을 적용하지 않음 ㉠ 매입세액이 공제되지 않은 경우 ㉡ 사업을 위하여 작업복, 작업모 및 작업화를 제공 ㉢ 직장연예 및 직장체육비 등 ㉣ 사용인 1명당 다음의 ⓐ와 ⓑ로 구분하여 각각 10만 원 이하의 재화를 제공하는 경우(10만 원을 초과하는 경우에는 초과금액을 공급으로 봄) 　ⓐ 경조사와 관련된 재화 　ⓑ 명절·기념일 등(설날·추석·창립기념일·생일 등 포함)과 관련된 재화
사업상 증여	다음의 경우는 간주공급을 적용하지 않음 ㉠ 매입세액이 공제되지 않은 경우 ㉡ 대가를 받지 않고 인도하는 견본품(유상 견본품은 공급 에 해당됨) ㉢ 불특정다수인에게 광고선전용으로 무상으로 제공하는 재화 ㉣ 특별재난지역에 공급하는 물품 ㉤ 주된 거래인 재화의 공급에 대한 대가에 포함된 경우 ㉥ 자기적립마일리지 등으로만 전부를 결제받고 공급하는 재화
폐업시 잔존재화	다음의 경우는 간주공급을 적용하지 않음 ㉠ 매입세액이 공제되지 않은 경우 ㉡ 동일 사업장 내에서 2 이상의 사업을 겸영하는 사업자가 그 중 일부 사업을 폐지하는 경우 해당 폐지한 사업과 관련된 재고재화

답 ④

03 영세율 및 면세

01 ☐☐☐

2009년 9급

「부가가치세법」상 영세율제도에 관한 설명으로 옳지 않은 것은?

① 영세율제도는 매출액에 영세율이 적용되지만 매입세액은 전액 환급받는다는 점에서 매출세액은 면제되나 매입세액은 공제·환급되지 아니하는 면세제도와 구별된다.

② 영세율 적용대상이 되는 재화나 용역을 공급하는 사업자가 외국법인인 경우의 영세율 적용은 상호면세주의에 따른다.

③ 재화 또는 용역을 공급한 과세기간의 종료 후 25일 이내에 개설한 내국신용장에 대해서도 영세율을 적용한다.

④ 사업자가 국외에서 건설공사를 도급받은 사업자로부터 당해 건설공사를 재도급받아 국외에서 건설용역을 제공하고 그 대가를 원도급자인 국내사업자로부터 받는 경우에는 영세율을 적용하지 아니한다.

02 ☐☐☐

2022년 7급

「부가가치세법」상 영세율을 적용하는 재화 또는 용역의 공급에 해당하는 것만을 모두 고르면? (단, 영세율에 대한 상호주의는 고려하지 않는다)

> ㄱ. 내국물품을 외국으로 반출하는 것에 해당하는 재화의 공급
> ㄴ. 「부가가치세법 시행규칙」으로 정하는 내국신용장에 의한 금지금(金地金)의 공급
> ㄷ. 항공기에 의하여 여객이나 화물을 국외에서 국내로 수송하는 용역의 공급
> ㄹ. 외화를 획득하기 위한 용역의 공급으로서 우리나라에 상주하는 외교공관에 공급하는 용역

① ㄱ, ㄴ, ㄷ
② ㄱ, ㄴ, ㄹ
③ ㄱ, ㄷ, ㄹ
④ ㄴ, ㄷ, ㄹ

---

01 영세율 및 면세

사업자가 국외에서 건설공사를 도급받은 사업자로부터 당해 건설공사를 재도급받아 국외에서 건설용역을 제공하고 그 대가를 원도급자인 국내사업자로부터 받는 경우에는 영세율을 적용한다. 국외 용역은 대금결제방법이나 거래상대방에 상관없이 영세율을 적용한다.

📄 **용역의 국외공급**

㉠ 국내에 사업장이 있는 사업자가 국외에서 용역을 공급하면 영세율을 적용한다.

㉡ 거래상대방이나 대금결제방법(원화·외화)에 상관없이 영세율을 적용한다.

㉢ 용역을 제공받는 자가 국내사업장이 없는 비거주자·외국법인의 경우는 세금계산서를 발급하지 않는다.

답 ④

---

02 영세율 및 면세

「부가가치세법」상 영세율을 적용하는 재화 또는 용역의 공급에 해당하는 것은 ㄱ, ㄷ, ㄹ이다.

(선지분석)

ㄴ. 내국신용장에 의한 금지금은 영세율 대상에 해당하지 않는다.

답 ③

「부가가치세법」상 국내에 사업장이 있는 사업자가 행하는 재화 또는 용역의 공급에 대한 영세율 적용과 관련한 설명으로 옳지 않은 것은?

① 내국물품을 외국으로 반출하는 것에 대해서는 영세율이 적용된다.

② 국외에서 공급하는 용역에 대해서는 영세율이 적용된다.

③ 항공기에 의하여 여객을 국내에서 국외로 수송하는 것에 대해서는 영세율이 적용되지 않는다.

④ 외화를 획득하기 위한 것으로서 우리나라에 상주하는 국제연합과 이에 준하는 국제기구(우리나라가 당사국인 조약과 그 밖의 국내법령에 따라 특권과 면제를 부여받을 수 있는 경우에 한함)에 재화 또는 용역을 공급하는 것에 대해서는 영세율을 적용한다.

03	영세율 및 면세

외국항행용역이란 선박 또는 항공기에 의해 여객이나 화물을 국내에서 국외로, 국외에서 국내로 또는 국외에서 국외로 수송하는 것을 말하며, 이러한 외국항행용역에 대해서는 영세율을 적용한다.

답 ③

「부가가치세법」상 영세율 및 대리납부에 대한 설명으로 옳지 않은 것은?

① 사업자가 국외의 비거주자 또는 외국법인과 직접계약에 의하여 공급하고 대금을 외국환은행에서 원화로 받는 경우에는 영의 세율을 적용하지 않는다.

② 사업자가 비거주자 또는 외국법인인 경우에는 그 외국에서 대한민국의 거주자 또는 내국법인에 대하여 동일한 면세를 하는 경우에만 영의 세율을 적용한다.

③ 영세율이 적용되는 법인사업자의 경우에는 부가가치세 확정신고를 하여야 한다.

④ 국내사업장이 없는 비거주자 또는 외국법인으로부터 용역 또는 권리를 공급받는 자는 그 대가를 지급하는 때에는 부가가치세를 징수하고 대리납부하여야 한다.

04	영세율 및 면세

사업자가 국외의 비거주자 또는 외국법인과 직접계약에 의하여 공급하고 대금을 외국환은행에서 원화로 받는 경우에는 영의 세율을 적용한다.

답 ①

05 □□□

「부가가치세법」상 면세대상인 재화 또는 용역이 아닌 것은?

① 「장애인복지법」에 따른 장애인보조견 진료용역
② 「수의사법」에 규정하는 수의사의 애완견 식품판매
③ 여성용 생리처리 위생용품
④ 도서대여용역

05	영세율 및 면세

수의사의 애완견 식품판매는 면세대상(면세대상인 농 · 축 · 수 · 임산물 등)에 해당하지 않는다.

> 📄 **면세용역**
>
> 수의사가 제공하는 용역으로 동물의 진료용역은 다음에 해당하는 진료용역은 면세에 해당된다.
> ㉠ 가축에 대한 진료용역
> ㉡ 수산동물에 대한 진료용역
> ㉢ 장애인 보조견에 대한 진료용역
> ㉣ 수급자가 기르는 동물의 진료용역
> ㉤ 법에서 정하는 질병예방목적 진료용역

답 ②

---

06 □□□

「부가가치세법」상 부가가치세가 면세되는 경우에 해당하지 않는 것은?

① 수돗물 및 공중전화
② 장의업자가 제공하는 장의용역
③ 일반택시 운송사업
④ 국가에 무상으로 공급하는 용역

06	영세율 및 면세

일반택시 운송사업은 부가가치세 과세대상에 해당한다.

> 📄 **과세대상**
>
> 다음에 해당하는 여객운송업은 부가가치세를 과세한다.
> ㉠ 항공기
> ㉡ 자동차운송사업 중 시외우등고속버스운송업(일반고속버스는 면제), 전세버스운송사업, 일반택시운송사업 및 개인택시운송사업, 자동차 대여사업
> ㉢ 선박 중 수중익선, 에어쿠션선, 자동차운송겸용 여객선, 항해시속 20노트(knot) 이상의 여객선
> ㉣ 고속철도에 의한 여객운송용역

답 ③

---

07 □□□

부가가치세가 면세되는 거래에 해당하는 것은?

① 지방자치단체의 조합이 그 소속 직원의 복리후생을 위하여 구내에서 식당을 직접 경영하여 공급하는 음식용역
② 「철도건설법」에 규정하는 고속철도에 의한 여객운송용역
③ 「우정사업운영에 관한 특례법」에 의한 우정사업조직이 「우편법」에 규정된 부가우편역무 중 소포우편물을 방문 접수하여 배달하는 용역
④ 「항공법」에 규정하는 항공기에 의한 여객운송용역

---

07 영세율 및 면세

국가 · 지방자치단체 및 지방자치단체의 조합이 그 소속 직원의 복리후생을 위하여 구내에서 식당을 직접 경영하여 공급하는 음식용역은 면세대상에 해당한다.

📄 **면세**

㉠ 국가 · 지방자치단체 또는 지방자치단체조합이 공급하는 재화 또는 용역으로 부동산 임대업, 도매 및 소매업, 음식점업 · 숙박업, 골프장 · 스키장 운영업, 기타 스포츠시설 운영업은 과세대상에 해당된다.

㉡ 다만, 다음의 경우는 면세에 해당된다.
ⓐ 국방부 또는 국군이 군인, 일반군무원, 그 밖에 이들의 직계존속 · 비속에게 제공하는 소매업, 음식점업 · 숙박업, 기타 스포츠시설 운영업(골프 연습장 운영업은 제외) 관련 재화 또는 용역
ⓑ 국가 · 지방자치단체 또는 지방자치단체조합이 그 소속직원의 복리후생을 위하여 구내에서 식당을 직접 경영하여 공급하는 음식용역
ⓒ 국가 또는 지방자치단체가 「사회기반시설에 대한 민간투자법」에 따른 사업시행자(공공부문 외의 자로서 사업시행자의 지정을 받아 민간투자사업을 시행하는 법인)로부터 BTO (Build-Transfer-Operate) 및 BTL(Build-Transfer-Lease) 방식에 따라 사회기반시설 또는 사회기반시설의 건설용역을 기부채납받고 그 대가로 부여하는 시설관리운영권

답 ①

08 □□□

부가가치세법령상 면세되는 재화 또는 용역에 해당하지 않는 것은?

① 도서
② 국방부가 「군인사법」 제2조에 따른 군인에게 제공하는 골프연습장 운영업과 관련한 재화 또는 용역
③ 미술관에 입장하게 하는 것
④ 국가에 무상으로 공급하는 재화 또는 용역

---

08 영세율 및 면세

국방부 또는 국군이 군인, 일반군무원, 그 밖에 이들의 직계존속 · 비속에게 제공하는 소매업, 음식점업 · 숙박업, 기타 스포츠시설 운영업(골프 연습장 운영업은 제외) 관련 재화 또는 용역은 면세대상에 해당된다.

답 ②

「부가가치세법」상 면세에 대한 설명으로 옳은 것만을 모두 고른 것은?

> ㄱ. 면세사업만을 경영하는 자는 「부가가치세법」에 따른 사업자등록의무가 없다.
> ㄴ. 국가나 지방자치단체에 유상 또는 무상으로 공급하는 용역에 대하여는 부가가치세를 면제한다.
> ㄷ. 면세의 포기를 신고한 사업자는 신고한 날부터 3년간 부가가치세를 면제받지 못한다.
> ㄹ. 부가가치세가 면세되는 미가공식료품에는 김치, 두부 등 기획재정부령으로 정하는 단순가공식료품이 포함된다.

① ㄱ, ㄴ, ㄷ
② ㄱ, ㄴ, ㄹ
③ ㄱ, ㄷ, ㄹ
④ ㄴ, ㄷ, ㄹ

09	영세율 및 면세

ㄱ, ㄷ, ㄹ이 옳은 내용이다.

(선지분석)

ㄴ. 국가나 지방자치단체에 무상으로 공급하는 재화 또는 용역에 대하여만 부가가치세를 면제한다.

📄 면세포기

대상	㉠ 영세율 ㉡ 학술·기술 발전을 위하여 학술·기술의 연구·발표를 주된 목적으로 하는 단체가 그 연구와 관련하여 실비 또는 무상으로 공급하는 재화 또는 용역
절차	㉠ 포기신고하고 지체 없이 사업자등록함(승인은 필요 없으며 시기에 대한 제한도 없음) ㉡ 신고한 날부터 3년간 면세를 적용하지 못함 ㉢ 면세포기 후 사업자등록한 시점부터 면세포기효력 발생 ㉣ 면세포기신고를 한 사업자가 3년 기간 경과 후 부가가치세의 면제를 받고자 하는 때에는 면세적용신고서와 사업자등록증을 제출하여야 하며, 면세적용신고서를 제출하지 아니한 경우에는 계속하여 면세를 포기한 것으로 봄 ㉤ 면세포기신고를 한 사업자가 사업을 포괄적으로 양도하는 경우 면세포기의 효력은 사업을 양수한 사업자에게 승계됨
범위	㉠ 면세대상이 둘 이상인 경우 구분포기 가능 ㉡ 구분포기 후 국내공급 면세재화는 면세에 해당됨(면세포기 효력 없음)

답 ③

「부가가치세법」상 재화 또는 용역의 공급에 대한 면세제도와 관련한 설명으로 옳지 않은 것은?

① 국가나 지방자치단체가 공급하는 재화 또는 용역이라고 하여 모두 부가가치세가 면세되는 것은 아니다.
② 국가나 지방자치단체에 재화 또는 용역을 공급하는 거래는 거래의 유·무상을 불문하고 모두 부가가치세가 면제된다.
③ 음악발표회는 영리를 목적으로 하지 않아야 부가가치세가 면제되는 예술행사가 된다.
④ 「도로교통법」상의 자동차운전학원에서 수강생에게 지식·기술 등을 가르치는 것은 부가가치세가 면제되는 교육용역에 포함되지 않는다.

10	영세율 및 면세

국가나 지방자치단체에 재화 또는 용역을 공급하는 거래는 거래가 무상인 경우에 한하여 부가가치세가 면제된다.

📄 면세대상

㉠ 도서(도서 대여 포함), 신문(인터넷 신문), 잡지, 관보, 뉴스통신 등(광고는 과세)*
㉡ 영리목적이 아닌 예술 창작, 예술 행사, 문화 행사, 아마추어 경기
㉢ 도서관, 과학관, 박물관, 미술관, 전쟁기념관, 동물원·식물원 등 오락·유흥시설 함께 있는 동·식물원 및 해양수족관은 과세대상에 해당됨
* 도서에는 도서에 부수하여 그 도서의 내용을 담은 음반, 녹음테이프 또는 비디오테이프를 첨부하여 통상 하나의 공급단위로 하는 것과 전자출판물을 포함함(다만, 「음악산업진흥에 관한 법률」, 「영화 및 비디오물의 진흥에 관한 법률」 및 「게임산업진흥에 관한 법률」의 적용을 받는 것은 제외함)

답 ②

「부가가치세법」상 영세율과 면세에 대한 설명으로 옳지 않은 것은?

① 부가가치세가 면제되는 재화 또는 용역의 공급이 영세율 적용의 대상이 되는 경우, 부가가치세의 면제를 받지 아니하고자 하는 사업자는 면세포기신고를 할 수 있으며 신고한 날로부터 3년간은 부가가치세의 면제를 받지 못한다.
② 영세율은 사업자가 비거주자나 외국법인인 경우에는 그 외국에서 대한민국의 거주자 또는 내국법인에 대하여 동일한 면세를 하는 경우에만 적용한다.
③ 토지의 공급은 면세되나 주택과 이에 부수되는 토지의 임대용역을 제외한 토지의 임대용역의 공급은 과세된다.
④ 임대주택에 부가가치세가 과세되는 사업용 건물이 함께 설치된 경우에는 주택면적과 사업용 건물면적의 상대적인 크기에 상관없이 주택부분에 대하여는 면세하고 사업용 건물에 대하여는 과세한다.

「부가가치세법」상 영세율과 면세에 대한 설명으로 옳지 않은 것은?

① 영세율과 면세는 매출세액이 없다는 점에서 동일하나 매입세액의 환급에는 차이가 있다.
② 영세율과 면세를 적용하면 국내외 소비자의 세부담은 경감된다.
③ 영세율은 소비지국 과세원칙의 구현에 목적이 있으나 면세는 조세부담의 역진성 완화에 목적이 있다.
④ 「부가가치세법」상 영세율사업자는 납세의무자이지만 면세사업자는 납세의무자가 아니다.

---

11 영세율 및 면세

임대주택에 부가가치세가 과세되는 사업용 건물이 함께 설치된 경우에는 주택면적이 사업용 건물면적보다 큰 경우에는 전부를 주택으로 보아 면세하고, 주택면적이 사업용 건물면적보다 작거나 같은 경우에는 주택부분 외의 사업용 건물부분은 주택으로 보지 않으므로 과세한다.

답 ④

---

12 영세율 및 면세

영세율은 소비지국에서 과세가 된다. 따라서 수입하는 국가에서 다시 부가가치세가 과세되므로 국외 소비자의 세부담이 경감된다고 볼 수 없다.

📑 **영세율과 면세 비교**

구분	영세율	면세
취지	소비지국 과세원칙	부가가치세의 역진성 완화
대상	수출하는 재화 등	기초생활 필수 재화·용역 등
사업자	「부가가치세법」상 납세의무자에 해당됨(모든 의무를 이행해야 함)	면세사업자는 「부가가치세법」상 납세의무자에 해당하지 않으므로 납세의무 없음(다만, 매입처별세금계산서 합계표의 제출과 대리납부의무는 있음)

답 ②

13 □□□

「부가가치세법」상 영세율과 면세에 대한 설명으로 옳지 않은 것은?

① 국외에서 국외로 항행하는 자국 선박 내에서 승객에게 제공하는 재화 또는 용역은 영세율을 적용한다.

② 면세를 적용하는 경우에는 매입시에 부담한 매입세액이 환급되지 아니하므로 면세제도는 조세이론상 부분면세제도에 해당된다.

③ 식용에 공하지 않는 미가공 농·축·수·임산물은 국산이나 외국산 모두 면세하지 않는다.

④ 사업자가 비거주자 또는 외국법인인 경우에는 그 외국에서 대한민국의 거주자 또는 내국법인에게 동일한 면세를 하는 경우에 한하여 영세율을 적용한다.

13	영세율 및 면세

미가공 식료품의 경우 국내산과 외국산의 구별 없이 모두 면세를 적용하나 비식용 농·축·수·임산물의 경우는 국내산만 면세를 적용한다.

답 ③

14 □□□

부가가치세법령상 영세율제도에 대한 설명으로 옳지 않은 것은?

① 대한민국 선박에 의하여 잡힌 수산물을 외국으로 반출하는 것은 영세율을 적용한다.

② 사업자가 대통령령으로 정한 중계무역 방식으로 수출하는 경우로서 국내 사업장에서 계약과 대가 수령 등 거래가 이루어지는 것은 영세율을 적용한다.

③ 외교공관 등의 소속 직원으로서 해당 국가로부터 공무원 신분을 부여받은 자 중 내국인에게 대통령령으로 정하는 방법에 따라 재화 또는 용역을 공급하는 경우에는 영세율을 적용한다.

④ 선박 또는 항공기에 의하여 여객이나 화물을 국내에서 국외로, 국외에서 국내로 또는 국외에서 국외로 수송하는 것에 대하여는 영세율을 적용한다.

14	영세율 및 면세

외교공관 등의 소속 직원으로서 해당 국가로부터 공무원 신분을 부여받은 자 중 내국인이 아닌 자에게 대통령령으로 정하는 방법에 따라 재화 또는 용역을 공급하는 경우에는 영세율을 적용한다.

답 ③

KEYWORD 38 세금계산서

01 □□□

부가가치세법령상 세금계산서에 대한 설명으로 옳은 것은?

① 사업자가 재화 또는 용역의 공급시기가 되기 전에 세금계산서를 발급하고 그 세금계산서 발급일부터 7일 이내에 대가를 받으면 해당 세금계산서를 발급한 때를 재화 또는 용역의 공급시기로 본다.

② 계약의 해제로 재화 또는 용역이 공급되지 아니한 경우 수정세금계산서의 작성일은 처음 세금계산서 작성일로 한다.

③ 법인사업자와 직전 연도의 사업장별 재화 및 용역의 공급대가의 합계액이 5억 원 이상인 개인사업자는 세금계산서를 발급하려면 전자세금계산서를 발급하여야 한다.

④ 전자세금계산서를 발급하여야 하는 사업자가 아닌 사업자는 전자세금계산서를 발급할 수 없다.

02 □□□

「부가가치세법」상 세금계산서와 영수증에 대한 설명으로 옳지 않은 것은?

① 신규로 사업을 시작하는 간이과세자로 하는 최초의 과세기간 중에 있는 자 또는 직전연도 공급대가의 합계액이 4,800만 원 미만인 간이과세자는 세금계산서를 발급하지 못하며 영수증을 발급하여야 한다.

② 간이과세자는 세금계산서를 발급받아도 세금계산서에 기재된 부가가치세액의 전부를 자기가 납부할 부가가치세에서 공제받을 수는 없다.

③ 세금계산서는 '공급자 보관용', '공급받는 자 보관용', '세무서 제출용'으로 이루어져 있다.

④ 재화를 직접 수출하는 경우에는 세금계산서 발급의무가 면제된다.

01	세금계산서

(선지분석)

② 계약이 해제된 경우에는 그 작성일은 계약해제일을 적어서 수정세금계산서를 발급한다.

③ 법인사업자는 의무적으로 전자세금계산서를 발급하여야 하며 개인사업자는 2억 원을 기준으로 판단한다(2023.7.1. 이후는 1억 원을 기준으로 판단함).

④ 전자세금계산서는 의무발급사업자가 아닌 경우에도 발급할 수 있다.

답 ①

02	세금계산서

세금계산서는 '공급자 보관용', '공급받는 자 보관용'으로 2매를 발급한다. 따라서 세무서 제출용을 별도로 발급하지 않는다.

답 ③

03 □□□

다음 중 「부가가치세법」상 세금계산서의 발급에 대한 설명으로 옳은 것은?

① 수출하는 재화, 국외에서 제공하는 용역 등 모든 영세율 적용대상거래는 세금계산서 발급의무가 면제된다.

② 공급하는 자와 공급받는 자의 사업자등록번호와 공급가액 및 부가가치세액만 기록된 세금계산서도 세금계산서로서의 효력이 인정된다.

③ 간주공급의 경우 판매목적 타사업장 반출을 제외하고는 자가공급, 개인적공급, 사업상 증여, 폐업시 재고재화의 경우에는 세금계산서 발급의무가 면제된다.

④ 공급받는 자가 국내에 사업장이 있는 비거주자 또는 외국법인인 경우의 선박의 외국항행용역은 세금계산서 발급의무가 면제된다.

⑤ 세금계산서를 발급한 세관장은 사업자 규정을 적용하여 매입처별세금계산서 합계표를 사업장 관할 세무서장에게 제출하여야 한다.

04 □□□

「부가가치세법」상 세금계산서 제도에 대한 설명으로 옳은 것은?

① 납세의무자는 사업자등록을 하지 않더라도 세금계산서를 발급할 수 있다.

② 사업자가 자기의 사업과 관련하여 취득한 재화를 자기의 사업을 위하여 직접 사용하는 경우 세금계산서를 발급하여야 한다.

③ 세관장은 수입되는 재화에 대하여 대통령령이 정하는 바에 따라 세금계산서를 수입자에게 발급하여야 한다.

④ 사업자가 재화 또는 용역의 공급시기 도래 전에 세금계산서를 발급하고 그 세금계산서 발급일부터 10일 이내에 대가를 지급받은 경우에는 정당한 세금계산서를 발급한 것으로 본다.

03	세금계산서

(선지분석)

① 수출하는 재화로서 내국신용장 또는 구매확인서에 의해 공급하는 재화, 수출재화임가공용역 등의 경우는 세금계산서 발급의무가 있다.

② 세금계산서의 필요적 기재사항 중 전부 또는 일부가 누락되는 경우에는 세금계산서로서의 효력이 인정되지 않는다.

④ 국내사업장이 없는 비거주자 또는 외국법인이 공급받는 자인 경우에만 선박의 외국항행용역의 세금계산서 발급의무가 면제된다.

⑤ 세금계산서를 발급한 세관장은 사업자 규정을 적용하여 매출처별세금계산서 합계표를 사업장 관할 세무서장에게 제출하여야 한다.

답 ③

04	세금계산서

(선지분석)

① 사업자등록을 하지 않은 납세의무자는 세금계산서를 발급할 수 없다.

② 사업자가 자기의 사업과 관련하여 취득한 재화를 자기의 사업을 위하여 직접 사용하는 경우 세금계산서를 발급하지 않는다.

④ 사업자가 재화 또는 용역의 공급시기 도래 전에 세금계산서를 발급하고 그 세금계산서 발급일부터 7일 이내에 대가를 지급받은 경우에는 정당한 세금계산서를 발급한 것으로 본다.

답 ③

「부가가치세법」상 세금계산서를 교부하지 않는 경우에 세금계산서 불성실가산세를 적용받게 되는 경우로서 옳은 것은?

① 국내에서 국내사업장이 없는 외국법인에게 재화를 공급하고 그 대금은 외화로 직접 송금받아 외국환은행에 매각한 경우(재화는 외국법인이 지정하는 국내사업자에게 인도되고 이는 해당 사업자의 과세사업에 사용)

② 수출업자와 직접 도급계약에 의하여 수출하는 재화의 임가공용역을 공급하는 경우

③ 부동산임대사업자가 수령한 임대보증금에 대한 간주임대료를 계산하는 경우

④ 면세사업자가 면세재화를 과세사업자에게 공급하는 경우

05	세금계산서

수출업자와 직접 도급계약에 의하여 수출하는 재화의 임가공용역을 공급하는 경우는 세금계산서 발급대상에 해당하므로 세금계산서를 발급하지 않으면 세금계산서 불성실가산세를 적용받는다.

답 ②

「부가가치세법」상 위탁매매에 대한 설명으로 옳지 않은 것은?

① 위탁매매 또는 대리인에 의한 매매를 할 때에는 위탁자 또는 본인이 직접 재화를 공급하거나 공급받은 것으로 본다. 다만, 위탁자 또는 본인을 알 수 없는 경우로서 법령이 정하는 경우에는 그러하지 아니한다.

② 위탁매매의 경우에 수탁자가 재화를 인도하는 때에는 수탁자가 수탁자 명의로 세금계산서를 발급한다.

③ 위탁매입의 경우에는 공급자가 위탁자를 공급받는 자로 하여 세금계산서를 발급한다.

④ 대법원 판례에 따르면 「부가가치세법」상 위탁매매에 관한 재화의 공급자 간주규정은 준위탁매매인에 의한 용역의 공급에도 유추적용된다.

06	세금계산서

위탁매매의 경우에 수탁자가 재화를 인도하는 때에는 수탁자가 위탁자 명의로 세금계산서를 발급한다.

답 ②

07 □□□

「부가가치세법」상 세금계산서에 관한 설명으로 옳지 않은 것은?

① 영세율이 적용되는 재화의 공급이 법령에서 정하는 내국신용장에 의한 수출인 경우 세금계산서 발급의무가 면제된다.

② 택시운송 사업자, 노점 또는 행상을 하는 자가 공급하는 재화나 용역의 경우 세금계산서 발급의무가 면제된다.

③ 관할 세관장은 수입되는 재화에 대하여 부가가치세를 징수할 때에는 수입세금계산서를 수입하는 자에게 발급하여야 한다.

④ 수용으로 인하여 재화가 공급되는 경우 해당 사업시행자가 세금계산서를 발급할 수 있다.

08 □□□

「부가가치세법」상 세금계산서의 발급에 관한 설명으로 옳지 않은 것은?

① 거래처별로 1역월의 공급가액을 합계하여 해당 월의 말일자를 작성연월일로 하여 세금계산서를 발급하는 경우에는 해당 재화 또는 용역의 공급일이 속하는 달의 다음 달 10일까지 세금계산서를 발급할 수 있다.

② 재화 또는 용역의 공급시기가 도래하기 전에 세금계산서를 발급하고 그 세금계산서 발급일로부터 7일 이내에 대가를 지급받는 경우에는 적법하게 세금계산서를 발급한 것으로 본다.

③ 세관장은 수입되는 재화에 대해 대통령령이 정하는 바에 따라 세금계산서를 수입업자에게 발급하여야 한다.

④ 관계 증명서류 등에 따라 실제 거래사실이 확인되는 경우로서 해당 거래일자를 작성연월일로 하여 세금계산서를 발급하는 경우에는 해당 재화 또는 용역의 공급일이 속하는 과세기간의 확정신고기한까지 세금계산서를 발급할 수 있다.

07	세금계산서

내국신용장 또는 구매확인서에 의한 수출인 경우에는 영세율 적용대상으로 세금계산서 발급대상에 해당한다.

답 ①

08	세금계산서

관계 증명서류 등에 따라 실제 거래사실이 확인되는 경우로서 해당 거래일자를 작성연월일로 하여 세금계산서를 발급하는 경우에는 해당 재화 또는 용역의 공급일이 속하는 달의 다음 달 10일까지 세금계산서를 발급할 수 있다.

답 ④

09 □□□

---

09 □□□

「부가가치세법」상 세금계산서 발급에 관한 설명으로 옳은 것은 몇 개인가?

> ㄱ. 위탁판매에 의한 판매의 경우에 수탁자가 재화를 인도하는 때에는 수탁자가 세금계산서를 발급하며, 위탁자가 직접 재화를 인도하는 때에는 위탁자가 세금계산서를 발급할 수 있다.
> ㄴ. 수용으로 인하여 재화가 공급되는 경우에는 당해 사업시행자가 세금계산서를 발급할 수 있다.
> ㄷ. 위탁매입에 의한 매입의 경우에는 공급자가 수탁자를 공급받는 자로 하여 세금계산서를 발급한다.
> ㄹ. 소매업의 경우에는 공급받는 자가 세금계산서의 발급을 요구하지 아니하는 경우에는 세금계산서를 발급하지 아니할 수 있다.

① 1개
② 2개
③ 3개
④ 4개

10 □□□

「부가가치세법」상 세금계산서에 대한 설명으로 옳지 않은 것은?

① 전자세금계산서를 발급하였을 때에는 그 발급일의 다음 날까지 전자세금계산서 발급명세를 국세청장에게 전송하여야 하며, 이 경우 해당 전자세금계산서 보존의무는 면제된다.

② 전자세금계산서 발급 의무가 없는 사업자도 전자세금계산서를 발급할 수 있으며, 필요적 기재사항을 착오로 잘못 적은 경우에는 수정전자세금계산서를 발급할 수 있다 (단, 해당 사업자가 과세표준 또는 세액이 경정될 것을 미리 알고 있는 경우는 제외).

③ 관계 증명서류 등에 따라 실제거래사실이 확인되는 경우로서 해당 거래일을 작성연월일로 하여 세금계산서를 발급하는 경우 재화 또는 용역의 공급일이 속하는 달의 다음 달 10일(그 날이 공휴일 또는 토요일인 경우 바로 다음 영업일)까지 세금계산서를 발급할 수 있다.

④ 수탁자가 직접 재화를 인도하는 위탁판매(위탁자를 알 수 없는 경우에 해당하지 않음)의 경우 수탁자가 자신의 명의로 세금계산서를 발급하여야 하며, 이 경우 위탁자의 등록번호를 덧붙여 적어야 한다.

09	세금계산서

옳은 것은 3개(ㄱ, ㄴ, ㄹ)이다.

(선지분석)

ㄷ. 위탁매입의 경우에는 공급자가 위탁자를 공급받는 자로 하여 세금계산서를 발급한다. 이 경우 수탁자의 등록번호를 덧붙여 적어야 한다.

📋 위탁판매와 위탁매입의 세금계산서

위탁판매	⊙ 수탁자(또는 대리인)가 재화를 인도하는 경우: 수탁자(또는 대리인)가 위탁자(또는 본인)의 명의로 세금계산서를 발급하여야 하며, 수탁자(또는 대리인)의 등록번호를 덧붙여야 함. 다만, 위탁자(또는 본인)를 알 수 없는 경우에는 위탁자(또는 본인)는 수탁자(또는 대리인)에게, 수탁자(또는 대리인)는 거래상대방에게 공급한 것으로 보아 세금계산서를 발급함 ⓛ 위탁자(또는 본인)가 직접 재화를 인도하는 경우: 위탁자(또는 본인)가 세금계산서를 발급할 수 있으며, 수탁자(또는 대리인)의 등록번호를 덧붙여야 함
위탁매입	공급자가 위탁자(또는 본인)를 공급받는 자로 하여 세금계산서를 발급하여야 하며, 이 경우에는 수탁자(또는 대리인)의 등록번호를 덧붙여야 함

답 ③

10	세금계산서

수탁자가 직접 재화를 인도하는 위탁판매(위탁자를 알 수 없는 경우에 해당하지 않음)의 경우 수탁자가 위탁자의 명의로 세금계산서를 발급하여야 하며, 이 경우 수탁자의 등록번호를 덧붙여 적어야 한다.

답 ④

11 ☐☐☐

부가가치세법령상 공급할 때 세금계산서 발급의무가 면제되는 재화 또는 용역에 해당하지 않는 것은?

① 미용, 욕탕 및 유사 서비스업을 경영하는 자가 공급하는 재화 또는 용역
② 원료를 대가 없이 국외의 수탁가공 사업자에게 반출하여 가공한 재화를 양도하는 경우에 그 원료의 반출로서 국내 사업장에서 계약과 대가 수령 등 거래가 이루어지는 것
③ 물품 등을 무환(無換)으로 수출하여 해당 물품이 판매된 범위에서 대금을 결제하는 계약에 의한 수출로서 국내 사업장에서 계약과 대가 수령 등 거래가 이루어지는 것
④ 국외에서 공급하는 용역으로서, 공급받는 자가 국내사업장이 없는 비거주자 또는 외국법인인 경우

KEYWORD 39   과세표준

12 ☐☐☐

부가가치세법령상 건축자재 판매업을 영위하는 내국법인 (주)K가 2023년 제1기 부가가치세 확정신고 시 과세표준의 계산 내용으로 옳은 것은? (단, 거래금액은 부가가치세가 포함되지 않은 금액이다)

① 2023년 5월 1일 지방자치단체에 원가 35,000,000원, 시가 43,000,000원인 축제 준비용 건축자재를 38,000,000원에 공급하고 43,000,000원을 과세표준에 포함하였다.
② 2023년 제1기 과세기간 최종 3개월 동안에 마일리지로 결제된 매출액은 15,000,000원으로 이 중 (주)K가 적립해준 마일리지로 결제된 금액은 9,000,000원이고, 나머지는 신용카드사가 고객에게 적립해준 마일리지로 결제받고 추후 보전받는 것이기 때문에 마일리지로 결제된 매출액 중 6,000,000원만을 과세표준에 포함하였다.
③ 2023년 5월 20일 미국의 F사(특수관계인이 아님)와 $80,000의 수출계약을 체결하고 5월 25일 선수금 $20,000을 송금 받아 23,000,000원으로 환전하였고, 6월 1일 수출품 전부를 선적하고 6월 20일 잔금 $60,000을 송금받아 원화로 환가한 수출거래에 대하여 92,600,000원을 과세표준에 포함하였다(기준환율: 5월 20일 1$당 1,100원, 6월 1일 1$당 1,130원, 6월 20일 1$당 1,160원).
④ 2023년 4월 1일 특수관계인인 甲에게 회사의 창고를 임대보증금 없이 월 임대료 600,000원(시가는 1,000,000원)에 1년간 임대하고, 그 대가로 받은 과세기간 최종 3개월의 임대료 1,800,000원을 과세표준에 포함하였다(단, 월 임대료 600,000원은 부당하게 낮은 대가로서 조세의 부담을 부당하게 감소시킬 것으로 인정된다).

11	세금계산서

원료를 대가 없이 국외의 수탁가공 사업자에게 반출하여 가공한 재화를 양도하는 경우에 그 원료의 반출로서 국내 사업장에서 대가 수령 등 거래가 이루어지는 것은 세금계산서를 발급하여야 한다.

답 ②

12	세금계산서

(선지분석)
① 특수관계인이 아닌 지방자치단체에 시가 43,000,000원의 자재를 38,000,000원(저가)에 공급했으므로 거래금액인 38,000,000원을 과세표준으로 한다.
③ 선적일인 6월 1일이 공급시기이므로 공급시기 전에 받은 선수금 23,000,000원은 인정된다. 다만, 공급시기 이후에 받은 $60,000는 공급시기의 환율은 1,130원(6월 1일)을 적용하여 계산해야 한다.
  ※ 과세표준: 23,000,000원 + $60,000 × 1,130원
   = 90,800,000원
④ 특수관계인에 대한 저가 용역공급이므로 시가로 계산해야 한다.
  ※ 과세표준: 1,000,000원 × 3개월 = 3,000,000원

답 ②

13 ☐☐☐

과세사업을 영위하는 (주)한국이 미국에 $20,000의 제품을 수출한 경우, 부가가치세법령상 (주)한국의 2023년 제2기 과세기간의 부가가치세 과세표준은?

- 10월 1일 선수금으로 $10,000를 송금받아 당일에 1$당 1,000원에 환가하였다.
- 10월 15일 수출물품을 선적하였고, 당일의 기준환율은 1$당 1,100원이다.
- 10월 30일 수출대금 잔액 $10,000를 외화로 송금받아 1$당 1,200원에 환가하였다.

① 20,000,000원
② 21,000,000원
③ 22,000,000원
④ 24,000,000원

14 ☐☐☐

다음은 일반과세자인 (주)국세의 2023년 제1기 과세기간의 자료이다. 2023년 제1기 과세기간의 부가가치세 과세표준을 계산하면? (단, 제시된 금액은 부가가치세가 포함되지 않은 금액이다)

- 총매출액: 5천만 원(이 금액에는 환입된 재화의 가액 5백만 원이 포함되어 있음)
- 과세사업에 사용하던 기계장치의 매각금액: 2천만 원(장부가액 1천5백만 원)
- 양도담보의 목적으로 제공한 토지: 3백만 원

① 5천5백만 원
② 6천5백만 원
③ 6천8백만 원
④ 7천만 원

14	과세표준

- 5천만 원 − 5백만 원(환입액) + 2천만 원(매각금액)
  = 6천5백만 원
- 양도담보는 공급에 해당하지 않는다.

📋 **과세표준 계산**

㉠ 공급가액에 포함하는 것
  ⓐ 장기할부판매 또는 할부판매의 경우 이자상당액
  ⓑ 대가의 일부로 받는 운송보험료·산재보험료·운송비·포장비·하역비 등
  ⓒ 개별소비세, 주세, 교통·에너지·환경세가 과세되는 재화 또는 용역에 대해서는 해당 개별소비세, 주세, 교통·에너지·환경세와 그 교육세 및 농어촌특별세

㉡ 공급가액에 포함하지 않는 것
  ⓐ 매출에누리액·매출환입·매출할인액
  ⓑ 공급받는 자에게 도달하기 전에 파손·훼손 또는 멸실된 재화의 가액
  ⓒ 재화 또는 용역의 공급과 직접 관련되지 아니하는 국고보조금과 공공보조금
  ⓓ 공급 대가의 지급이 지연되어 받는 이자로서 연체이자
  ⓔ 반환조건부 용기대금과 포장비용(다만, 반환이 불가능하게 되어 변상금형식으로 변제받는 금액은 과세표준에 포함)
  ⓕ 용역 등의 대가와 구분기재 되는 경우로 봉사료를 당해 종업원에게 지급한 사실이 확인되는 경우 그 종업원의 봉사료 금액(다만, 사업자가 자기의 수입금액으로 봉사료를 계상하는 경우 과세표준에 포함)
  ⓖ 공급받는 자가 부담하는 원자재 등의 가액(재화 또는 용역을 공급하고 그 대가로 원자재 등을 받는 경우는 제외)

㉢ 과세표준에서 공제하지 않는 것
  ⓐ 대손금액(대손세액공제로 매출세액에서 공제함)
  ⓑ 판매장려금(다만, 현물로 지급하는 경우 사업상 증여로 보아 과세표준에 포함)
  ⓒ 하자보증금

답 ②

13	과세표준

$10,000 \times 1,000 + $10,000 \times 1,100 = 21,000,000$원

답 ②

부가가치세법령상 과세표준에 대한 설명으로 옳은 것은? (단, 제시된 금액은 부가가치세가 포함되지 않은 금액임)

① 시가 500원, 원가 450원인 재화를 공급하고 시가 480원인 재화를 대가로 받을 경우 과세표준은 480원이다.

② 특수관계인에게 시가 1,000원인 사업용 부동산 임대용역(「부가가치세법 시행령」에서 제외하는 사업용 부동산 임대용역은 아님)을 무상으로 제공한 경우 용역의 공급으로 보지 않으므로 과세표준은 없다.

③ 사업을 위하여 대가를 받지 않고 다른 사업자에게 인도한 견본품의 시가가 200원, 원가 150원일 경우 과세표준은 150원이다.

④ 재화의 공급에 해당되는 폐업 시 남아 있는 재화(감가상각자산은 아님)의 시가가 1,000원, 원가가 800원일 경우 과세표준은 1,000원이다.

부가가치세법령상 과세표준에 포함되는 공급가액에 대한 설명으로 옳지 않은 것은? (단, 법령에 따른 특수관계인과의 거래가 아니다)

① 사업자가 제품을 10,000,000원에 외상으로 판매하였으나, 그 공급에 대한 대가를 약정기일 전에 받았다는 이유로 500,000원을 할인하여 9,500,000원을 받았다면, 부가가치세 과세표준에 포함되는 공급가액은 9,500,000원이다.

② 사업자가 제품을 10,000,000원에 외상으로 판매하였으나, 제품의 품질이 주문한 수준에 떨어진다는 이유로 1,000,000원을 에누리하여 9,000,000원을 받았다면, 부가가치세 과세표준에 포함되는 공급가액은 9,000,000원이다.

③ 사업자가 「부가가치세법 시행규칙」 제17조에 따른 장기할부판매의 경우로서 기업회계기준에 따라 이자상당액 500,000원을 현재가치할인차금, 10,000,000원을 장기매출채권, 9,500,000원을 매출로 회계처리하였다면, 부가가치세 과세표준에 포함되는 공급가액은 9,500,000원이다.

④ 사업자가 취득 후 40개월 사용한 차량 A(취득원가 20,000,000원, 장부가액 14,000,000원, 시가 10,000,000원)를 유사차량 B(시가 12,000,000원)와 교환한 경우에는 부가가치세 과세표준에 포함되는 차량 A의 공급가액은 10,000,000원이다.

15	과세표준

(선지분석)

① 공급한 시가인 500원을 과세표준으로 한다.

② 특수관계인에 대한 사업용부동산의 무상임대는 공급한 시가를 과세표준으로 한다.

③ 무상견본품은 공급에 해당하지 않는다.

답 ④

16	과세표준

장기할부의 경우 할부이자를 과세표준에 포함하므로 500,000원을 가산한 10,000,000원을 공급가액으로 한다.

답 ③

17 □□□

「부가가치세법」상 일반과세자의 과세표준으로 보는 공급가액에 대한 설명으로 옳지 않은 것은?

① 자기가 공급한 재화에 대해 금전 외의 대가를 받는 경우에는 부가가치세를 포함한 그 대가를 공급가액으로 한다.
② 폐업하는 경우에는 폐업시 남아있는 재화의 시가를 공급가액으로 한다.
③ 완성도기준지급조건부로 재화를 공급하는 경우에는 계약에 따라 받기로 한 대가의 각 부분을 공급가액으로 한다.
④ 조세의 부담을 부당하게 감소시킬 것으로 인정되는 경우로서 특수관계인에게 아무런 대가를 받지 아니하고 재화를 공급하는 경우에는 공급한 재화의 시가를 공급가액으로 본다.

18 □□□

부가가치세법령상 공급가액에 대한 설명으로 옳은 것만을 모두 고르면? (단, 특수관계인과의 거래는 아닌 것으로 가정함)

> ㄱ. 개별소비세, 주세 및 교통·에너지·환경세가 부과되는 재화는 개별소비세, 주세 및 교통·에너지·환경세의 과세표준에 해당 개별소비세, 주세, 교육세, 농어촌특별세 및 교통·에너지·환경세 상당액을 공제한 금액을 공급가액으로 한다.
> ㄴ. 기부채납의 경우에는 해당 기부채납의 근거가 되는 법률에 따라 기부채납된 가액으로 하되, 기부채납된 가액에 부가가치세가 포함된 경우 그 부가가치세는 제외한다.
> ㄷ. 재화나 용역을 공급할 때 그 품질이나 수량, 인도조건 또는 공급대가의 결제방법이나 그 밖의 공급조건에 따라 통상의 대가에서 일정액을 직접 깎아 주는 금액은 공급가액에 포함하지 아니한다.
> ㄹ. 사업자가 재화 또는 용역을 공급하고 그 대가로 받은 금액에 부가가치세가 포함되어 있는지가 분명하지 아니한 경우에는 그 대가로 받은 금액을 공급가액으로 한다.

① ㄱ, ㄴ
② ㄴ, ㄷ
③ ㄱ, ㄷ, ㄹ
④ ㄴ, ㄷ, ㄹ

17	과세표준

자기가 공급한 재화에 대해 금전 외의 대가를 받는 경우에는 자기가 공급한 재화 또는 용역의 시가를 과세표준으로 한다.

📄 **과세표준**

㉠ 부가가치세의 과세표준은 해당 과세기간에 공급한 재화 또는 용역의 공급가액을 합한 금액으로 한다.
㉡ 공급가액은 다음의 금액을 말한다.
  ⓐ 금전으로 대가를 받는 경우: 그 대가
  ⓑ 금전 외의 대가를 받는 경우: 자기가 공급한 재화 또는 용역의 시가
  ⓒ 재화의 공급에 대하여 부당하게 낮은 대가를 받거나 대가를 받지 아니하는 경우: 자기가 공급한 재화의 시가
  ⓓ 용역의 공급에 대하여 부당하게 낮은 대가를 받은 경우: 자기가 공급한 용역의 시가(용역의 무상공급은 특수관계인에게 사업용부동산임대용역을 공급한 경우에 한하여 공급한 용역의 시가를 공급가액으로 함)
  ⓔ 폐업하는 경우: 재고재화의 시가

답 ①

18	과세표준

ㄴ, ㄷ이 옳은 설명이다.

(선지분석)

ㄱ. 개별소비세, 주세 및 교통·에너지·환경세가 부과되는 재화는 개별소비세, 주세 및 교통·에너지·환경세의 과세표준에 해당 개별소비세, 주세, 교육세, 농어촌특별세 및 교통·에너지·환경세 상당액을 포함한 금액을 공급가액으로 한다.
ㄹ. 사업자가 재화 또는 용역을 공급하고 그 대가로 받은 금액에 부가가치세가 포함되어 있는지가 분명하지 아니한 경우에는 받은 대가의 100/110을 공급가액으로 한다.

답 ②

「부가가치세법」상 일반과세자의 과세표준에 대한 설명으로 옳지 않은 것은?

① 사업자가 재화 또는 용역을 공급하고 그 대가로 받은 금액에 부가가치세가 포함되어 있는지가 분명하지 아니한 경우에는 그 대가로 받은 금액에 110분의 100을 곱한 금액을 공급가액으로 한다.

② 재화의 수입에 대한 과세표준은 그 재화에 대한 관세의 과세가격과 관세, 개별소비세, 주세, 교육세, 농어촌특별세 및 교통·에너지·환경세를 합한 금액으로 한다.

③ 사업자가 고객에게 매출액의 일정 비율에 해당하는 마일리지를 적립해 주고, 향후 그 고객이 재화를 공급받고 그 대가의 일부 또는 전부를 적립된 마일리지로 결제하는 경우 해당 마일리지 상당액은 공급가액에 포함한다.

④ 재화공급의 대가로 외국통화를 받고 이를 법률에 따른 재화의 공급시기가 되기 전에 원화로 환가한 경우에는 환가한 금액을 공급가액으로 한다.

「부가가치세법」상 과세표준에 관한 설명으로 옳지 않은 것은?

① 재화의 수입에 대한 부가가치세 공급가액은 그 재화에 대한 관세의 과세가격과 관세, 개별소비세, 주세, 교육세, 농어촌특별세 및 교통·에너지·환경세를 합한 금액으로 한다.

② 사업자가 재화 또는 용역을 공급받는 자에게 지급하는 장려금이나 이와 유사한 금액 및 대손금액은 과세표준에서 공제하지 아니한다.

③ 재화 또는 용역의 공급과 관련하여 금전 외의 대가를 받는 경우에는 해당 대가의 시가를 공급가액으로 한다.

④ 장기할부판매의 경우에는 계약에 따라 받기로 한 대가의 각 부분을 공급가액으로 한다.

19	과세표준

사업자가 고객에게 매출액의 일정 비율에 해당하는 마일리지를 적립해 주고, 향후 그 고객이 재화를 공급받고 그 대가의 일부 또는 전부를 적립된 마일리지로 결제하는 경우 해당 마일리지 상당액은 공급가액에 포함하지 않는다.

📄 **마일리지**

자기적립 마일리지	자기적립마일리지 등으로 결제받은 금액은 공급가액에서 제외
자기적립 마일리지 외 과세표준	다음의 금액을 합한 금액을 과세표준으로 함 ㉠ 마일리지 등 외의 수단으로 결제받은 금액 ㉡ 자기적립마일리지 등 외의 마일리지 등으로 결제받은 부분에 대하여 재화 또는 용역을 공급받는 자 외의 자로부터 보전(補塡)받았거나 보전받을 금액

답 ③

20	과세표준

재화 또는 용역의 공급과 관련하여 금전 외의 대가를 받는 경우에는 자기가 공급한 재화 또는 용역의 시가를 공급가액으로 한다.

📄 **재화수입**

수입과세표준	관세의 과세가격 + 관세 + 개별소비세, 주세, 교통·에너지·환경세 + 교육세, 농어촌특별세
보세구역거래	㉠ 세관장 과세표준: 수입과세표준 ㉡ 공급자 과세표준(보세구역내 사업자가 보세구역 외 다른 사업자에게 공급하는 경우)*: 공급가액 − 수입과세표준 * 세관장이 부가가치세를 징수하기 전에 같은 재화에 대한 선하증권이 양도되는 경우에는 선하증권의 양수인으로부터 받은 대가를 공급가액으로 할 수 있음

답 ③

「부가가치세법」상 과세표준에 대한 설명으로 옳지 않은 것은?
(단, 부가가치세는 포함되지 않는다)

① 용역의 공급에 대하여 금전으로 대가를 받는 경우에는 그 대가
② 용역의 공급에 대하여 금전 이외의 대가를 받는 경우에는 자기가 공급한 용역의 시가
③ 폐업하는 경우 재고재화에 대하여는 그 재화의 시가
④ 용역의 공급에 대하여 특수관계인에게 부당하게 낮은 대가를 받은 경우에는 그 대가

「부가가치세법」상 과세표준에 대한 설명으로 옳은 것만으로 묶인 것은?

> ㄱ. 사업자가 2과세기간 이상에 걸쳐 부동산임대용역을 공급하고 그 대가를 선불 또는 후불로 받은 경우에는 그 선불 또는 후불로 받은 금액을 공급가액으로 한다.
> ㄴ. 과세사업과 면세사업에 공통으로 사용되는 재화를 공급하는 경우에는 재화를 공급하는 날이 속하는 과세기간의 총공급가액 중 면세공급가액의 비율이 5% 미만인 경우 당해 재화의 공급가액을 과세표준으로 한다.
> ㄷ. 「대외무역법」에 의한 위탁가공무역방식으로 수출하는 경우에는 완성된 제품의 인도가액을 공급가액으로 한다.
> ㄹ. 계약 등에 의하여 확정된 대가의 지급지연으로 인하여 지급받은 연체이자는 과세표준에서 공제하지 아니한다.

① ㄷ
② ㄱ, ㄴ
③ ㄴ, ㄷ
④ ㄴ, ㄹ

21	과세표준

용역의 공급에 대하여 부당하게 낮은 대가를 받은 경우에는 시가를 공급가액으로 한다.

답 ④

22	과세표준

ㄷ이 옳은 설명이다.

(선지분석)
ㄱ. 사업자가 2과세기간 이상에 걸쳐 부동산임대업을 공급하고 그 대가를 선불 또는 후불로 받은 경우에는 해당 금액을 계약기간의 월수로 나눈 금액의 각 과세대상기간의 합계액을 공급가액으로 한다.
ㄴ. 과세사업과 면세사업에 공통으로 사용되는 재화를 공급하는 경우에는 재화를 공급하는 날이 속하는 과세기간의 직전과세기간의 총공급가액 중 면세공급가액의 비율이 5% 미만인 경우 당해 재화의 공급가액을 과세표준으로 한다. 단, 해당 재화의 공급가액이 5천만 원 이상인 경우는 제외한다.
ㄹ. 계약 등에 의하여 확정된 대가의 지급지연으로 인하여 지급받은 연체이자는 과세표준에 포함하지 아니한다.

답 ①

23 □□□

부가가치세 과세표준의 계산에 관한 설명으로 옳지 않은 것은? (단, 모든 거래는 과세거래로 가정함)

① 종업원에게 장부가액 1,200,000원, 시가 1,600,000원의 상품을 무상 제공한 경우 공급가액은 1,600,000원이다.
② 당해 과세기간 중에 매월 3,000,000원씩 24개월 동안 지급받는 조건의 장기할부매출에서 할부매출 후 4개월이 경과되었으나 대금은 8,000,000원만 수령한 경우 공급가액은 12,000,000원이다.
③ 당해 과세기간 중에 이루어진 공급가액 43,000,000원의 매출 중에서 매출환입 3,000,000원과 매출에누리 2,000,000원이 있는 경우 공급가액은 38,000,000원이다.
④ 장부가액 6,000,000원, 시가 7,200,000원의 보유한 재고자산을 거래처의 장부가액 4,000,000원, 감정가액 7,000,000원인 기계설비와 교환한 경우 공급가액은 7,000,000원이다.

23	과세표준

거래상대자로부터 금전 이외의 대가를 받는 경우 자기가 공급한 재화 또는 용역의 시가를 공급가액이 되므로 자기가 공급한 재고자산의 시가인 7,200,000원이 된다.

답 ④

24 □□□

「부가가치세법」상 과세표준에 관한 설명으로 옳지 않은 것은?

① 환입된 재화의 가액은 과세표준에 포함하지 않는다.
② 할부판매의 이자상당액은 과세표준에 포함하지 않는다.
③ 재화 또는 용역을 공급한 후의 그 공급가액에 대한 대손금은 과세표준에서 공제하지 않는다.
④ 재화의 수입에 대한 부가가치세의 과세표준은 관세의 과세가격, 관세, 개별소비세·주세·교육세·농어촌특별세 및 교통·에너지·환경세를 합한 금액으로 한다.

24	과세표준

할부판매의 이자상당액은 과세표준에 포함한다.

📑 **과세표준**

㉠ 과세표준에 포함되는 것: 거래상대방으로부터 받는 대금·요금·수수료, 기타 명목여하에 불구하고 실질적 대가관계에 있는 모든 금전적 가치를 포함한다.
  ⓐ 장기할부판매 또는 할부판매의 경우 이자상당액
  ⓑ 대가의 일부로 받는 운송보험료·산재보험료·운송비·포장비·하역비 등
  ⓒ 개별소비세, 주세, 교통·에너지·환경세가 과세되는 재화 또는 용역에 대해서는 해당 개별소비세, 주세, 교통·에너지·환경세와 그 교육세 및 농어촌특별세
㉡ 과세표준에 포함되지 않는 것
  ⓐ 매출에누리액·매출환입·매출할인액
  ⓑ 공급받는 자에게 도달하기 전에 파손·훼손 또는 멸실된 재화의 가액
  ⓒ 재화 또는 용역의 공급과 직접 관련되지 아니하는 국고보조금과 공공보조금
  ⓓ 공급대가의 지급이 지연되어 받는 이자로서 연체이자
  ⓔ 반환조건부 용기대금과 포장비용. 다만, 반환이 불가능하게 되어 변상금형식으로 변제받는 금액은 과세표준에 포함
  ⓕ 용역 등의 대가와 구분기재 되는 경우로 봉사료를 당해 종업원에게 지급한 사실이 확인되는 경우 그 종업원의 봉사료 금액. 다만, 사업자가 자기의 수입금액으로 봉사료를 계상하는 경우 과세표준에 포함
  ⓖ 공급받는 자가 부담하는 원자재 등의 가액
㉢ 과세표준에서 공제하지 않는 것
  ⓐ 대손금: 과세표준에서 공제하지 않고 대손세액공제를 통하여 매출세액에서 공제
  ⓑ 판매장려금: 현금으로 지급하는 경우에는 과세표준에서 공제하지 않음. 다만, 현물로 지급하는 경우 사업상 증여로 보아 과세표준에 포함
  ⓒ 하자보증금: 예치금에 불과하므로 과세표준에서 공제하지 않음

답 ②

「부가가치세법」상 과세표준에 관한 설명으로 옳지 않은 것은?

① 사업자가 토지와 그 토지에 정착된 건물 및 그 밖의 구축물을 함께 공급하는 경우에 그 공급가액은 실지거래가액이 있는 경우 이에 의한다.

② 기부채납의 경우에는 당해 기부채납의 근거가 되는 법률에 의해 기부채납된 가액(부가가치세가 포함된 경우 이를 제외)을 공급가액으로 한다.

③ 사업자가 중간지급조건부로 재화를 공급하고 계약에 따라 대가의 각 부분을 받을 때 하자보증을 위해 공급받는 자에게 보관시키는 하자보증금은 과세표준에서 공제한다.

④ 과세사업에 공한 건물을 면세사업에 일부 사용하는 경우 면세사업에 일부 사용한 날이 속한 과세기간의 면세공급가액이 총공급가액의 5% 미만인 경우 공급가액이 없는 것으로 본다.

부가가치세의 과세표준 계산에 관한 설명으로 옳지 않은 것은?

① 사업자가 재화를 공급한 후의 그 공급가액에 대한 장려금은 과세표준에서 공제한다.

② 사업자가 그와 법령에서 정하는 특수관계 있는 자에게 부당하게 낮은 대가를 받고 재화를 공급한 경우에는 공급한 재화의 시가가 부가가치세 공급가액이 된다.

③ 사업자가 재화를 공급하고 거래상대방으로부터 대가의 일부로 받은 보험료 및 운송비·포장비·하역비 등은 부가가치세 과세표준에 포함된다.

④ 재화의 수입에 대한 부가가치세의 공급가액은 관세의 과세가격과 관세·개별소비세·주세·교육세·농어촌특별세 및 교통·에너지·환경세의 합계액으로 한다.

25	과세표준

사업자가 중간지급조건부로 재화를 공급하고 계약에 따라 대가의 각 부분을 받을 때 하자보증을 위해 공급받는 자에게 보관시키는 하자보증금은 과세표준에서 공제하지 아니한다.

답 ③

26	과세표준

대손금, 거래상대방에게 지급한 장려금, 하자보증금은 금액은 과세표준에서 공제하지 않는다.

답 ①

27 □□□

부가가치세의 과세표준과 세액의 계산에 대한 설명으로 옳지 않은 것은?

① 재화 또는 용역을 공급한 후의 그 공급가액에 대한 대손금, 장려금과 이와 유사한 금액은 부가가치세의 과세표준에서 공제한다.

② 영업용이 아닌 개별소비세 과세대상 자동차의 구입과 유지에 관한 매입세액은 매출세액에서 공제하지 아니한다.

③ 용역의 공급에 대하여 부당하게 낮은 대가를 받는 경우에는 자기가 공급한 용역의 시가를 부가가치세의 과세표준으로 한다.

④ 간이과세자가 일반과세자로 변경되는 경우에는 당해 변경 당시의 재고품·건설 중인 자산 및 감가상각자산에 대하여 일정한 방식에 따라 계산한 금액을 부가가치세의 매입세액으로서 공제할 수 있다.

28 □□□

다음은 과세사업자인 (주)B의 2023년 제1기 부가가치세 신고자료이다. 2023년 제1기 과세기간의 부가가치세 과세표준은? (단, 제시된 금액은 부가가치세가 포함되지 않은 금액이다)

- 과세재화의 외상판매액: 20,000,000원
  (매출에누리 1,000,000원이 차감되지 않은 금액)
- 거래처로부터 받은 판매장려금: 500,000원
- 사업을 위하여 대가를 받지 아니하고 다른 사업자에게 인도한 견본품(원가): 2,000,000원(시가 2,500,000원)
- 업무용 소형승용차(매입세액을 공제받지 못함)매각액: 1,500,000원(장부가액 1,000,000원)
- 과세재화의 할부판매액: 10,000,000원
  (2023년 1월 31일에 제품을 인도하고, 대금은 2023년 1월 31일부터 10회로 분할하여 매월 말일에 1,000,000원씩 받기로 함)

① 26,500,000원
② 29,000,000원
③ 30,500,000원
④ 33,000,000원

27	과세표준

재화 또는 용역을 공급한 후의 그 공급가액에 대한 대손금, 장려금과 이와 유사한 금액은 부가가치세의 과세표준에서 공제하지 않는다.

답 ①

28	과세표준

- 외상판매액: 20,000,000 − 1,000,000 = 19,000,000원
- 거래처로부터 받은 판매장려금: 0원(과세표준에 해당하지 않음)
- 견본품: 0원(공급에 해당하지 않음)
- 소형승용차 매각액: 1,500,000원(실질공급에 해당하므로 과세표준에 포함함)
- 할부판매액: 10,000,000원(일반할부에 해당하므로 판매 총액을 과세표준에 포함함)
※ 합계: 30,500,000원

답 ③

29 □□□

다음은 도매업을 영위하는 일반과세자인 甲의 2023년 제1기 과세기간 동안 해당 사업에서 발생한 수입내역이다. 2023년 제1기 과세기간의 부가가치세 과세표준을 계산한 것은? (단, 제시된 금액은 부가가치세액이 포함되지 아니한 금액임)

- 매출액은 50,000,000원이며, 매출에누리 1,000,000원이 차감된 금액임
- 위 매출액에는 공급에 대한 대가의 지급이 지체되었음을 이유로 받은 연체이자 500,000원이 포함되어 있음
- 위 매출세액에는 공급받는 자에게 도달하기 전에 멸실한 재화의 가액 2,000,000원이 포함되어 있음
- 위 매출액 중 600,000원은 외상 매출한 것으로서 거래처가 파산하여 매출채권을 회수하지 못하였음

① 46,900,000원
② 47,500,000원
③ 47,900,000원
④ 48,500,000원

30 □□□

부가가치세법령상 과세표준과 관련된 설명으로 옳은 것은?

① 「부가가치세법」상 대손금액은 과세표준에서 공제한다.
② 공급에 대한 대가의 지급이 지체되었음을 이유로 받는 연체이자는 공급가액에 포함한다.
③ 통상적으로 용기 또는 포장을 해당 사업자에게 반환할 것을 조건으로 그 용기대금과 포장비용을 공제한 금액으로 공급하는 경우에는 그 용기대금과 포장비용은 공급가액에 포함하지 아니한다.
④ 사업자가 재화를 공급받는 자에게 지급하는 장려금은 과세표준에서 공제한다.

29	과세표준

- 매출액에서 매출에누리를 차감했으므로 매출액은 전액 과세표준에 해당된다.
- 연체이자는 과세표준에 포함하지 않으므로 과세표준에서 차감한다.
- 공급받는 자에게 도달하기 전에 멸실된 재화이므로 과세표준에 포함하지 않는다.
- 대손사유가 발생하면 대손세액공제대상이므로 과세표준에서는 공제하지 않는다.
※ 50,000,000 − 500,000 − 2,000,000 = 47,500,000원

답 ②

30	과세표준

선지분석

① 대손금액은 과세표준에서 공제하지 않는다.
② 연체이자는 공급가액에 포함하지 않는다.
④ 사업자가 지급하는 장려금은 과세표준에서 공제하지 않는다.

답 ③

31 □□□

다음 자료를 이용할 경우, 부가가치세법령상 2023년 제2기 과세표준에 포함되는 금액은?

구분	금액	인도 시점	대가 수취 시점
전력을 계속적으로 공급	5,000,000원	2023년 6월 25일	2023년 7월 25일
재화의 외상판매	3,000,000원	2023년 6월 25일	2023년 7월 25일
기획재정부령으로 정하는 장기할부판매	4,000,000원	2023년 7월 25일	2024년 7월 25일
재화의 공급시기가 되기 전에 재화의 대가 전부를 받고 즉시 세금계산서를 발급	6,000,000원	2023년 7월 25일	2023년 6월 25일

※ 장기할부판매는 매년 동일한 시점(5년간)에 대가를 수취하고 있음
※ 대가(의 각 부분)를 받기로 한 때와 대가 수취 시점은 동일하며, 제시된 금액은 부가가치세가 포함되지 않은 금액임

① 5,000,000원
② 7,000,000원
③ 9,000,000원
④ 11,000,000원

31	과세표준

- 계속적 공급: 대가를 받기로 한 때 2023년 2기 귀속 5,000,000원
- 외상판매: 인도일 2023년 1기 귀속
- 장기할부판매: 대가를 받기로 한 때 2024년 2기 귀속
- 선발급 세금계산서: 세금계산서 발급한 때 2023년 1기 귀속

답 ①

32 □□□

「부가가치세법」상 대손세액공제에 대한 설명으로 옳지 않은 것은?

① 거래상대방 사업자의 부도, 파산 등의 대손사유로 인하여 재화 또는 용역에 대한 외상매출금, 기타 채권의 전부 또는 일부를 회수할 수 없는 경우에 대손세액공제가 적용 가능하다.
② 대손세액공제를 받기 위해서는 부가가치세가 과세되는 재화 또는 용역을 공급한 후 그 공급일로부터 10년이 지난 날이 속하는 과세기간에 대한 확정신고기한까지 대손세액공제 요건이 확정되어야 한다.
③ 대손세액은 부가가치세를 포함한 대손금액의 110분의 10으로 한다.
④ 공급하는 자의 경우에는 대손이 확정된 날이 속하는 과세기간의 확정신고시 대손세액을 매입세액에 가산한다.

32	대손세액공제

공급하는 자의 경우에는 대손이 확정된 날이 속하는 과세기간의 확정신고시 대손세액을 매출세액에서 차감한다.

📄 대손세액공제

㉠ 공급하는 사업자

대손이 확정된 경우	대손이 확정된 날이 속하는 과세기간의 매출세액에서 뺄 수 있음
대손금을 회수한 경우	사업자가 대손되어 회수할 수 없는 금액의 전부 또는 일부를 회수한 경우에는 대손금을 회수한 날이 속하는 과세기간의 매출세액에 더함

㉡ 공급받은 사업자

대손이 확정된 경우	ⓐ 공급받은 사업자가 대손세액의 전부 또는 일부를 매입세액으로 공제받은 경우로서 공급자의 대손이 그 공급을 받은 사업자가 폐업하기 전에 확정되는 경우에는 관련 대손세액에 해당하는 금액을 대손이 확정된 날이 속하는 과세기간의 매입세액에서 뺌 ⓑ 다만, 그 사업자가 대손세액을 차감하지 않은 경우에는 공급을 받은 자의 관할 세무서장이 결정 또는 경정하여야 함. 단, 이 경우에는 무신고가산세, 과소신고·초과환급신고가산세, 납부지연가산세를 적용하지 않음
대손금을 변제한 경우	매입세액을 차감한(관할 세무서장이 결정 또는 경정한 경우를 포함) 해당 사업자가 대손금액의 전부 또는 일부를 변제한 경우에는 변제한 대손금액에 관련된 대손세액을 변제한 날이 속하는 과세기간의 매입세액에 더함

답 ④

33 □□□

「부가가치세법」상 대손세액공제제도에 관한 설명으로 옳지 않은 것은?

① 공제되는 대손세액은 대손금액에 110분의 10을 곱한 금액이다.

② 대손세액공제의 범위는 사업자가 부가가치세가 과세되는 재화 또는 용역을 공급한 후 그 공급일로부터 10년이 지난 날이 속하는 과세기간에 대한 확정신고기한까지 법정사유로 인하여 확정되는 대손세액으로 한다.

③ 사업자가 대손금액의 전부 또는 일부를 회수한 경우에는 회수한 대손금액에 관련된 대손세액을 회수한 날이 속하는 과세기간의 매출세액에 가산한다.

④ 재화 또는 용역을 공급받은 사업자가 대손세액의 전부 또는 일부를 법의 규정에 의하여 매입세액으로 공제받은 경우로서 공급자의 대손이 당해 공급을 받은 사업자의 폐업 전에 확정되는 때에는 관련 대손세액 상당액을 대손이 확정된 날이 속하는 과세기간의 매입세액에 가산한다.

34 □□□

「부가가치세법」상 일반과세사업자인 홍길동이 2023년 제1기에 거래처에 외상으로 재화를 공급하고 이를 과세표준에 포함하여 적절하게 신고하였는데, 거래처 파산으로 인하여 2023년 제2기에 매출채권이 회수불능으로 확정되었다. 거래처 파산으로 인한 대손발생이 2023년 제2기 부가가치세 확정신고 시 과세표준과 납부세액에 미치는 영향으로 옳은 것은? (단, 대손과 관련된 모든 요건은 충족되었다고 가정함)

① 과세표준에는 영향이 없지만 납부세액은 감소한다.

② 과세표준과 납부세액을 모두 감소시킨다.

③ 과세표준과 납부세액에는 모두 영향이 없다.

④ 과세표준을 감소시키지만 납부세액에는 영향이 없다.

33	대손세액공제

재화 또는 용역을 공급받은 사업자가 대손세액의 전부 또는 일부를 법의 규정에 의하여 매입세액으로 공제받은 경우로서 공급자의 대손이 당해 공급을 받은 사업자의 폐업 전에 확정되는 때에는 관련 대손세액 상당액을 대손이 확정된 날이 속하는 과세기간의 매입세액에서 차감한다.

답 ④

34	대손세액공제

대손금은 과세표준에서 공제하지 않으나, 대손세액은 대손이 확정된 과세기간의 매출세액에서 차감한다. 따라서 과세표준에는 영향이 없으나 납부세액은 감소한다.

답 ①

「부가가치세법」상 대손세액공제에 대한 설명으로 옳지 않은 것은? (단, 폐업은 고려하지 않기로 한다)

① 재화 또는 용역의 공급자가 대손세액을 매출세액에서 차감한 경우 공급자의 관할 세무서장은 대손세액공제 사실을 공급받은 자의 관할 세무서장에게 통지하여야 한다.

② 대손세액공제를 받은 사업자가 그 대손금액의 전부 또는 일부를 회수한 경우에는 회수한 대손금액에 관련된 대손세액을 회수한 날이 속하는 과세기간의 매출세액에 더한다.

③ 대손세액공제를 적용받고자 하는 사업자는 대손사실을 증명하는 서류와 함께 해당 신고서를 예정신고 또는 확정신고시 세무서장에게 제출(국세정보통신망에 의한 제출을 포함)하여야 한다.

④ 법에 따른 부도, 파산 등 사유로 대손금으로 인정되는 경우 대손세액공제를 적용받을 수 있다.

35	대손세액공제

대손세액공제는 확정신고시에만 적용되므로 예정신고시에는 공제받을 수 없다.

답 ③

05 차가감납부세액 및 납세절차

KEYWORD 41 매입세액공제

01 ☐☐☐
2014년 9급

「부가가치세법」상 매입세액공제에 대한 설명으로 옳지 않은 것은?

① 사업자가 면세농산물 등을 원재료로 하여 제조 · 가공한 재화 또는 창출한 용역의 공급에 대하여 부가가치세가 과세되는 경우(법에 따라 면세를 포기하고 영세율을 적용받는 경우에는 제외한다) 면세농산물 등을 공급받거나 수입할 때 매입세액이 있는 것으로 보아 공제할 수 있다.

② 토지의 가치를 현실적으로 증가시켜 토지의 취득원가를 구성하는 비용에 관련된 매입세액은 매출세액에서 공제하지 아니한다.

③ 재화의 공급시기 이후 해당 공급시기가 속하는 과세기간의 확정신고기한까지 세금계산서를 발급받았다 하더라도 세금계산서는 공급시기에 발급받아야 하므로 매입세액공제를 받을 수 없다.

④ 사업자등록을 신청하기 전이라도 공급시기가 속하는 과세기간이 끝난 후 20일 이내에 등록을 신청한 경우 등록신청일부터 공급시기가 속하는 과세기간 기산일까지 역산한 기간 이내의 매입세액은 매출세액에서 공제한다.

02 ☐☐☐
2014년 9급

「부가가치세법」상 예정 또는 확정신고시에 공제받지 못한 의제매입세액을 공제받기 위하여 서류를 제출하는 경우에 해당하는 것만을 모두 고르면?

> ㄱ. 해당 서류를 경정청구서와 함께 제출하여 경정기관이 경정하는 경우
> ㄴ. 해당 서류와 함께 신용카드매출전표 등 수령명세서를 경정기관의 확인을 거쳐 정부에 제출하는 경우
> ㄷ. 해당 서류를 기한후 과세표준신고서와 함께 제출하여 관할 세무서장이 결정하는 경우
> ㄹ. 해당 서류를 과세표준수정신고서와 함께 제출하는 경우

① ㄱ, ㄷ
② ㄴ, ㄷ
③ ㄱ, ㄴ, ㄹ
④ ㄱ, ㄴ, ㄷ, ㄹ

---

01 | 매입세액공제

재화의 공급시기 이후 해당 공급시기가 속하는 과세기간의 확정신고기한까지 세금계산서를 발급받은 경우에는 매입세액공제를 받을 수 있다.

답 ③

02 | 매입세액공제

ㄱ, ㄴ, ㄷ, ㄹ이 서류를 제출하는 경우에 해당한다.
의제매입세액공제의 증명서류는 예정신고 또는 확정신고와 함께 제출해야 한다. 다만, 수정신고, 경정 등의 청구 및 기한후신고와 함께 제출하거나 경정기관의 확인을 거쳐 제출하는 경우에도 의제매입세액공제를 적용한다.

답 ④

부가가치세법령상 매입세액공제에 대한 설명으로 옳지 않은 것은?

① 세금계산서의 필요적 기재사항 중 일부가 착오로 사실과 다르게 적혔으나 그 세금계산서에 적힌 나머지 필요적 기재사항 또는 임의적 기재사항으로 보아 거래사실이 확인되는 경우의 매입세액은 매출세액에서 공제한다.

② 재화를 공급받고 실제로 그 재화를 공급한 사업장이 아닌 사업장을 적은 세금계산서를 발급받은 경우 그 사업장이 사업자단위 과세 사업자에 해당하는 사업장인 경우로서 그 재화를 실제로 공급한 사업자가 부가가치세 확정신고를 통하여 해당 과세기간에 대한 납부세액을 신고하고 납부하였다면 그 매입세액은 매출세액에서 공제한다.

③ 토지의 조성 등을 위한 자본적 지출에 관련된 것으로서 토지의 가치를 현실적으로 증가시켜 토지의 취득원가를 구성하는 비용에 관련된 매입세액은 매출세액에서 공제하지 아니한다.

④ 「부가가치세법」 제8조에 따른 사업자등록을 신청하기 전의 매입세액은 그 공급시기가 속하는 과세기간이 끝난 후 30일 이내에 등록을 신청한 경우에는 해당 세액을 매출세액에서 공제할 수 있다.

03	매입세액공제

「부가가치세법」 제8조에 따른 사업자등록을 신청하기 전의 매입세액은 그 공급시기가 속하는 과세기간이 끝난 후 20일 이내에 등록을 신청한 경우에는 해당 세액을 매출세액에서 공제할 수 있다.

답 ④

「부가가치세법」상 납부세액에 관한 설명으로 옳은 것은?

① 자기의 사업과 관련하여 생산한 재화를 국가에 무상으로 공급하는 경우 당해 재화의 매입세액은 매출세액에서 공제하지 아니한다.

② 면세사업에 사용한 건물을 과세사업과 면세사업에 공통으로 사용하는 때에 그 과세사업에 사용한 날이 속하는 과세기간의 과세공급가액이 총공급가액의 5% 미만인 경우 공제세액이 없는 것으로 본다.

③ 부도발생일이 2023년 1월 10일인 어음상의 채권에 대한 대손세액은 2023년 제1기 과세기간의 매출세액에서 공제받을 수 있다.

④ 대손세액공제의 범위는 사업자가 부가가치세가 과세되는 재화 또는 용역을 공급한 후 그 공급일로부터 10년이 지난 날이 속하는 과세기간 말까지 법령이 정하는 사유로 인하여 확정되는 대손세액만으로 한다.

04	매입세액공제

선지분석

① 자기의 사업과 관련하여 생산한 재화를 국가에 무상으로 공급하는 경우 당해 재화의 매입세액은 공제한다. 매출세액을 면세하는 것이지 매입세액을 불공제하는 것은 아니다.

③ 부도발생일로부터 6개월 이상이 지나야 하므로 2023년 1월 10일인 어음상의 채권에 대한 대손세액은 2023년 제2기 과세기간의 매출세액에서 공제받을 수 있다.

④ 대손세액공제의 범위는 사업자가 부가가치세가 과세되는 재화 또는 용역을 공급한 후 그 공급일로부터 10년이 지난 날이 속하는 과세기간에 대한 확정신고기한까지 법령이 정하는 사유로 인하여 확정되는 대손세액만으로 한다.

답 ②

---

05 ☐☐☐

소매업을 영위하는 (주)한국은 과세사업과 면세사업을 겸영하고 있다. 2023년 제1기 과세 및 면세사업의 공급가액과 매입세액이 다음과 같을 때, 확정신고 시 공제받을 수 없는 매입세액은? (단, 모든 거래에 대한 세금계산서 및 계산서는 적법하게 발급받았으며, 주어진 자료 이외의 다른 사항은 고려하지 않는다)

(단위: 만 원)

구분	공급가액	매입세액
과세사업	300	25
면세사업	200	10
과세·면세공통(실지귀속 불분명)	–	20
합계	500	55

① 8만 원
② 10만 원
③ 18만 원
④ 30만 원

06 ☐☐☐

「부가가치세법」상 제조업을 영위하는 일반과세자 (주)E의 2023년 제1기 부가가치세 과세기간 중의 거래내역이다. 2023년 제1기 부가가치세 납부세액을 계산할 때 공제가능한 매입세액 총액은? (단, 거래대금을 지급하고 세금계산서를 적법하게 수취한 것으로 가정함)

> (1) 4월 18일: 배기량이 3,000cc인 승용자동차의 구입과 관련된 매입세액 100만 원
> (2) 4월 22일: 사업에 사용할 목적으로 매입한 원료 매입세액 100만 원. 세금계산서의 필요적 기재사항 중 일부가 착오로 사실과 다르게 기재되었으나 그 세금계산서에 적힌 나머지 임의적 기재사항으로 보아 거래사실이 확인됨
> (3) 5월 12일: 「법인세법」제25조에 따른 접대비의 지출과 관련된 매입세액 100만 원
> (4) 6월 10일: 공장부지의 조성과 관련된 매입세액 100만 원
> (5) 6월 20일: 사업에 사용할 목적으로 매입하였으나 과세기간 말 현재 사용하지 않은 재료의 매입세액 100만 원

① 100만 원
② 200만 원
③ 300만 원
④ 400만 원

05	매입세액공제

매입세액불공제 금액을 찾는 문제이므로 면세사업과 공통매입세액 중 면세분을 계산하면 된다.
10만 원 + 8만 원* = 18만 원
* 20만 원 × 200만 원/500만 원 = 8만 원

답 ③

06	매입세액공제

(2)와 (5)의 경우 매입세액이 공제되므로 총액은 200만 원이다.
(1) 4월 18일: 비영업용승용차에 해당하므로 매입세액은 공제되지 않는다.
(2) 4월 22일: 필수기재사항을 착오로 다르게 기재하였으나 거래사실이 확인되므로 공제한다.
(3) 5월 12일: 접대비관련 매입세액은 공제하지 않는다.
(4) 6월 10일: 토지와 관련 매입세액으로 공제하지 않는다.
(5) 6월 20일: 매입세액공제는 매입당시에 공제받으므로 사용하지 않은 재료의 매입세액은 공제한다.

답 ②

07 □□□

다음은 과세재화와 면세재화를 제조 및 판매하고 있는 甲회사의 2023년도 제2기 부가가치세 과세기간에 대한 자료이다. 한편, 2023년도 제2기 과세기간의 매입가액에 대한 부가가치세는 모두 매입세액공제대상이다. 2023년도 제2기 甲회사의 부가가치세 납부세액은?

> (1) 공급가액: 2023년 1기
> ① 총공급가액: 200,000,000원
> ② 면세공급가액: 100,000,000원
> (2) 공급가액: 2023년 2기
> ① 총공급가액: 200,000,000원
> ② 면세공급가액: 80,000,000원
> (3) 매입가액
> ① 과세재화용 원재료: 65,000,000원
> ② 면세재화용 원재료: 35,000,000원
> ③ 과세사업과 면세사업에 공통으로 사용되는 부재료: 25,000,000원

① 2,000,000원

② 2,250,000원

③ 4,000,000원

④ 4,250,000원

08 □□□

제조업을 영위하는 (주)A는 과세사업과 면세사업을 공통으로 사용하던 재화를 2023년 8월 15일에 480,000원(부가가치세 불포함)에 공급하였다. 다음 (주)A의 공급가액 내역을 이용하여 해당 재화의 공급에 대한 부가가치세 과세표준을 계산하면?

(단위: 원)

구분	2023년 1기	2023년 2기
과세공급가액	18,000,000	24,000,000
면세공급가액	2,000,000	6,000,000
합계	20,000,000	30,000,000

① 384,000원

② 403,200원

③ 432,000원

④ 480,000원

07	매입세액공제

- 매출세액: 120,000,000 × 10% = 12,000,000원
- 매입세액: ㉠ + ㉡ = 8,000,000원
  ㉠ 과세 원재료: 6,500,000원
  ㉡ 공통 부재료: 2,500,000 × 1억 2천만 원 / 2억 원
     = 1,500,000원
- ※ 납부세액: 12,000,000 − 8,000,000 = 4,000,000원

답 ③

08	매입세액공제

공통사용재화의 공급가액이 50만 원 미만에 해당하므로 공급가액 전액을 과세표준으로 한다.

> 📄 **공통사용재화의 안분계산 배제**
>
> 다음의 어느 하나에 해당하는 경우에는 해당 재화의 공급가액을 과세표준으로 한다. 즉, 공급가액 전액을 과세표준으로 한다.
> ㉠ 재화를 공급하는 날이 속하는 과세기간의 직전과세기간의 총공급가액 중 면세공급가액이 5% 미만인 경우. 다만, 해당 재화의 공급가액이 5천만 원 이상인 경우는 제외
> ㉡ 재화의 공급가액이 50만 원 미만인 경우(공급단위별로 판단함)
> ㉢ 재화를 공급하는 날이 속하는 과세기간에 신규로 사업을 개시하여 직전 과세기간이 없는 경우

답 ④

부가가치세법령상 홍길동은 과세사업과 면세사업을 겸영하고 있는데 과세사업과 면세사업으로 실지귀속을 구분할 수 없는 2023년 제2기의 공통매입세액은 1천만 원이다. 홍길동의 2023년 제1기와 제2기의 과세 및 면세사업의 공급가액은 다음과 같다. 공통매입세액 중 2023년 제2기 과세기간에 공제받을 수 있는 금액은? (단, 매입세액의 공제요건은 충족하고, 2023년 제2기 중 공통으로 사용되는 재화를 공급한 것은 없다)

구분	2023년 제1기	2023년 제2기	합계
과세사업	8천만 원	4천만 원	1억 2천만 원
면세사업	2천만 원	6천만 원	8천만 원
합계	1억 원	1억 원	2억 원

① 2백만 원
② 4백만 원
③ 6백만 원
④ 8백만 원

09	매입세액공제

당기 과세비율에 해당하는 금액을 공제할 수 있다.
※ 1천만 원 × 4천만 원 ÷ 1억 원 = 4백만 원

답 ②

「부가가치세법」상 매입세액공제가 허용되는 경우로 옳은 것은?

① 발급받은 세금계산서의 필요적 기재사항 중 일부가 적히지 않았으며 거래사실도 확인되지 않는 경우
② 재화 또는 용역의 공급시기 이후에 발급받은 세금계산서로서 해당 공급시기가 속하는 과세기간의 확정신고기한 내에 발급받은 경우
③ 토지의 취득 및 형질변경, 공장부지 및 택지의 조성 등에 관련된 매입세액
④ 사업과 직접 관련이 있는 접대비에 관련된 매입세액

10	매입세액공제

(선지분석)
① 발급받은 세금계산서의 필요적 기재사항 중 일부가 적히지 않았으며 거래사실도 확인되지 않는 경우는 세금계산서 매입세액공제가 되지 않는다.
③ 토지의 취득 및 형질변경, 공장부지 및 택지의 조성 등에 관련된 매입세액은 토지관련 매입세액으로 공제되지 않는다.
④ 접대비에 관련된 매입세액은 매입세액불공제 대상에 해당한다.

📋 **매입세액불공제 대상**

㉠ 사업자등록 전 매입세액(과세기간 종료 후 20일 이내 사업자등록신청하면 매입세액을 공제함)
㉡ 사업과 직접관련 없는 매입세액(초과부담공동경비, 업무무관자산 유지비 등)
㉢ 세금계산서 미수취 · 부실기재(필요적기재사항의 부실기재)
㉣ 매입처별세금계산서합계표 미제출 · 부실기재(거래처별 등록번호, 공급가액 부실기재)
㉤ 개별소비세 과세대상자동차 구입 · 유지 · 임차 관련 매입세액
㉥ 토지조성 등 자본적 지출 관련 매입세액(토지만 사용하기 위해 건물을 구입한 경우는 건물과 건물 철거비용 관련 매입세액불공제)
㉦ 면세사업 관련 매입세액
㉧ 접대비 관련 매입세액

답 ②

11 ☐☐☐

부가가치세법령상 납부세액을 계산할 때 매출세액에서 공제하지 아니하는 매입세액이 아닌 것은?

① 「부가가치세법」 제32조에 따라 발급받은 세금계산서의 필요적 기재사항 중 일부가 착오로 사실과 다르게 적혔으나 그 세금계산서에 적힌 나머지 필요적 기재사항으로 보아 거래사실이 확인되는 경우의 매입세액
② 사업과 직접 관련이 없는 지출로서 「부가가치세법 시행령」으로 정하는 것에 대한 매입세액
③ 접대비 및 이와 유사한 비용으로서 「부가가치세법 시행령」으로 정하는 비용의 지출에 관련된 매입세액
④ 면세사업 등에 관련된 매입세액

11	매입세액공제

「부가가치세법」 제32조에 따라 발급받은 세금계산서의 필요적 기재사항 중 일부가 착오로 사실과 다르게 적혔으나 그 세금계산서에 적힌 나머지 필요적 기재사항으로 보아 거래사실이 확인되는 경우의 매입세액은 공제대상에 해당된다.

답 ①

12 ☐☐☐

「부가가치세법」상 일반과세자의 의제매입세액계산에 관한 설명으로 옳지 않은 것은?

① 수입되는 면세농산물 등에 대하여 의제매입세액을 계산함에 있어서의 그 수입가액은 관세의 과세가격으로 한다.
② 매입세액으로서 공제한 면세농산물 등을 그대로 양도하는 때에는 그 공제한 금액을 납부세액에 가산하여야 한다.
③ 매입세액을 공제받고자 하는 제조업을 영위하는 사업자가 농·어민으로부터 면세농산물 등을 직접 공급받는 경우에는 의제매입세액공제신고서만을 제출한다.
④ 음식점을 영위하는 법인사업자의 의제매입세액공제율은 102분의 2를 적용한다.

12	매입세액공제

사업자가 면세농산물 등을 원재료로 하여 제조·가공한 재화 또는 창출한 용역의 공급에 대하여 과세되는 경우에는 그 면세농산물 등의 가액의 2/102(음식점업의 경우로서 개인이면 8/108 또는 9/109, 법인이면 6/106, 중소기업·개인사업자인 제조업은 4/104)에 해당하는 금액을 매입세액으로서 공제할 수 있다.

📄 의제매입세액공제율

면세농산물 등의 가액에 다음의 공제율을 적용한다.

음식점업	㉠ 과세유흥장소의 경영자 외의 음식점을 영위하는 법인사업자: 6/106
	㉡ 과세유흥장소의 경영자 외의 음식점을 영위하는 개인사업자: 8/108(과세표준 2억 원 이하인 경우에는 9/109)
	㉢ 과세유흥장소: 2/102
일반업종	2/102
제조업*	4/104(과자점업, 도정업, 제분업 및 떡류 제조업 중 떡방앗간을 경영하는 개인사업자: 6/106)

* 중소기업 또는 개인사업자

답 ④

「부가가치세법」상 일반과세자(면세를 포기하고 영세율을 적용받는 경우는 제외)가 면세농산물 등에 대해 의제매입세액공제를 받는 것에 대한 설명으로 옳지 않은 것은?

① 의제매입세액공제는 면세원재료를 사용하여 과세재화·용역을 공급하는 경우에 발생하는 누적효과를 제거하거나 완화시키기 위한 취지에서 마련된 제도이다.

② 의제매입세액은 면세농산물 등을 공급받은 날이 속하는 과세기간이 아니라, 그 농산물을 이용하여 과세대상 물건을 생산한 후 공급하는 시점이 속하는 과세기간의 매출세액에서 공제한다.

③ 의제매입세액의 공제를 받은 면세농산물 등을 그대로 양도 또는 인도하는 때에는 그 공제한 금액을 납부세액에 가산하거나 환급세액에서 공제하여야 한다.

④ 제조업을 경영하는 사업자가 법령에서 규정하는 농어민으로부터 면세농산물 등을 직접 공급받는 경우 의제매입세액공제를 받기 위해서는 세무서장에게 의제매입세액공제신고서만 제출하면 된다.

다음 중 「부가가치세법」상 일반과세자의 의제매입세액에 대한 설명으로 옳지 않은 것은?

① 제조업을 영위하는 사업자가 농·어민으로부터 면세농산물 등을 직접 공급받는 경우에는 의제매입세액공제신고서만을 제출한다.

② 면세사업을 위하여 사용·소비하는 경우 또는 기타의 목적을 위해 사용하거나 소비하는 경우에는 의제매입세액공제를 적용하지 않으며, 적용된 의제매입세액은 추징된다.

③ 과세사업을 영위하는 사업자가 면세농산물(농산물·축산물·수산물 또는 임산물을 말하며, 1차 가공을 거친 것, 단순가공식료품, 1차 가공과정에서 발생하는 부산물, 소금을 포함) 등을 원재료로 하여 과세되는 재화·용역을 공급하는 경우에는 의제매입세액공제가 적용된다.

④ 수정신고, 경정 등의 청구 또는 기한후신고와 함께 제출하는 경우에는 의제매입세액공제를 적용하나, 경정에 있어서 경정기관의 확인을 거쳐 제출하는 경우에는 의제매입세액공제를 적용하지 않는다.

13	매입세액공제

의제매입세액은 면세농산물 등을 매입한 날이 속하는 과세기간에 의제매입세액공제를 받을 수 있다.

📄 **의제매입세액의 공제시기 및 추징**

㉠ 의제매입세액의 공제는 예정신고 또는 확정신고 기간별로 계산하고 사용시점이 아닌 구입시점이 해당되는 기간에 공제를 한다.

㉡ 매입세액으로서 공제한 면세농산물 등을 그대로 양도 또는 인도하거나 부가가치세가 면제되는 재화 또는 용역을 공급하는 사업 기타의 목적을 위하여 사용하거나 소비하는 때에는 그 공제한 금액을 납부세액에 가산하거나 환급세액에서 공제하여야 한다.

답 ②

14	매입세액공제

의제매입세액공제는 수정신고, 경정 등의 청구 또는 기한후신고와 함께 제출하거나 경정기관의 확인을 거쳐 제출하는 경우에도 의제매입세액공제를 적용받을 수 있다.

답 ④

「부가가치세법」상 매입세액공제에 대한 설명으로 옳지 않은 것은?

① 공제대상 매입세액은 자기의 사업을 위하여 사용된 재화 또는 용역의 공급 및 재화의 수입에 대한 세액에 한한다.
② 비영업용 승용자동차의 구입과 임차 및 유지에 관한 매입세액은 공제하지 아니한다.
③ 부가가치세가 면제되는 재화를 공급하는 사업의 투자에 관련된 매입세액은 공제하지 아니한다.
④ 과세사업에 사용된 토지의 형질변경에 관련된 매입세액은 공제하지 아니한다.

15	매입세액공제

공제대상 매입세액은 자기의 사업을 위하여 사용되었거나 사용될 재화·용역의 공급 또는 재화의 수입에 대한 세액이다.

답 ①

「부가가치세법」상 매입세액공제 제도에 관한 설명으로 옳지 않은 것은?

① 비영업용 승용자동차의 구입과 유지에 관한 매입세액은 매출세액에서 공제하지 아니한다.
② 사업자등록을 신청한 사업자가 사업자등록증 발급일까지의 거래에 대하여 당해 사업자 또는 대표자의 주민등록번호를 기재하고 세금계산서를 발급받은 경우에는 매입세액을 공제받을 수 있다.
③ 간이과세자가 일반과세자로 변경되는 경우에는 당해 변경당시의 재고품·건설중인 자산과 감가상각자산에 대하여 법령이 정하는 바에 따라 계산한 금액을 매입세액을 공제할 수 있다.
④ 과세재화를 원재료로 하여 면세재화를 공급하는 사업자는 의제매입세액공제를 받을 수 있다.

16	매입세액공제

사업자가 면세농산물 등을 원재료로 하여 제조·가공한 재화 또는 창출한 용역의 공급에 대하여 과세되는 경우에는 의제매입세액공제를 적용받을 수 있다.

📋 **의제매입세액공제의 요건**

㉠ 과세사업자가 면세농산물 등을 매입해서 제조·가공하여 과세사업에 사용하여야 한다.
㉡ 면세농산물 등의 매입을 매입계산서합계표 또는 신용카드매출전표 등 수령명세서를 제출하여야 한다.
㉢ 제조업의 사업자가 농어민에게 직접구입하는 경우에는 신고서만 제출해도 공제할 수 있다.
㉣ 면세포기로 영세율을 적용받는 면세사업자는 의제매입세액공제를 적용하지 않는다.

답 ④

「부가가치세법」상 매입세액공제에 관한 설명으로 옳지 않은 것은?

① 「법인세법」상 공동경비 중 분담기준 금액을 초과한 금액에 대한 매입세액은 공제받을 수 없다.

② 사업자등록을 신청하기 전의 매입세액으로 공급시기가 속하는 과세기간이 끝난 후 20일 이내에 등록을 신청한 경우 등록신청일부터 공급시기가 속하는 과세기간 기산일까지 역산한 기간 이내의 것은 공제한다.

③ 토지의 조성 등을 위한 자본적 지출에 관련된 매입세액으로서 토지의 취득 및 형질 변경에 관련된 매입세액은 공제받을 수 없다.

④ 사업자등록을 한 사업자(등록증을 발급받음)가 당해 사업자의 사업자등록번호 대신에 주민등록번호를 기재하고 발급받은 세금계산서상의 매입세액은 공제받을 수 있다.

---

17   매입세액공제

사업자등록을 한 사업자가 사업자등록번호 대신에 주민등록번호를 기재하고 발급받은 세금계산서는 세금계산서 부실기재분에 해당하여 매입세액을 공제받을 수 없다.

답 ④

부가가치세법령상 매입세액과 관련된 설명으로 옳은 것은?

① 매입세액에서 대손세액에 해당하는 금액을 뺀(관할 세무서장이 결정 또는 경정한 경우 포함) 사업자가 대손금액을 변제한 경우에는 대통령령으로 정하는 바에 따라 변제한 대손금액에 관련된 대손세액에 해당하는 금액을 변제한 날이 속하는 과세기간의 매입세액에 더한다.

② 면세사업을 위한 투자에 관련된 매입세액은 공제한다.

③ 건축물이 있는 토지를 취득하여 그 건축물을 철거하고 토지만 사용하는 경우 철거한 건축물의 취득 및 철거 비용과 관련된 매입세액은 공제한다.

④ 사업자가 면세농산물을 원재료로 하여 제조한 재화의 공급에 대하여 부가가치세가 과세되는 경우(면세를 포기하고 영세율을 적용받는 경우 포함)에는 면세농산물을 공급받을 때 매입세액이 있는 것으로 보아 의제매입세액을 공제한다.

---

18   매입세액공제

(선지분석)

② 면세사업을 위한 투자에 관련된 매입세액은 불공제한다.

③ 건축물이 있는 토지를 취득하여 그 건축물을 철거하고 토지만 사용하는 경우 철거한 건축물의 취득 및 철거 비용과 관련된 매입세액은 불공제한다.

④ 사업자가 면세농산물을 원재료로 하여 제조한 재화의 공급에 대하여 부가가치세가 과세되는 경우(면세를 포기하고 영세율을 적용받는 경우 제외)에는 면세농산물을 공급받을 때 매입세액이 있는 것으로 보아 의제매입세액을 공제한다.

답 ①

19 □□□

2021년 9급

부가가치세법령상 환급 및 조기환급에 대한 설명으로 옳지 않은 것은?

① 조기환급신고를 할 때 매출·매입처별 세금계산서합계표를 제출한 경우에는 예정신고 또는 확정신고를 할 때 함께 제출하여야 하는 매출·매입처별 세금계산서합계표를 제출한 것으로 본다.

② 사업자는 각 과세기간에 대한 과세표준과 납부세액 또는 환급세액을 그 과세기간이 끝난 후 25일(폐업하는 경우 폐업일이 속한 달의 다음 달 25일) 이내에 납세지 관할 세무서장에게 신고하여야 하며, 조기에 환급을 받기 위하여 신고한 사업자는 이미 신고한 과세표준과 환급받은 환급세액도 신고하여야 한다.

③ 관할 세무서장은 결정·경정에 의하여 추가로 발생한 환급세액이 있는 경우에는 지체 없이 사업자에게 환급하여야 한다.

④ 조기환급이 적용되는 사업자가 조기환급신고기한에 조기환급 기간에 대한 과세표준과 환급세액을 관할 세무서장에게 신고하는 경우에는 조기환급기간에 대한 환급세액을 각 조기환급기간별로 해당 조기환급신고기한이 지난 후 15일 이내에 사업자에게 환급하여야 한다.

20 □□□

2016년 7급

「부가가치세법」상 환급 및 조기환급에 대한 설명으로 옳지 않은 것은?

① 납세지 관할 세무서장은 각 과세기간별로 그 과세기간에 대한 환급세액을 확정신고한 사업자에게 그 확정신고기한이 지난 후 30일 이내(조기환급 제외)에 대통령령으로 정하는 바에 따라 환급하여야 한다.

② 조기환급세액은 영세율이 적용되는 공급분에 관련된 매입세액·시설투자에 관련된 매입세액 또는 국내공급분에 대한 매입세액을 구분하여 사업장별로 해당 매출세액에서 매입세액을 공제하여 계산한다.

③ 납세지 관할 세무서장은 결정 또는 경정에 의하여 추가로 발생한 환급세액이 있는 경우에는 지체 없이 사업자에게 환급하여야 한다.

④ 조기환급을 신고할 때 이미 신고한 과세표준과 납부한 납부세액 또는 환급받은 환급세액은 예정신고 및 확정신고 대상에서 제외하며, 조기환급신고를 할 때 매출·매입처별 세금계산서합계표를 제출한 경우에는 예정신고 또는 확정신고와 함께 매출·매입처별세금계산서합계표를 제출한 것으로 본다.

19	환급

사업자는 각 과세기간에 대한 과세표준과 납부세액 또는 환급세액을 그 과세기간이 끝난 후 25일(폐업하는 경우 폐업일이 속한 달의 다음 달 25일) 이내에 납세지 관할 세무서장에게 신고하여야 하며, 조기에 환급을 받기 위하여 신고한 사업자는 이미 신고한 과세표준과 환급받은 환급세액은 제외한다.

답 ②

20	환급

조기환급세액은 영세율이 적용되는 공급분에 관련된 매입세액·시설투자에 관련된 매입세액 또는 국내공급분에 대한 매입세액을 구분하지 아니하고 사업장별로 해당 매출세액에 매입세액을 공제하여 계산한다.

답 ②

21 □□□

「부가가치세법」상 조기환급에 대한 설명으로 옳지 않은 것은?

① 사업자가 법령에 따른 영세율을 적용받는 경우 납세지 관할세무서장은 환급세액을 조기에 환급할 수 있다.

② 조기환급 신고를 받은 세무서장은 각 조기환급 기간별로 해당 조기환급 신고기한이 지난 후 25일 이내에 사업자에게 환급하여야 한다.

③ 조기환급을 받으려는 사업자가 법령에 의한 부가가치세 확정신고서를 각 납세지 관할 세무서장에게 제출한 경우에는 법률에 따라 조기환급을 신고한 것으로 본다.

④ 사업자가 법령으로 정하는 사업설비를 신설·취득·확장 또는 증축하는 경우에는 납세지 관할 세무서장은 환급세액을 조기에 환급할 수 있다.

22 □□□

「부가가치세법」상 환급에 대한 설명으로 옳지 않은 것은?

① 사업자가 사업설비 확장을 위해 토지를 취득하는 경우 사업장 관할 세무서장은 일반환급 절차에도 불구하고 환급세액을 조기환급할 수 있다.

② 환급세액은 원칙적으로 각 과세기간별로 그 확정신고기한 경과 후 30일 내에 사업자에게 환급하여야 한다.

③ 결정·경정에 의하여 추가로 발생한 환급세액은 지체 없이 사업자에게 환급하여야 한다.

④ 제1기 과세기간의 경우에는 3월과 6월은 조기환급기간이 될 수 없다.

21	환급

조기환급 신고를 받은 세무서장은 각 조기환급 기간별로 해당 조기환급 신고기한이 지난 후 15일 이내에 사업자에게 환급하여야 한다.

📄 환급

일반환급		확정신고기한이 지난 후 30일 이내 환급
조기환급	대상	㉠ 영세율(영세율과세표준이 없는 경우는 조기환급을 하지 않음) ㉡ 설비(감가상각자산) 신설·취득·확장·증축(건물등 감가상각자산 취득명세서 첨부) ㉢ 사업자가 조기환급기간, 예정신고기간 또는 과세기간의 종료일 현재 재무구조개선계획을 이행 중인 경우
	신고	㉠ 조기환급신고기간(매월, 매2월) ㉡ 예정신고기간, 확정신고기간
	환급*	예정·확정 또는 조기환급 신고기한 지난 후 15일 이내 * 조기환급세액은 영세율적용대상 매입세액, 설비 취득 등과 관련된 매입세액과 그 외 매입세액을 구분하지 않고 매출세액에서 매입세액을 공제함
결정·경정시 환급		경정 등으로 추가로 발생하는 환급액은 지체 없이 환급

답 ②

22	환급

조기환급 대상인 사업설비는 감가상각자산만 해당하므로 비상각자산인 토지는 제외한다.

답 ①

23 ☐☐☐

부가가치세의 결정·경정이나 징수 및 환급에 관한 설명으로 옳지 않은 것은?

① 사업장 관할 세무서장은 각 예정신고기간의 환급세액을 그 예정신고기한 경과 후 30일 이내에 사업자에게 환급하여야 한다.

② 사업장 관할 세무서장 등은 결정 또는 경정을 할 경우에 과세표준을 계산함에 있어서 필요한 세금계산서·장부 기타의 증빙이 없을 때에는 추계할 수 있다.

③ 사업장 관할 세무서장 등은 조사에 의하여 결정 또는 경정한 과세표준과 납부세액 또는 환급세액에 오류 또는 탈루가 있는 것이 발견된 때에는 즉시 이를 다시 경정한다.

④ 부가가치세의 과세표준과 납부세액 또는 환급세액의 결정·경정은 각 납세지 관할 세무서장이 한다. 다만, 국세청장이 특히 중요하다고 인정하는 경우에는 납세지 관할 지방국세청장 또는 국세청장이 결정할 수 있다.

KEYWORD 43 신고 및 납부절차

24 ☐☐☐

부가가치세법령상 신고와 납부 등에 대한 설명으로 옳은 것은? (단, 부가가치세를 징수하지 않거나 휴업 또는 사업부진 등으로 인하여 사업실적이 악화된 경우 등은 고려하지 않는다)

① 납세지 관할 세무서장은 개인사업자에 대하여는 제2기분 예정신고기간분 「부가가치세법」 제48조 제3항 본문에 따른 부가가치세액(예정고지세액)에 대하여 10월 1일부터 10월 15일까지의 기간 이내에 납부고지서를 발부해야 한다.

② 세금계산서를 발급받은 국가 또는 지방자치단체는 매입처별 세금계산서합계표를 해당 과세기간이 끝난 후 25일 이내에 납세지 관할 세무서장에게 제출하여야 한다.

③ 개인사업자에 대하여는 각 예정신고기간마다 직전 과세기간 납부세액의 30퍼센트에 상당하는 금액을 결정하여 징수한다.

④ 예정신고를 한 사업자 또는 조기에 환급을 받기 위하여 신고한 사업자는 확정신고를 할 때 이미 신고한 과세표준과 납부한 납부세액 또는 환급받은 환급세액을 포함해서 신고해야 한다.

23	환급

사업장 관할 세무서장은 각 과세기간별로 해당 과세기간에 대한 환급세액을 그 확정신고기한 경과 후 30일 이내에 사업자에게 환급하여야 한다. 따라서 예정신고기간에 대한 환급세액은 원칙적으로 이를 환급하지 않고 확정신고시 납부할 세액에서 차감하는 것이다.

답 ①

24	신고 및 납부절차

(선지분석)

① 제2기분 예정신고기간에 대한 예정고지세액의 납부고지서는 10월 1일부터 10월 10일까지 기간 내에 발부해야 한다.

③ 개인사업자에 대하여 예정신고기간마다 직전 과세기간 납부세액의 50%에 상당하는 세액을 결정하여 징수한다.

④ 예정신고 또는 조기환급신고한 과세표준 및 세액은 확정신고를 할 때 제외한다.

답 ②

25 □□□

부가가치세의 신고, 환급 및 대리납부 등에 관한 설명으로 옳지 않은 것은?

① 외국법인은 각 과세기간 중 예정신고기간이 끝난 후 25일 이내에 법령으로 정하는 바에 따라 각 예정신고기간에 따라 과세표준과 납부세액 또는 환급세액을 사업장 관할 세무서장에게 신고하여야 한다.

② 사업자가 영세율 등 조기환급기간에 대한 과세표준과 환급세액을 정부에 신고하는 경우에는 조기환급기간에 대한 환급세액을 조기환급기간별로 당해 조기환급신고기한 경과 후 25일 이내에 사업자에게 환급하여야 한다.

③ 대리납부의무자가 부가가치세를 납부하지 아니한 경우에는 사업장 또는 주소지 관할 세무서장은 그 납부하지 아니한 세액에 법 소정의 금액을 더하여 국세징수의 예에 따라 징수한다.

④ 국내사업장이 없는 외국법인으로부터 용역을 공급받는 자가 공급받은 그 용역을 과세사업에 제공(매입세액공제 대상에 해당함)하는 경우에는 대리납부의무가 없다.

| **25** | 신고 및 납부절차 |

사업자가 영세율 등 조기환급기간에 대한 과세표준과 환급세액을 정부에 신고하는 경우에는 조기환급기간에 대한 환급세액을 조기환급기간별로 당해 조기환급신고기한 경과 후 15일 이내에 사업자에게 환급하여야 한다.

답 ②

26 □□□

「부가가치세법」상 대리납부제도에 대한 설명으로 옳지 않은 것은?

① 사업의 포괄적 양도에 따라 그 사업을 양수받는 자는 그 대가를 지급하는 때에 그 대가를 받은 자로부터 부가가치세를 징수하여 납부할 수 있다.

② 대리납부신고서도 과세표준과 납부를 위하여 필요한 사항을 적은 과세표준신고서로 볼 수 있으므로 대리납부한 세액이 과다한 경우 경정청구를 할 수 있다.

③ 국내사업장이 없는 비거주자로부터 부가가치세 면세대상 용역을 공급받는 자는 부가가치세 대리납부 의무가 없다.

④ 국내사업장이 없는 외국법인으로부터 용역을 공급받는 자의 대리납부시기는 용역제공이 완료되는 때이다.

| **26** | 신고 및 납부절차 |

대리납부는 예정신고납부 및 확정신고납부 규정을 준용하여 부가가치세를 납부한다.

📑 **대리납부**

구분		내용
용역 또는 권리의 수입	대상	부가가치세 과세대상이 되는 용역 또는 권리의 수입에 해당되는 경우(공급받는 자의 사업장 또는 주소지를 공급장소로 함)
	공급자	㉠ 국내사업장이 없는 비거주자·외국법인 ㉡ 국내사업장이 있는 비거주자·외국법인이 국내사업장과 관련없이 제공하는 경우
	공급받는 자	㉠ 면세사업자 ㉡ 사업자가 아닌 자 ㉢ 매입세액이 공제되지 않는 경우의 과세사업자
	대리납부 시기	대가를 지급하는 때(나누어 지급하는 경우에는 지급할 때마다)에 징수하고 예정신고 및 확정신고와 함께 납부
사업의 포괄양도		㉠ 공급으로 보지 않음 ㉡ 사업의 포괄양도(이에 해당하는지 여부가 분명하지 아니한 경우를 포함)의 경우 사업양수인이 대리납부하는 경우 재화의 공급으로 봄 ㉢ 대리납부하는 경우 대가를 지급하는 날이 속하는 달의 다음달 25일까지 납부할 수 있음

답 ④

27 □□□

「부가가치세법」상 신고와 납부에 대한 설명으로 옳지 않은 것은?

① 국외사업자로부터 권리를 공급받는 경우에는 공급받는 자의 국내에 있는 사업장의 소재지 또는 주소지를 해당 권리가 공급되는 장소로 본다.

② 국외사업자로부터 국내에서 용역을 공급받는 자(공급받은 그 용역을 과세사업에 제공하는 경우는 제외하되, 매입세액이 공제되지 않은 용역을 공급받는 경우는 포함)는 그 대가를 지급하는 때에 그 대가를 받은 자로부터 부가가치세를 징수하여야 한다.

③ 국외사업자가 「부가가치세법」에 따른 사업자등록의 대상으로서 위탁매매인을 통하여 국내에서 용역을 공급하는 경우에는 국외사업자가 해당 용역을 공급한 것으로 본다.

④ 국외사업자가 전자적 용역을 국내에 제공하는 경우(사업자등록을 한 자의 과세사업 또는 면세사업에 대하여 용역을 공급하는 경우는 제외)에는 사업의 개시일부터 20일 이내에 간편사업자등록을 하여야 한다.

27	신고 및 납부절차

국외사업자가 위탁매매인을 통하여 국내에 용역을 공급하는 경우에는 위탁매매인 등이 해당 용역을 공급한 것으로 본다.

답 ③

28 □□□

「부가가치세법」상 부가가치세의 결정·경정·징수와 환급에 관한 설명으로 옳지 않은 것은?

① 재화의 수입에 대한 부가가치세는 세관장이 관세징수의 예에 의하여 징수한다.

② 조기환급 사유에 해당하는 경우를 제외하고 환급세액은 각 과세기간별로 그 확정신고기한 경과 후 30일 내에 사업자에게 환급하여야 한다.

③ 추계하는 경우를 제외하고 각 과세기간에 대한 과세표준과 납부세액을 결정하는 경우에는 세금계산서·장부 또는 그 밖의 증명자료를 근거로 하여야 한다.

④ 사업장별로 사업자등록을 하지 않은 경우에는 과세표준과 납부세액 또는 환급세액을 조사하여 결정 또는 경정하고 국세징수의 예에 따라 징수할 수 있다.

28	신고 및 납부절차

사업장별로 사업자등록을 하지 않는 것은 결정 또는 경정사유에 해당하지 않으므로 결정 또는 경정의 대상이 되지 않는다.

📄 결정 및 경정사유

사업장 관할 세무서장, 사업장 관할 지방국세청장 또는 국세청장은 사업자가 다음에 해당하는 경우에만 그 과세기간에 대한 부가가치세의 과세표준과 납부세액 또는 환급세액을 조사하여 결정 또는 경정한다.

㉠ 예정신고 또는 확정신고를 하지 아니한 경우

㉡ 예정신고 또는 확정신고를 한 내용에 오류가 있거나 내용이 누락된 경우

㉢ 확정신고를 할 때 매출처별세금계산서합계표 또는 매입처별 세금계산서합계표를 제출하지 아니하거나 제출한 매출처별세금계산서합계표 또는 매입처별세금계산서합계표에 기재사항의 전부 또는 일부가 적혀 있지 아니하거나 사실과 다르게 적혀 있는 경우

㉣ 그 밖에 부가가치세를 포탈할 우려가 있는 경우
 ⓐ 사업장의 이동이 빈번한 경우
 ⓑ 사업장의 이동이 빈번하다고 인정되는 지역에 사업장이 있는 경우
 ⓒ 휴업 또는 폐업상태에 있는 경우
 ⓓ 신용카드가맹점 또는 현금영수증가맹점 가입대상으로 지정받은 사업자가 정당한 사유 없이 신용카드가맹점 또는 현금영수증가맹점으로 가입하지 아니한 경우로서 사업규모나 영업상황으로 보아 신고내용이 불성실하다고 판단되는 경우
 ⓔ 영세율 등 조기환급신고의 내용에 오류 또는 탈루가 있는 경우

답 ④

29 □□□

「부가가치세법」상 각 예정신고기간에 대한 과세표준과 납부세액을 신고할 수 있는 개인사업자 또는 영세법인사업자(직전 과세기간 공급가액의 합계액이 1억 5천만 원 미만인 법인사업자)로 옳은 것은?

① 직전 과세기간에 대한 납부세액이 없는 사업자
② 휴업 또는 사업부진 등으로 인하여 각 예정신고기간의 공급가액 또는 납부세액이 직전 과세기간의 공급가액 또는 납부세액의 3분의 1에 미달하는 사업자
③ 각 예정신고기간에 간이과세자에서 일반과세자로 변경된 사업자
④ 각 예정신고기간에 신규로 사업을 개시한 사업자

29	신고 및 납부절차

개인사업자 또는 영세법인사업자가 휴업 또는 사업부진으로 인하여 각 예정신고기간의 공급가액 또는 납부세액이 직전과세기간의 공급가액 또는 납부세액의 1/3에 미달하는 자 또는 조기환급을 받고자 하는 자는 예정신고 및 납부를 할 수 있다.

답 ②

30 □□□

부가가치세법령상 국외사업자의 전자적 용역 공급에 대한 설명으로 옳지 않은 것은?

① 간편사업자등록을 한 사업자가 국내에 전자적 용역을 공급하는 경우에는 국내사업자와 동일하게 세금계산서 및 영수증을 발급하여야 한다.
② 국내사업장이 없는 비거주자 또는 외국법인이 정보통신망 등을 이용하여 전자적 용역의 거래가 가능하도록 오픈마켓이나 그와 유사한 것을 운영하고 관련 서비스를 제공하는 자를 통하여 국내에 전자적 용역을 공급하는 경우(국내사업자의 용역등 공급 특례가 적용되는 경우는 제외)에는 그 오픈마켓을 운영하고 관련 서비스를 제공하는 자가 해당 전자적 용역을 국내에서 공급한 것으로 본다.
③ 간편사업자등록을 한 자의 국내로 공급되는 전자적 용역의 공급시기는 구매자가 공급하는 자로부터 전자적 용역을 제공받은 때와 구매자가 전자적 용역을 구매하기 위하여 대금의 결제를 완료한 때 중 빠른 때로 한다.
④ 국내사업장이 없는 비거주자 또는 외국법인이 국내에 이동통신단말장치 또는 컴퓨터 등을 통하여 구동되는 전자적 용역을 공급하는 경우(「부가가치세법」, 「소득세법」 또는 「법인세법」에 따라 사업자등록을 한 자의 과세사업 또는 면세사업에 대하여 용역을 공급하는 경우는 제외)에는 국내에서 해당 전자적 용역이 공급되는 것으로 본다.

30	신고 및 납부절차

간편사업자등록을 한 사업자가 국내에 전자적 용역을 공급하는 경우에는 세금계산서 발급의무가 없다.

📄 전자적 용역을 공급하는 국외사업자의 용역공급에 관한 특례

간편 사업자 등록	㉠ 국내에 전자적 용역을 공급하는 자(국외사업자로 한정)는 정보통신망을 이용하여 인터넷 등으로 국세정보통신망에 접속하여 등록에 필요한 사항을 입력하는 방식으로 사업자등록을 해야 함 ㉡ 개시일부터 20일 이내에 간편사업자등록을 신청함
신고와 납부	대리납부규정에도 불구하고 간편사업자등록을 한 자는 다음과 같은 방법으로 부가가치세를 신고하여야 함 ㉠ 국세정보통신망에 접속하여 공급가액등 필요한 사항을 입력하여 예정신고 및 확정신고를 함 ㉡ 외국환은행의 계좌에 납입하는 방식으로 납부 ㉢ 과세기간 종료일(예정신고 및 납부에 대해서는 예정신고기간 종료일)의 기준환율을 적용하여 환가한 금액을 과세표준으로 할 수 있음
특례	㉠ 국내로 공급되는 전자적 용역의 공급시기는 구매자가 공급하는 자로부터 전자적 용역을 제공받은 때와 구매자가 전자적 용역을 구매하기 위하여 대금의 결제를 완료한 때 중 빠른 때로 함 ㉡ 국내에 공급하는 전자적 용역에 대해서는 세금계산서 및 영수증 발급의무를 면제함

답 ①

31 □□□

일반과세자인 김길동 씨(직전연도 공급가액 합계액은 4억 원임) 는 음식점업을 경영하고 있다. 다음의 자료에 의해서 김길동 씨의 2023년도 1기분 부가가치세 차가감납부할 세액을 계산 하면? (단, 의제매입세액 공제의 한도는 고려하지 아니한다)

---

(1) 제1기분 공급대가 ₩ 330,000,000
(2) 공급대가에는 「여신전문금융업법」상 신용카드매출전 표발행금액 ₩ 100,000,000이 포함됨
(3) 세금계산서 수취분 공제가능 매입세액 ₩ 20,000,000
(4) 면세농산물 등 매입가액 ₩ 16,200,000(전액 과세용으 로 사용됨)

---

① ₩ 8,800,000
② ₩ 8,400,000
③ ₩ 7,500,000
④ ₩ 6,400,000

31 　신고 및 납부절차

- 매출세액: 330,000,000 × 10/110 = 30,000,000원
- 매입세액: ㉠ + ㉡ = 21,200,000원
  ㉠ 일반매입세액: 20,000,000원
  ㉡ 의제매입세액: 16,200,000 × 8/108 = 1,200,000원
- 납부세액: 30,000,000 − 21,200,000 = 8,800,000원
- 신용카드매출전표 발급세액공제: 100,000,000 × 1.3%
  = 1,300,000원
※ 차가감납부세액: 8,800,000 − 1,300,000 = 7,500,000원

답 ③

06 간이과세

KEYWORD 44 간이과세

01 ☐☐☐
2022년 7급

부가가치세법령상 과세유형의 전환에 대한 설명으로 옳지 않은 것은?

① 일반과세자가 간이과세자로 변경되는 경우 그 변경되는 해에 간이과세자에 관한 규정이 적용되는 기간의 부가가치세의 과세기간은 그 변경 이후 1월 1일부터 12월 31일까지이다.

② 간이과세자가 일반과세자로 변경되는 경우 그 변경되는 해에 간이과세자에 관한 규정이 적용되는 기간의 부가가치세의 과세기간은 그 변경 이전 1월 1일부터 6월 30일까지이다.

③ 간이과세자가 「부가가치세법 시행령」 제109조 제2항에 따른 사업(간이과세자로 보지 아니하는 사업)을 신규로 겸영하는 경우에는 해당 사업의 개시일이 속하는 과세기간의 다음 과세기간부터 간이과세자에 관한 규정을 적용하지 않는다.

④ 「부가가치세법 시행령」 제109조 제2항에 따른 사업(간이과세자로 보지 아니하는 사업)을 신규로 겸영하여 일반과세자로 전환된 사업자로서 해당 연도 공급대가의 합계액이 8천만 원 미만인 사업자가 해당 간이과세자로 보지 아니하는 사업을 폐지하는 경우에는 해당 사업의 폐지일이 속하는 연도의 다음 연도 7월 1일부터 간이과세자에 관한 규정을 적용한다.

02 ☐☐☐
2019년 9급 변형

부가가치세법령상 간이과세자에게 허용되지 않는 것은? (단, 법령상의 해당 요건은 충족한다)

① 재화의 수출에 대한 영세율 적용
② 매입세금계산서의 세액공제(공급대가의 0.5% 세액공제)
③ 간이과세자에 관한 규정의 적용 포기
④ 법령에 따라 공제받을 금액이 각 과세기간의 납부세액을 초과하는 경우 그 초과부분의 환급

01	간이과세

일반과세자에서 간이과세자로 변경되는 경우 그 변경되는 해의 간이과세자 과세기간은 변경 이후 7월 1일부터 12월 31일로 한다.

답 ①

02	간이과세

간이과세자는 환급을 하지 않는다. 다만, 납부면제에 해당하는 간이과세자가 납부한 부가가치세는 환급해야 한다.

답 ④

03 ☐☐☐

「부가가치세법」상 간이과세자에 관한 설명으로 옳지 않은 것은?

① 간이과세자의 부가가치세 납부세액 계산에서 과세표준이 되는 공급대가는 거래징수한 부가가치세가 포함된 개념이다.

② 간이과세자가 다른 사업자로부터 세금계산서등을 발급받아 매입처별 세금계산서합계표 또는 신용카드매출전표등수령명세서를 납세지 관할 세무서장에게 제출하는 경우에는 세금계산서등을 발급받은 재화와 용역의 공급대가에 0.5퍼센트를 곱한 금액을 해당 과세기간에 대한 납부세액에서 공제한다.

③ 간이과세자의 부가가치세 신고의무 및 납부의무는 확정신고에 대한 신고납부의무만 있으므로 예정부과기간에 대한 부가가치세를 신고하는 경우는 없다.

④ 신규로 사업을 시작하는 간이과세자가 하는 최초의 과세기간 중에 있는 자 또는 직전연도 공급대가의 합계액이 4,800만 원 미만인 간이과세자가 발급받은 세금계산서 또는 영수증을 보관한 때에는 「부가가치세법」에 의한 기장의무를 이행한 것으로 본다.

03	간이과세

간이과세자의 예정부과기간은 원칙적으로 고지납부 방식을 사용하고 있다. 다만, 예정부과기간에 세금계산서를 발급한 경우에는 예정부과기간에 대한 신고를 하여야 하며 직전 과세기간의 공급대가의 합계액 또는 납부세액의 1/3에 미달하는 경우는 예정부과기간에 신고를 할수 있다.

답 ③

04 ☐☐☐

「부가가치세법」상 간이과세제도에 관한 설명으로 옳지 않은 것은?

① 간이과세자가 일반과세자로 변경된 경우 그 변경 당시의 재고품 등에 대하여 매입세액공제가 허용된다.

② 간이과세자도 「부가가치세법」상 사업개시일부터 20일 이내에 사업자등록의무가 있다.

③ 간이과세자가 간이과세자에 관한 규정의 적용을 포기하고 일반과세자에 관한 규정을 적용받으려는 경우, 적용받으려는 달의 전달의 마지막 날까지 납세지 관할 세무서장에게 신고하여야 한다.

④ 부동산매매업을 경영하는 개인사업자로서 직전 연도의 공급대가의 합계액이 8,000만 원에 미달하는 자는 간이과세자에 관한 규정을 적용받을 수 있다.

04	간이과세

부동산매매업은 공급대가에 상관없이 간이과세 배제업종에 해당한다.

> 📑 **간이과세배제업종**
> ㉠ 광업
> ㉡ 제조업(다만, 최종소비자에게 직접 공급하는 과자점, 도정업, 양복점, 제분업, 떡방앗간 등 제외)
> ㉢ 도매업(소매업을 겸영하는 경우 포함)
> ㉣ 부동산매매업
> ㉤ 부동산임대업(개획재정부령이 정하는 것)
> ㉥ 과세유흥장소(개획재정부령이 정하는 것)
> ㉦ 일반사업자로부터 포괄양수한 사업(양수 후 공급대가가 8,000만 원 미달하는 경우 간이과세자 가능)
> ㉧ 회계사, 세무사 등 전문자격사업
> ㉨ 전전년도 기준 복식부기의무자
> ㉩ 상품중개업
> ㉪ 전기ㆍ가스ㆍ증기 및 수도사업
> ㉫ 건설업(다만, 주로 최종소비자에게 직접 공급하는 사업으로서 기획재정부령으로 정하는 것은 제외)
> ㉬ 전문, 과학 및 기술서비스업과 사업시설관리, 사업지원 및 임대서비스업(다만, 주로 최종소비자에게 직접 공급하는 사업으로서 기획재정부령으로 정하는 것은 제외)

답 ④

「부가가치세법」상 간이과세에 대한 설명으로 옳지 않은 것은?

① 간이과세자는 면세농산물 등 매입에 대한 의제매입세액 공제는 적용하지 않는다.

② 휴업자·폐업자 및 과세기간 중 과세유형을 전환한 간이과세자에 대하여는 그 과세기간 개시일부터 휴업일·폐업일 및 과세유형 전환일까지의 공급대가의 합계액을 12개월로 환산한 금액을 기준으로 납세의무의 면제 여부를 판정하며, 이 경우 1개월 미만의 끝수가 있을 때에는 이를 1개월로 한다.

③ 신규로 사업을 시작하는 간이과세자로 하는 최초의 과세기간 중에 있는 자 또는 직전연도 공급대가의 합계액이 4,800만 원 미만인 간이과세자가 재화 또는 용역을 공급하는 경우 영수증을 교부하여야 하며, 상대방이 사업자등록증을 제시하고 세금계산서의 발급을 요구하는 경우에는 세금계산서를 발급할 수 있다.

④ 간이과세자가 일반과세자에 관한 규정을 적용받기 위하여 간이과세 포기신고를 한 경우에는 그 적용받으려는 달의 1일부터 3년이 되는 날이 속하는 과세기간까지는 일반과세자에 관한 규정을 적용받아야 한다.

05	간이과세

신규로 사업을 시작하는 간이과세자로 하는 최초의 과세기간 중에 있는 자 또는 직전연도 공급대가의 합계액이 4,800만 원 미만인 간이과세자는 거래상대방이 세금계산서 발급을 요구하는 경우에도 세금계산서를 발급할 수 없다.

답 ③

「부가가치세법」상 간이과세자에 대한 설명으로 옳지 않은 것은?

① 예정부과기간에 세금계산서를 발급한 간이과세자는 예정부과기간에 과세표준과 납부세액을 신고하여야 한다.

② 해당 과세기간의 공급대가가 4,800만 원 미만에 해당하는 간이과세자가 납부세액을 납부한 경우에도 환급하지 않는다.

③ 간이과세자가 다른 사업자로부터 세금계산서 등을 발급받아 매입처별 세금계산서합계표 또는 신용카드매출전표 등 수령명세서를 납세지 관할 세무서장에게 제출하는 경우에는 세금계산서등을 발급받은 재화와 용역의 공급대가에 0.5퍼센트를 곱한 금액을 해당 과세기간에 대한 납부세액에서 공제한다.

④ 신규로 사업을 시작하는 간이과세자로 하는 최초의 과세기간 중에 있는 자 또는 직전연도 공급대가의 합계액이 4,800만 원 미만인 간이과세자가 모든 거래에서 영수증을 교부하거나 교부받고 이를 보관한 때에는 기장의무를 이행한 것으로 본다.

06	간이과세

납부의무 면제에 해당 간이과세자가 납부한 납부세액은 환급하여야 한다.

답 ②

07 ☐☐☐

「부가가치세법」상의 일반과세자와 간이과세자에 대한 설명으로 옳지 않은 것은?

① 법인사업자는 간이과세자가 될 수 없다.

② 일반과세자의 경우에는 예정신고에 의한 부가가치세 납부제도가 있는 반면, 간이과세자의 경우에는 예정부과기간에 신고를 하는 경우는 없다.

③ 재화 또는 용역을 공급함에 있어 일반과세자는 세금계산서를 발급하는 것이 원칙이나 간이과세자는 직전연도의 공급대가의 합계액에 따라 세금계산서를 발급하지 않는 경우도 있다.

④ 사업자가 타인명의로 사업자등록을 함으로 인한 가산세는 간이과세자와 일반과세자 모두에게 적용된다.

08 ☐☐☐
2015년 9급

「부가가치세법」상 간이과세에 대한 설명으로 옳지 않은 것은?

① 간이과세자가 부동산매매업을 신규로 겸영하는 경우에는 해당 사업의 개시일이 속하는 과세기간의 다음 과세기간부터 간이과세자에 관한 규정을 적용하지 않는다.

② 간이과세자의 납부세액은 공급대가에 해당 업종별 부가가치율과 10퍼센트를 곱하여 계산하며, 둘 이상의 업종을 겸영하면 각각의 업종별로 계산한 금액의 합계액으로 한다.

③ 일반과세자가 간이과세자로 변경된 후 다시 일반과세자로 변경되는 경우에는 간이과세자로 변경된 때에 재고납부세액을 납부하지 않은 재고품 등에 대해서는 재고품 등의 신고와 재고매입세액공제에 관한 규정을 적용하지 않는다.

④ 일반과세자가 간이과세자로 변경되는 경우 재고매입세액을 납부세액에 가산하여 납부해야 하며, 가산대상은 매입세액을 공제받은 것으로서 변경 당시의 재고품 및 감가상각자산에 한한다.

07	간이과세

간이과세자도 예정부과기간에 신고를 할 수 있으며 세금계산서를 발급한 경우에는 신고를 하여야 한다.

답 ②

08	간이과세

재고매입세액공제 및 재고납부세액은 재고품 및 감가상각자산뿐만 아니라, 건설 중인 자산도 적용대상이다.

📄 **재고매입세액공제 및 재고납부세액 대상 자산**

과세유형이 변경되는 경우에는 그 변경되는 날 현재의 다음에 따른 재고품, 건설 중인 자산 및 감가상각자산이 계산대상이 된다. 다만, 매입세액공제대상이 아닌 것은 제외한다.
㉠ 재고품: 상품, 제품(반제품 및 재공품 포함), 재료(부재료 포함)
㉡ 건설 중인 자산
㉢ 감가상각자산(건물 및 구축물의 경우에는 취득 · 건설 또는 신축 후 10년 이내의 것, 기타의 감가상각자산의 경우에는 취득 또는 제작 후 2년 이내의 것에 한함)

답 ④

IV

법인세법

01 총칙

KEYWORD 45 「법인세법」 총칙

01 □□□
2016년 9급

「법인세법」상 법인 및 과세소득에 대한 설명으로 옳지 않은 것은?

① 외국의 정부는 비영리외국법인에 해당한다.
② 신탁재산에 귀속되는 소득에 대해서 그 신탁의 이익을 받을 수익자가 있는 경우에도 그 신탁의 위탁자를 납세의무자로 한다.
③ 「민법」 제32조에 따라 설립된 법인으로서 국내에 주사무소를 둔 법인은 비영리내국법인에 해당한다.
④ 비영리내국법인이 신주인수권의 양도로 생기는 수입에 대하여는 법인세를 부과한다.

| 01 | 「법인세법」 총칙 |

신탁재산에 귀속되는 소득에 대해서 신탁의 이익을 받을 수익자가 있는 경우에는 그 수익자를 납세의무자로 한다. 다만, 수익자가 특별히 정해지지 아니하거나 존재하지 아니한 경우 또는 위탁자가 신탁을 통제·지배하는 등의 경우에는 위탁자가 법인세를 납부해야 한다.

답 ②

02 □□□
2008년 9급

다음 「법인세법」과 관련된 내용 중 옳지 않은 것으로만 묶어진 것은?

ㄱ. 내국법인은 국내에 본점·주사무소 또는 사업의 실질적 관리장소가 있는 법인이다.
ㄴ. 법인세의 사업연도는 원칙적으로 1년을 초과할 수 없다.
ㄷ. 법인세 과세표준의 신고는 각 사업연도 종료일로부터 3개월 이내에 하여야 한다.
ㄹ. 영리목적 유무에 불구하고 모든 내국법인은 청산소득에 대하여 법인세 납세의무가 있다.
ㅁ. 비영리내국법인도 법령이 정한 수익사업에 대하여는 각 사업연도소득에 대한 법인세 납세의무가 있다.
ㅂ. 법인이 법령이 정하는 비사업용 토지를 양도한 경우에는 각 사업연도소득에 대한 법인세에 추가하여 토지 등 양도소득에 대한 법인세를 납부하여야 한다.

① ㄱ, ㄷ, ㄹ
② ㄴ, ㄷ, ㅁ
③ ㄷ, ㄹ, ㅁ
④ ㄷ, ㄹ

| 02 | 「법인세법」 총칙 |

ㄷ, ㄹ이 옳지 않은 내용이다.
ㄷ. 납세의무가 있는 법인은 각 사업연도 종료일이 속하는 달의 말일부터 3월 이내에 해당 사업연도의 소득에 대한 법인세의 과세표준과 세액을 납세지 관할 세무서장에게 신고하여야 한다.
ㄹ. 청산소득에 대해서는 내국영리법인만이 납세의무를 진다.

📋 **납세의무자**

구분		각 사업 연도소득	토지 등 양도소득	청산소득
내국	영리법인	국내외 + 모든소득	과세	과세
	비영리법인	국내외 + 수익사업	과세	×
외국	영리법인	국내 + 모든소득	과세	×
	비영리법인	국내 + 수익사업	과세	×

* 국가, 지방자치단체, 지방자치단체조합: 비과세
* 외국 정부·지방자치단체: 외국비영리법인
* 법인으로 보는 단체: 비영리내국법인

답 ④

03 □□□

현행 「법인세법」상 법인세에 대한 다음 설명 중 옳은 것은?

① 영리내국법인만 청산소득에 대한 법인세 납세의무를 진다.

② 외국정부나 외국지방자치단체도 비과세법인이다.

③ 외국법인은 토지 등 양도소득에 대한 법인세 납세의무가 없다.

④ 법인의 사업연도는 1년을 초과할 수 있다.

⑤ 내국법인의 최초 사업연도 개시일은 사업을 시작한 날이다.

KEYWORD 46 납세의무자

04 □□□

「법인세법」상 납세의무에 대한 설명으로 옳은 것은?

① 신탁재산에 귀속되는 소득은 그 신탁의 이익을 받을 수익자가 그 신탁재산을 가진 것으로 보고 「법인세법」을 적용한다.

② 연결납세방식을 적용받는 연결법인의 경우에는 각 연결법인의 토지 등 양도소득과 미환류소득에 대한 법인세를 연대하여 납부할 의무가 없다.

③ 중소기업이 등기된 비사업용 토지를 양도한 경우에는 토지 등 양도소득에 대한 법인세를 납부할 의무가 없다.

④ 외국법인과 「소득세법」에 따른 비거주자를 제외하고 내국법인 및 「소득세법」에 따른 거주자는 「법인세법」에 따라 원천징수하는 법인세를 납부할 의무가 있다.

03	「법인세법」 총칙

(선지분석)

② 외국정부나 지방자치단체는 비영리외국법인에 해당된다.

③ 토지 등 양도소득에 대해서는 영리법인과 비영리법인, 내국법인과 외국법인 모두 납세의무가 있다.

④ 법인의 사업연도는 1년을 초과할 수 없다.

⑤ 내국법인의 최초의 사업연도 개시일은 법인의 설립등기일이다.

답 ①

04	납세의무자

(선지분석)

② 연결법인은 각 연결사업연도의 소득에 대한 법인세(연결법인의 토지 등 양도소득과 미환류소득에 대한 법인세를 포함)를 연대하여 납부할 의무가 있다.

③ 중소기업도 비사업용 토지를 양도하는 경우에는 토지 등 양도소득에 대한 법인세 규정은 적용한다.

④ 내국법인 및 외국법인과 「소득세법」에 따른 거주자 및 비거주자는 「법인세법」에 따라 원천징수하는 법인세를 납부할 의무가 있다.

답 ①

05 ☐☐☐

신탁계약에 적용되는 소득세와 법인세 납세의무에 대한 설명으로 옳지 않은 것은?

① 법인과세 신탁재산이 수익자에게 배당한 경우(수익자에 대하여 배당에 대한 소득세 또는 법인세가 비과세되는 경우임)에는 그 금액을 해당 배당을 결의한 잉여금 처분의 대상이 되는 사업연도의 소득금액에서 공제한다.

② 수익자가 특별히 정하여지지 아니한 신탁의 경우에는 신탁재산에 귀속되는 소득에 대하여 그 신탁의 위탁자가 법인세를 납부할 의무가 있다.

③ 「신탁법」에 따른 수익증권발행신탁으로서 수익자가 둘 이상이고, 위탁자가 신탁재산을 실질적으로 지배·통제하지 않는 신탁(「자본시장과 금융투자업에 관한 법률」에 따른 투자신탁 제외)의 경우에는 신탁재산에 귀속되는 소득에 대하여 신탁계약에 따라 그 신탁의 수탁자(내국법인 또는 거주자인 경우에 한정함)가 법인세를 납부할 수 있다.

④ 신탁재산에 귀속되는 소득은 수익자에게 귀속되는 것으로 보고 수익자를 소득세 납세의무자로 한다. 다만 위탁자가 신탁재산을 실질적으로 통제하는 경우에는 신탁재산에 귀속되는 소득은 위탁자에게 귀속되는 것으로 보고 위탁자를 소득세 납세의무자로 한다.

06 ☐☐☐

「법인세법」상 납세의무자에 대한 설명으로 옳지 않은 것은?

① 영리내국법인은 각사업연도 소득(국내외 원천소득), 청산소득, 토지 등 양도소득에 대한 법인세납세의무가 있다.

② 비영리내국법인은 국내원천소득 중 일정한 수익사업에서 발생한 소득과 청산소득에 대한 법인세 납세의무가 있다.

③ 영리외국법인은 각사업연도 소득(국내원천소득), 토지 등 양도소득에 대한 법인세 납세의무가 있다.

④ 국가 및 지방자치단체에 대하여는 법인세를 부과하지 않는다.

05	납세의무자

배당에 대한 소득세 또는 법인세가 비과세되는 경우에는 법인과세 신탁재산에 대한 소득공제를 적용하지 않는다.

답 ①

06	납세의무자

비영리내국법인은 국내외원천소득 중 일정한 수익사업에서 발생한 소득과 토지 등 양도소득에 대한 법인세 납세의무가 있다.

답 ②

법인세 납세의무의 범위에 대한 설명으로 옳지 않은 것은?

① 영리내국법인은 국외원천소득에 대하여 각 사업연도의 소득에 대한 법인세 납세의무를 지는 반면, 영리외국법인은 국외원천소득에 대하여 각사업연도의 소득에 대한 법인세 납세의무를 지지 아니한다.

② 영리내국법인은 청산소득에 대한 법인세의 납세의무를 지는 반면, 비영리내국법인은 청산소득에 대한 법인세의 납세의무를 지지 아니한다.

③ 내국법인은 물론 외국법인도 토지 등 양도소득에 대한 법인세의 납세의무를 진다.

④ 우리나라의 국가 또는 지방자치단체와 외국의 정부 또는 지방자치단체는 비과세법인이다.

---

07 납세의무자

외국의 정부·지방자치단체는 비영리외국법인에 해당하므로, 국내원천소득 중 수익사업에서 생기는 소득과 토지 등 양도소득에 대하여 법인세 납세의무를 진다.

답 ④

「법인세법」상 납세의무 및 과세소득의 범위에 대한 설명으로 옳지 않은 것은?

① 내국법인 중 국가 및 지방자치단체에 대하여는 법인세를 부과하지 않는다.

② 외국법인의 청산소득에 대해서는 법인세를 부과하지 않는다.

③ 외국법인은 「법인세법」에 의하여 원천징수하는 법인세를 납부할 의무가 있다.

④ 비영리내국법인의 청산소득에 대해서는 법인세를 부과한다.

---

08 납세의무자

「법인세법」상 청산소득에 대해서는 내국영리법인만이 납세의무를 진다.

답 ④

09 ☐☐☐

「법인세법」상 납세의무자에 대한 설명으로 옳은 것은 모두 몇 개인가?

> ㄱ. 영리외국법인은 토지 등 양도소득에 대한 법인세 납세의무는 있지만 청산소득에 대한 법인세 납세의무는 없다.
> ㄴ. 비영리외국법인은 국내원천소득 중 수익사업에서 생기는 소득에 대해 법인세 납세의무가 있다.
> ㄷ. 비영리내국법인은 토지 등 양도소득에 대한 법인세 납세의무는 있지만 미환류소득에 대한 법인세 납세의무는 없다.
> ㄹ. 연결법인은 각 연결사업연도의 소득에 대한 법인세(각 연결법인의 토지 등 양도소득에 대한 법인세와 미환류소득에 대한 법인세 포함)를 연대하여 납부할 의무가 있다.
> ㅁ. 외국의 정부 및 지방자치단체는 비과세법인에 해당하므로 법인세 납세의무가 없다.

① 2개
② 3개
③ 4개
④ 5개

KEYWORD 47 납세지

10 ☐☐☐

「법인세법」상 납세지에 대한 설명으로 옳은 것은?

① 내국법인의 본점 등의 소재지가 등기된 주소와 동일하지 아니한 경우 관할 지방국세청장이나 국세청장은 그 법인의 납세지를 지정할 수 있다.
② 납세지가 변경된 법인이 「부가가치세법」의 규정에 의하여 그 변경된 사실을 신고한 경우에도 「법인세법」의 규정에 의한 변경신고를 하여야 한다.
③ 「법인세법」에 대한 원천징수의무자가 거주자인 경우 원천징수한 법인세의 납세자는 사업장의 유무에 상관없이 당해 거주자의 주소지 또는 거소지로 한다.
④ 법인으로 보는 단체의 납세지는 관할 지방국세청장이 지정하는 장소로 한다.

09	납세의무자

옳은 것은 4개(ㄱ, ㄴ, ㄷ, ㄹ)이다.

(선지분석)

ㅁ. 외국의 정부 및 지방자치단체는 외국비영리법인에 해당되므로, 법인세 납세의무가 있다.

답 ③

10	납세지

(선지분석)

② 납세지가 변경된 법인이 「부가가치세법」의 규정에 의하여 그 변경된 사실을 신고한 경우에는 「법인세법」의 규정에 의한 변경신고를 한 것으로 본다.
③ 「법인세법」에 대한 원천징수의무자가 거주자인 경우 원천징수한 법인세의 납세지는 거주자의 주된 사업장의 소재지로 하되 사업장이 없는 경우에 당해 거주자의 주소지 또는 거소지로 한다.
④ 법인으로 보는 법인 아닌 단체는 단체의 사업장 소재지를 납세지로 한다.

> 📑 **법인으로 보는 법인 아닌 단체**
> ㉠ 단체의 사업장 소재지를 납세지로 하되, 주된 소득이 부동산임대소득인 단체의 경우에는 그 부동산 소재지를 납세지로 한다. 다만, 둘 이상의 사업장 또는 부동산을 가지고 있는 단체의 경우에는 주된 사업장 또는 주된 부동산 소재지*로 한다.
> ㉡ 사업장이 없는 단체의 경우는 단체의 정관 등에 기재된 주사무소의 소재지로 한다. 다만, 정관 등에 주사무소에 관한 규정이 없는 경우에는 그 대표자 또는 관리인의 주소지로 한다.
> * 주된사업장 또는 주된 부동산의 소재지란 직전 사업연도의 사업수입금액이 가장 많은 사업장 또는 부동산 소재지를 말한다.

답 ①

11 □□□

「법인세법」 총칙에 관한 설명으로 옳지 않은 것은?

① 「국세기본법」상 법인으로 보는 법인 아닌 단체는 수익사업에서 생긴 소득과 토지 등 양도소득에 대한 법인세를 납부할 의무가 있다.

② 신탁재산에 귀속되는 소득은 그 신탁의 이익을 받을 수익자가 그 신탁재산을 가진 것으로 보고 「법인세법」을 적용한다.

③ 사업연도가 변경된 경우 종전 사업연도 개시일부터 변경된 사업연도 개시일의 전날의 기간이 1개월 이하인 경우에는 이를 변경된 사업연도에 포함한다.

④ 법인의 납세지가 변경된 경우 그 변경된 날로부터 15일 이내에 변경 후의 납세지 관할 세무서장에게 신고하여야 한다.

12 □□□

「법인세법」상 사업연도에 대한 설명으로 옳지 않은 것은?

① 사업연도는 법령이나 법인의 정관 등에서 정하는 1회계기간으로 한다. 다만, 그 기간은 1년을 초과하지 못한다.

② 국내사업장이 없는 외국법인으로서 부동산 운영으로 인하여 발생한 소득 또는 국내 자산의 양도소득이 있는 법인은 따로 사업연도를 정하여 그 소득이 최초로 발생하게 된 날부터 3개월 이내에 납세지 관할 세무서장에게 사업연도를 신고하여야 한다.

③ 사업연도를 변경하려는 법인은 그 법인의 직전 사업연도 종료일부터 3개월 이내에 법령으로 정하는 바에 따라 납세지 관할 세무서장에게 이를 신고하여야 한다.

④ 내국법인이 사업연도 중에 연결납세방식을 적용받는 경우에는 그 사업연도 개시일부터 연결사업연도 개시일의 전날까지의 기간을 1사업연도로 본다.

11	사업연도

사업연도를 변경하여 종전 사업연도 개시일부터 변경된 사업연도 개시일의 전날의 기간이 1개월 미만인 경우에는 이를 변경된 사업연도에 포함한다. 즉, 1개월 이하가 아니라 1개월 미만에 해당된다.

📄 사업연도 변경

㉠ 사업연도를 변경하려는 법인은 그 법인의 직전 사업연도 종료일부터 3개월 이내에 납세지 관할 세무서장에게 신고하여야 하며, 기한 내에 신고를 하지 않은 경우에는 그 법인의 사업연도는 변경되지 않은 것으로 본다.

㉡ 법령에 따라 사업연도가 정하여지는 법인의 경우 관련 법령의 개정에 따라 사업연도가 변경된 경우에는 변경신고를 하지 아니한 경우에도 그 법령의 개정 내용과 같이 사업연도가 변경된 것으로 본다.

㉢ 사업연도가 변경된 경우에는 종전의 사업연도 개시일부터 변경된 사업연도 개시일 전날까지의 기간을 1사업연도로 한다. 다만, 그 기간이 1개월 미만인 경우에는 변경된 사업연도에 그 기간을 포함한다.

㉣ 신설법인의 경우에는 최초사업연도가 경과하기 전에는 사업연도를 변경할 수 없다.

㉤ 사업연도변경신고서를 직전 사업연도 종료일 이전에 제출한 경우에도 적법한 변경신고로 본다.

답 ③

12	사업연도

국내사업장이 없는 외국법인으로서 부동산 운영으로 인하여 발생한 소득 또는 국내 자산의 양도소득이 있는 법인은 따로 사업연도를 정하여 그 소득이 최초로 발생하게 된 날부터 1개월 이내에 납세지 관할 세무서장에게 사업연도를 신고하여야 한다.

📄 사업연도

원칙	㉠ 법령이나 법인의 정관 등에서 정하는 1회계기간으로 함 ㉡ 다만, 그 기간은 1년을 초과할 수 없음
예외	㉠ 법령이나 정관에 규정이 없는 경우: 법인설립신고시(국내사업장이 있는 외국법인은 국내사업장 설치신고) 또는 사업자등록과 함께 납세지 관할 세무서장에게 사업연도를 신고하여야 함 ㉡ ㉠의 신고도 없는 경우: 매년 1월 1일부터 12월 31일까지를 사업연도로 함
특례	㉠ 외국법인이 국내사업장을 가지게 되었을 때에는 그 날부터 2개월 이내에 납세지 관할 세무서장에게 국내사업장설치신고를 하여야 함 ㉡ 국내사업장이 없는 외국법인으로 부동산소득 또는 양도소득이 있는 법인은 따로 사업연도를 정하여 그 소득이 최초로 발생하게 된 날부터 1개월 이내에 납세지 관할 세무서장에게 신고하여야 함

답 ②

13 □□□

「법인세법」상 사업연도에 대한 설명으로 옳지 않은 것은?

① 사업연도의 변경시 종전 사업연도의 개시일부터 변경된 사업연도의 개시일 전일까지의 기간에 대하여는 이를 1사업연도로 하되, 그 기간이 1월 미만인 경우에는 변경된 사업연도에 이를 포함한다.

② 사업연도를 변경하고자 하는 법인이 신고기한이 경과한 후에 변경신고를 한 경우에는 변경신고가 없는 것으로 본다.

③ 내국법인(법인으로 보는 법인 아닌 단체를 제외함)의 최초사업연도 개시일은 설립등기일로 한다.

④ 최초사업연도의 개시일 전에 생긴 손익을 사실상 그 법인에 귀속시킨 것이 있는 경우 조세포탈의 우려가 없을 때에는 최초사업연도의 기간이 1년을 초과하지 않는 범위 내에서 이를 당해 법인의 최초사업연도의 손익에 산입할 수 있다. 이 경우 최초사업연도의 개시일은 당해 법인에 귀속시킨 손익이 최초로 발생한 날로 본다.

13	사업연도

변경신고기한을 경과하여 신고하면 그 사업연도에는 변경되지 않으나 그 다음 사업연도부터는 변경된 사업연도를 적용한다.

답 ②

14 □□□

「법인세법」상 사업연도에 대한 설명으로 옳지 않은 것은?

① 법령이나 정관 등에 사업연도에 관한 규정이 없는 내국법인은 따로 사업연도를 정하여 법인 설립신고 또는 사업자등록과 함께 납세지 관할 세무서장에게 사업연도를 신고하여야 한다.

② 사업연도를 변경하려는 법인은 그 법인의 직전 사업연도 종료일부터 6개월 이내에 납세지 관할 세무서장에게 신고하여야 한다.

③ 내국법인이 사업연도 중에 파산으로 인하여 해산한 경우에는 그 사업연도 개시일부터 파산등기일까지의 기간과 파산등기일 다음 날부터 그 사업연도 종료일까지의 기간을 각각 1사업연도로 본다.

④ 청산 중에 있는 내국법인의 잔여재산의 가액이 사업연도 중에 확정된 경우에는 그 사업연도 개시일부터 잔여재산의 가액이 확정된 날까지의 기간을 1사업연도로 본다.

14	사업연도

사업연도를 변경하려는 법인은 그 법인의 직전 사업연도 종료일부터 3개월 이내에 납세지 관할 세무서장에게 신고하여야 한다.

📋 사업연도의제

㉠ 해산(합병·분할에 따른 해산 제외)
  ⓐ 원칙: 사업연도 개시일부터 해산등기일(파산등기일)까지, 해산등기일(파산등기일)의 다음 날부터 사업연도 종료일까지
  ⓑ 청산 중에 잔여재산가액이 확정되는 경우: 사업연도 개시일부터 잔여재산가액확정일까지
  ⓒ 청산 중에 사업을 계속하는 경우: 사업연도 개시일부터 계속등기일까지, 계속등기일의 다음 날부터 사업연도 종료일까지

㉡ 합병·분할에 따른 해산: 사업연도 개시일부터 합병등기일·분할등기일까지

㉢ 연결납세방식을 적용받는 경우: 사업연도 개시일부터 연결사업연도 개시일의 전날까지

㉣ 「상법」 등에 따른 조직변경: 조직변경 전의 사업연도가 계속되는 것으로 봄

㉤ 외국법인이 국내사업장을 가지지 않게 된 경우: 사업연도 개시일부터 국내사업장을 가지지 않게 된 날까지(다만, 국내 다른 사업장을 가지고 있는 경우는 제외)

㉥ 국내사업장이 없는 외국법인이 부동산소득 또는 부동산 등 양도소득이 없다고 신고한 경우: 사업연도 개시일부터 그 신고일까지

㉦ 설립무효·설립취소 판결을 받은 경우: 사업연도 개시일부터 확정판결일까지

답 ②

15 □□□

「법인세법」상 사업연도에 대한 설명으로 옳지 않은 것은?

① 법령이나 정관 등에 사업연도에 관한 규정이 없는 내국법인은 따로 사업연도를 정하여 「법인세법」에 따른 법인 설립신고 또는 사업자등록과 함께 납세지 관할 세무서장에게 사업연도를 신고하여야 한다.

② 내국법인이 사업연도 중에 합병에 따라 해산한 경우에는 그 사업연도 개시일부터 합법등기일 전날까지의 기간을 그 해산한 법인의 1사업연도로 본다.

③ 내국법인이 사업연도 중에 연결납세방식을 적용받는 경우에는 그 사업연도 개시일부터 연결사업연도 개시일의 전날까지의 기간을 1사업연도로 본다.

④ 국내사업장이 있는 외국법인이 사업연도 중에 그 국내사업장을 가지지 아니하게 된 경우(단, 국내에 다른 사업장을 계속하여 가지고 있는 경우는 제외)에는 그 사업연도 개시일부터 그 사업장을 가지지 아니하게 된 날까지의 기간을 그 법인의 1사업연도로 본다.

15	사업연도

내국법인이 사업연도 중에 합병으로 해산하는 경우에는 사업연도 개시일부터 합병등기일까지를 1사업연도로 본다.

답 ②

02 소득처분

01 ☐☐☐
2021년 9급

법인세법령상 소득처분에 대한 설명으로 옳지 않은 것은?

① 익금에 산입한 금액이 사외에 유출된 것이 분명한 경우에 귀속자가 사업을 영위하는 거주자이면 기타사외유출로 처분한다(다만, 그 분여된 이익이 거주자의 사업소득을 구성하는 경우에 한함).

② 채권자가 불분명한 사채의 이자에 대한 원천징수세액은 기타사외유출로 처분한다.

③ 익금에 산입한 금액에 대한 소득처분은 비영리외국법인에 대해서는 적용되지 않는다.

④ 외국법인의 국내사업장의 각 사업연도의 소득에 대한 법인세의 과세표준을 신고하거나 결정 또는 경정함에 있어서 익금에 산입한 금액이 그 외국법인 등에 귀속되는 소득은 기타사외유출로 처분한다.

02 ☐☐☐
2014년 9급

「법인세법」상 소득처분에 대한 설명으로 옳지 않은 것은?

① 외국법인의 국내사업장의 각 사업연도소득에 대한 법인세의 과세표준을 신고하거나 결정 또는 경정함에 있어서 익금에 산입한 금액이 그 외국법인 등에 귀속되는 소득은 기타사외유출로 소득처분한다.

② 익금에 산입할 금액이 사외에 유출된 것이 분명한 경우에 그 귀속자가 사업을 영위하는 개인의 경우에는 상여로 처분한다.

③ 법인세를 납부할 의무가 있는 비영리내국법인과 비영리외국법인에 대하여도 소득처분에 관한 규정을 적용한다.

④ 익금에 산입한 금액의 귀속자가 임원 또는 직원인 경우에는 그 귀속자에 대한 상여로 처분한다.

01	소득처분

소득처분은 비영리외국법인에게도 적용된다.

답 ③

02	소득처분

익금에 산입할 금액이 사외에 유출된 것이 분명한 경우에 그 귀속자가 사업을 영위하는 개인의 경우에는 기타사외유출로 처분한다.

📄 사외유출의 소득처분

귀속자	소득처분	원천징수	소득세 귀속시기
주주	배당	○	결산확정일
임원, 직원	상여	○	근로제공일
법인, 개인사업자, 국가 등	기타사외유출	×	–
그 외	기타소득	○	결산확정일

㉠ 출자임원, 출자직원: 상여
㉡ 출자법인: 기타사외유출
㉢ 임직원이 개인사업자: 기타사외유출
※ 외국법인·비거주자의 국내사업장 소득을 구성하는 경우에는 기타사외유출로 처리하고 국외사업장 소득을 구성하는 경우에는 배당 또는 기타소득으로 처분함

답 ②

03 □□□

「법인세법」상 소득처분에 관한 설명으로 옳지 않은 것은?

① 사외유출이란 손금산입·익금불산입한 금액에 대한 소득처분으로 그 금액이 법인 외부로 유출된 것이 명백한 경우 유출된 소득의 귀속자에 대하여 관련되는 소득세를 징수하기 위하여 행한다.

② 세무조정으로 증가된 소득의 귀속자가 국가·지방자치단체인 경우 기타사외유출로 소득처분하고 그 귀속자에 대하여 소득세를 과세하지 않는다.

③ 당기에 유보로 소득처분된 세무조정사항이 발생하게 되면 당기 이후 추인될 때까지 이를 자본금과 적립금 조정명세서(을)에서 사후관리하여야 한다.

④ 손금산입·익금불산입으로 세무조정한 금액 중 △유보가 아닌 것은 기타로 소득처분하며 별도로 사후관리하지 아니한다.

---

04 □□□

「법인세법」상 소득처분에 대한 설명으로 옳은 것은?

① 배당, 상여 및 기타사외유출로 소득처분을 하는 경우 당해 소득처분을 하는 법인에게는 원천징수의무가 있다.

② 업무무관자산에 대한 지급이자의 손금불산입액은 기타사외유출로 소득처분한다.

③ 채권자가 불분명한 사채이자에 대한 원천징수세액 상당액은 상여로 소득처분한다.

④ 익금산입한 금액의 귀속자가 법인의 출자임원인 경우에는 그 귀속자에 대한 배당으로 소득처분한다.

03	소득처분

사외유출이란 익금산입·손금불산입한 금액에 대한 소득처분으로 그 금액이 법인 외부로 유출된 것이 명백한 경우 유출된 소득의 귀속자에 대하여 관련되는 소득세 등을 징수하기 위하여 행한다. 즉, 사외유출은 가산조정에 한하여 적용된다.

답 ①

04	소득처분

(선지분석)

① 배당, 상여 및 기타소득으로 소득처분하는 경우 당해 소득처분을 하는 법인에게는 원천징수의무가 있다.

③ 채권자가 불분명한 사채이자에 대한 원천징수세액 상당액은 기타사외유출로 소득처분한다.

④ 익금산입한 금액의 귀속자가 법인의 출자임원인 경우에는 그 귀속자에 대한 상여로 소득처분한다.

답 ②

다음 중 결산조정과 신고조정에 관한 설명으로 옳지 않은 것은?

① 파손·부패로 인한 재고자산 평가차손의 손금산입은 결산조정사항이다.
② 일시상각충당금은 본래 결산조정사항이나, 신고조정도 허용된다.
③ 「상법」에 따른 소멸시효가 완성된 외상매출금 및 미수금의 손금산입은 결산조정사항이다.
④ 대손충당금의 손금산입은 결산조정사항이다.

결산과정에 반영하여 손금인정을 받는 방법인 결산조정으로만 손금산입이 가능한 항목으로 옳은 것은?

① 확정급여형 퇴직연금의 손금산입
② 국고보조금으로 취득한 사업용 자산가액의 손금산입
③ 고유목적사업준비금의 손금산입
④ 부도발생일로부터 6월 이상 경과한 수표 또는 어음상의 채권에 대한 대손금의 손금산입

05	소득처분

「상법」에 따른 소멸시효가 완성된 외상매출금 및 미수금의 손금산입은 신고조정사항이다.

📑 결산조정사항

결산조정	비고
㉠ 대손충당금	㉠ 퇴직연금충당금은 강제신고조정
㉡ 퇴직급여충당금	㉡ 감가상각비의제는 강제신고조정
㉢ 일시상각충당금(압축기장충당금)	㉢ 대손금 신고조정사유의 경우 강제신고조정
㉣ 구상채권충당금	㉣ 업무용승용차감가상각비 강제신고조정(2016.1.1.이후 취득분)
㉤ 「조세특례제한법」상 준비금, 「법인세법」상 준비금	㉤ 한국채택국제회계기준적용 내국법인의 유형자산과 내용연수가 비한정인 무형자산의 감가상각비는 임의신고조정
㉥ 감가상각비	
㉦ 천재지변, 화재, 수용, 폐광으로 인한 유형자산 평가차손	
㉧ 파손·부패 재고자산 평가차손	
㉨ 주식 등을 발행법인이 부도, 파산 등으로 인한 주식의 평가차손 (1,000원 제외)	
㉩ 시설개체·기술낙후 생산설비 폐기손실(1,000원 제외)	
㉪ 대손금	

답 ③

06	소득처분

(선지분석)
① 신고조정에 해당된다.
②, ③ 결산조정에 해당되나 신고조정을 허용하는 임의신고조정에 해당된다.

📑 임의신고조정사항

이익처분이 필요한 경우	이익처분이 필요하지 않은 경우
㉠ 회계감사대상 비영리법인의 고유목적사업준비금	㉠ 일시상각충당금(압축기장충당금)
㉡ IFRS 법인의 비상위험준비금	㉡ IFRS 법인으로 유형자산과 무형자산의 감가상각비
㉢ IFRS 법인의 구상채권상각충당금	
㉣ 「조세특례제한법」상 준비금	

답 ④

07 □□□

법인세법령상 결산서에 비용으로 계상하지 않고도 손금산입이 가능한 것은? (단, 세무조정에 따른 손금산입요건은 충족된 것으로 가정함)

① 내국법인이 각 사업연도에 외상매출금·대여금, 그 밖에 이에 준하는 채권에 대손에 충당하기 위하여 계상한 대손충당금
② 「주식회사의 외부감사에 관한 법률」에 따른 감사인의 회계감사를 받는 비영리내국법인의 고유목적사업준비금
③ 주식을 발행한 법인이 파산한 경우 해당 주식에 대한 평가손실
④ 내국법인이 보유하는 유형자산이 천재지변으로 파손되어 그 자산의 장부가액을 사업연도 종료일 현재의 시가로 평가함으로써 발생하는 평가차손

07	소득처분

외부감사를 받는 비영리내국법인의 경우는 기업회계기준을 준수해야 하므로 고유목적사업준비금을 계상할 수 없다. 따라서 외부감사를 받는 비영리법인의 고유목적사업준비금은 임의신고조정에 해당된다.

답 ②

08 □□□

「법인세법」상 법인의 세무조정시 소득처분 유형이 다른 것은?

① 접대비 한도초과액
② 법인이 법령의 규정에 의한 특수관계인인 개인으로부터 시가에 미달하게 매입한 유가증권의 시가와 매입가액과의 차액
③ 채권자불분명 사채이자 중 원천징수세액에 상당하는 금액
④ 추계결정 이외의 경우로서 임대보증금에 대한 간주익금의 익금산입액

08	소득처분

법인이 법령의 규정에 의한 특수관계인인 개인으로부터 시가에 미달하게 매입한 유가증권의 시가와 매입가액과의 차액에 대해서는 유보로 소득처분한다.

선지분석
①, ③, ④ 기타사외유출로 소득처분한다.

> **📄 무조건 기타사외유출**
> ㉠ 사외유출 중 귀속이 불분명하거나 추계로 인하여 대표자 상여 처분된 경우 처분에 따른 소득세를 법인이 대납하고 손비로 계상하거나 특수관계가 소멸할 때까지 회수하지 아니함에 따라 익금에 산입한 금액
> ㉡ 자본거래로 인한 특수관계인에게 이익을 분여한 경우 부당행위계산부인으로 익금에 산입된 금액이 증여세가 과세된 금액
> ㉢ 외국법인의 국내사업장의 법인세의 과세표준을 신고하거나 결정 또는 경정시 익금에 산입한 금액이 그 외국법인 등에 귀속되는 소득
> ㉣ 기부금 한도초과액
> ㉤ 적격증빙서류 미수취 접대비와 접대비 한도초과액
> ㉥ 채권자불분명 사채이자와 지급받은 자가 불분명한 채권·증권의 이자 중 원천징수 상당액
> ㉦ 임대보증금의 간주익금

답 ②

「법인세법」상 소득처분에 관한 설명으로 옳은 것은?

① 임대보증금 등의 간주익금은 귀속자를 묻지 않고 반드시 유보로 처분하여야 한다.

② 사외로 유출된 금액의 귀속이 불분명하여 대표자에게 상여로 처분한 후, 이에 대한 소득세를 당해 법인이 대납하고 이를 당해 법인의 손비로 계상한 경우에는 이를 손금불산입하고 기타사외유출로 처분한다.

③ 일반기부금의 한도초과액은 손금불산입 기타로 처분한다.

④ 손금불산입한 채권자가 불분명한 사채의 이자에 대한 원천징수세액 상당액은 상여로 처분한다.

「법인세법」상 소득처분에 관한 설명으로 옳은 것은?

① 사외유출된 금액의 귀속이 불분명하여 대표자에 대한 상여로 처분한 경우 당해 법인이 그 처분에 따른 소득세 등을 대납하고 이를 손비로 계상함에 따라 익금에 산입한 금액에 대하여는 기타사외유출로 소득처분한다.

② 익금산입한 금액의 귀속자가 법인의 임원인 경우에는 그 귀속자에 대한 배당으로 처분한다.

③ 귀속자가 법인이거나 사업을 영위하는 개인인 경우에는 그 귀속자에 대한 상여로 처분한다.

④ 배당이나 상여로 소득처분한 경우에는 법인의 원천징수의무가 있으나, 기타소득으로 소득처분한 경우에는 법인의 원천징수의무가 없다.

09	소득처분

(선지분석)

① 추계의 경우가 아닌 임대보증금 등의 간주익금은 귀속자를 묻지 않고 반드시 기타사외유출로 처분하여야 한다.

③ 일반기부금 한도초과액의 손금불산입액은 기타사외유출로 처분한다.

④ 손금불산입한 채권자가 불분명한 사채의 이자에 대한 원천징수세액 상당액은 기타사외유출로 처분하고, 채권자불분명 사채이자에서 원천징수세액을 제외한 금액에 대해서는 대표자 상여로 처분한다.

답 ②

10	소득처분

(선지분석)

② 익금산입한 금액의 귀속자가 법인의 임원인 경우에는 그 귀속자에 대한 상여로 처분한다.

③ 귀속자가 법인이거나 사업을 영위하는 개인인 경우에는 그 귀속자에 대한 기타사외유출로 처분한다.

④ 배당·상여 및 기타소득으로 소득처분한 경우에는 법인의 원천징수의무가 있다.

답 ①

(주)독도의 다음과 같은 제9기(2023.1.1. ~ 12.31.) 법인세 세무조정 자료를 이용하여 제9기 자본금과 적립금조정명세서 (을)상 세무조정 유보소득 기말잔액의 합계액을 계산하면? [단, 제8기 자본금과 적립금조정명세서(을)상 세무조정 유보소득 기말잔액의 합계액은 2,000원이다]

<제9기 세무조정 자료>
(단위: 원)

익금산입 및 손금불산입	손금산입 및 익금불산입
1. 법인세 비용: 3,500 2. 접대비 한도초과액: 1,300 3. 감가상각비 한도초과액: 2,200 4. 대손충당금 한도초과액: 800	1. 국고보조금의 손금산입 (일시상각충당금): 1,500 2. 일반기부금 한도초과이월액의 손금산입액: 900 3. 전기오류수정손실(전기이월이익잉여금을 수정함)로 계상한 감가상각비: 500

① 2,600원
② 3,500원
③ 4,300원
④ 4,800원

법인세법령상 내국법인의 소득처분에 대한 설명으로 옳지 않은 것은?

① 대표자가 2명 이상인 법인에서 익금에 산입한 금액이 사외에 유출되고 귀속이 불분명한 경우에는 사실상의 대표자에게 귀속된 것으로 본다.

② 익금에 산입한 금액이 사외에 유출되지 아니한 경우에는 사내유보로 처분한다.

③ 세무조사가 착수된 것을 알게 된 경우로 경정이 있을 것을 미리 알고 법인이 「국세기본법」 제45조의 수정신고 기한 내에 매출누락 등 부당하게 사외유출된 금액을 익금에 산입하여 신고하는 경우의 소득처분은 사내유보로 한다.

④ 사외유출된 금액의 귀속자가 불분명하여 대표자에게 귀속된 것으로 보아 대표자에 대한 상여로 처분한 경우 해당 법인이 그 처분에 따른 소득세를 대납하고 이를 손비로 계상함에 따라 익금에 산입한 금액은 기타사외유출로 처분한다.

---

11 소득처분

• 기초유보: 2,000원
• 당기 증가: 2,200(감가상각비) + 800(대손충당금) = 3,000원
• 당기 감소: 1,500원(일시상각충당금)
• 기말잔액: 3,500원

답 ②

12 소득처분

매출누락, 가공경비 등의 경우로 사외유출된 금액을 「국세기본법」의 수정신고기한 내에 해당 금액을 익금에 산입하여 신고하는 경우에는 익금산입 유보로 소득처분한다. 다만, 경정이 있을 것을 미리알고 수정신고한 경우에는 대표자에 대한 상여로 소득처분한다.

답 ③

13 ☐☐☐

법인세법령상 각 사업연도 소득금액을 구하기 위해 세무조정을 해야 하는 것은?

① 영업자가 조직한 단체로서 법인이거나 주무관청에 등록된 조합 또는 협회에 지급한 일반회비를 손익계산서상 비용 계상하였다.

② 전기요금의 납부지연으로 인한 연체가산금을 납부하고 손익계산서상 비용 계상하였다.

③ 부동산의 임차보증금에 대한 부가가치세 매입세액을 임차법인이 납부하고 손익계산서상 비용 계상하였다.

④ 대통령령으로 정하는 이월결손금을 보전하는 데에 충당한 무상으로 받은 자산의 가액(「법인세법」 제36조에 따른 국고보조금 등이 아님)을 손익계산서상 수익 계상하였다.

13	**소득처분**

이월결손금 보전에 충당한 자산수증이익은 익금불산입의 세무조정을 한다.

답 ④

03 익금과 익금불산입

KEYWORD 50 익금

01 ☐☐☐

「법인세법」상 영리내국법인인 (주)F는 제9기 사업연도(2023년 1월 1일 ~ 12년 31일) 중 특수관계인인 개인 갑으로부터 상장법인 (주)G주식 1,000주(시가 1,000만 원)를 500만 원에 매입하였다. 이에 대한 「법인세법」상 처리로 옳지 않은 것은?

① (주)F가 매입한 (주)G주식 1,000주의 취득가액은 500만 원으로 보지 아니한다.

② (주)F는 매입가액과 시가와의 차액인 500만 원을 익금산입(유보)한다.

③ (주)F는 갑에게 500만 원을 배당한 것으로 소득처분한다.

④ 만약 (주)G주식이 아니라 건물을 500만 원에 매입하였다면 (주)F는 세무조정을 할 필요가 없다.

02 ☐☐☐

(주)甲은 제9기 사업연도(2023.1.1. ~ 12.31.) 중 특수관계인인 개인 乙로부터 다음과 같이 자산을 매입하고 매입가액을 취득가액으로 계상하였다. (주)甲의 세무조정을 옳게 표시한 것은?

> • 토지 1,000m²(시가 1억 원)를 6,000만 원에 매입하였다.
> • 상장법인인 (주)ABC테크노의 주식 500주(시가 500만 원)를 300만 원에 매입하였다.

① 익금산입 – 토지 및 유가증권 4,200만 원(유보)

② 익금산입 – 토지 4,000만 원(유보)

③ 익금산입 – 유가증권 200만 원(유보)

④ 자산의 종류에 상관없이 세무조정 없음

01	익금

법인이 특수관계인인 개인으로부터 유가증권을 저가로 매입한 경우에 해당되므로, (주)F는 매입가액과 시가와의 차액인 500만 원을 익금산입(유보)으로 세무조정을 한다. 따라서 해당 주식의 취득가액은 시가인 1,000만 원이며, 갑에게 배당한 것으로 소득처분하지 않는다.

답 ③

02	익금

법인이 특수관계인인 개인으로부터 유가증권을 저가로 매입한 경우에 한하여 시가와 매입가액의 차액을 익금산입 유보로 조정하므로, 그 외의 경우는 세무조정이 발생하지 않는다. 따라서 유가증권의 경우는 유보로 조정하며, 그 외의 경우는 세무조정을 하지 않는다.

답 ③

「법인세법」상 내국법인의 익금의 계산에 대한 설명으로 옳은 것만을 모두 고르면?

> ㄱ. 손금에 산입하지 아니한 법인세를 환급받은 금액은 익금에 산입한다.
> ㄴ. 자본감소의 경우로서 그 감소액이 주식의 소각, 주금의 반환에 든 금액과 결손의 보전에 충당한 금액을 초과한 경우의 그 초과금액은 익금에 산입하지 않는다.
> ㄷ. 외국자회사로부터 받는 수입배당금액이 포함되어 있는 경우 그 외국자회사의 소득에 대하여 부과된 외국법인세액 중 그 수입배당금액에 대응하는 것으로서 세액공제의 대상이 되는 금액(수입배당금익금불산입에 해당하는 금액은 제외)은 익금으로 본다.
> ㄹ. 채무의 면제로 인한 부채의 감소액 중 대통령령이 정하는 이월결손금을 보전하는 데에 충당한 금액은 익금에 산입하지 않는다.

① ㄱ, ㄴ
② ㄱ, ㄷ
③ ㄷ, ㄹ
④ ㄴ, ㄷ, ㄹ

03	익금

「법인세법」상 내국법인의 익금의 계산에 대한 설명으로 옳은 것은 ㄴ, ㄷ, ㄹ이다.

선지분석

ㄱ. 손금에 산입하지 아니한 법인세를 환급받은 금액은 익금불산입에 해당된다.

답 ④

「법인세법」상 익금의 계산에 관한 설명으로 옳지 않은 것은?

① 특수관계인인 개인으로부터 유가증권을 시가보다 낮은 가액으로 매입하는 경우 시가와 그 매입가액의 차액에 상당하는 금액은 익금으로 본다.
② 법인이 자기주식 또는 자기출자지분을 보유한 상태에서 자본전입을 함에 따라 그 법인 외의 법인주주의 지분비율이 증가한 경우 증가한 지분비율에 상당하는 주식 등의 가액은 법인주주의 익금에 산입하지 아니한다.
③ 부가가치세의 매출세액은 내국법인의 각 사업연도의 소득금액을 계산할 때 익금에 산입하지 아니한다.
④ 국세 또는 지방세의 과오납금의 환급금에 대한 이자는 각 사업연도의 소득금액을 계산할 때 익금에 산입하지 아니한다.

04	익금

법인이 자기주식 또는 자기출자 지분을 보유한 상태에서 자본전입을 함에 따라 그 법인 외의 법인주주의 지분 비율이 증가한 경우 증가한 지분 비율에 상당하는 주식 등의 가액은 해당 법인으로부터 이익을 분배받은 금액으로 보아 법인주주의 익금(의제배당)에 산입한다.

답 ②

「법인세법」상 익금에 대한 설명으로 옳지 않은 것은?

① 채무의 출자전환으로 주식을 발행한 경우 그 주식의 시가를 초과하여 발행된 금액은 익금에 산입한다.

② 자본 또는 출자의 납입 금액은 익금에 산입하지 아니한다.

③ 법인이 특수관계인인 개인으로부터 유가증권을 시가보다 낮은 가액으로 매입하는 경우 시가와 그 매입가액의 차액에 상당하는 금액은 익금에 산입하지 아니한다.

④ 무상으로 받은 자산의 가액(국고보조금은 제외)과 채무의 면제 또는 소멸로 인한 부채의 감소액 중 법령이 정하는 이월결손금의 보전에 충당한 금액은 익금에 산입하지 아니한다.

「법인세법」상의 익금에 대한 설명으로 옳은 것은?

① 자기주식처분이익은 익금에 산입하지 아니한다.

② 특수관계인으로부터 분여받은 자본거래이익은 익금항목에 해당한다.

③ 국세 또는 지방세의 과오납금의 환급금에 대한 이자는 익금항목에 해당한다.

④ 추계에 의하여 소득금액을 계산하는 경우에는 부동산임대업을 주업으로 하는 영리내국법인에 한하여 임대보증금 등에 대한 간주익금 규정이 적용된다.

05	익금

법인이 특수관계인인 개인으로부터 유가증권을 시가보다 낮은 가액으로 매입하는 경우 시가와 그 매입가액의 차액에 상당하는 금액은 익금에 산입한다.

📄 **주식발행액면초과액**

ⓐ 주식발행시 액면을 초과하는 금액(무액면주식의 경우에는 발행가액 중 자본금으로 계상한 금액을 초과하는 금액)을 주식발행액면초과액이라고 한다. 이러한 금액은 실질적으로 주주의 출자에 해당하므로 익금에 해당하지 않는다.

ⓑ 채무의 출자전환으로 주식을 발행하는 경우 발행가액이 시가(시가가 액면가액에 미달하는 경우에는 액면가액)를 초과하여 발행된 금액은 익금항목인 채무면제이익으로 보며, 시가가 액면가액을 초과하는 금액을 주식발행액면초과액으로 본다.

답 ③

06	익금

선지분석

① 자기주식처분이익은 「법인세법」상 익금에 해당한다.

③ 국세 또는 지방세의 과오납금의 환급금에 대한 이자는 익금항목에 해당하지 않는다.

④ 장부 기타 증빙의 미비로 추계에 의하여 소득금액을 계산하는 경우에는 부동산임대업을 하는 모든 법인에 대하여 적용한다.

📄 **익금항목**

ⓐ 사업수입금액(매출에누리, 매출환입, 매출할인 차감)

ⓑ 자산의 양도금액(총액법)

ⓒ 자기주식 양도금액(자기주식처분손익은 익금과 손금항목에 해당)

ⓓ 자산 평가이익

ⓔ 자산수증이익과 채무면제이익

ⓕ 지출시 손금에 해당하는 금액 중 환입한 금액(환급가산금은 무조건 익금불산입에 해당)

ⓖ 자본거래로 특수관계인에게 분여받은 이익

ⓗ 특수관계인 개인으로부터 유가증권의 저가 매입시 시가와 거래가액의 차액

ⓘ 세액공제 대상인 간접외국납부세액

ⓙ 동업기업소득금액 배분규정에 따라 배분받은 금액

ⓚ 임대보증금 등의 간주익금

ⓛ 의제배당

답 ②

07 □□□

법인세법령상 익금과 그 세무조정에 대한 설명으로 옳지 않은 것으로만 묶은 것은?

> ㄱ. 「은행법」에 의한 인가를 받아 설립된 은행이 보유하는 화폐성외화자산·부채를 사업연도 종료일 현재의 매매기준율 등으로 평가함에 따라 발생하는 평가이익은 익금에 해당한다.
> ㄴ. 전기에 과오납부한 업무에 직접 사용하는 부동산에 대한 종합부동산세와 이에 따른 환급가산금을 당기에 환급받아 수익계상한 경우 모두 익금불산입으로 세무조정하여야 한다.
> ㄷ. 자산수증이익과 채무면제이익은 원칙적으로 익금에 해당하나 발생연도의 제한이 없는 세법상의 결손금(적격합병 및 적격분할시 승계받은 결손금 제외)으로서 결손금 발생 후의 각 사업연도 과세표준 계산시 공제되지 않고 당기로 이월된 결손금의 보전에 충당한 경우(자산수증이익 중 국고보조금 제외)에는 익금으로 보지 않는다.
> ㄹ. 건물을 저가로 매입하는 경우 매입시점의 시가와 그 매입가액과의 차액은 익금에 해당한다.

① ㄱ, ㄴ
② ㄱ, ㄷ
③ ㄴ, ㄹ
④ ㄷ, ㄹ

07	익금

ㄴ, ㄹ이 옳지 않은 내용이다.
ㄴ. 전기에 과오납부한 업무에 직접 사용하는 부동산에 대한 종합부동산세와 이에 따른 환급가산금을 당기에 환급받아 수익계상한 경우 환급가산금은 익금에 해당하지 않으므로 환급가산금에 해당하는 금액만 익금불산입으로 한다. 전기에 과오납부한 종합부동산세는 손금에 해당하므로 환급받는 금액은 익금에 해당된다.
ㄹ. 특수관계인인 개인으로부터 유가증권을 저가로 매입하는 경우에 한하여 시가와 매입가액과의 차액을 익금산입 유보로 처분하므로 건물을 저가로 매입한 경우에는 매입가액을 취득가액으로 한다.

답 ③

08 □□□

「법인세법」상 익금의 계산에 대한 설명으로 옳지 않은 것은?

① 손금에 산입하지 아니한 법인세 또는 법인지방소득세를 환급받았거나 환급받을 금액을 다른 세액에 충당한 금액은 내국법인의 각 사업연도의 소득금액을 계산할 때 익금에 산입하지 아니한다.
② 지방세의 과오납금의 환급금에 대한 이자는 내국법인의 각 사업연도의 소득금액을 계산할 때 익금에 산입하지 아니한다.
③ 주식의 소각으로 인하여 주주인 내국법인이 취득하는 금전과 그 밖의 재산가액의 합계액이 해당 주식을 취득하기 위하여 사용한 금액을 초과하는 금액은 다른 법인의 주주인 내국법인의 각 사업연도의 소득금액을 계산할 때 그 다른 법인으로부터 이익을 배당받았거나 잉여금을 분배받은 금액으로 본다.
④ 각 사업연도의 소득으로 이미 과세된 소득(「법인세법」과 다른 법률에 따라 비과세되거나 면제되는 소득은 제외)은 내국법인의 각 사업연도의 소득금액을 계산할 때 익금에 산입하지 아니한다.

08	익금

각 사업연도의 소득으로 이미 과세된 소득(「법인세법」과 다른 법률에 따라 비과세되거나 면제되는 소득은 포함)은 내국법인의 각 사업연도의 소득금액을 계산할 때 익금에 산입하지 아니한다.

답 ④

09 □□□

법인세법 상 영리내국법인 (주)대한이 제10기(2023.1.1.~ 12.31.) 사업연도에 수령한 수입배당금(「법인세법」에 따라 익금불산입이 배제되는 수입배당금은 아님) 중 익금불산입액은? [단, (주)대한은 지주회사가 아니고, 제10기 사업연도에 지출한 차입금의 이자는 없으며, 보유 중인 주식은 모두 배당기준일 현재 1년 이상 보유한 것이다] (2023년 개정된 익금불산입률을 적용하는 것으로 한다)

배당지급법인	지분비율	수입배당금액	비고
(주)A	99%	3,000,000원	비상장내국법인
(주)B	20%	5,000,000원	상장내국법인
(주)C	60%	4,000,000원	비상장내국법인

① 6,400,000원

② 7,000,000원

③ 8,000,000원

④ 11,000,000원

09	익금불산입

- (주)A 3,000,000원 × 100%(50% 이상) = 3,000,000원
- (주)B 5,000,000원 × 80%(20% 이상 50% 미만) = 4,000,000원
- (주)C 4,000,000원 × 100%(50% 이상) = 4,000,000원

답 ④

10 □□□

「법인세법」상 내국법인의 각 사업연도의 소득금액계산에 있어서 익금불산입항목에 해당되지 않는 것은?

① 주식의 포괄적 이전차익

② 자기주식소각이익

③ 무상으로 받은 자산의 가액(국고보조금은 제외) 중 법령이 정하는 이월결손금의 보전에 충당된 금액

④ 채무의 출자전환으로 주식을 발행하는 경우 당해 주식의 시가를 초과하여 발행된 금액

10	익금불산입

채무의 출자전환으로 주식을 발행하는 경우 당해 주식의 시가를 초과하여 발행된 금액은 익금에 해당한다.

📄 익금불산입항목

자본거래	㉠ 주식발행액면초과액(출자전환 시 채무면제 이익은 제외) ㉡ 주식의 포괄적 교환차익, 주식의 포괄적 이전차익 ㉢ 감자차익 ㉣ 합병차익, 분할차익(합병매수차익·분할매수차익 부분은 제외) ㉤ 자산수증이익·채무면제이익 중 이월결손금 보전에 충당한 금액 ㉥ 출자전환 시 채무면제이익 중 결손금 보전에 충당할 금액 ㉦ 자본준비금을 감액하여 받는 배당
이중과세	㉠ 이전 사업연도에 이미 과세된 소득 ㉡ 법인세 또는 법인지방소득세 소득분의 환급액 ㉢ 일반적인 수입배당금액 익금불산입액 ㉣ 지주회사가 자회사로부터 받은 수입배당금액 익금불산입액
기타	㉠ 국세 또는 지방세의 과오납금의 환급금에 대한 이자 ㉡ 부가가치세 매출세액 ㉢ 자산의 평가이익(일부 제외) ㉣ 연결모법인이 연결자법인으로부터 지급받는 법인세

답 ④

「법인세법」상 익금불산입 항목에 대한 설명으로 옳지 않은 것은?

① 주식의 포괄적 교환차익과 주식의 포괄적 이전차익은 내국법인의 각 사업연도 소득금액을 계산할 때 익금에 산입하지 아니한다.

② 자본감소의 경우로서 그 감소액이 주식의 소각, 주금의 반환에 든 금액과 결손의 보전에 충당한 금액을 초과한 경우의 그 초과금액은 내국법인의 각 사업연도 소득금액을 계산할 때 익금에 산입하지 아니한다.

③ 채무의 출자전환으로 액면금액 이상의 주식 등을 발행하는 경우에는 그 주식등의 시가를 초과하여 발행된 금액은 내국법인의 각 사업연도 소득금액을 계산할 때 익금에 산입하지 아니한다.

④ 부가가치세의 매출세액은 내국법인의 각 사업연도의 소득금액을 계산할 때 익금에 산입하지 아니한다.

11	익금불산입

채무의 출자전환으로 액면금액 이상의 주식 등을 발행하는 경우에는 그 주식 등의 시가를 초과하여 발행된 금액은 채무면제이익에 해당하므로 익금에 해당된다.

답 ③

「법인세법」상 익금으로 보지 않는 항목으로 묶인 것은?

> ㄱ. 자산 임대료(자산의 일시적 임대수익)
> ㄴ. 「보험업법」에 의한 유형·무형자산 평가차익
> ㄷ. 토지의 양도금액
> ㄹ. 주식의 포괄적 교환차익
> ㅁ. 감자차익
> ㅂ. 부가가치세 매출세액
> ㅅ. 각 사업연도 소득으로 이미 과세된 소득
> ㅇ. 자기주식 양도금액

① ㄱ, ㄴ, ㄷ, ㄹ
② ㄴ, ㄷ, ㄹ, ㅁ
③ ㄹ, ㅁ, ㅂ, ㅅ
④ ㅁ, ㅂ, ㅅ, ㅇ

12	익금불산입

ㄹ, ㅁ, ㅂ, ㅅ이 「법인세법」상 익금으로 보지 않는 항목에 해당한다.

ㄹ, ㅁ, ㅂ. 주식의 포괄적 교환차익, 감자차익은 자본거래에 해당하고 부가가치세 매출세액은 부가가치세 예수금으로 납부해야 할 세액이므로 익금으로 보지 않는다.

ㅅ. 이미 과세된 소득이므로 과세대상에 해당하지 않는다.

답 ③

13 □□□

법인소득의 이중과세 문제를 완화하기 위한 세법상의 조치에 대한 설명으로 옳지 않은 것은?

① 유동화전문회사 또는 기업구조조정투자회사 등이 배당가능이익의 90% 이상을 배당하는 경우 그 금액은 해당 배당을 결의한 잉여금 처분의 대상이 되는 사업연도의 소득금액에서 공제한다.

② 비영리내국법인이 출자총액 전액을 출자한 다른 내국법인으로부터 받은 수입배당금액(전액 준비금에 전입하였음)에 대해서는 전액을 익금불산입을 할 수 있다.

③ 배당기준일 전 3개월 이내 취득한 주식에 대한 수입배당금은 수입배당금익금불산입 대상에 해당하지 않는다.

④ 법인과세 신탁재산에 대한 소득공제를 적용받는 법인과세신탁재산으로부터 받은 수입배당금은 수입배당금익금불산입 대상에 해당하지 않는다.

14 □□□

「법인세법」상 주식발행액면초과에 대한 설명으로 옳은 것은?

① 기존 주주에게 공모절차를 거쳐 액면주식을 발행한 경우 그 액면금액을 초과하여 발행된 금액은 익금에 산입한다.

② 기본 주주에게 공모절차를 거쳐 무액면주식을 발행한 경우 발행가액 중 자본금으로 계상한 금액을 초과하는 금액은 익금에 산입한다.

③ 채무의 출자전환으로 액면금액 5,000원인 주식을 시가 10,000원으로 발행하는 경우 그 주식의 액면금액을 초과하여 발행된 금액은 익금에 산입하지 아니한다.

④ 채무의 출자전환으로 액면금액 5,000원이며 시가 10,000원인 주식을 20,000원으로 발행하는 경우 그 주식의 시가를 초과하여 발행된 금액은 익금에 산입하지 아니한다.

13	익금불산입

내국법인이 다른 내국법인으로부터 받은 수입배당금 중 일정한 금액을 익금불산입한다. 다만, 고유목적사업준비금을 손금에 산입하는 비영리내국법인이 받은 수입배당금은 익금불산입하지 아니한다. 비영리법인은 수입배당금의 100% 금액을 고유목적사업준비금으로 설정해서 손금에 산입할 수 있다. 따라서 수입배당금을 손금에 산입한 비영리법인은 이중과세의 문제가 발생하지 않으므로 수입배당금익금불산입의 이중과세조정을 하지 않는다.

> 📄 **수입배당금에 대한 익금불산입 적용 배제대상**
>
> ㉠ 배당기준일 전 3개월 이내에 취득한 주식 등을 보유함으로써 발생하는 수입배당금액
>
> ㉡ 다음의 법인으로부터 받는 수입배당금액
> ⓐ 유동화전문회사 등 「법인세법」상 소득공제를 받는 법인
> ⓑ 동업기업과세 특례를 적용받는 법인
> ⓒ 법인의 공장 및 본사를 수도권 밖으로 이전하는 경우 법인세 감면을 받는 법인
> ⓓ 제주첨단과학기술단지 입주기업에 대한 법인세 감면을 받는 법인
> ⓔ 제주투자진흥지구 또는 제주자유무역지역 입주기업에 대한 법인세 감면을 받는 법인

답 ②

14	익금불산입

선지분석

① 기존 주주에게 공모절차를 거쳐 액면주식을 발행한 경우 그 액면금액을 초과하여 발행된 금액은 익금에 산입하지 않는다.

② 기존 주주에게 공모절차를 거쳐 무액면주식을 발행한 경우 발행가액 중 자본금으로 계상한 금액을 초과하는 금액은 익금에 산입하지 않는다.

④ 채무의 출자전환으로 액면가액 5,000원이며 시가 10,000원인 주식을 20,000원으로 발행하는 경우 그 주식의 시가를 초과하여 발행된 금액은 채무면제이익에 해당하므로 익금에 산입한다.

답 ③

KEYWORD 52 의제배당

15 ☐☐☐

「법인세법」상 의제배당에 대한 설명으로 옳지 않은 것은?

① 자기출자지분을 소각하여 생긴 이익으로서 소각 당시 시가가 취득가액을 초과하지 않고 소각일부터 2년이 지난 후 자본에 전입하는 금액은 의제배당에 해당되지 않는다.
② 분할법인의 주주가 분할신설법인으로부터 분할로 인하여 취득하는 분할대가가 그 분할법인의 주식을 취득하기 위하여 사용한 금액을 초과하는 금액은 배당으로 의제된다.
③ 해산한 법인의 주주 등(법인으로 보는 단체의 구성원을 제외)이 그 법인의 해산으로 인한 잔여재산의 분배로서 취득하는 금전과 그 밖의 재산의 가액이 그 주식을 취득하기 위하여 사용한 금액을 초과하는 금액은 배당으로 의제된다.
④ 피합병법인의 주주가 합병법인으로부터 그 합병으로 인하여 취득하는 합병법인의 합병대가가 그 피합병법인의 주식 등을 취득하기 위하여 사용한 금액을 초과하는 금액은 배당으로 의제된다.

16 ☐☐☐

「법인세법」상 의제배당에 해당하지 않은 것은?

① 주식의 소각으로 인하여 주주 등이 취득하는 금전과 그 밖의 재산가액의 합계액이 주주 등이 해당 주식 등을 취득하기 위하여 사용한 금액을 초과하는 금액
② 분할법인의 주주가 분할신설법인 또는 분할합병의 상대방 법인으로부터 분할로 인하여 취득하는 분할대가가 그 분할법인 또는 소멸한 분할법인의 상대방 법인의 주식(분할법인이 존속하는 경우에는 소각 등에 의하여 감소한 주식만 해당한다)을 취득하기 위하여 사용한 금액을 초과하는 금액
③ 합병법인의 주주 등이 피합병법인으로부터 그 합병으로 인하여 취득하는 합병대가가 그 합병법인의 주식 등을 취득하기 위하여 사용한 금액을 초과하는 금액
④ 해산한 법인의 주주 등이 그 법인의 해산으로 인한 잔여재산의 분배로서 취득하는 금전과 그 밖의 재산의 가액이 그 주식 등을 취득하기 위하여 사용한 금액을 초과하는 금액

15	의제배당

해산한 법인의 주주 등(법인으로 보는 단체의 구성원 포함)이 그 법인의 해산으로 인한 잔여재산의 분배로서 취득하는 금전과 그 밖의 재산의 가액이 그 주식을 취득하기 위하여 사용한 금액을 초과하는 금액은 배당으로 의제된다.

📄 감자 · 퇴사 · 탈퇴 · 해산 · 합병 · 분할로 인한 의제배당

감자시	주식을 소각할 때 소각되는 주주가 받는 대가가 소각되는 주식의 취득가액을 초과하는 경우 초과하는 금액을 의제배당으로 봄
해산시	해산하는 법인(법인으로 보는 단체 포함)의 주주가 해산법인으로부터 잔여재산가액을 분배받는 금전이 주주가 해산법인의 주식을 취득하기 위해서 지출한 금액을 초과하는 경우 의제배당에 해당됨
합병시	피합병법인의 주주가 합병법인으로부터 합병으로 인하여 취득하는 주식가액과 금전이나 그 밖의 대가가 그 피합병법인의 주식을 취득하기 위하여 지출한 금액을 초과하는 경우 의제배당에 해당됨
분할시	분할법인 또는 소멸한 분할합병의 상대방 법인의 주주가 분할신설법인 또는 분할합병의 상대방법인으로부터 분할로 취득하는 주식의 가액과 금전이나 그 밖의 대가의 합계액(분할대가)이 그 분할법인 또는 소멸한 분할합병의 상대방 법인의 주식을 취득하기 위하여 사용한 금액을 초과하는 금액은 의제배당에 해당됨

답 ③

16	의제배당

피합병법인의 주주 등이 합병법인으로부터 그 합병으로 인하여 취득하는 합병대가가 그 피합병법인의 주식 등을 취득하기 위하여 사용한 금액을 초과하는 금액이 의제배당에 해당한다.

답 ③

214 해커스공무원 학원 · 인강 · gosi.Hackers.com

「법인세법」상 의제배당에 관한 설명으로 옳지 않은 것은?

① 의제배당이란 법인의 잉여금 중 사내에 유보되어 있는 이익이 일정한 사유로 주주나 출자자에게 귀속되는 경우 이를 실질적으로 현금배당과 유사한 경제적 이익으로 보아 과세하는 제도이다.

② 주식의 소각으로 인하여 주주가 취득하는 금전과 그 밖의 재산가액의 합계액이 주주가 해당 주식을 취득하기 위하여 사용한 금액을 초과하는 경우 그 초과금액을 의제배당금액으로 한다.

③ 감자절차에 따라 주식을 주주로부터 반납받아 소각함으로써 발생한 일반적 감자차익은 자본에 전입하더라도 의제배당에 해당하지 않는다.

④ 자기주식을 소각하여 생긴 이익은 소각 당시 시가가 취득가액을 초과하지 아니하는 경우라면 소각 후 2년 내에 자본에 전입하더라도 의제배당에 해당하지 않는다.

2023년 3월 10일 A법인이 잉여금을 자본전입함에 따라 이 회사의 주주인 B법인은 무상주를 교부받았다. 자본전입의 재원이 다음과 같을 때, 교부받은 무상주의 가액이 B법인의 익금에 해당하지 않는 것은? (단, 잉여금의 자본전입에 따른 B법인의 지분비율 변동은 없음)

> ㄱ. 2022년 9월 1일 자기주식을 처분하여 발생한 이익
> ㄴ. 2021년 3월 15일 발생한 「상법」에 따른 이익준비금
> ㄷ. 「자산재평가법」에 따른 건물 재평가적립금
> ㄹ. 2021년 5월 1일 발생한 자기주식소각이익(소각 당시 시가가 취득가액을 초과하지 아니함)

① ㄱ
② ㄴ
③ ㄷ
④ ㄹ

17	의제배당

자기주식을 소각하여 생긴 이익은 소각 당시 시가가 취득가액을 초과하지 아니하는 경우라면 자기주식 소각 후 2년 내 자본전입분만 의제배당에 해당한다.

📄 **자본전입에 따른 의제배당**

법인세가 과세되지 않은 자본잉여금을 자본전입해서 교부하는 무상주는 의제배당에 해당하지 않는다. 다만, 다음의 경우는 예외적으로 의제배당으로 보아 과세한다.

㉠ 자기주식소각이익은 익금불산입에 해당한다. 따라서 자기주식소각이익을 자본전입해서 교부하는 무상주는 의제배당에 해당하지 않는다. 다만, 다음의 경우는 자기주식소각이익을 재원으로 무상주를 교부하더라도 의제배당으로 보아 과세한다.
　ⓐ 자기주식소각 당시 자기주식의 시가가 자기주식의 취득가액을 초과하는 경우
　ⓑ 자기주식소각일로부터 2년 이내에 자기주식소각이익을 자본전입하는 경우

㉡ 법인이 자기주식을 보유한 상태에서 익금불산입에 해당하는 잉여금(주식발행초과금, 감자차익 등)을 자본전입함에 따라 그 법인 외의 주주가 본래 지분비율을 초과해서 배정받은 무상주에 대해서 의제배당으로 과세한다.

답 ④

18	의제배당

ㄷ이 해당하지 않는다.

ㄷ. 재평가적립금은 재평가세 1%가 과세된 토지에 한하여 의제배당으로 과세된다. 따라서 건물에 대한 재평가적립금의 자본전입에 따른 무상주는 의제배당에 해당하지 않는다.

📄 **자본전입 잉여금에 따른 의제배당**

자본전입 잉여금	의제배당 판단		
주식발행초과금	×		
주식의 포괄적 교환차익·이전차익	×		
감자차익	×		
	자기주식 소각이익	소각일로 2년 내 자본전입	의제배당
		소각당시 시가 > 취득가	○
자기주식처분이익	○		
재평가적립금	1% 재평가세(토지)	○	
	3% 재평가세(건물)	×	
이익잉여금	○		
합병차익·분할차익	×		

답 ③

19 □□□

다음은 「법인세법」상 의제배당의 귀속사업연도에 관한 설명이다. 옳지 않은 것은?

① 자본감소로 인한 의제배당은 그 자본감소등기일이 속하는 사업연도에 귀속한다.

② 잉여금의 자본전입으로 인한 의제배당은 주주총회에서 이를 결의한 날이 속하는 사업연도에 귀속한다.

③ 법인의 해산으로 인한 의제배당은 해당 법인의 잔여재산가액이 확정된 날이 속하는 사업연도에 귀속한다.

④ 법인의 분할로 인한 의제배당은 해당 법인의 분할등기일이 속하는 사업연도에 귀속한다.

19	의제배당

자본감소로 인한 의제배당은 자본감소 결의일로 한다.

📄 의제배당 유형에 따른 귀속시기

감자·퇴사·탈퇴	주식의 소각·자본감소 결의일, 퇴사·탈퇴일
해산	잔여재산가액확정일
합병	합병등기일
분할	분할등기일

답 ①

04 손금과 손금불산입

KEYWORD 53 손금과 손금불산입

01 □□□

법인세법령상 내국법인의 대손금의 손금불산입에 대한 설명으로 옳은 것은?

① 「민사소송법」에 따른 화해에 따라 회수불능으로 확정된 채권은 해당 사유가 발생하여 손비로 계상한 날이 속하는 사업연도의 소득금액을 계산할 때 손금에 산입한다.

② 「채무자 회생 및 파산에 관한 법률」에 따른 회생계획인가의 결정에 따라 회수불능으로 확정된 채권은 해당 사유가 발생한 날이 속하는 사업연도와 관계없이 해당 채권을 실제 손비로 계상한 날이 속하는 사업연도의 소득금액을 계산할 때 손금에 산입한다.

③ 채무보증(「법인세법 시행령」 제19조의2 제6항에 정하는 채무보증은 제외)으로 인하여 발생한 구상채권은 해당 구상채권을 회수할 수 없는 사실이 확정된 날이 속하는 사업연도의 소득금액을 계산할 때 손금에 산입한다.

④ 「법인세법」 제19조의2 제1항에 따라 손금에 산입한 대손금을 그 다음 사업연도에 회수한 경우 그 회수금액은 해당 대손금을 손금에 산입한 사업연도에 익금 산입한다.

02 □□□

법인세법령상 업무용승용차 관련비용의 손금불산입에 대한 설명으로 옳지 않은 것은? (단, 부동산임대업을 주된 사업으로 하는 등 법령으로 정하는 요건에 해당하는 내국법인은 아니며, 사업연도가 1년 미만이거나 사업연도 중 일부 기간 동안 보유하거나 임차한 경우에도 해당하지 않는다)

① 업무용승용차는 정액법을 상각방법으로 하고 내용연수를 5년으로 하여 계산한 금액을 감가상각비로 하여 손금에 산입하여야 한다.

② 내국법인이 업무용승용차를 취득하거나 임차함에 따라 해당 사업연도에 발생하는 감가상각비, 임차료, 유류비 등 업무용 승용차 관련비용 중 업무사용금액에 해당하지 아니하는 금액은 해당 사업연도의 소득금액을 계산할 때 손금에 산입하지 아니한다.

③ 업무사용금액 중 업무용승용차별 감가상각비가 해당 사업연도에 800만 원을 초과하는 경우 그 초과하는 금액은 해당 사업연도의 손금에 산입하지 아니하고 이월하여 손금에 산입한다.

④ 업무용승용차를 처분하여 발생하는 손실로서 업무용승용차별로 800만 원을 초과하는 금액은 해당 사업연도에 손금에 산입하지 않고 유보로 소득처분한다.

---

01 손금과 손금불산입

선지분석
② 신고조정 사유에 해당하는 대손이므로 해당 사유가 발생한 날의 사업연도의 손금에 해당된다.
③ 채무보증으로 인한 구상채권은 대손이 될 수 있는 채권에 해당하지 않는다.
④ 손금에 산입한 대손금을 회수한 경우 회수한 사업연도의 익금에 해당된다.

답 ①

02 손금과 손금불산입

업무용승용차의 처분손실로 인한금액이 800만 원을 초과하는 경우에는 손금불산입 기타사외유출로 세무조정한다.

답 ④

03 □□□

「법인세법」상 손금에 대한 설명으로 옳지 않은 것은? (다툼이 있는 경우 판례에 의함)

① 법인이 사업과 관련하여 지출한 비용이 「법인세법」상 손금으로 인정되기 위해서는, 「법인세법」과 다른 법률에서 달리 정하고 있지 않는 한, 그 지출이 사업과 관련된 것만으로는 부족하고 그 외에 비용지출이 일반적으로 인정되는 통상적인 것이거나 수익과 직접 관련된 것이어야 한다.

② 위법소득을 얻기 위하여 지출한 비용이나 지출 자체에 위법성이 있는 비용도 그 지출의 손금산입이 사회질서에 심히 반하는 등 특별한 사정이 존재하지 않는 한 손금으로 산입할 수 있다.

③ 손금의 요건으로서 '일반적으로 인정되는 통상적인 비용'이라 함은 납세의무자와 같은 종류의 사업을 영위하는 다른 법인도 동일한 상황 아래에서는 지출하였을 것으로 인정되는 비용을 말한다.

④ 법령에서 달리 정하지 않는 한, 제품판매와 관련한 판매장려금 및 판매수당 등 판매와 관련한 부대비용이 손금으로 인정되기 위해서는 사전 약정하에 비용지출이 이루어져야 한다.

03	손금과 손금불산입

제품판매와 관련한 판매장려금 및 판매수당 등 판매와 관련한 부대비용은 사전약정과 무관하게 손금에 산입한다.

답 ④

04 □□□

「법인세법」상 세무조정에 관한 설명으로 옳지 않은 것만을 모두 고른 것은?

> ㄱ. 접대비, 일반기부금, 임원에 대한 퇴직급여의 경우 세법에서 정한 일정한 한도를 초과하는 금액은 손금불산입된다.
> ㄴ. 영리내국법인이 특수관계 없는 개인으로부터 유가증권을 시가보다 낮은 가액으로 양수했을 때, 그 시가와 실제 양수가액과의 차액은 익금이 아니다.
> ㄷ. 해당 법인의 주주 등(소액주주 등은 제외)이 사용하고 있는 사택의 유지비·관리비·사용료는 손금에 산입된다.
> ㄹ. 유형·무형자산의 취득에 사용된 특정차입금 중 건설 등이 준공된 후에 남은 차입금에 대한 이자는 손금에 산입하지 않는다.

① ㄱ, ㄴ
② ㄴ, ㄷ
③ ㄷ, ㄹ
④ ㄱ, ㄹ

04	손금과 손금불산입

ㄷ, ㄹ이 옳지 않은 내용이다.
ㄷ. 해당 법인의 주주 등(소액주주 등은 제외)이 사용하고 있는 사택의 유지비·관리비·사용료는 손금에 산입하지 아니한다.
ㄹ. 유형·무형자산의 취득에 사용된 특정차입금 중 건설 등이 준공된 후에 남은 차입금에 대한 이자는 손금에 산입한다.

답 ③

「법인세법」상 손금에 대한 설명으로 옳지 않은 것은?

① 손금은 자본 또는 출자의 환급, 잉여금의 처분 및 「법인세법」에서 규정하는 것을 제외하고 당해 법인의 순자산을 감소시키는 거래로 인하여 발생하는 손비의 금액으로 한다.

② 손비는 「법인세법」과 다른 법률에 달리 정하고 있는 것을 제외하고도 그 법인의 사업과 관련하여 발생하거나 지출된 손실 또는 비용으로서 일반적으로 용인되는 통상적인 것이거나 수익과 직접 관련되는 것으로 한다.

③ 장식·환경미화 등의 목적으로 사무실·복도 등 여러 사람이 볼 수 있는 공간에 상시 비치하는 미술품의 취득가액을 그 취득한 날이 속하는 사업연도 손금으로 계상한 경우에는 그 취득가액(취득가액이 거래단위별로 1천만 원 이하인 것에 한한다)을 손금으로 한다.

④ 건물의 양도가액에서 공제할 취득가액에 포함되는 자본적 지출은 법인이 소유하는 유형자산의 원상을 회복하거나 능률유지를 위하여 지출한 비용이다.

05	손금과 손금불산입

유형자산의 원상을 회복하거나 능률유지를 위하여 지출한 비용은 수익적 지출에 해당한다.

답 ④

「법인세법」상 손금산입에 관한 설명으로 옳지 않은 것은?

① 법령에 의하여 의무적으로 납부하는 것이 아닌 공과금은 손금에 산입한다.

② 주식할인발행차금은 손금에 산입하지 아니한다.

③ 국방헌금의 가액은 법정한도만큼 손금에 산입한다.

④ 채권자의 능력 및 자산상태로 보아 금전을 대여한 것으로 인정할 수 없는 차입금의 이자는 손금에 산입하지 아니한다.

06	손금과 손금불산입

법령에 의하여 의무적으로 납부하는 것이 아닌 공과금은 손금에 산입하지 아니한다.

> **📄 공과금**
>
> 공과금(폐기물처리부담금, 교통유발부담금 등)은 손금에 산입하는 것이지만 다음의 경우에는 손금에 산입하지 않는다.
> ㉠ 법령에 따라 의무적으로 납부하는 것이 아닌 것
>   예 임의출연금
> ㉡ 법령에 따른 의무의 불이행 또는 금지·제한 등의 위반에 대한 제재로서 부과되는 것
>   예 폐수배출부담금

답 ①

07 □□□

다음 중 「법인세법」상 손금불산입에 해당하는 것은?

> ㄱ. 임원에 지급하는 사회통념상 인정되는 경조금
> ㄴ. 임원에게 지급하는 직장체력단련비, 직장문화비 등
> ㄷ. 정당에 기부하는 정치자금
> ㄹ. 벌금, 과태료 등

① ㄱ, ㄴ
② ㄴ, ㄷ
③ ㄷ, ㄹ
④ ㄱ, ㄹ

08 □□□

「법인세법」상 손금에 해당하는 것만을 모두 고른 것은?

> ㄱ. 자기주식처분손실
> ㄴ. 우리사주조합에 출연하는 자사주의 장부가액
> ㄷ. 주식할인발행차금
> ㄹ. 출자임원(지분율 1%)이 사용하는 사택의 유지관리비용
> ㅁ. 업무무관자산의 유지관리비
> ㅂ. 법인의 임직원이 아닌 지배주주에 대하여 지급한 교육 훈련비

① ㄱ, ㄴ
② ㄱ, ㄴ, ㄹ
③ ㄴ, ㄷ, ㅂ
④ ㄷ, ㄹ, ㅁ

---

07 손금과 손금불산입

ㄷ, ㄹ은 손금에 해당하지 않는 손금불산입이다.

📄 **손금불산입**	
자본거래	㉠ 잉여금의 처분을 손비로 계상한 금액 ㉡ 주식할인발행차금 ㉢ 감자차손
세금과 공과금	㉠ 법인세 등 일정한 세금 ㉡ 의무불이행으로 납부하였거나 납부할 세액 ㉢ 벌금·과료·과태료·가산금 및 강제징수비
자산평가 손실	자산의평가손실은 손금에 산입하지 않으나, 다음의 경우는 제외함 ㉠ 재고자산, 유가증권 등, 화폐성외화자산·부채 등 법에 정한 평가 ㉡ 특수한 경우에 인정되는 자산의 평가손실
지급이자	㉠ 채권자 불분명 사채이자 ㉡ 비실명 채권·증권이자 ㉢ 건설자금이자 ㉣ 업무무관자산 등에 대한 지급이자
기타	㉠ 대손금 ⓐ 채무보증 구상채권 ⓑ 특수관계인에게 해당 법인의 업무와 관련없이 지급한 가지급금 ㉡ 감가상각비 한도초과액 ㉢ 기부금한도초과액과 비지정기부금 ㉣ 적격증빙서류 미수취 접대비, 접대비 한도초과액 ㉤ 다음 중 과다·부당 경비 인건비, 복리후생비, 여비 및 교육·훈련비, 공동경비 등 ㉥ 업무무관비용 ㉦ 징벌적 목적의 손해배상금 ㉧ 연결모법인이 연결자법인에게 지급하는 법인세

답 ③

08 손금과 손금불산입

ㄱ, ㄴ이 「법인세법」상 손금에 해당한다.

선지분석

ㄷ. 주식할인발행차금은 자본거래로 손금불산입에 해당한다.

ㄹ. 출자임원의 사택 유비지용은 출자임원이 1%의 지분율이므로 소액 주주(1% 미만)에 해당하지 않으므로 손금에 해당하지 않는다.

ㅁ, ㅂ. 업무와 무관한 비용에 해당하므로 손금에 해당하지 않는다.

답 ①

09 ☐☐☐

「법인세법」상 영리내국법인의 익금과 손금에 대한 설명으로 옳지 않은 것은?

① 내국법인이 잉여금의 처분에 의해 근로자에게 지급하는 상여금은 손금에 산입한다.

② 특수관계인이 아닌 개인으로부터 유가증권을 시가에 미달하는 가액으로 매입하는 경우 시가과 당해 매입가액의 차액에 상당하는 금액은 익금에 해당하지 않는다.

③ 법인의 감자에 있어서 주주의 소유주식의 비율에 의하지 아니하고 일부 주주의 주식을 소각하는 자본거래로 인하여 법인이 특수관계인인 다른 주주에게 이익을 분여한 경우 그 분여 받은 이익은 익금에 해당한다.

④ 비영업용 승용차의 유지에 관한 부가가치세 매입세액(자본적 지출은 제외)은 손금에 산입한다.

10 ☐☐☐

다음은 법인세법령상 내국법인 (주)B의 제6기(2023.1.1. ~ 2023.12.31.) 손익계산서에 손비로 계상한 항목이다. 해당 항목 중 제6기 각 사업연도의 소득금액을 계산할 때 손금불산입할 합계액은?

- 법인 소유 차량에 대해 부과된 과태료: 1,500,000원
- 본사 건물에 대한 재산세: 5,500,000원(재산세에 대한 납부지연가산세 1,000,000원이 포함된 금액임)
- 판매하지 아니한 제품에 대한 반출필의 주세의 미납액(제품가격에 해당 세액이 가산되지 않음): 5,500,000원
- 「국민건강보험법」에 따라 사용자로서 부담한 보험료: 2,500,000원
- 「제조물 책임법」 제3조 제2항에 따라 지급한 손해배상금(실제 발생한 손해액이 분명하지 않음): 4,500,000원

① 9,500,000원
② 11,000,000원
③ 12,500,000원
④ 13,500,000원

09	손금과 손금불산입

잉여금처분에 의한 상여금은 자본거래에 해당하므로 손금에 산입하지 않는다.

답 ①

10	손금과 손금불산입

손금불산입 금액은 다음과 같다.
- 과태료: 1,500,000원
- 납부지연가산세: 1,000,000원
- 주세미납액: 5,500,000원
- 손해배당금(실제 발생한 손해액이 분명하지 않은 경우): 4,500,000원 × 2/3 = 3,000,000원(1/3은 손금에 해당됨)
- 합계: 11,000,000원

답 ②

11 ☐☐☐

다음은 제조업을 영위하는 영리내국법인 (주)한국의 세무조정 관련 자료이다. 법인세법령상 각 사업연도의 소득금액을 계산하면? (단, 주어진 자료에서 제시되지 않은 사항은 고려하지 않는다)

- 포괄손익계산서상 당기순이익은 1억 원이다.
- 보유 중인 토지에 대한 평가이익(법률의 규정에 따른 평가이익은 아님) 1천만 원을 수익으로 계상하였다.
- 소액주주인 임원이 사용하고 있는 사택의 유지비 1천만 원을 비용으로 계상하였다.
- 포괄손익계산서상 복리후생비에는 우리사주조합의 운영비가 5백만 원 계상되어 있다.
- 상근이 아닌 임원에게 지급한 보수 1백만 원을 비용으로 계상하였다(부당행위계산의 부인에는 해당하지 않음).

① 9천만 원
② 9천1백만 원
③ 1억 원
④ 1억 1백만 원

12 ☐☐☐

다음은 제조업을 영위하는 내국법인 (주)A의 18기 사업연도 (2023.1.1. ~ 2023.12.31.)의 업무용승용차 관련 내용이다. (주)A가 18기 사업연도의 법인세를 2024년 3월 8일에 신고하는 경우 업무용승용차 관련비용 중 손금불산입금액은?

- 2022년 12월 10일 대표이사 업무용승용차(배기량 3천cc)를 100,000,000원에 구입함
- 해당 업무용승용차 관련비용으로 손금산입하거나 지출한 항목은 아래와 같음
  - 업무전용자동차보험료: 1,000,000원
  - 유류비: 20,000,000원
  - 자동차세: 1,500,000원
  - 감가상각비: 20,000,000원
- 차량운행기록부 내역 중 업무사용비율은 90%로 확인됨
- 그 외 업무용승용차는 없고, 해당 업무용승용차는 취득 이후 업무전용자동차보험에 가입되어 있으며 위 비용 이외에 업무용승용차 관련비용은 없음

① 4,250,000원
② 10,000,000원
③ 14,250,000원
④ 28,250,000원

11	손금과 손금불산입

1억 원(당기순이익) − 1천만 원(토지 평가이익)* = 9천만 원
* 토지의 평가이익은 법률에 따른 평가이익이 아니므로 익금으로 인정되지 않는다.

답 ①

12	손금과 손금불산입

- 업무 외 사용금액: (1,000,000 + 20,000,000 + 1,500,000 + 20,000,000) × (1 − 90%) = 4,250,000원(손금불산입)
- 감가상각비 800만 원 초과: 20,000,000 × 90% − 8,000,000 = 10,000,000원(손금불산입)
※ 손금불산입 합계액: 10,000,000 + 4,250,000 = 14,250,000원

답 ③

13 □□□

「법인세법」상 손금에 대한 설명으로 옳지 않은 것은?

① 결산을 확정할 때 잉여금의 처분을 손비로 계상한 금액은 손금으로 산입할 수 있다.
② 부도가 발생한 주권상장법인이 발행한 주식은 감액하여 손금으로 산입할 수 있다.
③ 재고자산으로서 파손·부패 등의 사유로 정상가격으로 판매할 수 없는 경우에는 감액하여 손금으로 산입할 수 있다.
④ 「기업구조조정 촉진법」에 따른 부실징후기업이 된 주권상장법인이 발행한 주식은 감액하여 손금으로 산입할 수 있다.

KEYWORD 54 세금과 공과

14 □□□

「부가가치세법」상 매입세액공제 불공제 사유 중 「법인세법」상 손금에 산입할 수 없는 것은?

① 면세사업관련 매입세액
② 세금계산서를 미수취한 경우
③ 임차인이 부담한 간주임대료
④ 접대비 관련 매입세액
⑤ 비영업용 승용차 관련 매입세액(개별소비세 과세대상 자동차)

13	손금과 손금불산입

잉여금처분에 의한 손비는 손금으로 인정되지 않는다.

답 ①

14	세금과 공과

세금계산서의 미수취 또는 필수적 기재사항이 부실기재된 경우 매입세액은 「법인세법」상 손금으로 인정되지 아니한다.

> 📋 **부가가치세 매입세액**
>
> ㉠ 공제액: 선급금으로 손금에 해당하지 않음
> ㉡ 불공제액: 손금에 해당됨(접대비, 비영업용소형승용차구입·임차·유지, 면세, 토지, 간주임대료*, 영수증 거래분)
> ㉢ 불공제액 중 법인에게 귀책사유가 있는 경우 손금불산입
> ⓐ 사업자등록 전 매입세액
> ⓑ 사업과 관련 없는 매입세액
> ⓒ 세금계산서 미수취·부실기재
> ⓓ 매입처별세금계산서합계표 미제출·부실기재
> * 간주임대료에 대한 매입세액은 임차인과 임대인 중에서 부담한 자의 손금에 해당됨

답 ②

15 ☐☐☐

2019년 9급

법인세법령상 내국법인의 각 사업연도의 소득금액을 계산할 때 인건비의 손금산입에 대한 설명으로 옳지 않은 것은? (단, 임원 및 지배주주 등은 법령상 정의를 충족한다)

① 법인이 임원이 아닌 직원에게 지급한 상여금 중 주주총회의 결의에 의해 결정된 급여지급기준에 따른 금액을 초과하여 지급한 경우 그 초과금액은 이를 손금에 산입한다.

② 법인이 지배주주 등인 임원에게 정당한 사유 없이 동일직위에 있는 지배주주 등 외의 임원에게 지급하는 금액을 초과하여 보수를 지급한 경우 그 초과금액은 이를 손금에 산입하지 아니한다.

③ 합명회사 또는 합자회사의 노무출자사원에게 지급하는 보수는 이익처분에 의한 상여로 보아 이를 손금에 산입하지 아니한다.

④ 법인이 정관 또는 정관에서 위임된 퇴직급여지급 규정이 없는 경우 현실적으로 퇴직한 임원에게 지급한 퇴직급여는 그 전액을 손금에 산입하지 아니한다.

16 ☐☐☐

2012년 9급

「법인세법」상 인건비의 손금산입에 대한 설명으로 옳지 않은 것은?

① 합명회사 또는 합자회사의 노무출자사원에게 지급하는 보수는 손금에 산입하지 아니한다.

② 비상근임원에게 건전한 사회통념 및 상거래 관행에 따라 지급하는 보수는 손금에 산입하지 아니한다.

③ 임원에 대한 상여금의 지급이 정관·주주총회 또는 이사회에서 결정된 급여지급 규정을 초과하여 지급하는 경우에는 그 초과금액은 손금에 산입하지 아니한다.

④ 법인의 해산에 의하여 퇴직하는 임원 또는 직원에게 지급하는 해산수당은 최종사업연도의 손금으로 한다.

15	인건비

- 임원에 대한 퇴직급여는 법인의 정관 또는 정관에서 위임된 퇴직급여지급 규정에 따른다. 다만, 정관 등의 규정이 없는 경우에는 다음 산식에 따라 계산한 금액까지 손금으로 인정된다.
- 퇴직 전 1년간 총급여 × 1/10 × 근속연수

답 ④

16	인건비

비상근임원에게 건전한 사회통념 및 상거래 관행에 따라 지급하는 보수는 손금에 산입한다.

📋 **인건비 손금불산입**

임원이나 직원의 급여는 모두 손금으로 인정되나 다음의 경우는 손금불산입한다.
㉠ 법인이 지배주주 및 그와 특수관계에 있는 임원 또는 직원에게 정당한 사유 없이 동일 직위에 있는 지배주주 등 외의 임원 또는 직원에게 지급하는 금액을 초과하여 보수를 지급한 경우 그 초과금액은 손금에 산입하지 않는다.
㉡ 비상근임원에게 지급하는 보수 중 부당행위계산에 해당하는 경우는 손금에 산입하지 않는다.
㉢ 「노동조합 및 노동관계조정법」을 위반하여 노조전임자에게 지급하는 급여는 업무무관으로 보아 손금에 산입하지 않는다.
㉣ 합명회사·합자회사의 노무출자사원에게 지급하는 보수는 이익처분에 의한 상여로 보아 손금에 산입하지 않는다.

답 ②

17 ☐☐☐

상장법인인 (주)한국은 2023년 사업연도 중에 퇴직한 상무 이사 홍길동에 대한 인건비로 다음의 금액을 지출하였다. 이 경우 한도초과로 손금불산입되는 총 금액은?

- 일반급여: 50,000,000원(퇴직 전 1년간의 총급여액으로, 손금불산입 되는 금액은 없음)
- 상여금: 30,000,000원(지급 규정이 없음)
- 퇴직급여: 50,000,000원(지급 규정이 없음)
- 근속연수: 4년 6개월 20일

① 30,000,000원
② 52,500,000원
③ 57,500,000원
④ 80,000,000원

---

17 인건비

- 임원상여금 손금불산입: 30,000,000원
- 임원퇴직금 한도초과액: 27,500,000원
  - ⊙ 임원퇴직금 지급액: 50,000,000원
  - ⊙ 「법인세법」상 한도액: $50,000,000 \times 1/10 \times 54/12$
    $= 22,500,000$원
  - ⊙ 임원퇴직금 한도초과액: 27,500,000원
- ※ 합계: 57,500,000원

답 ③

---

18 ☐☐☐

「법인세법」상 현실적인 퇴직의 범위에 해당하지 않는 것은?

① 퇴직급여를 중간정산하여 지급한 경우(중간정산시점부터 새로 근무연수를 기산하여 퇴직급여를 계산하는 경우로 한정하지 아니함)
② 법인의 직원이 해당 법인의 임원으로 취임한 경우
③ 법인의 임원 또는 직원이 그 법인의 조직변경·합병·분할 또는 사업양도에 의하여 퇴직한 경우
④ 법인의 상근임원이 비상근임원이 된 경우

---

18 인건비

「근로자퇴직급여 보장법」의 규정에 따라 퇴직급여를 중간정산하여 지급한 경우로 중간정산 시점부터 새로이 근로연수를 기산하여 중간정산 이후 퇴직급여를 계산하는 경우에 한정한다.

📑 퇴직의 범위

현실적인 퇴직	비현실적인 퇴직
⊙ 직원이 임원으로 취임한 경우	⊙ 임원이 연임된 경우
⊙ 상근임원이 비상근임원으로 된 경우	⊙ 법인의 대주주 변동으로 인하여 계산의 편의, 기타 사유로 전사용인에게 퇴직급여를 지급한 경우
⊙ 임원 또는 직원이 그 법인의 조직변경·합병·분할 또는 사업양도에 따라 퇴직한 때	⊙ 외국법인의 국내지점 종업원이 본점(본국)으로 전출하는 경우
⊙ 퇴직급여를 중간정산(종전에 퇴직급여를 중간정산하여 지급한 적이 있는 경우에는 직전 중간정산 대상기간이 종료한 다음 날부터 기산하여 퇴직급여를 중간정산한 것을 말한다)하여 지급한 때	⊙ 정부투자기관 등이 민영화됨에 따라 전종업원의 사표를 일단 수리한 후 다시 채용한 경우
⊙ 정관 또는 정관에서 위임된 퇴직급여지급규정에 따라 장기 요양 등 기획재정부령으로 정하는 사유로 그 때까지의 퇴직급여를 중간정산(종전에 퇴직급여를 중간정산하여 지급한 적이 있는 경우에는 직전 중간정산 대상기간이 종료한 다음 날부터 기산하여 퇴직급여를 중간정산한 것을 말한다)하여 임원에게 지급한 때	⊙ 「근로자퇴직급여 보장법」에 따라 퇴직급여를 중간정산하기로 하였으나 이를 실제로 지급하지 않은 경우

답 ①

---

19 ☐☐☐
2009년 9급

「법인세법」상 접대비에 대한 설명으로 옳지 않은 것은?

① 임원이 부담하여야 할 성질의 접대비를 법인이 지출한 것은 이를 접대비로 보지 아니한다.
② 법인이 그 직원이 조직한 조합(법인)에 복리시설비를 지출한 것은 이를 접대비로 보지 아니한다.
③ 접대비를 금전 이외의 자산으로 지출한 경우 당해 접대비의 가액은 이를 제공한 때의 시가와 장부가액 중 큰 금액으로 평가한다.
④ 내국법인이 경조금으로 지출한 것으로 1회에 20만 원을 초과하지 아니하는 금액은 법정증명서류를 구비하지 않아도 접대비로 본다.

20 ☐☐☐
2006년 9급 변형

「법인세법」상 접대비에 대한 설명으로 옳은 것은?

① 한 차례의 접대비가 3만 원(경조금 20만 원)을 초과하는 경우 적격증명서류를 수취하지 않은 경우 3만 원(경조금 20만 원)의 초과액을 손금불산입한다.
② 접대비를 금전 이외의 자산으로 제공한 경우 해당 자산의 가액은 이를 제공한 때의 시가가 장부가액보다 낮은 경우에도 시가에 의한다.
③ 접대비에 대한 세무조정은 기부금에 대한 세무조정보다 나중에 이루어진다.
④ 접대비는 업무와 관련 있는 지출이지만, 기부금은 업무와 관련이 없는 지출이다.

19	접대비

직원이 조직한 조합이 법인으로서 그 조합에 법인이 복리시설비를 지출한 경우에는 이를 접대비로 보나, 사용인이 조직한 조합이 법인 아닌 경우에 복리시설비를 지출한 경우에는 경리의 일부로 본다.

📄 **접대비의 범위**

접대비에 해당하는 경우	접대비에 해당하지 않는 경우
㉠ 직원이 조직한 단체가 법인인 경우의 복리시설비	㉠ 직원이 조직한 단체가 법인이 아닌 경우의 복리시설비(경리의 일부)
㉡ 약정에 의한 채권포기액 중 업무와 관련이 있는 경우	㉡ 약정에 의한 채권포기액 중 업무와 관련이 없는 경우(기부금)*
㉢ 통상적인 회의비를 초과하여 지출하는 금액과 유흥비	㉢ 판매장려금 및 판매수당 등 손금인정(사전약정유무 무관)
㉣ 특정인에게 지출하는 광고선전 목적의 물품은 연간 5만 원을 초과하는 경우 전액(1개당 3만 원 이하의 물품은 제외)	㉣ 일반회의비는 손금
㉤ 접대비 관련 부가가치세 매입세액	㉤ 불특정다수인에게 지출하는 광고선전목적의 물품은 광고선전비로 손금
㉥ 현물접대 경우 부가가치세 매출세액	㉥ 주주·임직원이 부담해야 할 접대비를 법인이 지출한 비용(손금불산입 상여, 배당)
	* 특수관계가 아닌 자와의 거래에서 발생한 채권으로서 정당한 사유가 있는 경우 손금(대손금)인정

답 ②

20	접대비

(선지분석)
① 한 차례의 접대비가 3만 원(경조금 20만 원)을 초과하는 경우 적격증명서류를 수취하지 않은 경우 전액을 손금불산입한다.
② 접대비를 금전 이외의 자산으로 제공한 경우 해당 자산의 가액은 시가와 장부가액 중 큰 금액으로 한다.
③ 세무조정 중 기부금에 대한 세무조정을 제일 마지막에 한다.

답 ④

21 ☐☐☐
2013년 9급 변형

「법인세법」상 일반기부금에 해당하는 기부금에 해당하는 것만을 고른 것은?

> ㄱ. 사립학교에 시설비로 지출하는 기부금
> ㄴ. 의료법인의 고유목적사업비로 지출하는 기부금
> ㄷ. 「산업교육진흥 및 산학연협력촉진에 관한 법률」에 따른 산학협력단에 연구비로 지출하는 기부금
> ㄹ. 천재지변으로 생기는 이재민을 위한 구호금품의 가액
> ㅁ. 사회복지법인에 고유목적사업비로 지출하는 기부금
> ㅂ. 종교단체에 고유목적사업비로 지출하는 기부금

① ㄱ, ㄴ, ㄷ
② ㄱ, ㄴ, ㅁ
③ ㄴ, ㅁ, ㅂ
④ ㄹ, ㅁ, ㅂ

21	기부금

ㄴ, ㅁ, ㅂ이 일반기부금에 해당한다.

(선지분석)

ㄱ, ㄷ, ㄹ의 가액은 특례기부금에 해당한다.

📄 **기부금의 구분**

특례기부금	⊙ 국가 · 지방자치단체 ⓒ 국방헌금과 국군장병 위문금품 ⓒ 천재지변으로 생기는 이재민 구호금품 ⓔ 사립학교 등 시설비 · 교육비 · 장학금 · 연구비 ⓜ 국립대학병원, 사립학교 병원의 시설비 · 교육비 · 연구비
우리사주조합 기부금	다른 법인의 우리사주조합에 대한 기부금
일반기부금	⊙ 사회복지법인 ⓒ 문화 · 예술단체 ⓒ 장학단체 ⓔ 사내근로복지기금 ⓜ 학교의 장이 추천하는 개인에게 지출하는 교육비 · 연구비 · 장학금 ⓗ 아동복지시설, 노인복지시설, 장애인복지시설 ⓐ 종교단체, 의료법인 ⓞ 국민체육진흥기금 출연금, 근로복지진흥기금 출연금 ⓩ 「영유아보육법」에 따른 어린이집
손금불산입 기부금	동창회, 종친회, 향우회, 신용협동조합, 새마을금고, 정당 등

답 ③

---

22 ☐☐☐
2008년 서울시 9급 변형

현행 「법인세법」상의 손금항목과 손금불산입항목에 대한 다음 설명 중 옳은 것은?

① 이익처분에 의해 지급되는 상여금도 손금으로 인정된다.
② 증빙누락분(귀속불분명)과 건당 3만 원 초과 적격증빙 미수취분 접대비는 모두 대표자 상여로 소득처분한다.
③ 현물접대비와 현물기부금의 평가는 당해 자산의 시가와 장부가액 중 큰 금액으로 한다.
④ 접대비는 발생주의에 따라 기부금은 현금주의에 따라 귀속시기를 결정한다.
⑤ 우리사주조합에 기부한 금액 중 한도초과액은 10년간 이월할 수 있다.

22	기부금

(선지분석)

① 이익처분에 의해 지급되는 상여금은 손금으로 인정되지 않는다.
② 증빙누락분에 대해서는 대표자 상여로 소득처분하나, 적격증빙 미수취분 접대비에 대해서는 기타사외유출로 소득처분한다.
③ 특례기부금과 일반기부금(특수관계인이 아닌 경우)을 현물로 제공한 경우에는 장부가액으로 하며 그 외 현물기부금은 장부가액과 시가 중 큰 금액으로 한다.
⑤ 우리사주조합에 지출한 기부금은 한도를 초과하더라도 이월되지 않는다.

답 ④

법인세법령상 접대비와 기부금에 대한 설명으로 옳지 않은 것은?

① 법인이 그 직원이 조직한 단체에 복리시설비를 지출한 경우 해당 단체가 법인인 때에는 이를 접대비로 본다.

② 주주가 부담하여야 할 성질의 접대비를 법인이 지출한 것은 이를 접대비로 보지 아니한다.

③ 법인이 천재지변으로 생기는 이재민을 위한 구호금품을 금전 외의 자산으로 제공한 경우 해당 자산의 가액은 기부했을 때의 시가에 따라 산정한다.

④ 법인이 기부금을 미지급금으로 계상한 경우 실제로 이를 지출할 때까지는 당해 사업연도의 소득금액계산에 있어서 이를 기부금으로 보지 아니한다.

23	기부금

특례기부금에 해당하는 이재민 구호금품을 현물로 제공한 경우에는 장부가액으로 평가한다.

> 📄 **특례기부금**
>
> 특례기부금은 다음의 단체 등에 지급하는 금액으로 한다.
> ㉠ 국가 · 지방자치단체
> ㉡ 국방헌금과 국군장병 위문금품
> ㉢ 천재지변으로 생기는 이재민 구호금품
> ㉣ 사립학교, 산학협력단 등 시설비 · 교육비 · 장학금 · 연구비
> ㉤ 국립대학병원, 사립학교 병원 등의 시설비 · 교육비 · 연구비

답 ③

「법인세법」상 접대비와 기부금에 대한 설명으로 옳은 것은?

① 영업자가 조직한 단체로서 법인이거나 주무관청에 등록된 조합 또는 협회에 지급한 일반회비는 접대비로 보아 한도 내에서 손금인정된다.

② 접대비를 지출(그 지출사실은 객관적으로 명백함)한 국외에서 현금 외 다른 지출수단이 없어 적격증빙을 갖추지 못한 경우에는 해당 국외 지출을 접대비로 보지 아니한다.

③ 법인이 새마을금고(특수관계인 아님)에 정당한 사유없이 자산을 정상가액보다 낮은 가액으로 양도하는 경우 그 차액이 실질적으로 증여한 것으로 인정되는 금액은 기부금으로 의제하여 전액 손금산입한다.

④ 법인이 특수관계인에게 일반기부금을 금전 외의 자산으로 제공한 경우 해당 자산의 가액은 이를 제공한 때의 장부가액과 시가 중 큰 금액으로 한다.

24	기부금

(선지분석)

① 영업자가 조직한 단체로서 법인이거나 주무관청에 등록된 조합 또는 협회에 지급한 일반회비는 전액 손금인정된다.

② 접대비를 지출(그 지출사실은 객관적으로 명백함)한 국외에서 현금 외 다른 지출수단이 없어 적격증빙을 갖추지 못한 경우에도 접대비로 보아 한도 내에서 접대비로 인정된다.

③ 법인이 새마을금고(특수관계인 아님)에 정당한 사유없이 자산을 정상가액보다 낮은 가액으로 양도하는 경우 그 차액이 실질적으로 증여한 것으로 인정되는 금액은 기부금에 해당된다. 다만, 새마을금고는 손금불산입 기부금단체에 해당하므로 전액 손금불산입한다.

답 ④

---

25 □□□

법인세법령상 기부금에 대한 설명으로 옳은 것은?

① 특수관계인이 아닌 자에게 기부한 일반기부금과 특례기부금을 금전 외의 자산으로 제공한 경우 해당 자산의 가액은 이를 기부한 때의 시가로 한다.

② 손금에 산입하지 아니한 특례기부금의 손금산입한도액 초과금액은 해당 사업연도의 다음 사업연도로 이월하여 그 이월된 사업연도 소득금액을 계산할 때 특례기부금의 손금산입한도금액의 범위에서 손금에 산입한다.

③ 법인이 특수관계인 외의 자에게 정당한 사유 없이 자산을 시가보다 낮은 가액으로 양도하거나 시가보다 높은 가액으로 매입함으로써 그 차액 중 실질적으로 증여한 것으로 인정되는 금액은 기부금으로 본다.

④ 법인이 기부금을 미지급금으로 계상한 경우에는 이를 계상한 사업연도의 기부금으로 하고, 그 후의 사업연도에 있어서 이를 기부금으로 보지 아니한다.

25	기부금

선지분석

① 특수관계인이 아닌 자에게 기부한 일반기부금과 특례기부금을 현물로 제공한 경우는 장부가액으로 평가한다.

③ 법인이 특수관계인 외의 자에게 정당한 사유 없이 자산을 정상가액보다 낮은 가액으로 양도하거나 정상가액보다 높은 가액으로 매입함으로써 그 차액 중 실질적으로 증여한 것으로 인정되는 금액은 기부금에 해당된다.

④ 기부금의 미지급은 인정되지 않는다.

답 ②

KEYWORD 58 지급이자 손금불산입

26 □□□

「법인세법」상 법인에게 귀속되는 지급이자의 손금불산입 사항이 다음에 열거한 항목들에게 동시에 발생하는 경우, 지급이자 손금불산입의 적용순서로 옳은 것은?

> ㄱ. 건설자금에 충당한 자금의 이자
> ㄴ. 채권자가 불분명한 사채이자
> ㄷ. 업무무관 자산에 대한 지급이자
> ㄹ. 국제조세조정에 관한 법률에 따른 소득대비 과다이자

① ㄱ → ㄴ → ㄷ → ㄹ

② ㄴ → ㄱ → ㄷ → ㄹ

③ ㄷ → ㄴ → ㄱ → ㄹ

④ ㄹ → ㄴ → ㄱ → ㄷ

26	지급이자 손금불산입

지급이자 손금불산입은 ㄹ → ㄴ → ㄱ → ㄷ의 순으로 적용된다.

구분	부인순서	소득처분
1순위	채권자불분명 사채이자	대표자 상여 (원천징수금액은 기타사외유출)
2순위	비실명 채권·증권 이자	
3순위	건설자금이자	유보
4순위	업무무관자산 등에 대한 지급이자	기타사외유출

「국제조세조정에 관한 법률」에 의하여 과소자본세제로 인한 지급이자 손금불산입 규정, 소득대비 과다이자비용 손금불산입, 혼성금융상품 거래에 따라 발생하는 이자비용 손금불산입이 적용되는 경우에는 그 규정을 위의 「법인세법」에 의한 지급이자손금불산입 규정보다 우선하여 적용한다.

답 ④

「법인세법」상 건설자금에 충당한 차입금의 이자에 관한 설명으로 옳지 않은 것은?

① 차입한 건설자금의 연체로 인하여 생긴 이자를 원본에 가산한 경우 그 가산한 금액은 이를 당해 사업연도의 자본적 지출로 하고, 그 원본에 가산한 금액에 대한 지급이자는 이를 손금으로 한다.

② 건설자금에 충당한 차입금의 일시예금에서 생기는 수입이자는 원본에 가산하는 자본적 지출금액에서 차감한다.

③ 차입한 건설자금의 일부를 운영자금에 전용한 경우에는 그 부분에 상당하는 지급이자는 이를 손금에 산입하지 아니한다.

④ 일반차입금에 대한 지급이자는 자본화를 선택할 수 있다.

「법인세법」제28조의 규정에 의한 지급이자 손금불산입액 중 「자본금과 적립금 조정명세서(을)」표에 반영될 수 있는 것은?

① 채권자가 불분명한 사채의 이자를 손금불산입한 경우

② 내국법인이 발행한 채권·증권의 이자를 지급받은 자가 불분명하여 손금불산입한 경우

③ 법인이 업무무관자산을 취득·보유함에 따라 지급한 차입금의 이자 중 법령이 정하는 바에 따라 계산한 지급이자를 손금불산입한 경우

④ 당기 말 현재에 건설 중인 유형·무형자산의 건설자금에 충당한 차입금의 지급이자를 법인이 기간의 비용으로 계상함에 따라 손금불산입한 경우

27	지급이자 손금불산입

차입한 건설자금의 일부를 운영자금에 전용한 경우에는 그 부분에 상당하는 지급이자는 이를 손금에 산입한다.

답 ③

28	지급이자 손금불산입

「자본금과 적립금 조정명세서(을)」표는 소득처분 중 유보(△유보)를 관리하는 표이다. 건설 중인 자산의 차입금이자의 손금불산입액은 유보로 소득처분하고, 「자본금과 적립금 조정명세서(을)」표에 반영된다.

답 ④

29 ☐☐☐

「법인세법」상 채권자가 불분명한 차입금에 해당하지 않는 것은?

① 채권자의 주소 및 성명을 확인할 수 없는 차입금
② 채권자의 능력 및 자산상태로 보아 금전을 대여한 것으로 인정할 수 없는 차입금
③ 채권자와의 금전 거래 사실 및 거래 내용이 불분명한 차입금
④ 채권자의 법정대리인과 소비대차계약이 체결된 차입금

29	지급이자 손금불산입

채권자의 법정대리인과 소비대차계약이 체결된 차입금은 채권자가 불분명한 차입금에 해당하지 않는다.

> 📄 **채권자불분명 사채이자**
>
> 채권자불분명 사채이자는 다음의 차입금에 대한 이자를 말하며 거래일 현재 주민등록표에 의하여 그 거주사실 등이 확인된 채권자가 차입금을 변제받은 후 소재불명이 된 경우에 그 이자는 채권자불분명 사채이자로 보지 않는다. 채권자불분명 사채이자는 직접적으로 지급한 이자는 물론이고 알선수수료, 사례금 등의 명목여하를 불구하고 해당 사채를 차입하고 지급하는 금품을 포함한다.
> ㉠ 채권자의 주소 또는 성명을 확인할 수 없는 차입금
> ㉡ 채권자의 능력 및 자산상태로 보아 금전을 대여한 것으로 인정할 수 없는 차입금
> ㉢ 채권자와의 금전 거래 사실 및 거래 내용이 불분명한 차입금

답 ④

30 ☐☐☐

甲법인의 이자비용계정에는 채권자의 주소와 성명을 확인할 수 없는 차입금에 대한 이자 ₩8,000,000(이 중 ₩2,000,000을 원천징수하여 납부함)이 포함되어 있다. 이 경우에 대한 세무조정과 소득처분으로 옳은 것은?

① 손금산입 8,000,000원 기타
② 손금산입 2,000,000원 기타
　　손금산입 6,000,000원 상여
③ 손금불산입 8,000,000원 상여
④ 손금불산입 6,000,000원 상여
　　손금불산입 2,000,000원 기타사외유출

30	지급이자 손금불산입

채권자불분명사채이자는 대표자에 대한 상여로 손금불산입한다. 다만, 원천징수한 세액이 있으면 해당 세액은 기타사외유출로 소득처분한다.

답 ④

31 ☐☐☐

「법인세법」상 지급이자 손금불산입에 대한 설명으로 옳은 것은?

① 투자부동산에 대한 건설자금이자를 취득원가로 계상한 경우 그 계상액을 손금산입(△유보)하고 그 투자부동산의 처분 혹은 감가상각시 익금산입(유보)로 추인한다.

② 특정차입금의 연체로 인하여 생긴 이자를 원본에 가산한 경우 그 가산한 금액과 그 원본에 가산한 금액에 대한 지급이자는 해당 사업연도의 자본적 지출로 한다.

③ 특수관계인으로부터 시가를 초과하는 가액으로 업무무관자산을 매입한 경우 부당행위계산의 부인규정에 의한 시가초과액을 포함하지 않은 가액으로 업무무관자산을 평가하여 지급이자를 계산한다.

④ 지급이자에 대한 손금불산입 규정이 동시에 적용되는 경우 지급받은 자가 불분명한 채권·증권 이자, 채권자가 불분명한 사채이자, 업무무관자산에 대한 지급이자, 건설자금에 충당한 차입금 이자 순으로 부인된다.

---

31   지급이자 손금불산입

건설자금이자에 대한 지급이자 손금불산입 규정은 사업용자산(유형자산·무형자산)에 한하여 적용되므로 투자부동산은 적용하지 않는다. 따라서 비용으로 처리해야 하므로 자산의 원가에 가산하였다면 손금산입으로 조정해야 한다.

(선지분석)

② 특정차입금의 연체로 인하여 생긴 이자를 원본에 가산한 경우 그 가산한 금액은 해당 사업연도의 자본적 지출에 해당하지만 그 원본에 가산한 금액에 대한 지급이자는 손금으로 한다.

③ 특수관계인으로부터 시가를 초과하는 가액으로 업무무관자산을 매입한 경우 부당행위계산의 부인규정에 의한 시가초과액을 포함하여 계산한다.

④ 지급이자에 대한 손금불산입 규정이 동시에 적용되는 경우 채권자가 불분명한 사채이자, 지급받은 자가 불분명한 채권·증권 이자, 건설자금에 충당한 차입금 이자, 업무무관자산에 대한 지급이자 순으로 부인된다.

답 ①

32 ☐☐☐

법인세법령상 건설자금에 충당한 차입금의 이자에 대한 설명으로 옳지 않은 것은?

① 특정차입금에 대한 지급이자는 건설등이 준공된 날까지 이를 자본적 지출로 하여 그 원본에 가산하되, 특정차입금의 일시예금에서 생기는 수입이자는 원본에 가산하는 자본적 지출금액에서 차감한다.

② 특정차입금의 일부를 운영자금에 전용한 경우에는 그 부분에 상당하는 지급이자는 이를 손금으로 한다.

③ 특정차입금의 연체로 인하여 생긴 이자를 원본에 가산한 경우 그 가산한 금액은 이를 해당 사업연도의 자본적 지출로 하고, 그 원본에 가산한 금액에 대한 지급이자는 이를 손금으로 한다.

④ 건설자금에 충당한 차입금의 이자에서 특정차입금에 대한 지급이자를 뺀 금액으로서 대통령령으로 정하는 금액은 내국법인의 각 사업연도의 소득금액을 계산할 때 손금에 산입해야 한다.

---

32   지급이자 손금불산입

건설자금에 충당한 차입금의 이자에서 특정차입금에 대한 지급이자를 뺀 금액으로서 대통령령으로 정하는 금액은 내국법인의 각 사업연도의 소득금액을 계산할 때 손금에 산입하지 아니할 수 있다. 즉, 손금산입과 자산원에 가산하는 것 중 선택할 수 있다(일반차입금이자).

답 ④

33 ☐☐☐

법인세법령상 내국법인의 감가상각에 대한 설명으로 옳지 않은 것은? (단, 법인세법령상 해당 요건은 충족하고, 「법인세법」과 「조세특례제한법」에 따른 법인세 면제, 감면 및 감가상각특례는 고려하지 아니한다)

① 내국법인은 「법인세법 시행령」 제28조 제1항 제2호에 해당하는 감가상각자산에 대하여 한국채택국제회계기준을 최초로 적용하는 사업연도에 결산내용연수를 연장한 경우에는 기준내용연수에 기준내용연수의 100분의 25를 가감하는 범위에서 사업장별로 납세지 관할 지방국세청장의 승인을 받아 적용하던 내용연수를 연장할 수 있다.

② 내국법인이 각 사업연도에 지출한 수선비로서 개별 자산별로 600만 원 미만인 자본적 지출에 해당하는 금액을 해당 사업연도의 손비로 계상한 경우에는 상각계산의 기초가액을 계산할 때 해당 수선비를 자본적 지출액에 포함하여 상각범위액을 계산한다.

③ 내국법인이 기준내용연수(해당 내국법인에게 적용되는 기준내용연수를 말한다)의 100분의 50 이상이 경과된 자산을 다른 법인으로부터 취득한 경우에는 그 자산의 기준내용연수의 100분의 50에 상당하는 연수와 기준내용연수의 범위에서 선택하여 납세지 관할 세무서장에게 신고한 연수를 내용연수로 할 수 있다.

④ 내국법인이 감가상각자산에 대하여 감가상각과 「법인세법」 제42조 제1항 제1호에 따른 평가증을 병행한 경우에는 먼저 감가상각을 한 후 평가증을 한 것으로 보아 상각범위액을 계산한다.

33	감가상각비

개별자산별로 지출한 600만 원 미만의 자본적 지출액은 즉시상각의제 규정을 적용받지 않으므로 감가상각비로 보지 않고 손금에 해당된다.

답 ②

34 ☐☐☐

「법인세법」상 감가상각에 대한 설명으로 옳지 않은 것은?

① 유휴설비는 감가상각자산에 포함하지 아니한다.

② 장기할부조건으로 매입한 유형·무형자산의 경우 법인이 해당 유형·무형자산의 가액 전액을 자산으로 계상하고 사업에 사용하는 경우에는 그 대금의 청산 또는 소유권의 이전 여부에 관계없이 이를 감가상각자산에 포함한다.

③ 금전 외의 무형자산을 지방자치단체에 기부한 후 그 자산을 사용하는 경우 당해 자산의 장부가액은 감가상각 대상이다.

④ 건설 중인 것은 감가상각자산에 포함하지 아니한다.

34	감가상각비

사업에 사용하지 않는 자산은 감가상각자산이 아니나, 일시적으로 가동을 중단시키는 유휴설비는 감가상각자산에 해당한다.

📄 감가상각자산

감가상각자산에 포함하는 것	㉠ 장기할부조건 등으로 매입한 유형·무형자산: 법인이 해당 유형·무형자산의 가액 전액을 자산으로 계상하고 사업에 사용하는 경우에는 그 대금의 청산 또는 소유권의 이전 여부에 관계없이 이를 감가상각자산으로 봄
	㉡ 리스자산: 금융리스자산은 리스이용자의 감가상각자산으로 하고 금융리스 외의 리스자산은 리스회사의 감가상각자산으로 봄
감가상각자산에 포함하지 않는 것	㉠ 사업에 사용하지 않는 것(유휴설비 제외): 사업에 사용하지 않는 자산은 감가상각자산이 아니다. 다만, 사업에 사용하다가 일시적으로 사용하지 않는 유휴설비는 감가상각자산으로 봄
	㉡ 건설 중인 자산: 건설 중인 자산은 감가상각자산 아니다. 다만, 일부가 완성되어 당해 부분이 사업에 사용되는 경우 그 부분은 감가상각자산으로 봄
	㉢ 시간이 경과함에 따라 그 가치가 감소되지 않는 것: 토지, 서화·골동품 등과 같이 시간이 경과함에 따라 그 가치가 감소되지 않으므로 감가상각 대상자산이 아님

답 ①

「법인세법」상 유형·무형자산자산의 감가상각에 관한 설명으로 옳지 않은 것은?

① 당기에 법인세 감면을 받아 감가상각의 의제가 적용되는 법인이 감가상각비를 손금으로 계상하지 아니한 경우에는 차기에 정률법에 의한 상각범위액 계산에는 영향을 미치지 않는다.

② 상각부인액은 이후 사업연도에 법인이 감가상각비를 계상하지 않은 경우에는 상각범위액을 한도로 하여 손금으로 추인한다.

③ 개별자산별로 수선비 지출액이 600만 원 미만인 경우 그 수선비를 당해 사업연도의 손금으로 계상한 경우에는 감가상각시부인 계산 없이 손금으로 인정한다.

④ 정액법에 의해 상각범위액을 계산함에 있어서 감가상각자산의 잔존가액은 '0'으로 한다.

35	감가상각비

당기에 법인세 감면을 받아 감가상각의 의제가 적용되는 법인이 감가상각비를 손금으로 계상하지 아니한 경우에는 차기에 정률법에 의한 상각범위액 계산에 영향을 미친다.

📄 감가상각의제

개념	감면사업으로 법인세를 감면받는 기간동안 회사의 감가상각비가 상각범위액에 미달하는 경우에는 상각범위액까지 강제로 상각함(손금산입 △유보로 처분)
요건	법인세 감면사업을 영위하여 실제로 감면을 받을 것
영향	손금으로 계상하거나 손금에 산입한 감가상각비가 상각범위액에 미달한 법인은 그 후 사업연도의 상각범위액 계산의 기초가 될 자산의 가액에서 그 감가상각비에 상당하는 금액을 공제한 잔액을 기초가액으로 하여 상각범위액을 계산해야 함

답 ①

「법인세법」상 감가상각비의 손금산입에 대한 설명으로 옳지 않은 것은?

① 건물의 감가상각방법으로서는 정액법만이 인정된다.

② 당해 감가상각자산의 장부가액을 직접 감액하는 방법도 인정된다.

③ 취득 후 사용하지 않고 보관 중인 기계 및 장치도 감가상각자산에 해당한다.

④ 감가상각방법이 서로 다른 법인이 합병한 경우에는 감가상각방법을 변경할 수 있다.

36	감가상각비

사업에 사용하고 있으나 일시적 조업중단 등으로 인하여 가동되지 않고 있는 유휴설비는 감가상각자산에 해당하나, 취득 후 사용하지 않고 보관 중인 기계 및 장치 또는 사용 중 철거하여 사용하지 않는 기계 및 장치 등은 감가상각자산에 해당하지 않는다.

답 ③

37 ☐☐☐

「법인세법」상 해당 자산가액에 포함되어 감가상각 대상이 되는 항목으로 옳은 것은?

① 특수관계인으로부터의 자산 취득시 부당행위계산에 의한 시가초과액
② 장기할부조건으로 매입한 자산을 현재가치로 평가함에 따라 기업회계기준에 의해 계상한 현재가치할인차금
③ 지반침하를 방지하기 위해 기계장치에 직접적으로 연결된 기초공사를 수행함에 따른 비용
④ 재해를 입은 자산에 대한 외장의 복구비용

| 37 | 감가상각비 |

지반침하를 방지하기 위해 기계장치에 직접적으로 연결된 기초공사를 수행함에 따른 비용은 자본적 지출에 해당하므로 감가상각 대상에 해당된다.

(선지분석)
① 특수관계인으로부터의 자산 취득시 부당행위계산에 의한 시가초과액은 취득가액에 포함하지 않으므로 감가상가자산에 해당하지 않는다.
② 장기할부조건으로 매입한 자산을 현재가치로 평가함에 따라 기업회계기준에 의해 계상한 현재가치할인차금은 취득가액에 포함하지 않는다.
④ 재해를 입은 자산에 대한 외장의 복구비용은 수익적 지출에 해당하므로 손금으로 한다.

답 ③

38 ☐☐☐

「법인세법」상 유형·무형자산의 감가상각에 관한 설명으로 옳지 않은 것은?

① 재해를 입은 자산에 대한 외장의 복구비 1,000만 원을 지출하고 이를 손비로 계상한 경우 동 지출에 대해서는 시부인 계산을 할 필요가 없다.
② 시험연구용자산에 대해 「법인세법 시행규칙」 [별표 2] 시험연구용자산의 내용연수표를 적용한 경우에는 내용연수의 변경 및 특례규정을 적용할 수 없다.
③ 감가상각방법이 서로 다른 법인이 합병하고 상각방법의 변경승인을 받지 아니한 경우에는 감가상각방법이 변경되지 않는다.
④ 감가상각방법을 변경하는 경우 상각범위액은 감가상각누계액을 공제한 장부가액과 전기 이월 상각한도초과액의 합계액에 변경시점 이후의 잔존내용연수에 의한 상각률을 곱하여 계산한다.

| 38 | 감가상각비 |

• 감가상가방법을 변경하는 경우에는 감가상각누계액을 공제한 장부가액에서 전기 이월된 상각부인액을 가산한 금액에 당초에 신고한 내용연수에 의한 상각률을 곱하여 계산한다.
• 내용연수는 상각범위를 구하기 위한 것이므로 경과된 내용연수를 고려하지 않고 전체 신고내용연수로 상각률을 계산한다.

답 ④

법인세법령상 즉시상각의 의제에 대한 설명으로 옳지 않은 것은?

① 법인이 개별자산별로 수선비로 지출한 금액이 600만 원 미만인 경우로서 그 수선비를 해당 사업연도의 손비로 계상한 경우에는 자본적 지출에 포함하지 않는다.
② 자본적 지출이란 법인이 소유하는 감가상각자산의 내용연수를 연장시키거나 해당 자산의 가치를 현실적으로 증가시키기 위하여 지출한 수선비를 말한다.
③ 재해를 입은 자산에 대한 외장의 복구·도장 및 유리의 삽입에 대한 지출은 자본적 지출에 포함한다.
④ 시설의 개체 또는 기술의 낙후로 인하여 생산설비의 일부를 폐기한 경우에는 해당 자산의 장부가액에서 1천 원을 공제한 금액을 폐기일이 속하는 사업연도의 손금에 산입할 수 있다.

「법인세법」상 감가상각에 관한 설명으로 옳지 않은 것은?

① 감가상각자산에 대한 자본적 지출금액을 손금으로 계상한 경우에는 이를 즉시상각의제로 보아 시부인 계산한다.
② 법인이 감가상각자산에 대하여 감가상각과 평가증을 병행하는 경우에는 먼저 감가상각을 한 후 평가증을 하는 것으로 보아 상각범위액을 계산한다.
③ 해당 사업연도에 감가상각비를 손금으로 계상하지 아니한 경우에는 전년도 상각부인액이 있어도 이를 손금으로 산입할 수 없다.
④ 시설의 개체·기술의 낙후 등으로 인하여 생산설비의 일부를 폐기한 경우에는 해당 자산의 장부가액에서 1,000원을 공제한 금액을 폐기일이 속하는 사업연도의 손금에 산입할 수 있다.

39	감가상각비

재해를 입은 자산에 대한 외장의 복구·도장 및 유리의 삽입에 대한 지출은 수익적 지출에 해당한다.

📄 수익적 지출과 자본적 지출의 구분

수익적 지출	자본적 지출
㉠ 건물 또는 벽의 도장	㉠ 본래의 용도를 변경하기 위한 개조
㉡ 파손된 유리나 기와의 대체	㉡ 엘리베이터 또는 냉난방장치의 설치
㉢ 기계의 소모된 부속품 또는 벨트의 대체	㉢ 빌딩 등에 있어서 피난시설 등의 설치
㉣ 자동차의 타이어 대체	㉣ 재해 등으로 인하여 멸실 또는 훼손되어 본래의 용도에 이용할 가치가 없는 건축물·기계·설비 등의 복구
㉤ 재해를 입은 자산에 대한 외장의 복구 또는 도장 및 유리의 삽입	
㉥ 그 밖의 조업가능한 상태의 유지 등 위와 유사한 것	㉤ 그 밖의 개량·확장·증설 등 위와 유사한 성질의 것

답 ③

40	감가상각비

장부상 감가상각비를 계상하지 않은 경우에는 상각범위액만큼 시인부족액이 발생하므로 전기부인액을 추인할 수 있다.

📄 감가상각비 시부인

구분	세무조정	사후관리
회사상각비 > 상각범위액	손금불산입 유보 (초과금액을 상각부인액이라 함)	차기 이후에 시인부족액이 발생하는 경우 시인부족액 범위 내에서 손금산입(△유보)로 처리
회사상각비 < 상각범위액	세무조정 없음 (미달하는 금액을 시인부족액이라 함)	전기 상각부인액이 있는 경우 시인부족액의 범위 내에서 손금산입(시인부족액은 다음 사업연도로 이월되지 않음)

답 ③

41 □□□

「법인세법」상 내국법인 (주)C는 제9기에 건물의 일부(취득 당시의 장부가액 3,000,000원)를 양도하였는데, 양도 직전 건물 전체에 관한 자료는 다음과 같다. 제9기에 양도한 건물에 대한 세무조정으로 옳은 것은?

- 건물 전체의 취득 당시의 장부가액: 15,000,000원
- 건물 전체의 감가상각누계액: 7,000,000원
- 건물 전체의 상각부인액: 2,500,000원

① 익금산입 500,000원(유보)
② 손금산입 500,000원(△유보)
③ 익금산입 2,500,000원(유보)
④ 손금산입 2,500,000원(△유보)

42 □□□

다음 자료에 의하여 (주)서울의 제2기(2023년 7월 1일부터 12월 31일까지)의 기계장치에 대한 감가상각범위액을 계산하면 얼마인가? [단, (주)서울의 사업연도는 6개월임]

- 취득가액: 50,000,000원
- 취득일자: 2023년 10월 1일
- 신고내용년수: 5년
- 감가상각방법: 정액법

① 2,500,000원
② 3,000,000원
③ 4,500,000원
④ 5,000,000원

---

41 감가상각비

- 상각부인액은 해당 자산을 처분할 때 추인되므로 처분되는 취득가액의 비율만큼 추인하면 된다.
- 손금추인액: 2,500,000 × (3,000,000 / 15,000,000) = 500,000원
※ 세무조정: 〈손금산입〉 500,000원(△유보)

📄 양도한 경우 상각부인액의 추인

㉠ 전체를 양도한 경우: 감가상각자산을 양도한 경우에는 해당 자산의 상각부인액은 양도일이 속하는 사업연도의 손금에 산입한다.

㉡ 일부를 양도한 경우: 감가상각자산의 일부를 양도하는 경우에는 상각부인액 중에서 다음에 따른 양도부분(취득가액 비율)이 차지하는 비율만큼 손금에 산입한다.

$$해당\ 감가상각자산\ 전체\ 상각부인액 \times \frac{양도부분의\ 취득가액}{해당\ 감가상각자산의\ 전체\ 취득가액}$$

답 ②

---

42 감가상각비

- 사업연도가 6개월이므로 환산내용연수를 적용하여 계산한다.
- 환산내용연수: 5년 × 12/6 = 10년
※ 상각범위액: 50,000,000 × 1/10 × 3개월 / 6개월 = 2,500,000원

답 ①

43 ☐☐☐

다음의 자료는 특정자산에 대한 감가상각과 관련된 것이다. 자료를 이용하여 세무조정을 할 경우 옳은 것은? (단, 국제회계를 적용받지 않는 법인으로 가정한다)

- 전기말까지 감가상각비 부인누계액 1,000,000원
- 당기 중 감가상각비 범위액 1,500,000원
- 당기 중 회사계상 감가상각비 1,200,000원

① 감가상각비 부인누계액 중 300,000원은 손금산입하고, 나머지 700,000원은 다음 사업연도로 이월한다.
② 당기 감가상각비 시인부족액 300,000원은 소멸하고, 감가상각비 부인누계액 1,000,000원은 다음 사업연도로 이월한다.
③ 감가상각비 부인누계액 1,000,000원은 소멸하고, 당기 감가상각비 시인부족액 300,000원은 다음 사업연도로 이월한다.
④ 감가상각비 부인누계액 1,000,000원과 감가상각비 시인부족액 300,000원은 각각 다음 사업연도로 이월한다.

44 ☐☐☐

甲법인의 제3기 사업연도의 다음 자료에 의하여 감가상각비 시부인 계산을 한 후의 감가상각비에 대한 유보잔액은? (단, △는 시인부족액이며 국제회계적용법인은 아닌 것으로 가정한다)

구분	건물	비품	기계장치	특허권
전기상각시부인액	△300,000원	△400,000원	600,000원	200,000원
회사상각액	1,200,000원	700,000원	–	900,000원
상각범위액	1,400,000원	500,000원	300,000원	800,000원
당기상각시부인액	△200,000원	200,000원	△300,000원	100,000원

① 500,000원
② 600,000원
③ 800,000원
④ 1,100,000원

43	감가상각비

전기이전의 상각부인액은 차기이후의 시인부족액 범위 내에서 손금산입이 가능하다. 따라서 전기의 상각부인액 1,000,000원은 당기의 시인부족액 300,000원까지 손금산입(△유보)으로 추인한다.

답 ①

44	감가상각비

- 기초 유보: 600,000 + 200,000 = 800,000원
- 당기 증가: 200,000(비품) + 100,000(특허권) = 300,000원
- 당기 감소: 300,000원(기계장치)
- 기말 유보: 800,000원

답 ③

45 □□□

법인세법령상 내국법인의 감가상각에 대한 설명으로 옳지 않은 것은?

① 법인이 손비로 계상한 감가상각비가 2,000만 원이고 상각범위액이 2,400만 원인 경우, 그 차액에 해당하는 400만 원은 그 후 사업연도의 상각부인액에 충당한다.

② 내국법인이 감가상각자산을 취득하기 위하여 지출한 금액을 손비로 계상한 경우에는 해당 사업연도의 소득금액을 계산할 때 감가상각비로 계상한 것으로 보아 상각범위액을 계산한다.

③ 법인이 감가상각자산에 대하여 감가상각과 평가증을 병행한 경우에는 먼저 감가상각을 한 후 평가증을 한 것으로 보아 상각범위액을 계산한다.

④ 법인이 각 사업연도에 개별자산별로 수선비로 지출한 금액이 600만 원 미만인 경우로서 그 수선비를 해당 사업연도의 손비로 계상한 경우에는 자본적 지출에 포함하지 않는다.

45	감가상각비

시인부족액은 다음 사업연도로 이월되지 않는다. 따라서 그 후 사업연도의 상각부인액에 충당할 수 없다.

답 ①

KEYWORD 60 손익귀속시기

01 ☐☐☐
2016년 9급 변형

「법인세법」상 영리내국법인 (주)A는 제10기 사업연도(2023년 1월 1일~12월 31일) 7월 1일에 다음과 같은 조건으로 제품을 할부판매하였다. (주)A가 할부판매 거래에 대해 선택지와 같이 회계처리하였다고 가정할 경우 세무조정이 필요한 것은? [단, (주)A는 중소기업에 해당하지 아니하며, 회계처리의 기업회계기준 위배 여부와 대응하는 매출원가는 고려하지 아니한다]

- 총 할부매출채권: 40백만 원
- 대금회수 조건: 매월 25일에 2백만 원씩 20개월간 회수
- 제10기 중 현금회수액: 14백만 원(2024년 1월분 선수금액이 포함되어 있음)
- 총 할부매출채권의 기업회계기준에 의한 현재가치: 36백만 원

	(차)	(대)
①	장기매출채권 40백만 원	매출 40백만 원
②	장기매출채권 40백만 원	매출 36백만 원
		현재가치할인차금 4백만 원
③	현금 14백만 원	매출 14백만 원
④	현금 14백만 원	매출 12백만 원
		선수금 2백만 원

01	손익귀속시기

장기할부거래에서 회수기일도래기준을 계상하면 인정한다. 다만, 회수기일도래기준에서 회수액은 약정액을 의미하므로 약정액을 초과해서 받은 금액은 선수금에 해당된다. 선수금을 포함한 총액을 매출로 계상했으므로 세무조정이 필요하다.

(선지분석)
① 장기할부거래는 명목가액을 기준으로 한다.
② 장기할부거래는 현재가치를 계상하면 「법인세법」도 인정한다.
④ 장기할부거래에서 회수기일도래기준으로 계상했으므로 세무조정은 필요없다.

답 ③

02 ☐☐☐
2015년 9급

「법인세법」상 손익의 귀속사업연도에 대한 설명으로 옳은 것은?

① 잉여금 처분에 따른 배당소득의 귀속사업연도는 잉여금을 처분한 법인의 결산확정일이 속하는 사업연도로 한다.
② 영수증을 작성·교부할 수 있는 업종을 영위하는 법인이 금전등록기를 설치·사용하는 경우에는 그 수입하는 물품대금과 용역대가의 귀속사업연도는 그 금액이 실제로 수입된 사업연도로 하여야 한다.
③ 투자회사 등이 결산을 확정할 때 증권 등의 투자와 관련된 수익 중 이미 경과한 기간에 대응하는 이자 및 할인액과 배당소득을 해당 사업연도의 수익으로 계상한 경우에는 그 계상한 사업연도의 익금으로 한다.
④ 개발비로 계상하였으나 해당 제품의 판매 또는 사용이 가능한 시점이 도래하기 전에 개발을 취소하고 해당 개발비를 전액 손금으로 계상하였다면 그 날이 속하는 사업연도의 손금에 산입한다.

02	손익귀속시기

(선지분석)
① 잉여금 처분에 따른 배당소득의 귀속사업연도는 당해 법인의 잉여금처분결의일이 속하는 사업연도로 한다.
② 금전등록기의 설치·사용에 관한 규정을 적용받는 업종을 영위하는 법인이 금전등록기를 설치·사용하는 경우 그 수입하는 물품대금과 용역대가의 귀속사업연도는 그 금액이 실제로 수입된 사업연도로 할 수 있다.
④ 법인이 개발비로 계상하였으나 해당 제품의 판매 또는 사용이 가능한 시점이 도래하기 이전에 개발을 취소한 사업연도에 다음의 요건을 모두 충족하는 경우에는 그 충족하는 날이 속하는 사업연도의 손금에 산입한다.
　㉠ 해당 개발로부터 상업적인 생산 또는 사용을 위한 해당 재료·장치·제품·공정·시스템 또는 용역을 개선한 결과를 식별할 수 없을 것
　㉡ 해당 개발비를 전액 손금으로 계상하였을 것

답 ③

법인세법령상 내국법인의 손익귀속시기에 대한 설명으로 옳은 것만을 모두 고르면?

ㄱ. 중소기업인 (주)A가 장기할부조건으로 자산을 판매한 경우에는 그 장기할부조건에 따라 각 사업연도에 회수하였거나 회수할 금액을 해당 사업연도의 익금에 산입할 수 있다.

ㄴ. 중소기업인 (주)B가 장기할부조건 등에 의하여 자산을 양도함으로써 발생한 채권에 대하여 기업회계기준이 정하는 바에 따라 현재가치로 평가하여 현재가치할인차금을 계상한 경우 해당 현재가치할인차금상당액은 해당 채권의 회수기간 동안 기업회계기준이 정하는 바에 따라 환입하였거나 환입할 금액을 각 사업연도의 익금에 산입한다.

ㄷ. 중소기업인 (주)C가 수행하는 계약기간이 1년 미만인 건설등의 제공으로 인한 익금은 그 목적물의 인도일이 속하는 사업연도의 익금에 산입할 수 있다.

ㄹ. 제조업을 경영하는 (주)D가 결산을 확정할 때 이미 경과한 기간에 대응하는 이자(「법인세법」에 따라 원천징수되는 이자를 포함)를 해당 사업연도의 수익으로 계상한 경우에는 그 계상한 사업연도의 익금으로 한다.

① ㄱ, ㄹ
② ㄴ, ㄷ
③ ㄱ, ㄴ, ㄷ
④ ㄱ, ㄴ, ㄷ, ㄹ

---

03   손익귀속시기

ㄱ, ㄴ, ㄷ이 옳은 설명이다.

(선지분석)

ㄹ. 기간경과분 이자 중 원천징수가 되는 이자소득에 대하여 이자수익을 계상한 경우에는 익금불산입에 해당된다.

답 ③

법인세법령상 손익의 귀속시기에 대한 설명으로 옳지 않은 것은?

① 상품 등외의 자산의 양도로 인한 익금의 귀속사업연도는 그 대금을 청산한 날이 속하는 사업연도로 하되, 대금을 청산하기 전에 소유권 등의 이전등기(등록을 포함)를 하거나 당해 자산을 인도하거나 상대방이 당해 자산을 사용수익하는 경우에는 그 이전등기일(등록일을 포함)·인도일 또는 사용수익일 중 빠른 날이 속하는 사업연도로 한다.

② 임대료 지급기간이 1년을 초과하는 경우 이미 경과한 기간에 대응하는 임대료 상당액과 비용은 실제 지급일이 속하는 사업연도의 익금과 손금으로 한다.

③ 중소기업인 법인이 수행하는 계약기간이 1년 미만인 건설·제조 기타 용역(도급공사 및 예약매출을 포함)의 제공으로 인한 익금과 손금은 그 목적물의 인도일이 속하는 사업연도의 익금과 손금에 산입할 수 있다.

④ 법인이 수입하는 배당금은 「소득세법 시행령」에 따른 수입시기에 해당하는 날이 속하는 사업연도의 익금에 산입하되, 「법인세법 시행령」상 금융회사 등이 금융채무등불이행자의 신용회복 지원과 채권의 공동추심을 위하여 공동으로 출자하여 설립한 「자산유동화에 관한 법률」에 따른 유동화전문회사로부터 수입하는 배당금은 실제로 지급받은 날이 속하는 사업연도의 익금에 산입한다.

---

04   손익귀속시기

장기임대의 경우에는 기간경과분에 대한 임대료 상당액과 이에 대응하는 비용을 익금과 손금으로 한다.

답 ②

05 ☐☐☐

「법인세법」상 손익의 귀속시기에 관한 설명으로 옳지 않은 것은?

① 건설·제조 기타 용역의 제공으로 인한 익금과 손금은 그 목적물의 인도일이 속하는 사업연도의 익금과 손금에 산입하는 것을 원칙으로 한다.

② 상품 등의 시용판매의 경우 상대방이 그 상품 등에 대한 구입 의사를 표시한 날(구입의 의사표시 기간에 대한 특약은 없음)을 익금 및 손금의 귀속사업연도로 한다.

③ 장기할부조건이라 함은 자산의 판매 또는 양도로서 판매금액 또는 수입금액을 월부·연부 기타의 지불방법에 따라 2회 이상으로 분할하여 수입하는 것 중 당해 목적물의 인도일의 다음 날부터 최종 할부금의 지급기일까지의 기간이 1년 이상인 것을 말한다.

④ 투자회사 등이 결산을 확정할 때 증권 등의 투자와 관련된 수익 중 이미 경과한 기간에 대응하는 이자 및 할인액과 배당소득을 해당 사업연도의 수익으로 계상한 경우에는 그 계상한 사업연도의 익금으로 한다.

05	손익귀속시기

건설·제조 기타 용역의 제공으로 인한 인도기준이 아닌 진행기준을 사용하는 것이 원칙이다.

📑 **용역의 귀속시기 구분**

건설 등(건설·제조 기타 용역으로서 도급공사 및 예약매출을 포함)의 용역제공으로 인한 익금과 손금의 귀속시기는 다음과 같다.

원칙 (진행기준)	건설 등의 제공으로 인한 익금과 손금은 그 목적물의 건설 등의 착수일이 속하는 사업연도부터 그 목적물의 인도일이 속하는 사업연도까지 그 목적물의 건설 등을 완료한 정도에 따라 수익과 비용을 각각 해당 사업연도의 익금과 손금에 산입
특례 (인도기준)	㉠ 중소기업인 법인이 수행하는 계약기간 1년 미만의 건설 등의 경우에는 그 목적물의 인도일(용역제공의 경우에는 용역제공을 완료한 날)이 속하는 사업연도의 익금과 손금에 산입할 수 있음(결산조정 및 신고조정으로 인도기준 선택 가능) ㉡ 기업회계기준에 따라 그 목적물의 인도일이 속하는 사업연도의 수익과 비용을 계상한 경우에는 그 목적물의 인도일이 속하는 사업연도의 익금과 손금에 산입할 수 있음(장·단기 구분없이 결산조정 인정)

답 ①

---

06 ☐☐☐

「법인세법」상 손익의 귀속사업연도에 관한 설명으로 옳은 것은?

① 부동산 양도시 대금을 청산하기 전에 소유권의 이전등기를 하는 경우 대금으로 청산한 날이 속하는 사업연도로 한다.

② 상품(부동산 제외)·제품 또는 기타의 생산품을 판매하는 경우 그 상품 등의 대금을 청산한 날이 속하는 사업연도로 한다.

③ 자산의 위탁매매의 경우 위탁자가 그 위탁자산을 인도한 날이 속하는 사업연도로 한다.

④ 자산의 임대료 지급기간이 1년을 초과하는 경우 이미 경과한 기간에 대응하는 임대료 상당액은 이를 당해 사업연도의 익금으로 한다.

06	손익귀속시기

(선지분석)

① 상품 등 외의 자산을 양도하는 경우는 그 대금을 청산한 날이 속하는 사업연도로 하되, 대금을 청산하기 전에 소유권 등의 이전등기·등록을 하거나 당해 자산을 인도하거나 상대방이 당해 자산을 사용·수익하는 경우에는 그 이전등기(등록)일·인도일 또는 사용수익일 중 빠른 날로 한다.

② 상품(부동산 제외)·제품 또는 기타의 생산품을 판매하는 경우 그 상품 등을 인도한 날이 속하는 사업연도로 한다.

③ 자산의 위탁매매의 경우 수탁자가 그 위탁자산을 인도한 날이 속하는 사업연도로 한다.

📑 **임대료의 손익귀속시기**

단기	㉠ 지급기간 1년 이하 ㉡ 원칙: 계약상 지급일(지급일 없으면 지급받는 날) ㉢ 특례: 기간경과분 미수임대료(또는 미지급임차료) 계상하는 경우 인정
장기	㉠ 지급기간 1년 초과 ㉡ 발생주의(경과한 기간에 대한 임대료를 손익으로 인식해야 함)

답 ④

「법인세법」상 손익의 귀속시기에 대한 설명으로 옳지 않은 것은?

① 법인이 장기할부 기간 중에 폐업한 경우에는 그 폐업일 현재 익금에 산입하지 아니한 금액과 이에 대응하는 비용을 폐업일이 속하는 사업연도의 익금과 손금에 각각 산입한다.

② 중소기업인 법인이 수행하는 계약기간이 1년 미만인 건설 등의 제공으로 인한 익금과 손금은 그 목적물의 인도일이 속하는 사업연도에 산입할 수 있다.

③ 수탁가공계약에 따라 검사를 거쳐 인수 및 인도가 확정되는 물품의 경우에는 당해 물품을 계약상 인도하여야 할 장소에 보관한 날을 익금과 손금의 귀속사업연도로 한다.

④ 상품 등 외의 자산의 양도인 경우에는 그 대금을 청산하기 전에 소유권 등의 이전등기를 하거나 당해 자산을 인도하거나 상대방이 당해 자산을 사용수익하는 경우에는 그 이전등기일·인도일 또는 사용수익일 중 빠른 날로 한다.

07	**손익귀속시기**

납품계약 또는 수탁가공계약에 의해 물품을 납품하거나 가공하는 경우에는 당해 물품을 계약상 인도하여야 할 장소에 보관한 날을 익금과 손금의 귀속사업연도로 한다. 다만, 계약에 따라 검사를 거쳐 인수 및 인도가 확정되는 물품의 경우에는 당해 검사가 완료된 날로 한다.

답 ③

「법인세법」상 거래형태별 권리의무확정주의에 의한 손익의 귀속시기에 대한 설명으로 옳지 않은 것은?

① 「자본시장과 금융투자에 관한 법률」 제9조 제13항에 따른 증권시장에서 같은 법 제393조 제1항에 따른 증권시장 업무규정에 따라 보통거래방식으로 한 유가증권의 매매의 경우에는 인도일로 한다.

② 법인세가 원천징수되지 않는 이자수익으로 결산 확정시에 기간 경과분을 수익으로 계상한 경우에는 익금으로 인정한다.

③ 사채할인발행차금은 기업회계기준에 의한 사채할인발행차금의 상각방법에 따라 손금에 산입해야 한다.

④ 물품을 수출하는 경우에는 수출물품을 계약상 인도하여야 할 장소에 보관한 날에 익금으로 확정된다.

08	**손익귀속시기**

「자본시장과 금융투자에 관한 법률」 제9조 제13항에 따른 증권시장에서 같은 법 제393조 제1항에 따른 증권시장 업무 규정에 따라 보통거래방식으로 한 유가증권의 매매의 경우에는 매매계약체결일로 한다.

📋 **손익귀속시기(1)**

상품(부동산 제외)·제품 또는 그 밖의 생산품의 판매	상품 등을 인도한 날
매출할인	상대방과의 약정에 의한 지급기일(그 지급기일이 정하여 있지 아니한 경우에는 지급한 날)이 속하는 사업연도의 매출액에서 차감
상품 등 외 (부동산 포함)의 자산의 양도	⊙ 대금을 청산한 날 ⓒ 대금 청산 전에 소유권이전등기일·등록일과 자산의 인도일 또는 그 자산의 사용수익일이 있는 경우는 그 중 빠른 날
상품 등의 시용판매	⊙ 상대방이 구입의사를 표시한 날 ⓒ 다만, 일정기간 내에 반송하거나 거절의 의사를 표시하지 아니하면 특약 등에 의하여 그 판매가 확정되는 경우에는 그 기간의 만료일
자산의 위탁매매	수탁자가 그 위탁자산을 매매한 날
보통거래방식의 유가증권매매	증권시장에서 증권시장업무 규정에 따라 보통거래방식으로 한 유가증권의 매매의 경우는 매매계약을 체결한 날의 손익

답 ①

「법인세법」상 손익의 귀속시기에 대한 설명으로 옳지 않은 것은?

① 법인이 법령의 규정에 의한 장기할부조건으로 자산을 판매함으로써 발생한 채권에 대하여 기업회계기준에 따라 현재가치할인차금을 계상한 경우 당해 현재가치할인차금 상당액은 채권의 회수기간 동안 기업회계기준에 따라 환입하였거나 환입한 금액을 각 사업연도의 익금에 산입한다.

② 법인이 매출할인을 하는 경우 그 매출할인 금액은 상대방과의 약정에 의한 지급기일(지급기일이 정하여 있지 아니한 경우에는 지급한 날)이 속하는 사업연도의 매출액에서 차감한다.

③ 자산의 임대로 인한 임대료 지급기간이 1년을 초과하는 경우 이미 경과한 기간에 대응하는 임대료 상당액과 비용은 이를 각각 당해 사업연도의 익금과 손금으로 한다.

④ 법인이 사채를 할인발행한 경우에 발생한 사채할인발행차금은 당해 사채를 발행한 날이 속하는 사업연도의 손금에 산입한다.

다음은 (주)갑의 제5기(2023년 1월 1일 ~ 12월 31일)에 발생한 할부판매와 관련된 자료이다. 회사는 결산상 회수기일도래기준을 적용하여 수익을 인식하고 있다. 아래의 자료 이외에 고려해야 할 다른 사항이 없다고 가정할 때, (주)갑이 제5기에 익금으로 인식할 금액은? (단, 회사는 제5기에 익금을 최대한 적게 인식하는 방향으로 결정하였다고 가정한다)

구분	총판매대금	인도일	제5기 대금회수액	계약서상의 대금회수조건
A제품	120,000,000원	2023년 3월 30일	30,000,000원	인도 후 매 6개월 마다 30,000,000원씩 회수
B제품	60,000,000원	2023년 6월 30일	40,000,000원	인도 후 매 3개월 마다 20,000,000원씩 회수

① 30,000,000원
② 70,000,000원
③ 90,000,000원
④ 180,000,000원

---

09   손익귀속시기

법인이 사채를 할인발행한 경우에 발생한 사채할인발행차금은 기업회계기준에 의한 사채할인발행차금의 상각방법에 따라 이를 손금에 산입한다.

📋 손익귀속시기(2)

사채할인발행차금	기업회계기준에 의한 상각방법에 따라 이자비용을 손금으로 함(강제신고조정)
금전등록기 설치업종	㉠ 대가가 실제로 수입되는 사업연도 가능 ㉡ 현금주의 가능
매출채권·받을어음의 배서양도	다음의 경우 기업회계기준에 의한 손익인식방법에 따라 관련 손익의 귀속연도를 정함(매각거래 또는 차입거래) ㉠ 자산유동화에 관한 법률에 따른 방법에 의하여 보유자산을 양도하는 경우 ㉡ 매출채권·받을어음을 배서양도하는 경우
금융보험업의 수입보험료	㉠ 실제로 수입된 날로 함(선수입보험료는 제외) ㉡ 다만, 기간경과분을 계상하는 경우에는 인정됨

답 ④

---

10   손익귀속시기

• A제품: 장기할부에 해당하므로 회수기일도래기준을 적용하여 30,000,000원을 익금으로 한다.
• B제품: 일반할부에 해당하므로 인도일에 총판매대금 60,000,000원을 익금으로 한다.

답 ③

법인세법령상 내국법인의 손익의 귀속시기와 자산·부채의 평가에 대한 설명으로 옳지 않은 것은?

① 자산을 「법인세법 시행령」 제68조 제4항에 따른 장기할부조건 등으로 취득하여 발생한 채무를 기업회계기준에 따라 현재가치로 평가하여 현재가치할인차금을 계상한 경우의 당해 현재가치할인차금은 자산의 취득가액에 포함하지 않는다.

② 감가상각자산이 진부화, 물리적 손상 등에 따라 시장가치가 급격히 하락하여 법인이 기업회계기준에 따라 손상차손을 계상한 경우(천재지변·화재 등의 사유로 손상된 경우 등 「법인세법」 제42조 제3항 제2호에 해당하는 경우는 제외)에는 해당 손상차손이 「법인세법」 제23조 제1항에 따른 상각범위액을 초과하더라도 이를 전액 손금에 산입한다.

③ 보유하던 주식의 발행법인이 파산한 경우, 해당 감액사유가 발생한 사업연도에 주식의 장부가액을 사업연도 종료일 현재 시가(시가로 평가한 가액이 1천 원 이하인 경우에는 1천 원으로 한다)로 평가한 가액으로 감액할 수 있으며, 이 경우 그 감액한 금액을 해당 사업연도의 손비로 계상하여야 한다.

④ 「자본시장과 금융투자업에 관한 법률」에 따른 투자회사 등(같은 법 제230조에 따른 환매금지형집합투자기구는 제외)이 보유하는 「법인세법 시행령」 제73조 제2호 다목의 집합투자재산은 시가법에 따라 평가한다.

---

11 | 손익귀속시기

천재지변 등으로 인한 손상차손이 아닌 경우에는 손상차손에 의한 자산감액은 즉시상각의제로 본다. 따라서 상각범위액을 초과하는 경우에는 손금불산입의 세무조정을 해야 한다.

📄 **즉시상각의제**

㉠ 취득가액이나 자본적 지출을 결산서의 비용으로 계상하는 경우 법인세법상 감가상각비로 의제하여 감가상각비 한도초과액을 계산해야 한다.

㉡ 기업회계기준에 따른 손상차손을 계상한 경우 해당 금액을 즉시상각의제액으로 보아 감가상각비 시부인 계산에 포함한다. 다만 천재지변 등으로 인한 손상차손은 손금에 해당된다.

답 ②

「법인세법」상 손익의 귀속시기와 자산·부채의 평가에 관한 설명으로 옳은 것은 모두 몇 개인가?

ㄱ. 투자회사 등의 결산을 확정할 때 증권 등의 투자와 관련된 수익 중 이미 경과한 기간에 대응하는 이자 및 할인액과 배당소득을 해당 사업연도의 수익으로 계상한 경우에는 그 계상한 연도의 익금에 산입하지 아니한다.

ㄴ. 장기할부조건으로 판매하는 경우 발생한 채권을 기업회계기준이 정하는 바에 따라 현재가치로 평가하여 현재가치할인차금을 계상하고 이를 해당 채권의 회수기간 동안 기업회계기준이 정하는 바에 따라 환입한 금액은 각 사업연도의 익금에 산입하지 아니한다.

ㄷ. 자산을 장기할부조건으로 취득하는 경우 발생한 채무를 기업회계기준이 정하는 바에 따라 현재가치로 평가하여 계상한 현재가치할인차금은 취득가액에 포함하지 아니한다.

ㄹ. 「보험업법」이나 그 밖의 법률에 따라 유형자산 및 무형자산 등을 증액하거나 감액(감가상각 제외)하는 경우에는 증액하거나 감액한 후의 금액을 장부가액으로 한다.

① 1개
② 2개
③ 3개
④ 4개

---

12 | 손익귀속시기

옳은 설명은 1개(ㄷ)이다.

(선지분석)

ㄱ. 투자회사 등의 결산을 확정할 때 증권 등의 투자와 관련된 수익 중 이미 경과한 기간에 대응하는 이자 및 할인액과 배당소득을 해당 사업연도의 수익으로 계상한 경우에는 그 계상한 연도의 익금으로 한다.

ㄴ. 장기할부조건으로 판매하는 경우 발생한 채권을 기업회계기준이 정하는 바에 따라 현재가치로 평가하여 현재가치할인차금을 계상하고 이를 해당 채권의 회수기간 동안 기업회계기준이 정하는 바에 따라 환입한 금액은 각 사업연도의 익금에 산입한다.

ㄹ. 「보험업법」이나 그 밖의 법률에 따라 유형·무형자산의 평가이익을 인정한다.

답 ①

「법인세법」상 손익의 귀속사업연도에 대한 설명으로 옳지 않은 것은?

① 내국법인의 각사업연도의 익금과 손금의 귀속사업연도의 그 익금과 손금이 확정된 날이 속하는 사업연도로 한다.

② 자산의 위탁매매시 익금 및 손금의 귀속사업연도는 수탁자가 그 위탁자산을 매매한 날이 속하는 사업연도로 한다.

③ 법인이 결산을 확정함에 있어서 이미 경과한 기간에 대응하는 이자(차입일부터 이자지급일이 1년을 초과하는 특수관계인과의 거래에 따른 이자 할인액은 제외)를 당해 사업연도의 손금으로 계상하였다 하더라도 실제로 지급한 날이 속하는 사업연도의 손금에 산입된다.

④ 건설의 계약기간이 1년 미만인 경우로서 그 목적물의 건설 착수일이 속하는 사업연도의 결산을 확정함에 있어서 작업진행률을 기준으로 하여 수익과 비용을 계상한 경우에는 작업진행률을 기준으로 하여 계산한 수익과 비용을 각각 해당 사업연도의 익금과 손금에 산입한다.

「법인세법」상 손익의 귀속시기에 대한 설명으로 옳지 않은 것은?

① 매출할인금액은 거래상대방과의 약정에 의한 지급기일(그 지급기일이 정하여 있지 아니한 경우에는 지급한 날)이 속하는 사업연도의 매출액에서 차감한다.

② 법인이 2년간 임대계약을 체결하고 1년마다 임대료를 지급받기로 하였으나 임대료 상당액(지급약정기일이 도래하지 않아 미수령)과 이에 대응하는 비용을 결산서에 계상하지 아니하였을 경우 세무조정을 통해 해당 사업연도의 익금과 손금으로 각각 산입하여야 한다.

③ 「부가가치세법」 제36조 제4항을 적용받는 업종을 영위하며 영수증을 교부할 수 있는 법인이 금전등록기를 설치·사용하는 경우 그 수입하는 물품대금과 용역대가의 귀속사업연도는 그 금액이 실제로 수입된 사업연도로 할 수 있다.

④ 잉여금의 처분에 따른 배당소득의 귀속사업연도는 잉여금을 처분한 법인의 잉여금처분결의일(무기명주식의 보유에 의해 받는 배당소득의 경우 그 지급을 받은 날)이 속하는 사업연도로 한다.

13	손익귀속시기

결산을 확정함에 있어서 이미 경과한 기간에 대응하는 이자 및 할인액을 당해 사업연도의 손금으로 계상한 경우에는 그 계상한 사업연도의 손금에 산입된다.

📄 손익귀속시기(3)

수입이자	㉠ 원칙: 「소득세법」상 수입시기
	㉡ 특례
	   ⓐ 기간경과분 미수이자 계상시 인정
	   ⓑ 원천징수되는 이자는 제외

지급이자	㉠ 원칙: 「소득세법」상 수입시기
	㉡ 특례
	   ⓐ 기간경과분 미지급이자 계상시 인정
	   ⓑ 차입일부터 이자지급일이 1년을 초과하는 특수관
	      계인과의 거래에 따른 이자 할인액은 제외

금융보험업	㉠ 실제로 수입된 날 ㉡ 선수이자는 제외

답 ③

14	손익귀속시기

단기임대에 해당하며 기간경과분을 계상하지 않았으므로 익금과 손금에 산입하지 않는다.

📄 단기임대료 귀속시기

임대료 지급기간이 1년 이하인 단기임대는 다음의 날이 속하는 사업연도로 한다. 다만, 이미 경과한 기간에 대응하는 임대료 상당액과 이에 대응하는 비용을 당해 사업연도의 수익과 손비로 계상한 경우에는 이를 당해 사업연도의 익금과 손금으로 인정한다.
㉠ 계약 등에 따라 임대료의 지급일이 정해진 경우: 그 지급일
㉡ 계약 등에 따라 임대료의 지급일이 정해지지 않은 경우: 그 지급을 받은 날

답 ②

15 □□□

법인세법령상 손익의 귀속시기와 자산·부채의 평가에 대한 설명으로 옳지 않은 것은?

① 계약기간이 1년 미만인 단기건설도급공사의 경우에 법인이 당해 사업연도의 결산을 확정함에 있어서 작업진행률을 기준으로 손익을 계상한 경우 세법상 이를 인정한다.

② 재고자산이 파손되어 정상가격으로 판매할 수 없게 된 경우에는 당해 감액사유가 발생한 사업연도에 당해 재고자산의 장부가액을 사업연도 종료일 현재 처분가능한 시가로 평가한 가액으로 감액할 수 있다.

③ 임대료 지급기간이 1년을 초과하는 경우 이미 경과한 기간에 대응하는 임대료 상당액과 비용은 이를 각각 그 당해 사업연도의 익금과 손금으로 한다.

④ 특수관계인 외의자로부터 정당한 사유 없이 유형자산을 취득하면서 정상가액보다 높은 가격으로 매입하고 실제 지급한 매입가액을 장부상 취득원가로 계상한 경우, 그 실제 매입가액을 세무상 취득가액으로 인정한다.

15	손익귀속시기

특수관계인 외의자로부터 정당한 사유 없이 유형자산을 취득하면서 정상가액보다 높은 가격으로 매입한 경우 정상가액(시가의 130%)을 취득원가로 하고 정상가액을 초과하는 금액은 의제기부금에 해당된다.

답 ④

KEYWORD 61 재고자산 등의 평가

16 □□□

법인세법령상 취득일 또는 발생일(통화선도의 경우에는 계약체결일)의 「외국환거래규정」에 따른 매매기준율 또는 재정(裁定)된 매매기준율로 평가하는 방법을 선택하여 적용할 수 없는 것은? (단, 화폐성외화자산·부채 및 통화선도는 법인세법령의 정의를 충족한다)

① 제조업을 영위하는 내국법인 (주)A가 화폐성외화자산·부채의 환위험을 회피하기 위하여 보유하는 통화선도

② 제조업을 영위하는 내국법인 (주)B가 보유하는 화폐성외화자산

③ 「은행법」에 의한 인가를 받아 설립된 내국법인 C은행이 보유하는 통화선도

④ 「은행법」에 의한 인가를 받아 설립된 내국법인 D은행이 보유하는 화폐성외화부채

16	재고자산 등의 평가

문제는 취득일 또는 발생일의 환율(외화평가를 하지 않는 방법)을 선택할 수 없는 경우를 찾는 것이다. 따라서 무조건 사업연도 종료일의 환율로 평가해야 하는 ④가 답이다.

📄 **외화자산·부채평가**

구분	대상	평가
은행	화폐성외화 자산·부채	사업연도 종료일 현재환율로 평가함(강제평가)
	통화선도·통화스왑·환변동보험	다음 중에 선택하여 적용함 ⊙ 외화자산·부채의 계약체결일의 환율로 평가(평가 ×) ⓒ 외화자산·부채를 사업연도 종료일 현재 환율로 평가(평가 ○)
은행 외	화폐성외화 자산·부채	다음 중에 선택하여 적용함 ⊙ 외화자산·부채의 취득일 또는 발생일(통화선도는 계약체결일)의 환율로 평가(평가 ×) ⓒ 외화자산·부채를 사업연도 종료일 현재 환율로 평가(평가 ○)
	환위험 회피용 통화선도·통화스왑·환변동보험	

답 ④

법인세법령상 내국법인의 각 사업연도의 소득금액을 계산할 때 세무조정이 필요 없는 경우는?

① 재고자산 평가방법을 원가법으로 신고한 법인이 재고자산의 시가하락(파손·부패 등의 사유로 인한 것이 아님)으로 재고자산평가손실을 계상한 경우

② 국세의 과오납금의 환급금에 대한 이자를 영업외수익으로 계상한 경우

③ 기업회계기준에 따른 화폐성 외화자산이 아닌 외화선급금을 사업연도 종료일 현재의 매매기준율에 의해 평가하고, 그 평가손익을 영업외손익으로 계상한 경우

④ 법인이 사채를 발행한 경우로서 법령에 따라 계산된 사채할인발행차금을 기업회계기준에 의한 상각방법에 따라 이를 손금에 산입한 경우

법인세법령상 내국법인의 자산·부채의 평가에 대한 설명으로 옳지 않은 것은?

① 자산을 법령에 따른 장기할부조건 등으로 취득하는 경우 발생한 채무를 기업회계기준이 정하는 바에 따라 현재가치로 평가하여 현재가치할인차금으로 계상한 경우의 당해 현재가치할인차금은 취득가액에 포함하지 아니한다.

② 유형자산의 취득과 함께 국·공채를 매입하는 경우 기업회계기준에 따라 그 국·공채의 매입가액과 현재가치의 차액을 해당 유형자산의 취득가액으로 계상한 금액은 유형자산의 취득가액에 포함한다.

③ 기업회계기준에 따라 단기매매항목으로 분류된 금융자산 및 파생상품의 취득가액은 매입가액으로 한다.

④ 내국법인이 보유하는 「보험업법」이나 그 밖의 법률에 따른 유형자산 및 무형자산 등의 장부가액을 증액 또는 감액 평가한 경우에는 그 평가일이 속하는 사업연도 및 그 후의 사업연도의 소득금액을 계산할 때 그 장부가액은 평가한 후의 금액으로 한다.

17	재고자산 등의 평가

(선지분석)
① 원가법으로 신고한 경우 시가하락으로 인한 평가는 인정하지 않는다.
② 환급금에 대한 이자는 익금에 해당하지 않는다.
③ 비화폐성 자산·부채는 평가를 인정하지 않는다.

답 ④

18	재고자산 등의 평가

「보험업법」이나 그 밖의 법률에 따른 유형자산 및 무형자산의 평가손실은 인정되지 않는다.

답 ④

19 □□□

법인세법령상 내국법인의 자산·부채의 평가와 손익의 귀속 사업연도에 대한 설명으로 옳지 않은 것은?

① 「법인세법 시행령」 제61조 제2항 제1호부터 제7호까지의 금융회사 등 외의 법인이 보유하는 기업회계기준에 따른 화폐성 외화자산과 부채를 사업연도 종료일 현재의 매매기준율로 평가하는 방법으로 관할 세무서장에게 신고한 경우에는 이 방법을 적용할 수 있다.

② 내국법인이 한국채택국제회계기준을 최초로 적용하는 사업연도에 재고자산평가방법을 「법인세법 시행령」 제74조 제1항 제1호 다목에 따른 후입선출법에서 「법인세법 시행령」 제74조 제1항 각호에 따른 다른 재고자산평가방법으로 납세지 관할 세무서장에게 변경신고한 경우에는 해당 사업연도의 소득금액을 계산할 때 「법인세법」 제42조의2 제1항에 따른 재고자산평가차익을 익금에 산입하지 아니할 수 있다.

③ 내국법인이 재고자산의 평가방법을 신고하지 아니하여 「법인세법 시행령」 제74조 제4항에 따른 평가방법을 적용받는 경우에 그 평가방법을 변경하려면 변경할 평가방법을 적용하려는 사업연도의 종료일 전 3개월이 되는 날까지 변경신고를 하여야 한다.

④ 내국법인이 「법인세법 시행령」 제74조 제3항에 따른 기한 내에 관할 세무서장에게 유가증권의 평가방법을 신고하지 아니한 경우에는 개별법(채권의 경우에 한한다), 총평균법 및 이동평균법 중 가장 큰 금액을 해당 유가증권의 평가액으로 한다.

19	재고자산 등의 평가

유가증권의 평가방법을 신고하지 않은 경우에는 총평균법을 적용한다.

📄 **재고자산 평가**

⊙ 재고자산의 평가방법신고
  ⓐ 최초신고기한: 설립일(또는 비영리법인의 수익사업개시일)이 속하는 사업연도의 법인세 과세표준 신고기한
  ⓑ 변경신고기한: 변경할 평가방법을 적용하고자 하는 사업연도의 종료일 이전 3개월이 되는 날까지 신고(승인은 필요없음)
  ⓒ 기한후신고: 최초신고를 기한 후에 하는 경우 신고일이 속하는 사업연도까지 무신고로 봄. 다만, 최초신고를 변경신고기한까지 하는 경우 신고한 사업연도부터 신고한 평가방법을 적용함
⊙ 무신고시 평가방법: 평가방법의 신고기한 내에 평가방법을 신고하지 않은 경우에는 다음과 같이 평가함*
  ⓐ 재고자산(매매목적 부동산 제외): 선입선출법
  ⓑ 매매목적용 부동산: 개별법
* 유가증권은 총평균법을 적용함

답 ④

20 □□□

「법인세법」은 일정한 자산에 대하여 법인이 기한 내에 평가방법을 신고하지 않는 경우에는 납세지 관할 세무서장이 법인세법에서 규정한 방법에 따라 평가하도록 규정하고 있다. 이러한 경우 재고자산(매매목적용 부동산 제외)과 유가증권에 대한 「법인세법」상 평가방법이 바르게 연결된 것은?

	재고자산	유가증권
①	후입선출법	총평균법
②	선입선출법	총평균법
③	총평균법	이동평균법
④	이동평균법	개별법

20	재고자산 등의 평가

재고자산의 무신고시 평가방법은 선입선출법(매매목적용 부동산은 개별법)으로 하고 유가증권은 총평균법으로 한다.

답 ②

21 □□□

「법인세법」상 재고자산의 평가에 관한 설명으로 옳지 않은 것은?

① 신설법인이 법령의 규정에 의한 신고기한 내에 재고자산의 평가방법을 신고하지 아니한 경우에는 납세지 관할 세무서장이 선입선출법(매매를 목적으로 소유하는 부동산의 경우에는 개별법으로 한다)에 의하여 재고자산을 평가한다.

② 신설법인은 당해 법인의 설립일이 속하는 사업연도의 법인세과세표준의 신고기한 내에 재고자산의 평가방법을 신고하고자 하는 때에는 법령이 정하는 재고자산 등 평가방법신고서를 납세지 관할 세무서장에게 제출하여야 한다.

③ 법령의 규정에 의한 기한 내에 재고자산의 평가방법 변경신고를 하지 아니하고 그 방법을 변경한 경우에는 신고한 평가방법에 의하여 평가한 가액과 선입선출법에 의하여 평가한 가액 중 작은 금액으로 평가한다.

④ 재고자산의 평가방법을 신고한 법인으로서 그 평가방법을 변경하고자 하는 법인은 변경할 평가방법을 적용하고자 하는 사업연도의 종료일 이전 3월이 되는 날까지 법령이 정하는 재고자산 등 평가방법 변경신고서를 납세지 관할세무서장에게 제출하여야 한다.

22 □□□

「법인세법」상 재고자산 및 유가증권의 평가방법에 대한 설명으로 옳지 않은 것은?

① 법인이 보유한 주식의 평가는 개별법, 총평균법, 이동평균법 중 법인이 납세지 관할 세무서장에게 신고한 방법에 의한다.

② 법인의 재고자산평가는 원가법과 저가법 중 법인이 납세지 관할 세무서장에게 신고한 방법에 의한다.

③ 법인의 재고자산평가는 자산 과목별로 구분하여 종류별·영업장별로 각각 다른 방법으로 평가할 수 있다.

④ 법인이 재고자산평가와 관련하여 신고한 평가방법 이외의 방법으로 평가한 경우에는 무신고시의 평가방법과 당초에 신고한 방법 중 평가가액이 큰 평가방법에 의한다.

21	재고자산 등의 평가

법령의 규정에 의한 기한 내에 재고자산의 평가방법 변경신고를 하지 아니하고 그 방법을 변경한 경우에는 당초 신고한 평가방법에 의하여 평가한 가액과 무신고시 평가한 가액 중 큰 금액으로 평가한다.

무신고 또는 임의변경시 평가방법

무신고시*	선입선출법(부동산은 개별법)
임의변경시	Max(㉠, ㉡) ㉠ 무신고시 평가가액 ㉡ 당초 신고한 방법에 의한 평가가액

* 무신고시 유가증권의 경우에는 총평균법에 따른다.

답 ③

22	재고자산 등의 평가

법인이 보유한 주식의 평가는 총평균법, 이동평균법 중 법인이 납세지 관할 세무서장에게 신고한 방법에 의하고, 법인이 보유한 채권의 평가에 대해서만 개별법, 총평균법, 이동평균법 중 법인이 납세지 관할 세무서장에게 신고한 방법에 의한다.

답 ①

「법인세법」상 자산의 취득가액에 대한 설명으로 옳지 않은 것은?

① 시가가 1억 원인 토지를 정당한 사유 없이 특수관계가 없는 자로부터 1억 3천만 원에 매입하고 당해 금액을 취득가액으로 계상한 경우 세법상 취득가액으로 인정된다.

② 재고자산 등의 매입을 위하여 조달한 차입금에 대한 이자비용은 취득가액에 포함되지 않는다.

③ 시가 5천만 원인 주식을 발행하여 시가 4천만 원의 건물을 현물출자 받은 경우 세법상 건물의 취득가액은 5천만 원이다.

④ 자산을 법령의 규정에 의한 장기할부조건 등으로 취득하는 경우 발생한 채무를 기업회계기준에 따라 현재가치로 평가하여 계상하는 현재가치할인차금은 이를 취득가액에 포함하지 않는다.

「법인세법」상 재고자산의 평가에 관한 설명으로 옳지 않은 것은?

① 법정 기한 내에 재고자산 평가방법을 신고하지 아니한 경우 매매를 목적으로 소유하는 부동산은 납세지 관할 세무서장이 선입선출법에 의하여 평가한다.

② 재고자산은 영업장별로 다른 방법에 의하여 평가할 수 있다.

③ 신설법인이 재고자산 평가방법을 신고하고자 하는 때에는 설립일이 속하는 사업연도의 법인세 과세표준 신고기한 내에 신고하여야 한다.

④ 법인이 신고한 재고자산 평가방법을 변경하고자 하는 경우 변경할 평가방법을 적용하고자 하는 사업연도의 종료일 이전 3월이 되는 날까지 신고하여야 한다.

23	재고자산 등의 평가

현물출자로 취득한 자산의 취득가액은 해당 자산의 시가로 한다. 따라서 세법상 건물의 취득가액은 4천만 원으로 한다.

답 ③

24	재고자산 등의 평가

법정 기한 내에 재고자산 평가방법을 신고하지 아니한 경우 매매를 목적으로 소유하는 부동산은 납세지 관할 세무서장이 개별법(부동산 이외의 재고자산은 선입선출법)에 의하여 평가한다.

📄 **재고자산 평가방법 신고**

최초 신고기한	설립일(또는 비영리법인의 수익사업개시일)이 속하는 사업연도의 법인세 과세표준 신고기한까지 신고
변경 신고기한	㉠ 변경할 평가방법을 적용하고자 하는 사업연도의 종료일 이전 3개월이 되는 날까지 신고 ㉡ 승인은 필요 없음
기한후 신고	㉠ 최초신고를 기한후에 하는 경우 신고일이 속하는 사업연도까지 무신고로 봄 ㉡ 다만, 최초신고를 변경신고기한까지 하는 경우 변경신고로 보아 신고한 사업연도부터 적용함

답 ①

25 ☐☐☐

「법인세법」상 자산 및 부채의 평가손익이 인정되지 않는 것은?

① 「보험업법」에 의한 유형자산 및 무형자산 등의 평가손실
② 「은행법」에 의한 인가를 받아 설립한 금융기관이 보유하는 통화선도와 통화스왑의 평가손실
③ 「은행법」에 의한 인가를 받아 설립한 금융기관이 보유하는 화폐성 외화자산 및 부채의 평가이익
④ 파손, 부패 등의 사유로 인해 정상가격으로 판매할 수 없는 재고자산 평가손실

25	재고자산 등의 평가

「보험업법」에 의한 유형·무형자산의 평가이익이 「법인세법」상 인정된다.

📑 **평가손실 손금인정**

감액사유가 발생한 연도의 결산서에 손금으로 계상하여야 함
- ⓧ 유형·무형자산: 천재지변, 화재, 수용, 채굴예정량 채진으로 인한 폐광으로 계상한 평가손실
- ⓒ 재고자산(원가법, 저가법 선택): 파손·부패 등 사유 계상한 경우 평가손실
- ⓒ 유가증권(원가법, 1,000원 제외)
  - ⓐ 파산(상장, 비상장 불문)
  - ⓑ 다음의 법인이 부도, 회생계획인가의 결정, 부실징후기업이 된 경우
    - ㉮ 상장법인
    - ㉯ 특수관계* 없는 비상장법인
    - ㉰ 중소기업창업투자회사·신기술사업금융업자의 보유 주식 중 창업자·신기술사업자가 발행한 것
  - ⓔ 시설개체·기술낙후로 이한 생산설비의 폐기손실(1,000원 제외)
  - * 주식 5%이하 보유하면서 취득가액이 10억 원 이하인 경우 소액주주

답 ①

---

26 ☐☐☐

「법인세법」상 유가증권의 평가방법에 대한 설명으로 옳지 않은 것은?

① 「간접투자자산운용업법」에 의한 투자회사가 아닌 법인이 보유한 주식의 평가는 총평균법 또는 이동평균법에 의한다.
② 「간접투자자산운용업법」에 의한 투자회사가 보유한 주식의 평가는 시가법에 의한다.
③ 「간접투자자산운용업법」에 의한 투자회사가 아닌 법인이 보유한 채권의 평가는 총평균법, 이동평균법 또는 개별법에 의한다.
④ 유가증권평가방법 변경신고를 하지 않고 임의로 평가방법을 변경한 경우에는 총평균법에 의하여 평가한 가액과 이동평균법에 의하여 평가한 가액 중 큰 금액으로 평가한다.

26	재고자산 등의 평가

유가증권평가방법 변경신고를 하지 않고 임의로 평가방법을 변경한 경우에는 총평균법에 의하여 평가한 가액과 당초 신고방법에 따른 가액 중 큰 금액으로 평가한다.

답 ④

---

27 ☐☐☐

법인세법령상 내국법인의 자산의 취득가액과 평가에 관한 설명으로 옳은 것은?

① 재고자산의 평가방법을 신고한 법인이 그 평가방법을 변경하기 위하여 재고자산 등 평가방법 변경신고서를 납세지 관할 세무서장에게 제출하려고 하는 경우에는 변경할 평가방법을 적용하고자 하는 사업연도의 종료일 이전 2월이 되는 날까지 제출하여야 한다.

② 유형자산의 취득과 함께 국·공채를 매입하는 경우 기업회계기준에 따라 그 국·공채의 매입가액과 현재가치의 차액을 당해 유형자산의 취득가액으로 계상했더라도 그 금액은 자산의 취득가액에 포함하지 아니한다.

③ 재고자산이 부패로 인해 정상가격으로 판매할 수 없게 된 경우 그 사유가 발생한 사업연도 종료일 현재의 처분가능한 시가로 자산의 장부가액을 감액할 수 있고 그 감액분을 신고조정을 통해 손금산입할 수 있다.

④ 매매를 목적으로 소유하는 재고자산인 부동산의 평가방법을 법령에 따른 기한 내에 신고하지 아니한 경우, 납세지 관할 세무서장은 그 재고자산을 개별법에 의하여 평가한다.

28 ☐☐☐

제조업을 영위하는 (주)한국이 유가증권(A주식)과 관련된 거래를 다음과 같이 적절하게 회계처리한 경우 2022년 및 2023년에 유보(또는 △유보)로 소득처분 할 금액(순액)은? [단, (주)한국의 사업연도는 1월 1일부터 12월 31일까지이다]

> • 2022년 중 특수관계인인 개인으로부터 시가 1,000,000원인 유가증권(A주식)을 900,000원에 매입하여 장부에 매입가액으로 계상하였다.
> • 2022년 말 유가증권(A주식)의 시가는 1,200,000원이며, 300,000원의 평가이익을 장부에 계상하였다.
> • 2023년 중 2021년에 취득한 유가증권(A주식)을 1,300,000원에 매각하면서 처분이익 100,000원을 장부에 계상하였다.

	2022년	2023년
①	유보 200,000원	△유보 200,000원
②	△유보 200,000원	유보 200,000원
③	유보 300,000원	△유보 300,000원
④	△유보 300,000원	유보 300,000원

27	재고자산 등의 평가

(선지분석)

① 재고자산 평가방법의 변경신고는 변경할 평가방법을 적용하고자 하는 사업연도 종료일 이전 3월이 되는 날까지 신고해야 한다.

② 유형자산을 취득하면서 국공채를 매입하는 경우 국공채의 매입가액과 현재가치의 차액을 취득가액으로 계상하면 그 금액은 취득가액에 포함된다.

③ 재고자산의 부패 등으로 감액하는 것은 결산조정을 통해서 가능하다.

답 ④

28	재고자산 등의 평가

[2022년]
• 취득: 특수관계인인 개인으로부터 유가증권을 저가로 취득했으므로 시가와의 차액을 익금에 산입한다.
〈익금산입〉 100,000원 유보
• 평가이익: 평가이익은 인정하지 않으므로 익금불산입으로 조정한다.
〈익금불산입〉 300,000원 △유보

[2023년]
유가증권을 처분했으므로 관련 유보를 추인하면 된다.
〈익금산입〉 200,000원 유보

답 ②

KEYWORD 62 충당금

01 ☐☐☐
2019년 9급

제조업을 영위하는 영리내국법인인 (주)한국의 제17기 사업연도(1월 1일 ~ 12월 31일) 자료를 이용하여 「법인세법」상 각 사업연도의 소득금액을 계산할 때 대손충당금에 대한 세무조정의 결과가 제17기 각 사업연도의 소득금액에 미친 영향은?

- 매출채권과 관련된 대손충당금 계정은 다음과 같다.

대손충당금			(단위: 원)
당 기 상 계	10,000,000	전 기 이 월	12,000,000
차 기 이 월	15,000,000	당 기 설 정	13,000,000
계	25,000,000	계	25,000,000

  − 전기이월 중에는 전기에 한도초과로 부인된 금액 3,000,000원이 포함되어 있다.
  − 당기상계는 「법인세법」에 따른 대손요건을 충족한 매출채권과 상계된 것이며, 그 외 대손처리된 매출채권은 없다.
- 대손충당금 설정대상이 되는 「법인세법」상 매출채권 잔액은 다음과 같다.
  − 제16기 말 현재 매출채권: 250,000,000원
  − 제17기 말 현재 매출채권: 300,000,000원

① 2,000,000원 감소
② 1,000,000원 감소
③ 0원(변동 없음)
④ 1,000,000원 증가

02 ☐☐☐
2019년 7급

법인세법령상 내국법인의 대손금 및 대손충당금에 대한 설명으로 옳지 않은 것은? (단, 법인세법령에 따른 손금산입요건은 충족하고, 「조세특례제한법」에 따른 특례는 고려하지 아니한다)

① 법인이 다른 법인과 합병하거나 분할하는 경우로서 채무자의 파산으로 회수할 수 없는 채권에 해당하는 대손금을 합병등기일 또는 분할등기일이 속하는 사업연도까지 손비로 계상하지 아니한 경우 그 대손금은 해당 법인의 합병등기일 또는 분할등기일이 속하는 사업연도의 손비로 보지 아니한다.
② 「채무자 회생 및 파산에 관한 법률」에 따른 회생계획인가의 결정 또는 법원의 면책결정에 따라 회수불능으로 확정된 채권은 해당 사유가 발생한 날이 속하는 사업연도의 소득금액을 계산할 때 손금에 산입한다.
③ 「법인세법」 제34조 제1항에 따라 대손충당금을 손금에 산입한 내국법인이 합병하는 경우 그 법인의 합병등기일 현재의 해당 대손충당금 중 합병법인이 승계(해당 대손충당금에 대응하는 채권이 함께 승계되는 경우만 해당한다)받은 금액은 그 합병법인이 합병등기일에 가지고 있는 대손충당금으로 본다.
④ 「법인세법」 제34조 제1항에 따라 대손충당금을 손금에 산입한 내국법인은 대손금이 발생한 경우 그 대손금을 대손충당금과 먼저 상계하여야 하고, 상계하고 남은 대손충당금의 금액은 다음 사업연도의 소득금액을 계산할 때 익금에 산입한다.

---

01 충당금

- 전기 대손충당금 추인
  〈손금산입 대손충당금 3,000,000 △유보〉
- 당기 대손충당금 한도초과
- 회사 계상액: 15,000,000원
- 세법상 한도액: $300,000,000 \times Max(1\%, 4\%^*) = 12,000,000$원
- 한도초과: 손금불산입 3,000,000원 유보
  * 10,000,000 / 250,000,000 = 4%
※ 세무조정 상계하면 소득에 미치는 영향은 없다.

답 ③

02 충당금

법인인 다른 법인과 합병하거나 분할하는 경우로서 채무자의 파산(결산조정사유)으로 회수할 수 없는 채권에 해당하는 대손금을 합병등기일 또는 분할등기일이 속하는 사업연도까지 손비로 계상하지 아니한 경우 그 대손금은 해당 법인의 합병등기일 또는 분할등기일이 속하는 사업연도의 손비로 한다.

답 ①

03 □□□

다음 중 「법인세법」상 손금산입이 불가능한 것은?

① 책임준비금
② 수선충당금
③ 고유목적사업준비금
④ 대손충당금

04 □□□

「법인세법」상 다음 자료에 의하여 영리내국법인 (주)B의 제5기 (2023년 1월 1일 ~ 12월 31일) 대손충당금 손금산입 한도 초과액을 계산하면?

- 제5기 회계장부상 대손충당금 당기상계액: 20,000,000원 (전액 「법인세법」상 대손금의 손금산입 요건을 충족함)
- 제5기 회계장부상 대손충당금 당기설정액: 30,000,000원
- 제5기 회계장부상 대손충당금 기말잔액: 50,000,000원
- 제4기말 「법인세법」상 대손충당금 설정대상 채권 잔액: 10억 원
- 제5기말 「법인세법」상 대손충당금 설정대상 채권 잔액: 12억 원

① 6,000,000원
② 24,000,000원
③ 26,000,000원
④ 28,000,000원

03	충당금

「법인세법」에서 손금으로 인정되는 것은 대손충당금·퇴직급여충당금·퇴직연금충당금·구상채권충당금·일시상각충당금(또는 압축기장충당금)을 그 대상으로 한다. 그 외 충당금은 손금으로 인정되지 않는다.

답 ②

04	충당금

- 회사 계상액(총액법 장부상 기말잔액): 50,000,000원
- 대손충당금 한도: 12억 원 × Max(1%, 2%*) = 24,000,000원
  * 20,000,000(당기 대손금액)/10억 원(전기말 채권금액) = 2%
- ※ 한도초과액: 50,000,000 − 24,000,000 = 26,000,000원

답 ③

05 ☐☐☐

「법인세법」상 충당금에 대한 설명으로 옳지 않은 것은?

① 내국법인이 동일인에 대하여 매출채권과 매입채무를 가지고 있는 경우에는 당해 매입채무를 상계하지 아니하고 대손충당금으로 계상할 수 있다(단, 당사자간의 약정에 의하여 상계하기로 한 경우는 제외함).

② 일시상각충당금 또는 압축기장충당금은 신고조정에 의한 손금산입이 허용된다.

③ 대손충당금을 손금으로 계상한 내국법인은 대손금이 발생한 경우 그 대손금을 대손충당금과 먼저 상계하여야 하고, 대손금과 상계하고 남은 대손충당금의 금액은 다음 사업연도의 소득금액을 계산할 때 손금에 산입한다.

④ 국고보조금 등 상당액을 손금에 산입한 내국법인이 손금에 산입한 금액을 기한 내에 사업용 자산의 취득에 사용하기 전에 합병하고, 손금에 산입한 금액을 합병법인에게 승계하는 경우 그 금액은 합병법인이 손금에 산입한 것으로 본다.

06 ☐☐☐

법인세법령상 내국법인의 대손금에 대한 설명으로 옳지 않은 것은?

① 「민법」에 따른 소멸시효가 완성된 대여금은 해당 사유가 발생한 날이 속하는 사업연도의 손금으로 한다.

② 부도발생일부터 6개월 이상 지난 어음상의 채권(해당 법인이 채무자의 재산에 대하여 저당권을 설정하고 있는 경우는 제외한다)은 해당 사유가 발생한 날이 속하는 사업연도의 손금으로 한다.

③ 채무자의 파산으로 회수할 수 없는 채권은 해당 사유가 발생하여 손비로 계상한 날이 속하는 사업연도의 손금으로 한다.

④ 회수기일이 6개월 이상 지난 채권 중 채권가액이 30만 원 이하(채무자별 채권가액의 합계액을 기준으로 한다)인 채권은 해당 사유가 발생하여 손비로 계상한 날이 속하는 사업연도의 손금으로 한다.

05	충당금

대손충당금을 손금으로 계상한 내국법인은 대손금이 발생한 경우 그 대손금을 대손충당금과 먼저 상계하여야 하고, 대손금과 상계하고 남은 대손충당금의 금액은 다음 사업연도의 소득금액을 계산할 때 익금에 산입한다.

답 ③

06	충당금

부도발생일부터 6개월이 지난 어음은 대손사유 중 결산조정 사유에 해당하므로 대손금으로 계상한 날이 속하는 사업연도의 손금에 해당된다.

답 ②

「법인세법」상 대손금과 대손충당금에 대한 설명으로 옳지 않은 것은?

① 대손충당금을 손금으로 계상한 내국법인은 대손금이 발생한 경우 그 대손금을 대손충당금과 먼저 상계하여야 하고, 상계 후 남은 대손충당금의 금액은 다음 사업연도의 소득금액 계산에 있어서 이를 익금에 산입한다.

② 내국법인이 기업회계기준에 따른 채권의 재조정에 따라 채권의 장부가액과 현재가치의 차액을 대손금으로 계상한 경우에는 이를 손금에 산입하며, 손금에 산입한 금액은 기업회계기준의 환입방법에 따라 익금에 산입한다.

③ 법인이 다른 법인과 합병하는 경우로서 결산조정사항에 해당하는 대손금을 합병등기일이 속하는 사업연도까지 손금으로 계상하지 아니한 경우 그 대손금은 해당 법인의 합병등기일이 속하는 사업연도의 손금으로 한다.

④ 채무보증(법령으로 정하는 일정한 채무보증은 제외)으로 인하여 발생한 구상채권에 대하여는 주채무자에 대해 구상권을 행사한 결과 무재산 등으로 회수할 수 없는 경우에 대손처리할 수 있다.

---

07 충당금

채무보증으로 인하여 발생한 구상채권에 대하여는 대손처리할 수 없다.

> 📄 **대손불능채권**
> ㉠ 대손처리할 수 있는 채권은 일반적인 매출채권은 물론이고 대여금, 유형자산처분미수금 등의 채권도 대손처리할 수 있다.
> ㉡ 다만, 다음의 경우에는 대손금의 요건을 충족하더라도 손금에 산입할 수 없으며 대손충당금설정대상 채권에도 제외된다.
> ⓐ 채무보증(법에서 정한 채무보증은 제외)으로 인하여 발생한 구상채권
> ⓑ 특수관계인에게 해당 법인의 업무와 관련없이 지급한 가지급금
> ⓒ 「부가가치세법」상 대손세액공제 받은 부가가치세 매출세액 미수금

답 ④

「법인세법」상 해당 사유가 발생하여 손금으로 계상한 날이 속하는 사업연도의 손금으로 인정되는 채권은 모두 몇 개인가?

> ㄱ. 「상법」에 따른 소멸시효가 완성된 외상매출금
> ㄴ. 「채무자 회생 및 파산에 관한 법률」에 따른 회생계획인가의 결정에 따라 회수불가능으로 확정된 채권
> ㄷ. 「민사집행법」에 따른 경매가 취소된 압류채권
> ㄹ. 회수기일이 6월 이상 경과한 채권으로서 채무자별로 30만 원 이하의 채권

① 1개
② 2개
③ 3개
④ 4개

---

08 충당금

인정되는 채권은 1개(ㄹ)이다.
ㄹ. 대손사유 중 결산조정 사유에 해당된다.

> 📄 **대손사유**
>
> | 신고조정 | ㉠ 「상법」 등에 따른 소멸시효완성 |
> | --- | --- |
> | | ㉡ 「채무자 회생 및 파산에 관한 법률」에 따른 회생계획인가 결정, 법원의 면책결정에 따른 회수불능채권 |
> | | ㉢ 「민사집행법」에 따른 경매가 취소된 압류채권 |
> | | ㉣ 서민의 금융생활 지원에 관한 법률에 따른 채무조정을 받아 신용회복지원협약에 따라 면책으로 확정된 채권 |
> | 결산조정 | ㉠ 파산, 강제집행, 형의집행, 사업의 폐지, 사망, 실종, 행방불명 |
> | | ㉡ 부도발생일부터 6개월 이상 지난 수표·어음·중소기업의 외상매출금(부도발생일 이전 것). 다만, 저당권이 설정된 경우는 제외함(채권가액에서 1,000원을 공제한 금액 손금) |
> | | ㉢ 회수기일을 6개월 이상 지난 채권으로 채권가액이 30만 원 이하인 채권(채무자별 합계액 기준) |
> | | ㉣ 금융회사의 채권 중 감독기관 등의 대손승인을 받은 채권 |
> | | ㉤ 「민사소송법」에서 따른 화해 및 화해권고결정 등 확정판결과 같은 효력을 가지는 것으로 회수불능으로 확정된 채권 |
> | | ㉥ 중소기업의 외상매출금·미수금으로서 회수기일이 2년 이상 지난 외상매출금·미수금(다만, 특수관계인과의 거래로 인하여 발생한 외상매출금·미수금은 제외함) |
> | | ㉦ 물품의 수출 또는 외국에서의 용역제공으로 발생한 채권으로서 기획재정부령으로 정하는 사유에 해당하여 무역에 관한 법령에 따라 「무역보험법」 제37조에 따른 한국무역보험공사로부터 회수불능으로 확인된 채권 |

답 ①

07 부당행위계산부인

KEYWORD 63 부당행위계산부인

01 ☐☐☐
2016년 7급 변형

「법인세법」상 부당행위계산의 부인 규정을 적용하기 위한 시가에 대한 설명으로 옳은 것은?

① 시가를 산정할 때 해당 거래와 유사한 상황에서 해당 법인이 특수관계인 외의 불특정다수인과 계속적으로 거래한 가격 또는 특수관계인이 아닌 제3자 간에 일반적으로 거래된 가격에 따른다.
② 금전의 대여기간이 5년을 초과하는 대여금이 있는 경우 해당 대여금에 한정하여 가중평균차입이자율을 시가로 한다.
③ 시가가 확인되는 경우에도 「부동산가격공시 및 감정평가에 관한 법률」에 의한 감정평가법인이 감정한 가액에 따를 수 있다.
④ 주권상장법인이 발행한 주식을 증권시장 외에서 거래한 경우 해당 주식의 시가는 그 거래일의 전후 3개월간 최종시세가액의 평균으로 한다.

01 부당행위계산부인

(선지분석)
② 금전의 대여기간이 5년을 초과하는 대여금이 있는 경우 해당 대여금 또는 차입금에 한정하여 당좌대출이자율을 시가로 한다.
③ 시가가 확인되는 경우에는 시가를 적용하여야 하며, 시가가 불분명한 경우에는 감정가액(주식, 가상자산은 제외)을 적용한다.
④ 주권상장법인이 발행한 주식을 증권시장 외에서 거래한 경우 해당 주식의 시가는 그 거래일의 거래소 최종시세가액으로 한다.

📄 **시가**

㉠ 시가: 특수관계인 외의 불특정다수인과 계속적으로 거래한 가격 또는 특수관계인이 아닌 제3자 간에 일반적으로 거래된 가격을 시가로 한다. 다만, 상장주식을 다음 중 어느 하나에 해당하는 방법으로 거래한 경우에는 해당 주식의 시가는 거래일의 거래소 최종시세가액으로 한다(사실상 경영권의 이전이 수반되는 경우에는 그 가액의 20%를 가산한 가액으로 함).
　ⓐ 증권시장 외에서 거래하는 방법
　ⓑ 대량매매 등의 방법
㉡ 시가가 불분명한 경우: 다음의 순서에 따라 계산한 금액을 시가로 본다.
　ⓐ 감정평가업자가감정한 가액이 있는 경우 그 가액(감정가액이 2 이상인 경우는 평균액). 단, 주식(또는 출자지분)과 가상자산은 제외
　ⓑ 상속세 및 증여세법상 평가액

답 ①

02 ☐☐☐
2015년 9급

「법인세법」상 부당행위계산의 부인에 대한 설명으로 옳은 것을 모두 고른 것은?

ㄱ. 법인이 특수관계인으로부터 무수익 자산을 2억 원에 매입한 경우에는 부당행위계산의 부인을 적용한다.
ㄴ. 부당행위계산의 부인은 법인과 특수관계에 있는 자 간의 거래를 전제로 하며, 특수관계인 외의 자를 통하여 이루어진 거래는 이에 포함하지 않는다.
ㄷ. 부당행위계산의 부인에서 특수관계의 존재 여부는 해당 법인과 법령이 정하는 일정한 관계에 있는 자를 말하며, 이 경우 해당 법인도 그 특수관계인의 특수관계인으로 본다.
ㄹ. 부당행위계산의 부인을 적용할 때 시가가 불분명한 경우에는 「부동산가격공시 및 감정평가에 관한 법률」에 의한 감정평가업자가 감정한 가액과 「상속세 및 증여세법」에 따른 보충적 평가방법을 준용하여 평가한 가액 중 큰 금액을 시가로 한다.

① ㄱ, ㄴ
② ㄱ, ㄷ
③ ㄴ, ㄹ
④ ㄷ, ㄹ

02 부당행위계산부인

ㄱ, ㄷ이 옳은 설명이다.

(선지분석)
ㄴ. 부당행위계산부인 규정은 그 행위당시를 기준으로 하여 해당 법인과 특수관계인 간의 거래(특수관계인 외의 자를 통하여 이루어진 거래를 포함)에 대하여 이를 적용한다.
ㄹ. 부당행위계산부인 규정에서 시가를 적용함에 있어서 시가가 불분명한 경우에는 감정가액(주식 및 가상자산 제외), 「상속세 및 증여세법」상 보충적 평가액을 순차적으로 적용한다.

답 ②

03 □□□

「법인세법」상 조세의 부담을 부당히 감소시킨 것으로 인정되는 경우에 해당하지 않는 것은?

① 자산을 시가보다 높은 가액으로 매입 또는 현물출자 받았 거나 그 자산을 과대상각한 경우
② 무수익 자산을 매입 또는 현물출자 받았거나 그 자산에 대한 비용을 부담한 경우
③ 불량자산을 차환하거나 불량채권을 양수한 경우
④ 주식매수선택권의 행사에 따라 주식을 양도하는 경우로 서 주식을 시가보다 낮은 가액으로 양도한 경우

03	부당행위계산부인

법인이 부여한 주식매수선택권의 행사로 주식을 양도하는 경우 또는 주식매수선택권 등의 행사·지급에 따라 자금을 대여하는 경우는 부당행위계산의 부인 유형에 해당하지 않는다.

> 📄 **부당행위계산부인의 유형**
> ㉠ 시가보다 고가로 매입 또는 현물출자 받았거나 그 자산을 과대 상각하는 경우
> ㉡ 무상 또는 시가보다 저가로 양도 또는 현물출자한 경우(단, 주 식매수선택권·주식기준보상의 행사·지급에 따라 주식을 저가 로 양도한 경우 제외)
> ㉢ 금전 그 밖의 자산 또는 용역을 무상 또는 낮은 이율·요율· 임대료로 대부 또는 제공한 경우
> ㉣ 금전 기타 자산 또는 용역을 시가보다 높은 이율·요율이나 임 차료로 차용하거나 제공받은 경우
> ㉤ 불공정합병, 불균등증자, 불공정감자로 인하여 주주 등인 법인 이 특수관계자인에 해당하는 다른 주주 등에게 이익을 분여한 경우
> ㉥ ㉤ 외의 경우로서 법인의 자본을 증가·감소시키는 거래를 통 하여 법인의 이익을 분여하였다고 인정되는 경우
> ㉦ 무수익자산을 매입 또는 현물출자 받았거나 그 자산에 대한 비 용을 부담한 경우
> ㉧ 불량자산을 차환하거나 불량채권을 양수한 경우

답 ④

04 □□□

「법인세법」상 부당행위계산부인에 관한 설명으로 옳지 않은 것은?

① 부당성 여부는 경제적 합리성을 기준으로 판단한다는 것 이 판례의 입장이다.
② 부당행위계산부인은 특수관계인과의 거래(특수관계인 외 의 자를 통한 거래 포함)에만 적용된다.
③ 허위의 거래이든 실제의 거래이든 관계없이 부당성의 요 건을 충족하면 부당행위계산부인의 대상이 된다.
④ 행위 또는 계산의 결과 조세부담이 부당히 감소하여야 한다.

04	부당행위계산부인

실질과세원칙은 지켜져야 하므로 경제적 실질에 의해 부당한지 여 부를 판단한다. 허위의 거래에 대해서는 적용하지 않는다.

답 ③

IV

해커스공무원 김영서 세법 단원별 기출문제집

「법인세법」상 부당행위계산부인 규정에 관한 설명으로 옳지 않은 것은?

① 자산을 시가보다 높은 가액으로 매입한 경우에는 시가와 거래가액의 차액이 3억 원 이상이거나 시가의 5%에 상당하는 금액 이상인 경우에 한하여 부당행위계산부인 규정을 적용한다.

② 행위당시에는 특수관계가 성립하였으나 그 이후 사업연도종료일 현재 특수관계가 소멸된 경우에도 부당행위계산부인 대상에 해당된다.

③ 선물거래에 근거한 권리를 행사하지 않는 방법으로 이익을 분여하는 경우에는 부당행위계산의 유형에 해당되지 아니한다.

④ 주권상장법인이 소액주주인 임원에게 사택을 제공한 경우에는 부당행위계산의 유형에 해당되지 아니한다.

05	부당행위계산부인

선물거래에 근거한 권리를 행사하지 않는 방법으로 이익을 분여하는 경우에는 부당행위계산의 유형에 해당한다.

답 ③

「법인세법」상 부당행위계산부인 규정을 적용할 수 있는 부당행위계산유형으로서 옳지 않은 것은?

① 자산을 시가보다 높은 가액으로 매입 또는 현물출자 받은 경우

② 금전을 시가보다 높은 이자율로 차입한 경우

③ 자산을 무상 또는 시가보다 낮은 가액으로 양도 또는 현물출자한 경우

④ 불량자산을 차환하거나 불량채권을 양수한 경우

⑤ 용역을 무상 또는 시가보다 낮은 요율로 제공받은 경우

06	부당행위계산부인

금전 그 밖의 자산 또는 용역을 무상 또는 시가보다 낮은 이율·요율이나 임대료로 대부하거나 제공한 경우에 부당행위계산부인 규정을 적용받는다.

답 ⑤

(주)서울의 대주주이자 대표이사인 김서울씨는 보유하던 토지(시가 2억 원, 취득가액 5천만 원)를 (주)서울에 2억 5천만 원을 받고 매각하였다. (주)서울이 장부상 당해 토지를 2억 5천만 원으로 계상한 경우 (주)서울의 입장에서 필요한 세무조정과 소득처분으로 옳은 것은?

① 5천만 원 익금산입(상여) 및 5천만 원 손금산입(사내유보)
② 5천만 원 익금산입(배당) 및 5천만 원 손금산입(사내유보)
③ 5천만 원 익금산입(상여) 및 5천만 원 손금산입(기타)
④ 5천만 원 익금산입(기타사외유출) 및 5천만 원 손금산입(사내유보)

---

07   부당행위계산부인

특수관계인으로부터의 고가매입에 해당하므로 시가를 초과하여 계상되어 있는 장부금액에 대해서는 손금산입(사내유보)해야 하며, 시가를 초과하여 매입한 금액에 대해서는 귀속자인 대표이사의 상여로 보아 익금산입(상여)으로 처분한다.

답 ①

「법인세법」상 시가와 거래가액의 차액이 3억 원 이상이거나 시가의 5% 이상인 경우에 한하여 부당행위계산부인의 규정이 적용되는 유형에 해당하지 않는 것은?

① 자산을 무상 또는 시가보다 낮은 가격으로 양도 또는 현물출자한 경우
② 주권상장법인이 발행한 주식을 시가보다 높은 가액으로 매입한 경우
③ 자산을 시가보다 높은 가액으로 매입한 경우
④ 금전 또는 기타자산을 시가보다 높은 이율·요율이나 임차료로 차용하거나 제공받은 경우

---

08   부당행위계산부인

주권상장법인이 발행한 주식을 시가보다 높은 가액으로 매입한 경우에는 3억 원 이상 또는 시가의 5% 이상 여부에 상관없이 부당행위계산부인을 적용한다.

> 📄 **현저한 이익 요건**
>
> 다음 유형과 기타 준하는 행위에 대해서는 시가와 거래가액의 차액이 시가의 5%에 상당하는 금액 이상이거나 3억 원 이상인 경우에만 부당행위계산의 부인규정을 적용한다. 다만, 주권상장법인의 주식을 거래한 경우에는 현저한 이익의 요건을 적용하지 않는다.
> ㉠ 자산을 시가보다 높은 가액으로 매입 또는 현물출자 받았거나, 그 자산을 과대 상각한 경우
> ㉡ 자산을 무상 또는 시가보다 낮은 가액으로 양도 또는 현물출자한 경우. 다만, 「법인세법」에서 정한 주식매수선택권 등의 행사 또는 지급에 따라 주식을 양도하는 경우는 제외
> ㉢ 금전이나 그 밖의 자산 또는 용역을 무상 또는 낮은 이율·요율·임대료로 대부 또는 제공한 경우. 다만, 비출자임원(소액주주임원 포함) 및 직원에게 사택(임차사택 포함)을 제공하는 경우와 법에 정한 주식매수선택권 등의 행사 또는 지급에 따라 금전을 제공하는 경우에는 부당행위계산의 부인 규정을 적용하지 않음
> ㉣ 금전이나 그 밖의 자산 또는 용역을 높은 이율·요율이나 임차료로 차용하거나 제공을 받은 경우

답 ②

「법인세법」상 부당행위계산부인에 대한 설명으로 옳지 않은 것은?

① 조세포탈범으로 처벌된다.
② 시가와의 차액을 익금산입하고, 귀속자에 따라 사외유출 처분한다.
③ 사법상 거래는 그대로 유지된다.
④ 특수관계인과의 거래로 인하여 조세부담이 부당히 감소한 경우에 적용된다.

(주)A는 특수관계인인 (주)B로부터 2023년 1월 1일 건물을 10억 원에 매입하였다. (주)A가 다음과 같이 회계처리를 한 경우 2023년 세무조정(소득처분 포함)으로 옳은 것은? [단, (주)A의 사업연도는 1월 1일 ~ 12월 31일임]

건물의 시가는 불분명하고, 「상속세 및 증여세법」상 평가액은 8억 원이며, 「부동산가격공시 및 감정평가에 관한 법률」에 의한 감정평가법인의 감정가액은 7억 원임
(차) 건물 10억   (대) 현금 및 현금성자산 10억

	건물시가초과액 (손금산입)	고가매입 (익금산입)
①	2억 원, △유보	2억 원, 배당
②	2억 원, △유보	2억 원, 기타사외유출
③	3억 원, △유보	3억 원, 배당
④	3억 원, △유보	3억 원, 기타사외유출

09	부당행위계산부인

부당행위계산부인이 적용되더라도 조세포탈범으로 처벌되는 것은 아니다.

> 📄 **부당행위계산부인**
> ㉠ 특수관계인과의 거래로 인하여 조세부담을 부당하게 감소시킨 것으로 인정되는 경우 부당행위계산의 부인을 적용한다.
> ㉡ 특수관계인 사이에 거래자체를 부인하는 것이 아니라 사법상 효과는 그대로 유지된다.
> ㉢ 특수관계인은 쌍방관계(어느 일방이 특수관계에 해당하면 상대방 입장에서도 특수관계에 해당됨)를 기준으로 하며 이러한 특수관계인의 판단은 행위당시를 기준으로 한다. 다만, 합병의 경우 합병등기일이 속하는 사업연도의 직전 사업연도의 개시일(그 개시일이 서로 다른 법인이 합병한 경우 먼저 개시한 날)부터 합병등기일까지의 기간에 따라 판단한다.

답 ①

10	부당행위계산부인

부당행위계산부인: 건물의 시가가 불분명하므로 감정평가법인의 감정가액을 시가로 한다.
〈손금산입〉 건물 3억 원(△유보)
〈익금산입〉 부당행위계산부인 3억 원(기타사외유출)

답 ④

영리내국법인 (주)C는 제10기(2023년 1월 1일~12월 31일) 중 출자임원으로부터 토지(시가 150백만 원)를 구입하면서 현금지급액 200백만 원을 장부에 계상하였다. 매입한 토지와 관련하여 (주)C가 수행해야 할 제10기 세무조정으로 옳은 것은?

	익금산입	손금산입
①	부당행위계산의 부인 50백만 원(배당)	–
②	부당행위계산의 부인 50백만 원(배당)	토지 50백만 원(△유보)
③	부당행위계산의 부인 50백만 원(상여)	토지 50백만 원(△유보)
④	부당행위계산의 부인 50백만 원(기타소득)	토지 50백만 원(△유보)

---

11   부당행위계산부인

특수관계인에게 고가로 매입하였으므로 시가로 감액하는 세무조정과 함께 시가보다 초과로 지급한 금액에 대한 사외유출조정을 해야 한다.

답 ③

법인세법령상 부당행위계산의 부인에 대한 설명으로 옳지 않은 것은?

① 부당행위계산부인 규정에 의하여 행위 또는 소득금액의 계산을 부인하려는 법인(부인대상법인)에 100분의 30 이상을 출자하고 있는 법인에 100분의 30 이상을 출자하고 있는 법인도 그 부인대상법인의 특수관계인에 해당한다.

② 특수관계인인 법인 간 합병에 있어서 불공정한 비율로 합병하여 합병에 따른 양도손익을 감소시킨 거래에 대해 부당행위계산으로 부인함에 있어서 특수관계인인 법인의 판정은 합병등기일이 속하는 사업연도의 전전 사업연도 개시일부터 합병등기일 전날까지의 기간에 의한다.

③ 시가보다 높은 가액으로 부동산을 매입한 거래를 부당행위계산으로 부인하기 위해서는 시가와 거래가액의 차액이 3억 원 이상이거나 시가의 100분의 5에 상당하는 금액 이상인 경우이어야 한다.

④ 부당행위계산부인 규정은 국내지점을 가진 외국법인의 소득금액 계산에 대해서도 준용한다.

---

12   부당행위계산부인

부당행위계산의 부인은 행위당시를 기준으로 특수관계를 판단한다. 다만, 불공정합병의 경우는 합병등기일이 속하는 사업연도의 직전 사업연도의 개시일부터 합병등기일까지의 기간에 따른다.

답 ②

13 ☐☐☐

법인세법령상 조세의 부담을 부당하게 감소시킨 것으로 인정되는 경우(부당행위계산)에 해당하는 것은? (단, 다른 요건은 모두 충족된 것으로 본다)

① 내국법인이 자산을 시가보다 낮은 가격으로 매입한 경우
② 내국법인이 자산을 시가보다 높은 가격으로 현물출자한 경우
③ 내국법인이 용역을 시가보다 낮은 요율로 제공받은 경우
④ 내국법인이 무수익자산을 매입하는 경우

13	부당행위계산부인

부당행위계산의 부인은 해당 법인이 손해가 되는 저가양도, 고가매입 등의 거래가 되야 한다.

(선지분석)

①, ②, ③ 거래하는 법인의 이익이 발생하는 거래이므로 부당행위계산의 부인에 해당하지 않는다.

답 ④

08 과세표준·세액계산 및 신고·납부절차

KEYWORD 64 이월결손금

01 □□□
2009년 9급

「법인세법」상 내국법인의 각 사업연도의 소득과 과세표준의 계산에 관한 설명 중 옳지 않은 것은?

① 각 사업연도의 소득은 그 사업연도에 속하는 익금의 총액에서 그 사업연도에 속하는 손금의 총액을 공제한 금액으로 한다.

② 각 사업연도의 결손금은 그 사업연도에 속하는 손금의 총액이 그 사업연도에 속하는 익금의 총액을 초과하는 경우에 그 초과하는 금액으로 한다.

③ 각 사업연도의 개시일 전 7년 이내에 발생한 이월결손금에 한해서 각 사업연도의 소득에서 공제할 수 있다.

④ 각 사업연도의 소득에 대한 과세표준은 총 익금에서 총 손금을 공제하여 산출한 소득에서 이월결손금, 비과세소득, 소득공제액을 순차로 공제한 금액으로 한다.

02 □□□
2022년 7급

다음은 법인세법령상 중소기업에 해당하는 내국법인 (주)A의 제22기(2022.1.1. ~ 2022.12.31.)와 제23기(2023.1.1. ~ 2023.12.31.) 자료이다. (주)A가 제22기 법인세액의 환급을 신청하는 경우 제23기 법인세법령상 결손금 중 최대로 받을 수 있는 소급공제 결손금액은? (단, 결손금 소급공제에 따른 환급요건을 충족하며, 조세특례는 고려하지 않는다)

(1) 제23기 「법인세법」상 결손금	600,000,000원
(2) 제22기 「법인세법」상 과세표준	500,000,000원
(3) 제22기 공제·감면된 법인세액	40,000,000원
(4) 제22기 가산세액	5,000,000원
(5) 제22기에 적용되는 법인세율: 과세표준 2억 원 이하 10%, 2억 원 초과 200억 원 이하분 20%	

① 100,000,000원

② 200,000,000원

③ 250,000,000원

④ 300,000,000원

---

01 이월결손금

각 사업연도의 개시일 전 15년 이내에 개시한 사업연도에서 발생한 결손금으로서 그 후의 각 사업연도의 과세표준 계산에 있어서 공제되지 않은 금액은 각 사업연도 소득금액의 범위 안에서 이를 공제한다.

📄 **이월결손금 공제요건**

㉠ 각 사업연도개시일 전 15년 이내에 개시한 사업연도에서 발생한 세무상 결손금(합병·분할에 따라 승계한 결손금을 포함)만 해당되며 이러한 세무상 결손금은 「법인세법」에 따라 신고하거나 결정·경정되거나, 「국세기본법」에 따라 수정신고한 과세표준에 포함된 결손금에 한정한다.

㉡ 이월결손금의 공제순서는 공제기간 이내 분 이월결손금 중 먼저 발생한 사업연도의 결손금부터 순차로 공제한다.

㉢ 결손금 발생 후 각 사업연도의 과세표준계산을 할 때 공제되지 아니한 금액만을 공제한다.

답 ③

02 이월결손금

80,000,000[*1] − (500,000,000 − 소급결손금 X) × 제22기 세율 = 40,000,000[*2]

[*1] 제22기 산출세액

[*2] 소급공제 한도금액

80,000,000(산출세액) − 40,000,000(공제감면) = 40,000,000

X = △200,000,000

답 ②

03 ☐☐☐

2015년 7급

「법인세법」상 내국법인의 각 사업연도 소득에서 공제하는 이월결손금에 대한 설명으로 옳지 않은 것은?

① 한 사업연도에서 발생한 결손금을 다른 사업연도의 소득에서 공제하는 방법과 관련하여, 예외적으로 법령에 의하여 소급공제를 허용하는 경우를 제외하고는, 그 후 사업연도의 소득에서 이월공제한다.

② 이월결손금공제에 있어서는 먼저 발생한 사업연도의 결손금부터 순차로 공제한다.

③ 법인세 과세표준을 추계 결정하는 경우에도 이월결손금을 공제할 수 있는 경우가 있다.

④ 이월결손금으로 공제될 수 있는 결손금은 법인세 과세표준신고에 포함되었거나 과세행정청의 법인세 결정·경정에 포함된 결손금이어야 하며, 그 외 납세자가 「국세기본법」에 따라 수정신고하면서 과세표준에 포함된 경우에는 그 대상이 될 수 없다.

03	이월결손금

세무상 결손금은 「법인세법」에 따라 신고하거나 결정·경정되거나, 「국세기본법」에 따라 수정신고한 과세표준에 포함된 결손금으로 한다.

답 ④

KEYWORD 65 세액공제

04 ☐☐☐

2005년 7급 변형

「법인세법」의 이월세액공제가 허용되는 것으로 바르게 묶인 것은?

> ㄱ. 외국납부세액공제
> ㄴ. 재해손실세액공제
> ㄷ. 사실과 다른 회계처리로 인한 경정에 따른 세액공제
> ㄹ. 배당세액공제
> ㅁ. 통합투자세액공제

① ㄱ, ㄷ, ㅁ
② ㄱ, ㄴ, ㄷ
③ ㄴ, ㄷ, ㄹ
④ ㄷ, ㄹ, ㅁ

04	세액공제

ㄱ, ㄷ, ㅁ이 「법인세법」상 이월세액공제가 허용되는 것에 해당한다.

(선지분석)
ㄴ. 재해손실세액공제는 이월공제가 되지 않는다.
ㄹ. 배당세액공제는 「소득세법」상 세액공제에 해당한다.

📄 **세액공제**

「법인세법」상 세액공제	㉠ 외국납부세액공제(10년간 이월공제) ㉡ 재해손실세액공제(이월공제 없음) ㉢ 사실과 다른 회계처리로 인한 경정에 따른 세액공제(이월공제 있음)
「조세특례제한법」상 세액공제	연구인력개발비 세액공제, 통합투자세액공제 등 (대부분 이월공제됨)

답 ①

05 □□□

「법인세법」상 세액감면과 세액공제에 관한 규정이 동시에 적용되는 경우 그 적용순서로 옳은 것은?

> ㄱ. 재해손실세액공제
> ㄴ. 사실과 다른 회계처리로 인한 경정에 따른 세액공제
> ㄷ. 외국납부세액공제
> ㄹ. 중소기업에 대한 특별세액감면

① ㄴ → ㄹ → ㄱ → ㄷ
② ㄹ → ㄴ → ㄷ → ㄱ
③ ㄹ → ㄷ → ㄱ → ㄴ
④ ㄹ → ㄱ → ㄷ → ㄴ

06 □□□

법인세법령상 제조업을 영위하는 내국법인이 자신의 국외사업장에서 발생한 소득(국외원천소득)에 대해 부담한 외국법인세액에 대한 국제적 이중과세조정을 위한 조치와 관련한 설명으로 옳은 것만을 모두 고른 것은?

> ㄱ. 법인은 외국법인세액을 해당 사업연도의 법인세액에서 공제하는 방법(외국납부세액공제방식)을 적용할 수 있다.
> ㄴ. 외국납부세액공제방식의 적용시 공제한도를 계산함에 있어서 국외사업장이 2 이상의 국가에 있는 경우에는 국가별로 구분하지 않고 일괄하여 이를 계산한다.
> ㄷ. 외국납부세액이 공제한도를 초과하는 경우 그 초과하는 금액은 해당 사업연도의 다음 사업연도 개시일부터 10년 이내에 끝나는 각 사업연도에 이월하여 그 이월된 사업연도의 공제한도 범위에서 공제받을 수 있다.
> ㄹ. 국외원천소득이 있는 내국법인이 조세조약의 상대국에서 해당 국외원천소득에 대하여 법인세를 감면받은 세액 상당액은 그 조세조약으로 정하는 범위에서 외국납부세액공제방식에서의 세액공제 대상이 되는 외국법인세액으로 본다.

① ㄱ, ㄴ, ㄷ
② ㄱ, ㄴ, ㄹ
③ ㄱ, ㄷ, ㄹ
④ ㄱ, ㄴ, ㄷ, ㄹ

---

05 세액공제

ㄹ → ㄱ → ㄷ → ㄴ의 순으로 적용된다.

📄 **세액감면과 세액공제**

세액감면과 세액공제가 동시에 적용되는 경우는 다음의 순서에 의한다.
㉠ 세액감면
㉡ 이월공제가 인정되지 않는 세액공제
㉢ 이월공제가 인정되는 세액공제
㉣ 사실과 다른 회계처리로 인한 경정에 따른 세액공제

답 ④

---

06 세액공제

ㄱ, ㄷ, ㄹ이 옳은 설명이다.

(선지분석)
ㄴ. 외국납부세액공제를 적용할 때 국외사업장이 2 이상의 국가에 있는 경우에는 국가별로 한도를 계산한다.

답 ③

07 ☐☐☐

2021년 7급 변형

중소기업인 (주)A의 제10기(2022.1.1.~12.31.) 사업연도의 법인세 납부세액이 22,000,000원인 경우, 법인세법령상 (주)A의 최대 분납가능금액과 분납기한에 대한 설명으로 옳은 것은? [단, (주)A는 성실신고확인서를 제출한 경우에 해당하지 않으며, 「국세기본법」에 따른 기한의 특례는 고려하지 않는다]

① 최대 10,000,000원을 2023년 4월 30일까지 분납할 수 있다.
② 최대 10,000,000원을 2023년 5월 31일까지 분납할 수 있다.
③ 최대 11,000,000원을 2023년 4월 30일까지 분납할 수 있다.
④ 최대 11,000,000원을 2023년 5월 31일까지 분납할 수 있다.

08 ☐☐☐

2014년 9급 변형

중소기업인 (주)한국은 등기된 비사업용 토지(장부가액 9억 원)를 10억 원(취득시기: 2019년 3월 2일, 양도시기: 2023년 3월 3일)에 양도하였다. (주)한국의 법인세 산출세액은? [단, (주)한국의 사업연도는 2023년 1월 1일부터 2023년 12월 31일까지이며, 다른 소득은 없다고 가정한다]

① 5,000,000원
② 10,000,000원
③ 15,000,000원
④ 19,000,000원

07	납부절차

중소기업은 2개월 뒤에 분납할 수 있으므로 5월 31일까지 전체금액의 50% 이하 금액을 분납할 수 있다.

답 ④

08	납부절차

• 각 사업연도 소득 산출세액
  ㉠ 과세표준: 10억 원 − 9억 원 = 1억 원
  ㉡ 산출세액: 1억 원 × 9% = 9,000,000원
• 토지 등 양도소득 산출세액:
  (10억 원 − 9억 원) × 10% = 10,000,000원
• 법인세 산출세액: 9,000,000원 + 10,000,000원 = 19,000,000원

답 ④

다음은 법인세 중간예납에 관한 설명이다. 옳지 않은 것은?

① 중간예납세액은 중간예납기간이 경과한 날로부터 2개월 이내에 납부하여야 한다.
② 신설법인(합병신설법인 포함) 또는 사업연도가 6개월 이내인 법인은 중간예납세액에 대한 납부의무가 없다.
③ 중간예납세액을 직전 사업연도에 확정된 법인세에 의하여 계산하는 경우 직전연도의 산출세액에 가산세액을 포함한다.
④ 「국세기본법」 제45조의 수정신고규정은 중간예납에는 적용하지 않는다.

법인세법령상 내국법인의 각 사업연도 소득에 대한 비과세 및 소득공제에 대한 설명으로 옳은 것은?

① 공익신탁의 신탁재산에서 생기는 소득에 대하여는 각 사업연도 소득에 대한 법인세를 과세한다.
② 기업구조조정투자회사법에 따른 기업구조조정투자회사가 법령으로 정하는 배당가능이익의 100분의 90 이상을 배당한 경우 그 금액은 해당 배당을 결의한 잉여금 처분의 대상이 되는 사업연도의 소득금액에서 공제한다.
③ 유동화전문회사 등에 대한 소득공제를 받으려는 법인은 소득 공제신청서를 배당일로부터 2주 이내에 본점 소재지 관할 세무서장에게 제출하여야 한다.
④ 배당을 지급하는 내국법인이 사모방식으로 설립되었고, 개인 2인이 발행주식총수의 100분의 95의 주식을 소유한 법인(개인에게 배당 및 잔여재산의 분배에 관한 청구권이 없는 경우는 제외)인 경우에는 유동화전문회사 등에 대한 소득공제 규정을 적용할 수 있다.

09	납부절차

신설법인은 중간예납의무가 없으나 합병 또는 분할에 의하여 신설된 경우에는 최초사업연도에도 중간예납의무를 진다.

답 ②

10	납부절차

(선지분석)
① 공익신탁의 이익은 비과세대상에 해당된다.
③ 과세표준신고와 함께 기획재정부령으로 정하는 소득공제신청서를 납세지 관할 세무서장에게 제출하여야 한다
④ 사무방식으로 설립하고 개인 2인 이하 또는 개인 1인 및 친족이 지분의 95% 이상을 소유하고 있는 경우에는 배당소득공제를 적용하지 않는다.

답 ②

11 □□□

원천징수에 대한 설명으로 옳지 않은 것은?

① 법인에게 이자소득, 배당소득, 기타소득을 지급하는 경우에는 원천징수를 하여야 한다.
② 국내에서 법인에게 지급하는 모든 이자소득에 대하여는 원칙적으로 그 지급받은 법인의 법인세를 원천징수하여야 하나, 국외에서 지급하는 이자소득에 대하여는 원천징수를 하지 않는다.
③ 국내에서 개인에게 배당소득을 지급하는 경우에는 소득세 원천징수를 하여야 한다.
④ 법인세가 비과세되거나 면제되는 소득은 원천징수대상소득에 포함되지 않는다.

12 □□□

「법인세법」상 내국법인(비영리법인은 제외)의 각 사업연도의 소득에 대한 과세표준과 세액의 신고에 대한 설명으로 옳지 않은 것은?

① 과세표준과 세액의 신고를 할 때에는 그 신고서에 기업회계 기준을 준용하여 작성한 개별 내국법인의 재무상태표를 첨부하여야 한다.
② 내국법인이 합병으로 해산하는 경우에 과세표준과 세액의 신고를 할 때에는 그 신고서에 합병등기일 현재의 피합병법인의 재무상태표와 합병법인이 그 합병에 따라 승계한 자산 및 부채의 명세서를 첨부하여야 한다.
③ 과세표준과 세액의 신고를 할 때에는 그 신고서에 세무조정계산서를 첨부하여야 한다.
④ 「주식회사 등의 외부감사에 관한 법률」에 따라 감사인에 의한 감사를 받은 내국법인의 성실신고확인서는 과세표준과 세액을 신고할 때 반드시 제출해야 하는 서류에 해당한다.

11	납부절차

법인에게 지급되는 원천징수 소득은 이자소득과 집합투자기구로부터의 이익 중 투자신탁의 이익을 그 대상으로 한다. 따라서 투자신탁의 이익을 제외한 배당과 기타소득은 원천징수대상에 해당하지 않는다.

> 📄 **원천징수 제외 소득**
>
> 이자소득이나 배당소득일지라도 다음의 경우에는 원천징수를 하지 않는다.
> ㉠ 법인세가 비과세되거나 면제되는 소득
> ㉡ 신고한 과세표준에 이미 산입된 미지급소득
> ㉢ 「은행법」에 의한 은행·보험회사 등 대통령령이 정하는 금융회사 등의 수입금액(채권이자 및 집합투자기구로부터의 이익은 제외)

답 ①

12	납부절차

내국법인의 필수첨부서류는 재무상태표, 포괄손익계산서, 이익잉여금처분계산서(또는 결손금처리계산서), 세무조정계산서이다. 따라서 성실신고확인서는 필수첨부서류에 해당하지 않는다.

답 ④

법인세법령상 내국법인의 신고 및 납부에 대한 설명으로 옳은 것만을 모두 고르면?

> ㄱ. 성실신고확인서를 제출하는 법인의 경우 과세표준과 세액의 신고기한은 각 사업연도의 종료일이 속하는 달의 말일부터 3개월이다.
>
> ㄴ. 중소기업에 해당하는 내국법인의 납부할 세액이 2천만 원인 경우에는 1천만 원을 초과하는 금액을 납부기한이 지난 날부터 2개월 이내에 분납할 수 있다.
>
> ㄷ. 「주식회사 등의 외부감사에 관한 법률」에 따라 감사인에 의한 감사를 받아야 하는 내국법인이 해당 사업연도의 감사가 종결되지 아니하여 결산이 확정되지 아니하였다는 사유로 대통령령으로 정하는 바에 따라 신고기한의 연장을 신청한 경우에는 그 신고기한을 2개월의 범위에서 연장할 수 있다.
>
> ㄹ. 사업연도의 기간이 6개월을 초과하는 「초·중등교육법」, 「고등교육법」에 따른 사립학교를 경영하는 학교법인은 각 사업연도(합병이나 분할에 의하지 아니하고 새로 설립된 법인의 최초 사업연도는 제외) 중 중간예납세액을 납부할 의무가 있다.

① ㄴ

② ㄹ

③ ㄱ, ㄷ

④ ㄴ, ㄹ

13	납부절차

ㄴ이 신고 및 납부에 대해 옳은 설명이다.

(선지분석)

ㄱ. 성실신고확인서를 제출하는 법인의 경우 과세표준과 세액의 신고기한은 각 사업연도의 종료일이 속하는 달의 말일부터 4개월이다.

ㄷ. 「주식회사 등의 외부감사에 관한 법률」에 따라 감사인에 의한 감사를 받아야 하는 내국법인이 해당 사업연도의 감사가 종결되지 아니하여 결산이 확정되지 아니하였다는 사유로 대통령령으로 정하는 바에 따라 신고기한의 연장을 신청한 경우에는 그 신고기한을 1개월의 범위에서 연장할 수 있다.

ㄹ. 「초·중등교육법」, 「고등교육법」에 따른 사립학교를 경영하는 학교법인은 중간예납세액을 납부할 의무가 없다.

답 ①

09 기타 법인세

01 ☐☐☐

2016년 7급

「법인세법」상 청산소득에 대한 설명으로 옳은 것은?

① 비영리내국법인은 청산소득에 대하여 법인세의 납세의무를 진다.

② 법인이 해산등기일 현재의 자산을 청산기간 중에 처분한 금액은 청산소득에 포함하지만, 청산기간 중에 해산 전의 사업을 계속하여 영위하는 경우 당해 사업에서 발생한 사업수입이나 임대수입, 공·사채 및 예금의 이자수입 등은 포함하지 않는다.

③ 청산소득금액을 계산할 때 해산등기일 전 3년 이내에 자본금 또는 출자금에 전입한 잉여금이 있는 경우에는 해당 금액을 자본금 또는 출자금에 전입하지 아니한 것으로 보고 계산한다.

④ 「상법」에 따라 조직변경하는 경우에는 청산소득에 대한 법인세를 납부하여야 한다.

---

02 ☐☐☐

2013년 7급

「법인세법」상 내국법인의 청산소득에 대한 설명으로 옳지 않은 것은?

① 비영리내국법인은 어떠한 경우라도 청산소득에 대한 법인세의 납세의무를 지지 않는다.

② 합병이나 분할에 의해 해산하는 내국법인을 제외한 내국법인이 해산한 경우 그 청산소득의 금액은 그 법인의 해산에 의한 잔여재산의 가액에서 해산등기일 현재의 자본금 또는 출자금과 잉여금의 합계액을 공제한 금액으로 한다.

③ 내국법인의 해산에 의한 청산소득의 금액을 계산할 때 그 청산기간에 「국세기본법」에 따라 환급되는 법인세액이 있는 경우 이에 상당하는 금액은 그 법인의 해산등기일 현재의 자기자본의 총액에는 포함되지 아니한다.

④ 특별법에 따라 설립한 법인이 그 특별법의 개정으로 인하여 「상법」에 따른 회사로 조직변경하는 경우에는 청산소득에 대한 법인세를 과세하지 아니한다.

02	청산소득

내국법인의 해산에 의한 청산소득의 금액을 계산할 때 그 청산기간에 「국세기본법」에 따라 환급되는 법인세액이 있는 경우 이에 상당하는 금액은 그 법인의 해산등기일 현재의 자기자본의 총액에는 가산한다.

📋 청산소득

청산소득에 대한 법인세 과세표준은 청산소득금액으로 한다.

> 청산소득금액 = 잔여재산가액 − 해산등기일의 자기자본총액

㉠ 잔여재산가액: 잔여재산가액은 해산등기일 현재의 자산총액에서 부채총액을 공제한 금액으로 한다.

㉡ 자기자본총액
  ⓐ 해산등기일 현재의 다음의 금액을 말한다.

  > 자기자본총액 = 납입자본·출자금 + 세무상 잉여금 − 이월결손금 + 법인세환급액

  ⓑ 해산등기일 현재 소멸되지 않고 남아있는 이월결손금(발생연도의 제한이 없는 세무상 이월결손금)이 있는 경우에는 그 이월결손금을 잉여금을 초과하지 않는 범위 내에서 상계하며, 잉여금을 초과하는 이월결손금은 없는 것으로 본다.

  ⓒ 청산소득을 계산할 때 해산등기일 전 2년 이내에 자본금에 전입한 잉여금이 있는 경우에는 해당금액을 자본금에 전입하지 않은 것으로 본다.

01	청산소득

선지분석

① 영리내국법인만 청산소득에 대하여 법인세의 납세의무를 진다.

③ 청산소득금액을 계산할 때 해산등기일 전 2년 이내에 자본금 또는 출자금에 전입한 잉여금이 있는 경우에는 해당 금액을 자본금 또는 출자금에 전입하지 아니한 것으로 보고 계산한다.

④ 「상법」에 따라 조직변경하는 경우 청산소득에 대한 법인세를 납부하지 않는다.

답 ②

답 ③

03 □□□

「법인세법」상 비영리법인에 관한 설명으로 옳지 않은 것은?

① 비영리내국법인의 수익사업에서 발생한 소득에 대하여 법에 따른 세액공제를 적용받는 경우 고유목적사업준비금의 손금산입 규정의 적용을 배제한다. 다만, 고유목적사업준비금만을 적용받는 것으로 수정신고한 경우를 제외한다.

② 주식·신주인수권 또는 출자지분의 양도로 인하여 생기는 수입은 비영리내국법인의 수익사업에 해당한다.

③ 비영리법인이 수익사업을 영위하는 경우에는 자산·부채 및 손익을 당해 수익사업에 속하는 것과 수익사업이 아닌 기타의 사업에 속하는 것을 각각 별개의 회계로 구분하여 경리하여야 한다.

④ 내국법인 중 「민법」 제32조 규정에 의하여 설립된 법인의 청산소득에 대하여 법인세를 부과하지 아니한다.

03	비영리법인

비영리내국법인의 수익사업에서 발생한 소득에 대하여 「법인세법」 또는 「조세특례제한법」에 따른 비과세·면제, 준비금의 손금산입, 소득공제 또는 세액감면(세액공제는 제외)을 적용받는 경우에는 고유목적사업준비금의 손금산입 규정을 적용하지 않는다. 다만, 고유목적사업준비금만을 적용받는 것으로 수정신고한 경우를 제외한다.

답 ①

---

04 □□□

「법인세법」상 비영리내국법인에 대한 설명으로 옳지 않은 것은?

① 비영리내국법인의 고유목적사업에 직접 사용되는 유형·무형자산으로서 대통령령이 정하는 요건을 갖춘 경우 해당 자산의 처분으로 생기는 수입은 각 사업연도의 소득에 포함되어 과세되지 않는다.

② 모든 비영리내국법인은 복식부기의 방식으로 장부를 기장하고 이를 비치할 의무는 있지만, 이를 이행하지 않았을 경우에 장부의 기록·보관 불성실가산세의 부과대상은 아니다.

③ 비영리내국법인의 경우에는 국내뿐만 아니라 국외의 수익사업 소득에 대해서도 각 사업연도의 소득으로 법인세가 과세된다.

④ 「주식회사의 외부감사에 관한 법률」에 따른 감사인의 회계감사를 받는 비영리내국법인이 「법인세법」에 따른 고유목적사업준비금을 세무조정계산서에 계상한 경우로서 그 금액에 상당하는 금액이 해당 사업연도의 이익처분에 있어서 그 준비금의 적립금으로 적립되어 있는 경우 그 금액은 손금으로 계상한 것으로 본다.

04	비영리법인

사업소득과 채권매매익에 해당하는 수익사업을 영위하지 않는 비영리내국법인은 기장의무를 지지 않으며 기장의무를 지는 비영리법인도 기장에 대한 가산세를 적용받지 않는다.

> **🏛 비영리법인의 과세특례**
>
> ㉠ 이자소득에 대한 선택적 분리과세: 모든 비영리내국법인의 원천징수된 이자소득(비영업대금의 이익은 제외)과 투자신탁의 이익에 대해서는 분리과세를 선택할 수 있다.
>
> ㉡ 자산양도소득 특례
> > ⓐ 비영리내국법인(사업소득에 해당하는 수익사업을 하는 비영리내국법인은 제외)이 소득세법상 양도소득세 과세대상 자산양도로 인하여 발생하는 소득은 법인세의 과세표준신고를 하지 않을 수 있다.
> > ⓑ 과세표준신고를 하지 않은 경우는 소득세법에 따라 양도소득세 규정을 준용하여 계산한 과세표준에 양도소득세율을 적용하여 계산한 금액을 법인세로 납부해야 한다.
>
> ㉢ 기장의무 배제: 사업소득과 채권매매익에 해당하는 수익사업을 영위하지 않는 비영리내국법인은 기장의무를 지지 않는다(기장의무를 지는 비영리법인도 장부의 기록·보관 불성실가산세를 적용하지 않음).

답 ②

05 ☐☐☐

「법인세법」상 외국법인의 과세에 대한 설명으로 옳지 않은 것은?

① 외국법인의 국내사업장은 6개월을 초과하여 존속하는 건축 장소 또는 이와 관련되는 감독활동을 수행하는 장소를 포함한다.

② 외국법인의 국내에 있는 토지 등 양도소득금액의 계산시 취득가액 및 양도가액은 원칙적으로 실지거래가액으로 한다.

③ 외국법인이 판매를 목적으로 하지 아니하는 자산의 저장이나 보관만을 위하여 사용하는 일정한 장소는 국내사업장에 포함되지 아니한다(해당 활동은 예비적·보조적 활동에 해당됨).

④ 외국법인이 국내에 있는 자산을 증여받아 생기는 소득은 국내원천소득에 해당하지 않는다.

05	외국법인

외국법인이 국내에 있는 자산은 증여받아 생기는 소득은 국내원천소득에 해당한다.

답 ④

06 ☐☐☐

「법인세법」상 외국법인의 국내사업장에 관한 설명으로 옳지 않은 것은?

① 외국법인이 국내사업장을 가지고 있지 아니한 경우에도 국내에 자기를 위하여 계약을 체결할 권한을 가지고 그 권한을 반복적으로 행사하는 자를 두고 사업을 영위하는 경우에는 그 자의 사업장소재지(사업장이 없는 경우에는 주소지로 하고, 주소지가 없는 경우에는 거소지로 한다)에 국내사업장을 둔 것으로 본다.

② 외국법인이 자산의 단순한 구입만을 위하여 사용하는 일정한 장소는 국내사업장에 포함되지 아니한다(해당 활동은 예비적·보조적 활동에 해당됨).

③ 외국법인이 국내에 사업의 전부를 수행하는 고정된 장소를 가지고 있는 경우에는 국내사업장이 있는 것으로 한다.

④ 외국법인이 국내에서 사업의 일부를 수행하는 작업장·공장 또는 창고를 가지고 있는 경우에는 국내사업장이 없는 것으로 본다.

06	외국법인

외국법인이 국내에서 사업의 일부를 수행하는 작업장·공장 또는 창고를 가지고 있는 경우 국내사업장이 있는 것으로 본다.

📋 국내사업장의 범위

국내사업장을 둔 것으로 보는 경우	국내사업장을 두지 않은 것으로 보는 경우

㉠ 지점, 사무소 또는 영업소
㉡ 상점 기타의 고정된 판매장소
㉢ 작업장, 공장 또는 창고
㉣ 6월을 초과하여 존속하는 건축장소, 건설·조립·설치공사의 현장 또는 이와 관련되는 감독활동을 수행하는 장소
㉤ 고용인을 통하여 용역을 제공하는 경우로서 다음에 해당하는 장소
  ⓐ 용역의 제공이 계속되는 12월 기간 중 합계 6월을 초과하는 기간 동안 용역이 수행되는 장소
  ⓑ 용역의 제공이 계속되는 12월 기간 중 합계 6월을 초과하지 아니하는 경우로서 유사한 종류의 용역이 2년 이상 계속적·반복적으로 수행되는 장소
㉥ 광산, 채석장 또는 해저천연자원 기타 천연자원의 탐사 및 채취장소
	다음의 경우는 해당 장소에서 수행되는 활동이 예비적·보조적 성격을 가진 경우로 한정함
	㉠ 외국법인이 자산의 단순한 구입만을 위하여 사용하는 일정한 장소
	㉡ 외국법인이 판매를 목적으로 하지 아니하는 자산의 저장 또는 보관을 위하여서만 사용하는 일정한 장소
	㉢ 외국법인이 광고, 선전, 정보의 수집과 제공, 시장조사 기타 활동을 행하기 위하여 사용되는 일정한 장소
	㉣ 외국법인이 자기의 자산을 타인으로 하여금 가공하게 하기 위하여 사용하는 일정한 장소

답 ④

07 ☐☐☐

「법인세법」상 연결납세제도에 대한 설명으로 옳은 것만을 모두 고른 것은?

> ㄱ. 다른 내국법인을 완전지배하는 내국법인이 비영리내국법인인 경우에도 비영리법인을 연결모법인으로 하여 연결납세제도가 적용된다.
>
> ㄴ. 연결자법인이 다른 연결법인에 흡수합병되어 해산하는 경우에는 해산등기일이 속하는 연결사업연도에 연결납세방식을 적용할 수 없다.
>
> ㄷ. 연결법인은 연결납세방식의 적용을 포기할 수 있지만, 연결납세방식을 최초로 적용받은 연결사업연도와 그 다음 연결사업연도의 개시일부터 4년 이내에 끝나는 연결사업연도까지는 연결납세방식의 적용을 포기할 수 없다.
>
> ㄹ. 연결모법인과 그 법인의 완전자법인이 보유한 다른 내국법인의 주식 등의 합계가 그 다른 내국법인 발행주식총수의 전부(「근로복지기본법」 제2조 제4호에 따른 우리사주조합을 통하여 근로자가 취득한 주식 등 대통령령으로 정한 주식으로서 발행주식총수의 100분의 5 이내의 주식을 제외함)인 경우에도 연결납세제도를 적용할 수 있기 위한 요건으로서의 완전지배관계가 인정된다.

① ㄱ, ㄴ

② ㄱ, ㄹ

③ ㄴ, ㄷ

④ ㄷ, ㄹ

07	연결납세제도

ㄷ, ㄹ이 옳은 설명이다.

(선지분석)

ㄱ. 다른 내국법인을 완전지배하는 내국법인이 비영리내국법인인 경우에는 연결납세제도가 적용되지 아니한다.

ㄴ. 연결모법인의 완전 지배를 받지 아니하게 되거나 해산한 연결자법인은 해당 사유가 발생한 날이 속하는 연결사업연도의 개시일부터 연결납세방식을 적용하지 아니한다. 다만, 연결자법인이 다른 연결법인에 흡수합병되어 해산하는 경우에는 해산등기일이 속하는 연결사업연도에 연결납세방식을 적용할 수 있다.

답 ④

08 ☐☐☐

「법인세법」상 연결납세방식에 대한 설명으로 옳은 것은?

① 비영리내국법인도 연결모법인으로 연결납세방식을 적용할 수 있다.

② 내국법인이 다른 내국법인의 발행주식 총수의 50%를 보유한 경우에는 연결납세방식을 적용할 수 있다.

③ 연결법인의 납세지는 본래의 납세지에 불구하고 연결모법인의 납세지로 한다.

④ 연결법인이 원하는 경우에는 언제든지 연결납세방식의 적용을 포기할 수 있다.

08	연결납세제도

(선지분석)

① 비영리내국법인 등 일정 법인은 연결납세방식 적용대상에서 제외한다.

② 내국법인이 원칙적으로 다른 내국법인 발생주식 총수의 100%를 보유한 경우에만 연결납세방식을 적용할 수 있다.

④ 연결납세방식을 최초로 적용받은 연결사업연도와 그 다음 연결사업연도의 개시일부터 4년 이내에 종료하는 연결사업연도까지는 연결납세방식의 적용을 포기할 수 없다.

📋 연결대상에서 제외되는 법인

연결모법인	연결자법인
㉠ 비영리내국법인	㉠ 해산으로 인하여 청산 중인 법인
㉡ 다른 내국법인(비영리내국법인 제외)의 완전지배를 받는 법인	㉡ 지급배당에 대한 소득공제를 적용받는 유동화전문회사·투자회사 등에 해당하는 법인
㉢ 해산으로 인하여 청산 중인 법인	㉢ 동업기업과세특례를 적용하는 법인
㉣ 지급배당에 대한 소득공제를 적용받는 유동화전문회사·투자회사 등에 해당하는 법인	㉣ 해운기업에 대한 법인세 과세표준계산특례를 적용하는 법인
㉤ 동업기업과세특례를 적용하는 법인	
㉥ 해운기업에 대한 법인세 과세표준계산특례를 적용하는 법인	

답 ③

「법인세법」상 주요 용어에 관한 설명으로 옳지 않은 것은?

① 연결납세방식이란 둘 이상의 내·외국법인을 하나의 과세표준과 세액을 계산하는 단위로 하여 법인세를 신고·납부하는 방식을 말한다.

② 연결모법인이란 연결집단 중 다른 연결법인을 완전지배하는 연결법인을 말한다.

③ 사업연도란 법인의 소득을 계산하는 1회계기간을 말한다.

④ 손금이란 자본 또는 출자의 환급, 잉여금의 처분 및 법인세법에서 규정하는 것을 제외하고 당해 법인의 순자산을 감소시키는 거래로 인하여 발생하는 손비의 금액을 말한다.

「법인세법」상 연결납세제도에 관한 설명으로 옳지 않은 것은?

① 내국법인과 완전자법인에 연결납세방식을 적용하는 경우 완전자법인이 2 이상인 때에는 해당법인 모두에 연결납세방식을 적용하여야 하는 것은 아니다.

② 연결납세방식을 적용받는 각 연결법인의 사업연도는 연결사업연도와 일치하여야 한다.

③ 연결납세방식을 최초로 적용받은 연결사업연도와 그 다음 연결사업연도의 개시일부터 4년 이내에 종료하는 연결사업연도까지는 연결납세방식의 적용을 포기할 수 없다.

④ 연결모법인은 각 연결사업연도의 종료일이 속하는 달의 말일부터 4개월 이내에 해당 연결사업연도의 소득에 대한 법인세의 과세표준과 세액을 납세지 관할 세무서장에게 신고하여야 한다.

09	연결납세제도

연결납세방식은 내국법인에 한해 적용하며 외국법인에게는 적용하지 않는다.

답 ①

10	연결납세제도

내국법인과 완전자법인에 연결납세방식을 적용하는 경우 완전자법인이 2 이상인 때에는 해당법인 모두에 연결납세방식을 적용하여야 한다.

답 ①

KEYWORD 71 합병 · 분할 특례

11 ☐☐☐

「법인세법」상 합병법인이 피합병법인으로부터 이월결손금을 승계받아 공제할 수 있는 요건으로 옳지 않은 것은?

① 합병법인이 피합병법인의 자산을 시가에 의하여 승계할 것
② 피합병법인으로부터 승계한 사업에서 발생한 소득금액의 범위에서 이를 공제할 것
③ 합병등기일 현재 1년 이상 계속하여 사업을 영위하던 내국법인간의 합병일 것
④ 피합병법인의 주주 등이 합병법인으로부터 합병대가를 받은 경우에는 그 합병대가의 총 합계액 중 주식 등의 가액이 100분의 80 이상일 것

---

11 합병 · 분할 특례

합병법인이 피합병법인으로부터 자산을 피합병법인의 장부가액으로 승계받은 경우(적격합병의 경우)에 이월결손금을 승계받을 수 있다.

📄 **적격합병요건**

다음의 요건을 모두 갖춘 합병의 경우에는 피합병법인이 합병법인으로부터 받은 양도가액은 피합병법인의 합병등기일 현재의 순자산 장부가액으로 보아 양도손익이 없는 것으로 할 수 있다.

사업목적	㉠ 합병등기일 현재 1년 이상 사업을 계속하던 내국법인간의 합병일 것
	㉡ 다만, 다른 법인과 합병하는 것을 유일한 목적으로 하는 법인으로서 대통령령으로 정하는 법인의 경우는 제외
지분의 연속성	㉠ 피합병법인의 주주 등이 합병으로 인하여 받은 합병대가의 총합계액 중 합병법인의 주식 등의 가액이 80% 이상이거나 합병법인의 모회사의 주식 등의 가액이 80% 이상인 경우로서 그 주식 등이 배정기준에 따라 배정되고, 피합병법인의 일정한 주주 등이 합병등기일이 속하는 사업연도의 종료일까지 그 주식 등을 보유할 것
	㉡ 주식을 교부받은 주주 등이 등기일이 속하는 사업연도의 종료일까지 합병으로 교부받은 전체 주식의 50% 이상을 처분하지 않을 것
사업의 계속성	합병법인이 합병등기일이 속하는 사업연도의 종료일까지 피합병법인으로부터 승계받은 사업을 계속할 것
고용승계 및 유지	합병등기일 1개월 전 당시 피합병법인에 종사하는 근로기준법에 따라 근로계약을 체결한 내국인 근로자 중 합병법인이 승계한 근로자의 비율이 80% 이상이고, 합병등기일이 속하는 사업연도의 종료일까지 그 비율을 유지할 것

답 ①

12 ☐☐☐

「법인세법」상 적격합병의 규정이 적용되기 위한 요건으로 옳지 않은 것은?

① 합병등기일 현재 1년 이상 계속하여 사업을 영위하던 내국법인간의 합병일 것
② 피합병법인의 주주 등이 합병으로 인하여 받은 합병대가의 총합계액 중 주식가액이 80% 이상일 것
③ 합병등기일 1개월 전 당시 피합병법인에 종사하는 「근로기준법」에 따라 근로계약을 체결한 내국인 근로자 중 합병법인이 승계한 근로자의 비율이 50% 이상이고, 합병등기일이 속하는 사업연도의 종료일까지 그 비율을 유지해야 한다.
④ 합병법인이 합병등기일이 속하는 사업연도가 끝나는 날까지 피합병법인으로부터 승계받은 사업을 계속할 것

---

12 합병 · 분할 특례

합병등기일 1개월 전 당시 피합병법인에 종사하는 「근로기준법」에 따라 근로계약을 체결한 내국인 근로자 중 합병법인이 승계한 근로자의 비율이 80% 이상이고, 합병등기일이 속하는 사업연도의 종료일까지 그 비율을 유지해야 한다.

답 ③

해커스공무원 김영서 세법 단원별 기출문제집

09 기타 법인세 277

13 ☐☐☐

「법인세법」상 내국법인간 합병과 관련한 설명으로 옳지 않은 것은?

① 합병법인이 「법인세법」 제44조 제2항 및 제3항에 따라 양도손익이 없는 것으로 한 합병(적격합병)이 아닌 합병으로 피합병법인의 자산을 승계한 경우에는 그 자산을 피합병법인으로부터 합병등기일 현재의 시가로 양도받은 것으로 본다.

② 「법인세법」 제44조 제2항 각호의 요건을 모두 갖춘 합병 시 피합병법인이 합병법인으로부터 받은 양도가액을 피합병법인의 합병등기일 현재의 순자산 장부가액(자산의 장부가액 총액에서 부채의 장부가액 총액을 뺀 가액)으로 보아 피합병법인에 양도손익이 없는 것으로 할 수 있다.

③ 내국법인이 발행주식총수를 소유하고 있는 다른 법인을 합병하는 경우에는 피합병법인에 양도손익이 없는 것으로 할 수 있다.

④ 합병법인은 피합병법인의 자산을 시가로 양도받은 것으로 보는 경우에 피합병법인에 지급한 양도가액이 피합병법인의 합병등기일 현재의 자산총액에서 부채총액을 뺀 금액보다 적은 경우에는 그 차액을 합병등기일부터 3년간 균등하게 나누어 손금에 산입한다.

13	합병·분할 특례

합병법인이 지급한 양도가액이 피합병법인의 순자산가액보다 작은 경우에는 합병매수차익이 발생한다. 이러한 합병매수차익은 5년간 균등액을 익금에 산입한다.

답 ④

V

소득세법

01 총칙

KEYWORD 72 「소득세법」 총칙

01 □□□
2015년 7급

「소득세법」상 주소와 거주자 여부 판정에 대한 설명으로 옳지 않은 것은?

① 내국법인의 국외사업장에 파견된 직원은 비거주자로 본다.
② 국외에 근무하는 자가 외국국적을 가진 자로서 국내에 생계를 같이하는 가족이 없고 그 직업 및 자산상태에 비추어 다시 입국하여 주로 국내에 거주하리라고 인정되지 아니하는 때에는 국내에 주소가 없는 것으로 본다.
③ 국내에 거주하는 개인이 계속하여 183일 이상 국내에 거주할 것을 통상 필요로 하는 직업을 가진 때에는 국내에 주소를 가진 것으로 본다.
④ 외국을 항행하는 선박 또는 항공기의 승무원의 경우 그 승무원과 생계를 같이하는 가족이 거주하는 장소 또는 그 승무원이 근무기간 외의 기간 중 통상 체재하는 장소가 국내에 있는 때에는 당해 승무원의 주소는 국내에 있는 것으로 본다.

01 「소득세법」 총칙

내국법인의 국외사업장에 파견된 직원은 거주자로 본다.

📄 거주자	
납세의무 대상	㉠ 거주자: 국내주소 또는 183일 이상 거소를 둔 개인 ㉡ 과세대상: 국내외 모든 소득[1] *1) 외국인 단기거주자: 해당 과세기간종료일 10년 전부터 5년 이하 국내 주소·거소를 둔 경우 국외소득 중 국내에서 지급 또는 국내로 송금된 국외소득만 과세
거주자로 보는 경우	㉠ 183일 이상 국내 거주가 필요한 직업을 가진 때 ㉡ 외국항행승무원 가족이 거주하는 장소 또는 근무시간 외 통상 체재하는 장소가 국내인 경우 ㉢ 국외근무공무원, 해외파견임직원[2]은 항상 거주자임 *2) 거주자·내국법인의 국외사업장이나 해외현지법인(내국법인 100% 직접·간접 출자)에 파견된 임직원
비거주자로 보는 경우	국외 거주 또는 근무하는 자가 외국국적을 가지거나 외국 영주권을 가진 경우로서 국내 가족이 없고 직업 및 자산상태에 비추어 다시 입국하여 국내 거주할 것으로 인정되지 않는 경우
거주자가 되는 시기	㉠ 국내 주소를 둔 날 ㉡ 국내 거소를 둔 날이 183일 된 날 ㉢ 국내 주소가 있거나 국내 주소가 있는 것으로 보는 사유가 발생한 날

답 ①

02 □□□
2022년 9급

법인세의 사업연도와 소득세의 과세기간에 대한 설명으로 옳지 않은 것은?

① 법인의 최초 사업연도의 개시일은 내국법인의 경우 설립등기일로 한다.
② 사업연도 신고를 하여야 할 법인이 그 신고를 하지 아니하는 경우에는 매년 1월 1일부터 12월 31일까지를 그 법인의 사업연도로 한다.
③ 소득세의 과세기간은 신규사업개시자의 경우 사업개시일부터 12월 31일까지로 하며, 폐업자의 경우 1월 1일부터 폐업일까지로 한다.
④ 사업연도를 변경하려는 법인은 그 법인의 직전 사업연도 종료일부터 3개월 이내에 납세지 관할 세무서장에게 이를 신고하여야 한다.

02 「소득세법」 총칙

소득세의 과세기간은 사업의 개시 및 폐업에 영향을 받지 않으므로 1월 1일부터 12월 31일을 과세기간으로 한다.

📄 과세기간
과세기간은 다음으로 한다. ㉠ 원칙: 1/1 ~ 12/31(사업개시일이나 폐업일과 상관없이 적용함) ㉡ 사망한 경우: 1/1 ~ 사망일 ㉢ 출국하여 비거주자가 되는 경우: 1/1 ~ 출국일

답 ③

03 □□□

「소득세법」상 납세의무자 및 납세지에 관한 설명으로 옳지 않은 것은?

① 신탁재산에 귀속되는 소득은 그 신탁의 이익을 받을 수익자(수익자가 사망하는 경우에는 그 상속인)에게 귀속되는 것으로 본다.

② 비거주자의 국내사업장이 둘 이상 있는 경우 소득세의 납세지는 각각의 사업장 소재지로 한다.

③ 국내원천소득이 있는 비거주자는 소득세를 납부할 의무를 진다.

④ 원천징수하는 자가 법인인 경우 원천징수하는 소득세의 납세지는 그 법인의 본점 또는 주사무소의 소재지로 한다(그 법인의 지점 등이 독립채산제에 따라 독자적으로 회계 사무를 처리하는 경우 제외).

---

03 ｜ 「소득세법」 총칙

비거주자의 국내사업장이 둘 이상 있는 경우 소득세의 납세지는 주된 국내사업장의 소재지로 하고, 국내사업장이 없는 경우에는 국내원천소득이 발생하는 장소로 한다.

📑 납세지

㉠ 소득세 납세지
 ⓐ 거주자: 주소지*1)(주소지 없는 경우는 거소지)
 ⓑ 비거주자: 국내사업장소재지*2)(국내사업장이 없는 경우는 국내원천소득 발생지)

㉡ 원천징수 소득세 납세지
 ⓐ 거주자: 주된 사업장 또는 그 사업장(사업장이 없는 경우 주소·거소지)
 ⓑ 비거주자: 주된 국내사업장 또는 그 국내사업장(국내사업장이 없는 경우 거류지·체류지)
 ⓒ 법인: 본점, 주사무소(예외: 독립채산제의 경우는 그 사업장). 독립채산제의 경우에도 세무서장에게 신고하거나 사업자단위등록한 경우 본점, 주사무소도 가능함

㉢ 납세조합이 징수하는 소득세: 그 납세조합의 소재지
*1) 주소지가 둘 이상인 경우에는 「주민등록법」에 따라 등록된 곳으로 하고, 거소지가 둘 이상인 때에는 생활관계가 보다 밀접한 곳을 납세지로 함
*2) 국내사업장이 둘 이상인 경우는 주된 국내사업장

답 ②

---

04 □□□

「소득세법」상 소득의 구분에서 종합소득을 구성하는 것만을 모두 고른 것은?

ㄱ. 이자소득
ㄴ. 양도소득
ㄷ. 근로소득
ㄹ. 기타소득
ㅁ. 퇴직소득
ㅂ. 연금소득

① ㄱ, ㄴ

② ㄴ, ㄷ, ㄹ

③ ㄷ, ㅁ, ㅂ

④ ㄱ, ㄷ, ㄹ, ㅂ

---

04 ｜ 「소득세법」 총칙

ㄱ, ㄷ, ㄹ, ㅂ이 소득의 구분에서 종합소득을 구성한다.

📑 종합과세와 분류과세의 비교

종합과세	이자·배당·사업·근로·연금·기타소득
분류과세	퇴직·양도소득

답 ④

「소득세법」상 총칙 규정에 대한 설명으로 옳지 않은 것은?

① 소득세의 납세의무자(원천징수납부의무자 제외)는 거주자와 비거주자로서 국내원천소득이 있는 개인으로 구분한다.

② 거주자의 종합소득에는 「국민연금법」에 따라 지급받는 일시금액을 포함한다.

③ 소득세의 과세기간은 1월 1일부터 12월 31일까지로 한다.

④ 거주자의 소득세 납세지는 그 주소지로 하되, 주소지가 없는 경우에는 그 거소지로 한다.

05	「소득세법」 총칙

「국민연금법」에 따라 지급받는 일시금액은 퇴직소득으로 분류과세에 해당한다.

답 ②

「소득세법」상 납세의무에 대한 설명으로 옳지 않은 것은?

① 주된 공동사업자에게 합산과세되는 경우 그 합산과세되는 소득금액에 대해서는 주된 공동사업자의 특수관계인은 손익분배비율에 해당하는 그의 소득금액을 한도로 주된 공동사업자와 연대하여 납세의무를 진다.

② 외국법인의 국내지점 또는 국내영업소는 원천징수한 소득세를 납부할 의무를 진다.

③ 공동으로 소유한 자산에 대한 양도소득금액을 계산하는 경우에는 해당 자산을 공동으로 소유하는 거주자가 연대하여 납세의무를 진다.

④ 피상속인의 소득금액에 대해서 과세하는 경우에는 그 상속인이 납세의무를 진다.

06	「소득세법」 총칙

공동으로 소유한 자산에 대한 양도소득금액을 계산하는 경우에는 해당 자산을 공동으로 소유하는 거주자가 연대하여 납세의무를 지지 않는다.

답 ③

「소득세법」상 납세의무의 범위에 대한 설명으로 옳지 않은 것은?

① 피상속인의 소득금액에 대한 소득세로서 상속인에게 과세할 것과 상속인의 소득금액에 대한 소득세는 구분하여 계산하여야 하며, 피상속인의 소득금액에 대해서 과세하는 경우에는 그 상속인이 납세의무를 진다.

② 원천징수되는 소득(이자소득, 배당소득 등)으로서 종합소득 과세표준을 계산할 때 합산되지 아니하는 소득이 있는 자는 그 원천징수되는 소득세에 대해서 납세의무를 진다.

③ 신탁업을 경영하는 자는 각 과세기간의 소득금액 계산할 때 신탁재산에 귀속되는 소득과 그 밖의 소득을 구분하여 경리하여야 한다.

④ 신탁재산에 귀속되는 소득은 위탁자(위탁자가 사망하는 경우에는 그 상속인)에게 귀속되는 것으로 본다.

다음 「소득세법」과 관련된 내용 중 옳은 것으로만 묶어진 것은?

> ㄱ. 대한민국 국적을 가진 자는 모두 우리나라에서 소득세를 납부할 의무가 있다.
> ㄴ. 소득세는 원칙적으로 순자산증가설을 기초로 과세소득의 범위를 규정하고 있다.
> ㄷ. 거주자에 대한 소득세의 납세지는 원칙적으로 소득이 발생한 장소를 관할하는 세무서이다.
> ㄹ. 배당세액공제는 이중과세를 방지하기 위한 제도이다.
> ㅁ. 퇴직소득과 양도소득은 종합소득에 포함되지 않으며, 분류과세된다.
> ㅂ. 외국에서 납부한 세금은 원칙적으로 우리나라에서 공제가 허용되지 아니한다.

① ㄱ, ㄴ, ㅁ, ㅂ

② ㄴ, ㄷ, ㄹ, ㅁ

③ ㄷ, ㄹ, ㅂ

④ ㄹ, ㅁ

---

07   「소득세법」 총칙

신탁재산에 귀속되는 소득은 그 신탁의 이익을 받을 수익자(수익자가 사망하는 경우에는 그 상속인)에게 귀속되는 것으로 본다.

답 ④

08   「소득세법」 총칙

ㄹ, ㅁ이 옳은 내용이다.

(선지분석)

ㄱ. 거주자 및 비거주자 판정시 국적에 상관없이 주소나 183일 이상 거소의 유무에 따라 판단한다.

ㄴ. 소득세는 원칙적으로 소득원천설을 기초로 과세소득의 범위를 규정하고 있다.

ㄷ. 거주자에 대한 소득세의 납세지는 원칙적으로 거주자의 주소지나 거소지를 관할하는 세무서이다.

ㅂ. 외국에서 납부한 세금은 원칙적으로 우리나라에서 공제가 허용된다.

답 ④

「소득세법」상 원천징수하는 소득세의 납세지에 관한 설명으로 옳지 않은 것은?

① 원천징수하는 자가 거주자로서 사업장이 없는 경우에는 그 거주자의 주소지 또는 거소지를 납세지로 한다.

② 원천징수하는 자가 비거주자로서 주된 국내사업장에서 원천징수를 하는 경우에는 그 비거주자의 주된 국내사업장의 소재지를 납세지로 한다.

③ 소득세를 원천징수하는 자가 법인인 경우에는 그 법인의 대표자의 주소지 또는 거소지를 납세지로 한다.

④ 납세조합이 그 조합원의 원천징수대상이 아닌 근로소득에 대한 소득세를 매월 징수하는 경우 그 납세조합의 소재지를 납세지로 한다.

09	「소득세법」 총칙

원천징수의무자가 법인인 경우에는 법인의 본점이나 주사무소를 납세지로 한다.

답 ③

소득세의 납세의무에 대한 설명으로 옳지 않은 것은?

① 국내에 거주하는 개인이 계속하여 183일 이상 국내거주를 통상 필요한 직업을 가진 경우에는 국내에 주소를 가진 것으로 본다.

② 해당 과세기간 종료일 10년 전부터 국내에 주소나 거소를 둔 기간의 합계가 5년 이하인 외국인 거주자는 과세대상 소득 중 국외원천소득에 대하여는 납세의무를 지지 않는다.

③ 법인 아닌 단체가 국내에 주사무소 또는 사업의 실질적 관리장소를 둔 경우에는 1거주자로, 그 밖의 경우에는 1비거주자로 보아 「소득세법」을 적용한다.

④ 비거주자는 국내 원천소득만 소득세 납세의무를 진다.

10	「소득세법」 총칙

해당 과세기간 종료일 10년 전부터 국내에 주소나 거소를 둔 기간의 합계가 5년 이하인 외국인 거주자에게는 과세대상 소득 중 국외에서 발생한 소득의 경우 국내에서 지급되거나 국내로 송금된 소득에 대해서만 과세한다.

📄 **법인으로 보는 단체 외의 법인 아닌 단체**

원칙	국내에 주사무소 또는 사업의 실질적 관리장소를 둔 경우에는 1거주자로, 그 밖의 경우에는 1비거주자로 보아 「소득세법」을 적용함
예외	㉠ 구성원 간의 이익분배비율이 있는 경우 또는 분배비율은 없으나 사실상 이익이 분배되는 경우: 각 구성원별로 납부의무를 짐 ㉡ 구성원 중 일부구성원의 분배비율만 확인되거나 일부구성원에게만 이익이 분배되는 경우 ⓐ 분배가 확인되는 부분: 해당 구성원이 납세의무를 짐 ⓑ 분배가 확인되지 않는 부분: 그 단체를 1거주자 또는 1비거주자로 보아 납세의무를 짐

답 ②

11 □□□

「소득세법」상 과세소득의 범위로 옳지 않은 것은?

① 거주자에 해당하는 자는 국내원천소득뿐 아니라 국외원천소득에 대하여도 납세의무를 진다.
② 비거주자에 해당하는 자는 국내원천소득에 대하여만 납세의무를 진다.
③ 거주자가 출국으로 인하여 비거주자가 되는 경우 1월 1일부터 출국일까지의 소득에 대하여 과세한다.
④ 비거주자는 내국법인의 해외지점에서 근무함으로써 발생한 소득에 대하여도 소득세 납세의무가 있다.

12 □□□

「소득세법」에서 사용하는 용어의 뜻으로 옳지 않은 것은?

① 거주자란 국내에 주소를 두거나 183일 이상의 거소를 둔 개인을 말한다.
② 비거주자란 거주자가 아닌 개인을 말한다.
③ 내국법인이란 국내에 본점이나 주사무소 또는 사업의 실질적 관리장소를 둔 법인을 말한다.
④ 외국법인이란 외국에 본점이나 주사무소를 둔 단체(국내에 사업의 실질적 관리장소가 소재하는 경우 포함)로서 구성원이 유한책임사원으로만 구성된 단체를 말한다.

11	「소득세법」 총칙

비거주자가 해외지점에서 발생하는 국외소득에 대해서는 소득세 납세의무가 없다.

답 ④

12	「소득세법」 총칙

📄 **외국법인**

외국에 본점이나 주사무소를 둔 단체(국내에 사업의 실질적 관리장소가 소재하는 경우 제외)로서 다음 중 어느 하나에 해당하는 단체를 말한다.
㉠ 설립지국의 법률에 따라 법인격이 부여된 단체
㉡ 구성원이 유한책임사원으로만 구성된 단체
㉢ 그 밖에 동종 또는 가장 유사한 국내의 단체가 「상법」 등 국내의 법률에 따른 법인에 해당되는 단체

답 ④

13 □□□

「소득세법」상 납세의무의 범위에 대한 설명으로 옳지 않은 것은?

① 상속에 따라 피상속인의 소득금액에 대하여 과세하는 경우에는 그 상속인이 납세의무를 진다.

② 증여 후 양도행위의 부인규정에 따라 증여자가 자산을 직접 양도한 것으로 보는 경우에 증여받은 자는 그 양도소득에 대한 납세의무를 지지 않는다.

③ 원천징수되는 소득으로서 「소득세법」 제14조 제3항에 따른 종합소득과세표준에 합산되지 않은 소득이 있는 자는 그 원천징수되는 소득세에 대해서 납세의무를 진다.

④ 신탁재산에 귀속되는 소득은 그 신탁의 이익을 받을 수익자(수익자가 사망하는 경우에는 그 상속인)에게 귀속되는 것으로 본다.

14 □□□

「소득세법」상 거주자·비거주자에 관한 설명으로 옳지 않은 것은?

① 국내에 주소가 없더라도 183일 이상의 거소를 둔 개인은 거주자에 해당한다.

② 「국세기본법」 제13조 제1항에 따른 법인 아닌 단체 중 같은 조 제4항에 따른 법인으로 보는 단체 외의 법인 아닌 단체는 국내에 주사무소 또는 사업의 실질적 관리장소를 두었는지 여부를 불문하고 거주자로 보아 「소득세법」을 적용한다.

③ 거주자가 사망한 경우의 소득세 과세기간은 1월 1일부터 사망한 날까지로 한다.

④ 내국법인의 주식을 보유한 거주자가 출국하는 경우 출국 당시 소유한 주식의 평가이익에 대해 소득세 납세의무를 부과하는 경우에는 그 평가이익을 양도소득으로 보아 과세표준과 세액을 계산한다.

13	「소득세법」 총칙

증여 후 양도행위의 부인규정에 따라 증여자가 자산을 직접 양도한 것으로 보는 경우에 증여받은 자는 양도소득세에 대한 연대납세의무를 진다.

답 ②

14	「소득세법」 총칙

법인으로 보는 단체외 법인 아닌 단체는 국내에 주사무소 또는 사업의 실질적 관리장소를 둔 경우에는 거주자로, 그 밖의 경우에는 비거주자로 보아 「소득세법」을 적용한다.

답 ②

15 ☐☐☐

납세의무와 그 범위에 대한 설명으로 옳지 않은 것은?

① 「국세기본법」은 공유물(共有物) 또는 공동사업에 관계되는 국세 및 강제징수비는 공유자 또는 공동사업자가 연대하여 납부할 의무를 지도록 규정하고 있다.

② 공동으로 소유한 자산에 대한 양도소득금액을 계산하는 경우에는 해당 자산을 공동으로 소유하는 각 거주자가 납세의무를 진다.

③ 「국세기본법」 제13조 제1항에 따른 법인 아닌 단체 중 같은 조 제4항에 따른 법인으로 보는 단체 외의 법인 아닌 단체의 일부 구성원에게만 이익이 분배되는 것으로 확인되는 경우에는 해당 단체는 납세의무를 지지 않는다.

④ 「소득세법」 제127조에 따라 원천징수되는 소득으로서 같은 법 제14조 제3항 또는 다른 법률에 따라 같은 법 제14조 제2항에 따른 종합소득과세표준에 합산되지 아니하는 소득이 있는 자는 그 원천징수되는 소득세에 대해서 납세의무를 진다.

15	「소득세법」 총칙

법인으로 보는 단체 외의 법인 아닌 단체의 일부 구성원에게만 이익이 분배되는 경우 분배되지 않은 소득에 대해서 해당 단체에게 납세의무가 있다.

답 ③

KEYWORD 73 이자 · 배당소득

01 □□□

「소득세법」상 이자소득에 해당하지 않는 것은?

① 내국법인이 발행한 채권 또는 증권의 이자와 할인액
② 대금업을 영위하는 자가 영리를 목적으로 금전을 대여하고 받은 이자
③ 국가나 지방자치단체가 발행한 채권 또는 증권의 이자와 할인액
④ 비영업대금의 이익

01	**이자 · 배당소득**

대금업을 영위하는 자가 영리를 목적으로 금전을 대여하고 받은 이자는 사업소득에 해당한다.

📄 이자소득의 범위

국가(또는 지방자치단체), 내국법인, 외국법인(또는 외국법인의 국내지점)이 발행한 채권증권 이자 · 할인액	㉠ 국채를 공개시장 통합발행 하는 경우 할인액 과세 제외 ㉡ 국가발행 물가연동채권 원금증가 이자 과세(2015.1.1. 이후 발행분)
예금이자, 상호신용계, 신용부금 이익	–
채권 · 증권 환매조건부 매매차익	–
저축성보험보험차익	과세제외 ㉠ 10년 이상 월적립식(매월 150만 원 이하) ㉡ 55세 이후 지급 종신형연금보험 ㉢ 10년 이상 납입보험료 1억 원 이하 (위 ㉠, ㉡ 제외한 금액)
직장공제회 초과반환금	반환금 추가이익 포함
비영업대금의 이익	㉠ 원천징수세율 25%(대금업이 아닌 경우 이자소득) ㉡ 상업어음할인료 포함
소기업 · 소상공인 공제부금 소득	㉠ 법정사유지급 ⓐ 2015.12.31. 이전 가입: 공제금 – 납입액 = 이자소득 ⓑ 2016.1.1. 이후 가입: 공제금 – 소득공제 받지 못한 금액 = 퇴직소득 ㉡ 법정사유발생 전 지급: 환급금 – 소득공제 받지 못한 금액 = 기타소득
파생금융상품 이자	–
유사이자	채권대차거래에서 발생하는 이자(거주자가 일정 기간 후 같은 채권을 반환받는 조건으로 채권 대여하고 해당 채권에서 발생하는 이자 상당액)

답 ②

「소득세법」상 국내에서 거주자에게 소득을 지급하는 경우 원천 징수대상이 되는 소득을 모두 고른 것은?

> ㄱ. 이자소득
> ㄴ. 배당소득
> ㄷ. 뇌물
> ㄹ. 연금소득
> ㅁ. 알선수재 및 배임수재에 의하여 받는 금품

① ㄱ, ㄴ, ㄷ
② ㄱ, ㄴ, ㄹ
③ ㄴ, ㄹ, ㅁ
④ ㄷ, ㄹ, ㅁ

소득세법령상 이자소득의 수입시기에 대한 설명으로 옳지 않은 것은?

① 채권 등으로서 무기명인 것의 이자는 그 지급을 받은 날 로 한다.
② 비영업대금의 이익으로서 약정에 의한 이자지급일 전에 이자를 지급 받는 경우에는 그 이자지급일로 한다.
③ 이자소득이 발생하는 상속재산이 상속되는 경우에는 실 제 지급일로 한다.
④ 저축성보험의 보험차익(기일전에 해지하는 경우 제외)은 보험금 또는 환급금의 지급일로 한다.

02	이자 · 배당소득

ㄱ, ㄴ, ㄹ이 원천징수대상이 되는 소득에 해당한다.

선지분석

ㄷ, ㅁ. 뇌물과 알선수재 및 배임수재에 의하여 받는 금품은 원천징 수대상 소득에 해당하지 아니한다.

답 ②

03	이자 · 배당소득

이자소득이 발생하는 상속재산이 상속되는 경우에는 상속개시일을 수입시기로 한다.

답 ③

「소득세법」상 배당소득의 수입시기에 대한 설명으로 옳지 않은 것은?

① 집합투자기구로부터의 이익 – 이익을 지급받기로 약정된 날
② 법인이 해산으로 인하여 소멸한 경우의 의제배당 – 잔여재산의 가액이 확정된 날
③ 출자공동사업자의 배당 – 과세기간 종료일
④ 「법인세법」에 의하여 처분된 배당 – 당해 법인의 당해 사업연도의 결산확정일

04	이자 · 배당소득

집합투자기구로부터의 이익은 이익을 받는 날 또는 특약에 의한 원본전입일로 한다.

📄 배당소득의 범위와 수입시기

범위	수입시기
㉠ 내국법인 또는 외국법인의 이익 · 잉여금처분 배당 · 분배금 ㉡ 법인으로 보는 단체로부터 받는 배당 또는 분배금 ㉢ 법인과세 신탁재산(「법인세법」에 따라 내국법인으로 보는 신탁재산)으로부터 받는 배당금 또는 분배금	잉여금처분결의일 (무기명주식은 지급받은 날)
인정배당(소득처분으로 배당)	결산확정일 (인정기타소득 결산확정일, 인정상여 근로제공일)
의제배당(법인세와 동일)	법인세와 동일
㉠ 국내 또는 국외 집합투자기구로부터의 이익 ㉡ 국내 · 국외에서 받는 법에 정한 파생결합증권 · 파생결합사채로부터의 이익[주가연계증권(ELS), 주가 외 기타자산연계증권(DLS), 상장지수증권(ETN), 「상법」에 따른 파생결합사채이익, 금 · 은의 가격에 따라 수익이 결정되는 골드 · 실버뱅킹 등]	지급받는 날 (원본에 전입하는 경우 원본전입된 날)
「국제조세조정에 관한 법률」에 따라 배당으로 간주된 금액	외국법인의 사업연도 종료일의 다음 날부터 60일이 되는 날
출자공동사업자 배당	과세기간 종료일
유사배당(주식대차거래 등)	지급을 받은 날
파생금융상품의 배당	지급을 받은 날

답 ①

「소득세법」상 이자소득에 관한 설명으로 옳지 않은 것은?

① 근로자가 퇴직하거나 탈퇴하여 그 규약에 따라 직장공제회로부터 받는 반환금에서 납입공제료를 뺀 직장공제회 초과반환금은 이자소득으로 과세된다.
② 공동사업에서 발생한 소득금액 중 출자공동사업자의 손익분배비율에 해당하는 금액은 이자소득으로 과세된다.
③ 이자소득을 발생시키는 거래 또는 행위와 이를 기초로 한 파생상품이 결합된 경우 해당 파생상품의 거래 또는 행위로부터의 이익은 이자소득으로 과세된다.
④ 거주자가 일정기간 후에 같은 종류로서 같은 양의 채권을 반환받는 조건으로 채권으로 대여하고 해당 채권의 차입자로부터 지급받는 해당 채권에서 발생하는 이자에 상당하는 금액은 이자소득에 포함된다.

05	이자 · 배당소득

공동사업에서 발생한 소득금액 중 출자공동사업자의 손익분배비율에 해당하는 금액은 배당소득으로 과세된다.

📄 출자공동사업자

의의	다음의 어느 하나에 해당하지 아니한 자로서 공동사업의 경영에 참여하지 아니하고 출자만 하는 자 ㉠ 공동사업에 성명 또는 상호를 사용하게 한 자 ㉡ 공동사업에서 발생한 채무에 대하여 무한책임을 부담하기로 약정한 자
배당소득	㉠ 공동사업에서 발생한 소득금액 중 경영에 참가하지 않고 출자만 하는 공동사업자가 받는 손익분배비율에 상당하는 금액은 배당소득으로 과세 ㉡ 출자공동사업자의 원천징수세율은 25%를 적용

답 ②

「소득세법」상 이자소득, 배당소득의 과세에 관한 설명으로 옳은 것은?

① 이자소득금액 또는 배당소득금액을 계산할 때 필요경비에 산입할 금액은 해당 과세기간의 총수입금액에 대응하는 비용으로서 일반적으로 용인되는 통상적인 것의 합계액으로 한다.

② 발행일(2020.1.1. 발행)부터 원금 전부를 일시에 상환하기로 약정한 날까지의 기간이 10년 이상인 국가가 발행한 장기채권의 이자와 할인액이 기준금액(2,000만 원)을 초과하면 종합과세대상에 해당된다.

③ 공동사업에서 발생하는 소득금액 중 출자공동사업자에 대한 손익분배비율에 상당하는 금액은 100분의 25의 세율로 원천징수하고 분리과세한다.

④ 직장공제회 초과반환금은 분리과세하는 것이 원칙이나 기준금액을 초과하는 경우에는 종합과세한다.

「소득세법」상 배당소득에 관한 설명으로 옳지 않은 것은?

① 「국제조세조정에 관한 법률」상 특정 외국법인의 배당가능한 유보소득 중 거주자에게 귀속될 금액은 배당소득으로 본다.

② 공동사업에서 발생하는 소득금액 중 공동사업에 성명 또는 상호를 사용하게 한 자에 대한 손익분배비율에 상당하는 금액은 배당소득으로 보고 종합과세한다.

③ 주식의 소각이나 자본의 감소로 인하여 주주가 취득하는 금전 기타 재산의 가액이 주주가 당해주식을 취득하기 위하여 소요된 금액을 초과하는 금액은 배당소득에 해당된다.

④ 법인이 이익 또는 잉여금의 처분에 의한 배당소득을 그 처분을 결정한 날부터 3월이 되는 날까지 지급하지 아니한 때에는 그 3월이 되는 날에 배당소득을 지급한 것으로 본다.

06	이자 · 배당소득

선지분석

① 이자소득금액 또는 배당소득금액을 계산할 때에는 필요경비가 인정되지 아니한다.

③ 공동사업에서 발생하는 소득금액 중 출자공동사업자에 대한 손익분배비율에 상당하는 금액은 100분의 25의 세율로 원천징수하고 무조건 종합과세한다.

④ 직장공제회 초과반환금은 무조건 분리과세대상에 해당된다.

답 ②

07	이자 · 배당소득

공동사업에서 발생하는 소득금액 중 공동사업에 성명 또는 상호를 사용하게 한 자에 대한 손익분배비율에 상당하는 금액은 사업소득에 해당된다.

답 ②

08 ☐☐☐

「소득세법」상 소득에 대한 설명으로 옳지 않은 것은?

① 뇌물, 알선수재 및 배임수재에 의하여 받는 금품과 같은 위법소득은 기타소득에 해당한다.
② 주식소각에 의하여 주주가 받는 금액 중 출자에 소요된 금액을 초과하는 금액은 배당소득에 해당한다.
③ 임원이 퇴직함으로써 받는 소득 중 퇴직소득에 속하지 아니하는 소득은 근로소득에 해당한다.
④ 법인으로 보는 단체로부터 받은 분배금은 이자소득에 해당한다.

09 ☐☐☐

「소득세법」상 소득금액에 대한 설명으로 옳지 않은 것은?

① 이자소득금액은 해당 과세기간의 총이자수입금액에서 필요경비를 공제한 금액으로 한다.
② 근로소득금액은 해당 과세기간의 총급여액에서 근로소득 공제를 적용한 금액으로 한다.
③ 연금소득금액은 해당 과세기간의 총연금액에서 연금소득 공제를 적용한 금액으로 한다.
④ 기타소득금액은 해당 과세기간의 총수입금액에서 이에 사용된 필요경비를 공제한 금액으로 한다.

08	이자 · 배당소득

법인으로 보는 단체로부터 받은 분배금은 배당소득에 해당한다.

답 ④

09	이자 · 배당소득

이자소득이나 배당소득은 필요경비를 차감하지 않는다.

답 ①

10 □□□

소득세법령상 출자공동사업자에 대한 설명으로 옳지 않은 것은?

① 출자공동사업자가 있는 공동사업의 경우에는 공동사업장을 1거주자로 보아 공동사업장별로 그 소득금액을 계산한다.
② 출자공동사업자의 배당소득 수입시기는 그 지급을 받은 날로 한다.
③ 출자공동사업자의 배당소득은 부당행위계산부인의 규정이 적용되는 소득이다.
④ 출자공동사업자의 배당소득에 대해서는 100분의 25의 원천징수세율을 적용한다.

KEYWORD 74 사업소득

11 □□□

「소득세법」상 거주자가 해당 과세기간에 지급한 금액 중 사업소득금액을 계산할 때 필요경비에 산입하는 것은?

① 소득세와 개인지방소득세
② 「국세징수법」에 따른 강제징수비
③ 부가가치세 간이과세자인 거주자가 납부한 부가가치세액
④ 선급비용

10	이자 · 배당소득

출자공동사업자의 배당소득 수입시기는 해당 과세기간의 종료일로 한다.

답 ②

11	사업소득

간이과세자는 공급대가를 총수입금액을 계산하므로 부가가치세 납부세액도 필요경비에 해당된다.

📄 필요경비의 산입 · 불산입

산입	불산입
㉠ 상품 또는 제품의 매입가액(에누리, 할인 제외)	㉠ 소득세와 개인지방소득세
㉡ 상대방에게 지급하는 장려금	㉡ 벌금 · 과료 · 과태료
㉢ 가사용으로 소비하는 재고자산의 원가	㉢ 강제징수비
㉣ 사업용자산에 대한 손해보험료	㉣ 가사관련경비(초과인출금이자)
㉤ 복식부기의무자가 사업용 유형자산(부동산 제외)을 양도하는 경우 양도 당시 장부가액	㉤ 업무무관 비용
	㉥ 업무 관련 고의 중대한 과실로 지급되는 손해배상금
㉥ 부가가치세 간이과세자인 거주자가 납부한 부가가치세액	㉦ 부가가치세 매입세액
	㉧ 복식부기의무자의 법 소정 업무용승용차 관련 비용 중 업무사용금액에 해당하지 않는 금액

답 ③

12 □□□

「소득세법」상 사업소득의 총수입금액에 포함되지 않는 것은?

① 사업과 관련하여 당해 사업용 자산의 손실로 인하여 취득하는 보험차익
② 관세환급금 등 필요경비로 지출된 세액이 환입되었거나 환입될 경우에 그 금액
③ 이월결손금의 보전에 충당된 자산수증이익(복식부기의무자의 국고보조금은 제외)
④ 거래상대방으로부터 받는 장려금

13 □□□

소득세법령상 총수입금액의 계산에 대한 내용으로 옳지 않은 것은?

① 거주자가 재고자산 또는 임목을 가사용으로 소비하거나 종업원 또는 타인에게 지급한 경우에도 이를 소비하거나 지급하였을 때의 가액에 해당하는 금액은 그 소비하거나 지급한 날이 속하는 과세기간의 사업소득금액 또는 기타소득금액을 계산할 때 총수입금액에 산입한다.
② 복식부기의무자가 업무용승용차를 매각하는 경우 그 매각가액을 매각일이 속하는 과세기간의 사업소득금액을 계산할 때에 총수입금액에 산입한다.
③ 건설업을 경영하는 거주자가 자기가 생산한 물품을 자기가 도급받은 건설공사의 자재로 사용한 경우 그 사용된 부분에 상당하는 금액은 해당 과세기간의 소득금액을 계산할 때 총수입금액에 산입한다.
④ 해당 과세기간에 2개의 주택을 임대하여 받은 임대료의 합계액이 2,500만 원(전액 해당 과세기간의 귀속임대료임)인 거주자의 주택임대소득은 주거용 건물임대업의 종합소득금액 계산시 총수입금액에 산입한다.

12	사업소득

사업과 관련이 있는 자산수증이익 또는 채무면제이익은 총수입금액에 산입하나, 이월결손금에 보전하는 금액(복식부기의무자의 국고보조금은 제외)에 산입하지 아니한다.

📄 총수입금액의 산입 · 불산입

산입	불산입
㉠ 매출액(환입, 에누리, 할인액 차감)	㉠ 소득세 또는 개인지방소득세 환급액
㉡ 거래상대방으로부터 받는 장려금	㉡ 자산수증이익 · 채무면제이익 중 이월결손금 보전에 충당(복식부기의무자의 국고보조금은 제외)
㉢ 사업과 관련된 자산수증이익 · 채무면제이익	
㉣ 가사용으로 소비 또는 종업원 · 타인에게 지급하는 재고자산 시가	㉢ 이월 소득금액
	㉣ 부가가치세 매출세액
㉤ 사업과 관련된 사업용 자산의 보험차익	㉤ 국세환급가산금, 지방세환급가산금 등 환급금의 이자

답 ③

13	사업소득

사업자가 자기가 생산한 물품을 자기의 사업을 위하여 사용된 경우에는 과세대상으로 보지 아니한다.

답 ③

14 □□□

「소득세법」상 사업소득으로 과세되는 소득유형으로 옳지 않은 것은?

① 가구 내 고용활동에서 발생하는 소득
② 연예인이 사업 활동과 관련하여 받는 전속계약금
③ 공익사업과 관련하여 부동산에 대한 지역권을 대여함으로써 발생하는 소득
④ 계약에 따라 그 대가를 받고 연구 또는 개발 용역을 제공하는 연구개발업에서 발생하는 소득

15 □□□

「소득세법」상 거주자가 과세기간에 지급하였거나 지급할 금액 중 사업소득금액을 계산할 때 필요경비에 산입하지 않는 것은 모두 몇 개인가?

> ㄱ. 업무와 관련하여 중대한 과실로 타인의 권리를 침해한 경우에 지급되는 손해배상금
> ㄴ. 조세에 관한 법률에 따른 징수의무의 불이행으로 인하여 납부하였거나 납부할 금액
> ㄷ. 부가가치세 간이과세자가 납부한 부가가치세액
> ㄹ. 선급비용
> ㅁ. 법령에 따른 의무의 불이행에 대한 제재로서 부과되는 공과금

① 2개
② 3개
③ 4개
④ 5개

14	사업소득

공익사업과 관련하여 지역권·지상권의 설정과 대여함으로써 발생하는 소득은 기타소득에 해당한다.

답 ③

15	사업소득

필요경비에 산입하지 않는 것은 4개(ㄱ, ㄴ, ㄹ, ㅁ)이다.

답 ③

16 □□□

법인기업과 개인기업의 세법상 차이에 관한 설명으로 옳지 않은 것은?

① 개인기업의 소득에 대하여는 종합소득세가 과세되나, 법인기업에 대해서는 법인세가 과세된다.

② 개인기업이 기계장치를 폐기하는 경우에는 그 폐기손실을 필요경비로 산입할 수 있다.

③ 법인기업의 대표이사가 법인으로부터 급여를 받는 경우 그 법인기업은 대표이사에게 지급한 급여에 대하여 손비로 인정받을 수 있다.

④ 법인기업의 경우 사업용 유형자산(부동산 포함)을 양도하여 얻은 이익이 있는 경우 법인세가 과세되며, 또 일부 부동산에 대하여서는 양도소득에 대한 법인세도 추가하여 과세된다.

16	**사업소득**

개인기업이 시설개체·기술낙후 사유로 인한 생산설비인 기계장치를 폐기하는 경우에 그 폐기시에는 필요경비로 산입되지 않고 처분시에 처분가액과 장부가액의 차액을 필요경비로 산입할 수 있다.

📑 법인세와 소득세의 비교

구분	법인세	소득세
인건비	대표자인건비 손금 인정	㉠ 대표자인건비 필요경비불산입* ㉡ 사업에 종사하는 가족인건비 필요경비 인정 * 본인 건강보험·노인장기: 필요경비 인정(직장가입·지역가입 무관), 국민연금은 연금보험료 공제받으므로 필요경비불산입
이자·배당	익금(수입배당금익금 불산입)	이자 또는 배당소득으로 과세 (사업소득 총수입금액 불산입)
유형자산 처분	㉠ 처분손익 인정 ㉡ 처분시 상각시부인 계산 × ㉢ 처분시 상각부인액 추인	㉠ 원칙 ⓐ 처분손익 인정하지 않음 ⓑ 처분시까지 시부인계산(월할 상각, 1월 미만 1개월) ⓒ 처분시 상각부인액 소멸(추인 ×) ㉡ 예외: 다음의 경우는 처분손익 인정됨(상각부인액이 추인됨) ⓐ 복식부기의무자의 차량 및 운반구 등 사업용 유형자산의 처분손익 ⓑ 사업폐지 또는 사업장 이전으로 임차인이 임대계약에 따라 설치한 시설물의 원상복구 위해 철거하는 경우 처분손실
시설개체·기술 낙후 생산설비	㉠ 폐기: 계상시 손금인정(1,000원 제외) ㉡ 처분: 1,000원 추인	㉠ 폐기: 필요경비 인정되지 않음 ㉡ 처분: 처분손실 인정(유보 추인)
대손충당금	㉠ 대여금 포함 ㉡ 유형자산처분미수금 포함	㉠ 대여금 제외 ㉡ 유형자산처분미수금 제외[단, 복식부기의무자의 사업용 유형자산(토지, 건물 제외)의 처분 미수금은 설정대상에 해당됨]
일시상각 충당금	㉠ 국고보조금 ㉡ 공사부담금 ㉢ 보험차익	㉠ 국고보조금 ㉡ － ㉢ 보험차익

답 ②

법인세와 소득세의 차이점에 대한 설명으로 옳지 않은 것은?

① 배당소득에 대한 이중과세를 조정하기 위하여 「소득세법」에서는 배당세액 공제제도를 두고 있으며, 「법인세법」에서는 주권상장법인이나 코스닥상장법인으로부터 받은 수입배당금액에 한하여 그의 일정부분을 익금불산입하도록 규정하고 있다.

② 법인사업자가 얻은 유가증권처분이익은 익금에 산입하나, 개인사업자가 얻은 유가증권처분이익은 사업소득의 총수입금액에 산입하지 아니한다.

③ 일시상각충당금의 손금산입 또는 필요경비 산입과 관련해서 「법인세법」에서는 신고조정을 허용하는 반면 소득세법에서는 허용하고 있지 않다.

④ 「법인세법」에서는 대표자에 대한 인건비는 손금에 산입하는 데 반하여, 「소득세법」에서는 사업자에 대한 급여를 사업소득의 필요경비에 산입하지 아니한다.

17	사업소득

「법인세법」상 수입배당금익금불산입규정은 상장법인과 비상장법인 모두에게 적용되는 규정이다.

답 ①

「법인세법」과 「소득세법」에서 규정하고 있는 내용이다. 옳지 않은 것은?

① 「법인세법」에서는 유보(△유보), 배당, 상여, 기타사외유출 등의 소득처분이 있으나 「소득세법」에서는 소득처분이 없다.

② 「법인세법」에서는 대표자의 인건비를 손금으로 인정하나, 「소득세법」에서는 필요경비불산입한다.

③ 「소득세법」에서는 재고자산을 외부에 판매하지 않고 가사용으로 소비하거나 이를 종업원에게 지급한 경우에는 그 재고자산의 시가를 총수입금액에 산입하고 원가상당액은 필요경비에 산입한다.

④ 「법인세법」은 업무용승용차의 매각가액과 매각당시 장부가액을 각각 익금과 손금으로 인정하나 「소득세법」은 이를 사업소득금액 계산시 반영하지 아니한다.

18	사업소득

개인사업자 중 복식부기의무자가 사업용 유형자산(양도소득세로 과세되는 토지·건물 제외)을 양도함으로써 발생하는 소득은 사업소득으로 과세한다. 따라서 복식부기의무자가 업무용승용차를 매각하는 경우에는 사업소득으로 과세하고 해당 차량의 장부가액은 필요경비로 한다.

답 ④

「소득세법」상 사업소득(부동산임대업)에 관한 설명으로 옳지 않은 것은?

① 부동산(상가)을 대여하고 임대료 외에 보증금을 받은 경우에는 임대료만 총수입금액에 산입한다.

② 전답을 작물생산에 이용하게 함으로써 발생하는 임대소득에 대하여는 소득세를 과세하지 않는다.

③ 국내 1개의 주택을 소유하는 자의 주택임대소득에 대하여는 소득세를 과세하지 아니하나, 기준시가 12억 원을 초과하는 주택의 임대소득은 비과세 대상에서 제외한다.

④ 부동산임대업 계산에 있어서 필요경비 공제가 인정된다.

부동산임대업에서 발생한 사업소득의 소득세 과세에 관한 설명으로 옳지 않은 것은?

① 부동산상의 권리대여는 부동산임대업에서 발생한 사업소득으로 한다.

② 공장재단의 대여로 인하여 발생하는 소득은 부동산임대업에서 발생한 사업소득이다.

③ 부동산임대업에서 발생한 사업소득 총수입금액의 수입할 시기는 계약 또는 관습에 의하여 지급일이 정하여진 경우에는 그 정하여진 날이다.

④ 광업권자 등이 자본적 지출이나 수익적 지출의 일부 또는 전부를 제공하는 조건으로 광업권에 관한 권리를 대여하고 덕대 또는 분덕대로부터 받는 분철료는 부동산임대업에서 발생한 사업소득에 포함된다.

19	사업소득

부동산(상가)을 대여하고 임대료 외의 보증금을 받은 경우에는 간주임대료를 포함한 금액을 총수입금액으로 한다.

답 ①

20	사업소득

광업권자 등이 자본적 지출이나 수익적 지출의 일부 또는 전부를 제공하는 조건으로 광업권에 관한 권리를 대여하고 덕대 또는 분덕대로부터 받는 분철료는 부동산임대업이 아닌 일반사업에서 발생한 사업소득에 포함된다.

> 📋 **부동산임대소득**
>
> 사업소득 내에서 부동산임대업의 소득금액의 범위는 다음과 같다.
> ㉠ 부동산 또는 부동산상의 권리를 대여하는 사업(공익사업과 관련된 지역권과 지상권의 대여는 기타소득으로 과세)
> ㉡ 공장재단 또는 광업재단을 대여하는 사업
> ㉢ 광업권자·조광권자·덕대가 채굴 시설과 함께 광산을 대여하는 사업(광업권자 등이 자본적 지출이나 수익적 지출을 제공하고 덕대나 분덕대로부터 분철료를 받는 경우는 일반사업소득으로 과세)

답 ④

「소득세법」상 소득의 종류가 나머지와 다른 것은?

① 법령의 규정에 따른 공동사업에서 발생한 소득금액 중 출자공동사업자에 대한 손익분배비율에 상당하는 금액
② 금융업자가 대출과 관련하여 받는 이자
③ 가사서비스업에서 발생하는 소득
④ 운수업 및 통신업에서 발생하는 소득

「소득세법」상 대손충당금에 대한 설명으로 옳지 않은 것은?

① 필요경비에 산입하는 대손충당금은 해당 과세기간 종료일 현재의 외상매출금·미수금, 그 밖에 사업과 관련된 채권의 합계액(채권 잔액)의 100분의 1에 상당하는 금액과 채권 잔액에 대손실적률을 곱하여 계산한 금액 중 적은 금액으로 한다.
② 대손충당금과 상계한 대손금 중 회수된 금액은 그 회수한 날이 속하는 과세기간의 총수입금액에 산입한다.
③ 대손실적률은 당해 과세기간의 대손금을 직전 과세기간 종료일 현재의 채권 잔액으로 나누어 계산한다.
④ 「소득세법」에 따라 필요경비에 산입한 대손충당금의 잔액은 다음 과세기간의 소득금액을 계산할 때 총수입금액에 산입한다.

21	사업소득

법령의 규정에 따른 공동사업에서 발생한 소득금액 중 출자공동사업자에 대한 손익분배비율에 상당하는 금액은 배당소득에 해당하며 그 외에는 사업소득에 해당된다.

답 ①

22	사업소득

필요경비에 산입하는 대손충당금은 해당 과세기간 종료일 현재의 외상매출금·미수금, 그 밖에 사업과 관련된 채권의 합계액(채권 잔액)의 100분의 1에 상당하는 금액과 채권 잔액에 대손실적률을 곱하여 계산한 금액 중 큰 금액으로 한다.

답 ①

23 □□□

소득세법령상 제조업을 영위하는 복식부기의무자인 거주자 甲의 2023년도 사업소득금액의 계산에 대한 설명으로 옳은 것은? (단, 소득세를 최소화한다고 가정한다)

① 2023년말 현재 외상매출금 100,000,000원과 금전소비대차거래로 인한 대여금 30,000,000원의 합계액 130,000,000원에 대해 100분의 1과 대손실적률 100분의 2를 곱하여 계산한 금액 중 큰 금액인 2,600,000원을 대손충당금으로 필요경비에 산입하였다.

② 2023년 중 사업용 유형자산에 대한 자본적 지출에 해당하는 수선비 5,000,000원을 필요경비로 계상하면서 이 금액 중 상각범위액을 초과하는 금액 1,000,000원을 필요경비에 산입하지 아니하였다.

③ 2023년 9월 중 재고자산(매입가격 1,200,000원, 시가 1,800,000원)을 가사용으로 소비하였으므로 시가 1,800,000원을 총수입금액에 산입하고 매입가격 1,200,000원을 필요경비에 산입하였다.

④ 2023년에 「국민건강보험법」에 의한 직장가입자로서 부담하는 사용자 본인 甲의 보험료 3,000,000원과 甲의 사업장에서 근무하는 아들 乙에 대한 「국민건강보험법」, 「고용보험법」에 의하여 사용자로서 부담하는 보험료 2,500,000원이 지출되었으나 아들 乙에 대한 보험료 2,500,000원만을 필요경비에 산입하였다.

24 □□□

아래 자료를 보고 제조업을 영위하는 사업자 甲(복식부기의무자)의 「소득세법」상 사업소득금액을 구하면?

- 당기순이익: ₩ 50,000
- 수익
  - 기계장치처분이익: ₩ 1,000
  - 정기예금이자: ₩ 1,500
- 비용
  - 대표자급여: ₩ 10,000
  - 기부금한도초과액: ₩ 4,000

① ₩ 47,500
② ₩ 60,000
③ ₩ 62,500
④ ₩ 36,500

23	사업소득

(선지분석)

① 대여금은 사업소득이 아닌 이자소득이 발생하는 채권으로 대손충당금 설정대상에 해당하지 않는다.

② 수선비 금액이 600만 원에 미달하므로 즉시상각의제를 적용하지 않고 비용으로 인정된다. 따라서 상각범위액의 초과액과 상관없이 필요경비로 인정된다.

④ 사용자 甲 본인에 대한 건강보험료도 필요경비에 해당된다.

답 ③

24	사업소득

- 복식부기의무자에 해당하므로 기계장치의 처분이익은 수익으로 인정된다.
- 이자는 이자소득이므로 제외하고 대표자의 급여와 기부금한도초과는 필요경비로 인정되지 않는다.

※ 50,000 + (10,000 + 4,000) − 1,500 = 62,500원

답 ③

25 □□□

소득세법령상 거주자가 해당 과세기간에 지급하였거나 지급할 금액 중 사업소득금액을 계산할 때 필요경비에 산입하지 않는 것만을 모두 고르면? (단, 다음 항목은 거주자에게 모두 해당된다)

> ㄱ. 통고처분에 따른 벌금 또는 과료에 해당하는 금액
> ㄴ. 사업용자산의 합계액이 부채의 합계액에 미달하는 경우에 그 미달하는 금액에 상당하는 부채의 지급이자로서 법령에 따라 계산한 금액
> ㄷ. 선급비용
> ㄹ. 「부가가치세법」에 따른 간이과세자가 납부한 부가가치세액

① ㄷ, ㄹ
② ㄱ, ㄴ, ㄷ
③ ㄱ, ㄴ, ㄹ
④ ㄱ, ㄴ, ㄷ, ㄹ

25	사업소득

ㄱ, ㄴ, ㄷ이 필요경비에 산입하지 않는 것에 해당한다.

(선지분석)
ㄹ. 간이과세자가 납부한 부가가치세는 비용에 해당된다.

답 ②

KEYWORD 75 근로소득

01 ☐☐☐
2019년 7급 변형

내국법인(중소기업 아님)의 영업사원으로 근무하고 있는 거주자 甲의 2023년도 자료이다. 소득세법령에 따른 2023년도 총급여액은?

- 근로의 제공으로 받은 봉급: 36,000,000원(비과세소득이 포함되지 아니함)
- 「법인세법」에 따라 상여로 처분된 금액: 5,000,000원
  - 근로를 제공한 날이 속하는 사업연도는 2022년이며, 결산확정일은 2023년 3월 15일임
- 식사대: 2,400,000원(월 200,000원 × 12개월)
  - 식사대 외 사내급식을 별도로 제공받음
- 자기차량운전보조금: 3,600,000원(월 300,000원 × 12개월)
  - 甲의 소유차량을 직접 운전하여 법인의 업무수행에 이용하고 소요된 실제여비를 지급받는 대신에 법인의 규칙 등에 의하여 정하여진 지급기준에 따라 받은 금액임
- 甲의 자녀(5세) 보육과 관련하여 받은 수당: 3,600,000원 (월 300,000원 × 12개월)
- 시간외근무수당: 2,000,000원
- 주택구입자금을 무상으로 대여받음으로써 얻은 이익: 1,000,000원

① 42,600,000원
② 43,800,000원
③ 45,000,000원
④ 50,000,000원

01	근로소득

- 36,000,000 + 2,400,000(식사대) + (300,000 − 200,000) × 12월(자가운전보조금) + (300,000 − 100,000) × 12월 + 2,000,000 + 1,000,000 = 45,000,000원
- 상여로 소득처분된 경우는 근로제공일인 2022년 소득에 해당된다.

답 ③

02 ☐☐☐
2015년 9급 변형

「소득세법」상 근로소득에 대한 설명으로 옳지 않은 것은?

① 판공비 명목으로 받는 것으로서 업무를 위하여 사용된 것이 분명하지 아니한 급여는 근로소득으로 과세한다.
② 주주인 임원이 법령으로 정하는 사택을 제공받음으로서 얻는 이익이지만 근로소득으로 과세하지 않는 경우도 있다.
③ 근로자가 사내급식의 방법으로 제공받는 식사는 월 20만 원 한도로 근로소득에서 비과세한다.
④ 법령으로 정하는 일용근로자의 근로소득은 원천징수는 하지만 종합소득과세표준을 계산할 때 합산하지는 않는다.

02	근로소득

근로자가 사내급식의 방법으로 제공받는 식사는 전액 비과세에 해당된다.

📄 **실비변상적성질의 급여**

- ㉠ 일직 · 숙직료, 여비
- ㉡ 자가운전보조금[1](월 20만 원)
- ㉢ 교원 등[2]이 받는 연구보조비(월 20만 원)
- ㉣ 기자의 취재수당(월 20만 원)
- ㉤ 벽지근무수당(월 20만 원)
- ㉥ 수도권 외의 지역으로 이전하는 공공기관의 공무원이나 직원의 이전지원금(월 20만 원)
- ㉦ 작업복 또는 피복
- ㉧ 천재지변 기타 재해
- ㉨ 승선수당(월 20만 원)

[1] 시내출장 등 업무에 사용된 차량유지비를 대신해서 받는 금액
[2] 유치원, 초 · 중 · 고등학교, 대학교 교원과 특정연구기관, 중소기업(또는 벤처기업)의 기업부설연구소에서 연구활동에 종사하는 자

답 ③

03 □□□

「소득세법」상 근로소득공제 및 근로소득세액공제에 대한 설명으로 옳지 않은 것은?

① 근로소득이 있는 거주자에 대해서는 총급여액에서 근로소득공제를 적용하여 근로소득금액을 계산한다.

② 일용근로자에게는 1일 15만 원의 근로소득공제를 적용한다(다만, 총급여액이 공제액에 미달하는 경우에는 그 총급여액을 공제액으로 한다).

③ 근로소득이 있는 거주자에 대해서는 그 근로소득에 대한 종합소득산출세액에서 근로소득세액공제하되 한도가 있다.

④ 일용근로자의 근로소득에 대해서 원천징수를 하는 경우에는 근로소득세액공제를 적용하지 아니한다.

04 □□□

「소득세법」상 과세대상 근로소득에 포함되는 것을 모두 고르면?

ㄱ. 식사 기타 음식물을 사내급식 또는 이와 유사한 방법으로 제공받지 아니하는 근로자가 받는 월 20만 원 이하의 식사대

ㄴ. 판공비를 포함한 기밀비·교제비 기타 이와 유사한 명목으로 받는 것으로서 업무를 위하여 사용된 것이 분명하지 아니한 급여

ㄷ. 계약기간 만료 전 또는 만기에 종업원에게 귀속되는 단체환급부보장성보험의 환급금

ㄹ. 임직원의 고의(중과실 포함) 외의 업무상 행위로 인한 손해의 배상청구를 보험금의 지급 사유로 하고 임직원을 피보험자로 하는 보험의 보험료를 사용자가 부담하는 보험료

ㅁ. 퇴직 전에 부여받은 주식매수선택권을 퇴직 후에 행사하거나 고용관계 없이 주식매수선택권을 부여받아 이를 행사함으로써 얻는 이익

① ㄱ, ㄴ
② ㄴ, ㄷ
③ ㄷ, ㄹ
④ ㄹ, ㅁ

03	근로소득

일용근로자의 경우도 근로소득세액공제를 적용한다.

> 📄 **일용근로자**
>
> 근로를 제공한 날 또는 시간에 따라 근로대가를 계산하여 받는 사람으로서 근로계약에 따른 동일한 고용주에게 3개월 이상(건설공사 종사자는 1년, 하역작업 종사자는 근로기간에 제약 없음) 계속하여 고용되어 있지 아니한 사람을 말한다.
>
> | 원천징수세액 = |
> |:---:|
> | (일급여액 - 15만 원) × 6% - 근로소득세액공제(산출세액 × 55%) |

답 ④

04	근로소득

ㄴ, ㄷ이 「소득세법」상 과세대상 근로소득에 포함된다.

(선지분석)

ㄱ. 식사 기타 음식물을 사내급식 또는 이와 유사한 방법으로 제공받지 아니하는 근로자가 받는 월 20만 원 이하의 식사대는 비과세에 해당된다.

ㄹ. 임직원의 고의(중과실 포함) 외의 업무상 행위로 인한 손해의 배상청구를 보험금의 지급 사유로 하고 임직원을 피보험자로 하는 보험의 보험료를 사용자가 부담하는 보험료는 비과세 근로소득에 해당한다.

ㅁ. 퇴직 전에 부여받은 주식매수선택권을 퇴직 후에 행사하거나 고용관계 없이 주식매수선택권을 부여받아 이를 행사함으로써 얻는 이익은 기타소득에 해당된다.

답 ②

05 ☐☐☐

다음은 소득세법령상 거주자인 생산직 근로자 甲의 2023년 3월분 근로소득 자료이다. 甲의 비과세 근로소득의 합계액은?

항목	금액	비고
월정액 급여	2,500,000원	
식사대	300,000원	해당 사업체는 식사 및 기타 음식물을 제공하지 않음
출산수당	300,000원	배우자의 출산으로 해당 사업체에서 지급 받음
자가운전 보조금	300,000원	甲 소유의 차량을 직접 운전하여 사용자의 업무수행에 이용하고 시내출장 등에 소요된 실제 여비를 받는 대신에 그 소요경비를 해당 사업체의 규칙 등으로 정하여진 지급기준에 따라 받는 금액임
연장근로수당	200,000원	「근로기준법」에 따른 연장근로수당으로 통상임금에 더해 받은 급여임
계	3,600,000원	

① 300,000원
② 400,000원
③ 500,000원
④ 600,000원

06 ☐☐☐

「소득세법」상 비과세소득으로 옳지 않은 것은?

① 기초생활수급자인 휴학생이 대학으로부터 받는 근로장학금
② 「국민건강보험법」, 「고용보험법」에 따라 사용자가 부담하는 보험료
③ 서화·골동품을 박물관 또는 미술관에 양도함으로써 발생하는 소득
④ 경찰청장이 정하는 바에 따라 범죄신고자가 받는 보상금

---

05 근로소득

비과세 금액: 200,000(식사대) + 100,000(출산수당) + 200,000(자가운전보조금) = 500,000
생산직 근로자 甲의 월정액 급여가 210만 원을 초과하므로 연장근로수당은 비과세에 해당하지 않는다.

> 📑 **생산직근로자 시간외 수당**
> ㉠ 적용대상: 다음의 조건을 모두 충족하는 경우를 대상으로 한다.
>   ⓐ 월정액 급여 210만 원 이하
>   ⓑ 직전 과세기간 총급여액 3,000만 원 이하
>   ⓒ 생산직 근로자, 운전원, 수하물운반종사자 등
> ㉡ 비과세 금액
>   ⓐ 시간외 근무수당(연장수당, 야간수당, 휴일수당 등) 중 연 240만 원 이내를 비과세한다.
>   ⓑ 광산·일용근로자는 시간외 근무수당 전액 비과세한다.

답 ③

06 근로소득

기초생활수급자인 대학생이 근로를 대가로 대학으로부터 지급받는 근로장학금(대학에 재학하는 대학생에 한함)은 비과세대상에 해당된다.

답 ①

07 □□□

「소득세법」상 종합소득에 관한 설명으로 옳은 것은?

① 공장재단 또는 광업재단의 대여로 인하여 발생하는 소득은 기타소득으로 한다.

② 주식의 소각이나 자본의 감소로 인하여 주주가 취득하는 금전 기타 재산의 가액이 주주가 당해 주식을 취득하기 위하여 소요된 금액을 초과하는 금액은 배당소득에 해당한다.

③ 종합소득과세표준은 「소득세법」의 규정에 따라 계산한 이자소득금액·배당소득금액·사업소득금액·근로소득금액·연금소득금액과 기타소득금액을 합계한 금액으로 한다.

④ 종업원이 받는 공로금·위로금·개업축하금·학자금 기타 이와 유사한 성질의 급여는 「소득세법」상 기타소득의 범위에 포함된다.

07	근로소득

(선지분석)

① 공장재단 또는 광업재단의 대여로 인하여 발생하는 소득은 사업소득으로 한다.

③ 종합소득과세표준은 「소득세법」의 규정에 따라 계산한 이자소득금액·배당소득금액·사업소득금액·근로소득금액·연금소득금액과 기타소득금액을 합계한 금액에서 종합소득공제를 공제한 금액으로 한다.

④ 종업원이 받는 공로금·위로금·개업축하금·학자금 기타 이와 유사한 성질의 급여는 「소득세법」상 근로소득의 범위에 포함된다.

답 ②

08 □□□

「소득세법」상 일용근로자인 거주자 甲의 일당이 190,000원인 경우에 원천징수의무자 A가 징수해야 하는 갑의 근로소득 원천징수세액으로 옳은 것은?

① 1,080원

② 1,320원

③ 2,160원

④ 2,400원

08	근로소득

일용직은 일당에서 15만 원을 소득공제하고 6%의 세율을 적용한다.

※ (190,000 − 150,000) × 6% × (1 − 55%) = 1,080원

답 ①

09 ☐☐☐ 2022년 9급

소득세법령상 거주자의 총수입금액의 수입시기로 옳지 않은 것은?

① 잉여금의 처분에 의한 배당 - 잉여금 처분결의일
② 금융보험업에서 발생하는 이자 및 할인액 - 실제로 수입된 날
③ 임원의 퇴직소득금액 중 한도초과금액 - 지급받거나 지급받기로 한 날
④ 공적연금소득 - 해당 연금을 지급받은 날

10 ☐☐☐ 2019년 9급

소득세법령상 거주자의 연금소득에 대한 설명으로 옳지 않은 것은?

① 공적연금 관련법에 따라 받는 각종 연금도 연금소득에 해당한다.
② 연금소득금액은 해당 과세기간의 총연금액에서 법령에 따른 연금소득공제를 적용한 금액으로 한다.
③ 연금소득공제액이 9백만 원을 초과하는 경우에는 9백만 원을 공제한다.
④ 공적연금소득만 있는 자는 다른 종합소득이 없는 경우라 하더라도 과세표준확정신고를 하여야 한다.

09	연금소득

공적연금의 수입시기는 연금을 지급받기로 한 날로 한다.

답 ④

10	연금소득

공적연금소득만 있는 자는 연말정산으로 과세가 종결되므로 다른 종합소득이 없는 경우에는 신고를 하지 않아도 된다.

> **📄 공적연금**
> ㉠ 공적연금소득을 지급할 때에 연금소득 간이세액표를 기준으로 원천징수하여 그 징수일이 속하는 달의 다음 달 10일까지 납부해야 함
> ㉡ 해당 과세기간의 다음 연도 1월분 연금소득을 지급할 때(해당 과세기간 중에 사망한 경우에는 사망일이 속하는 달의 다음다음 달 말일까지)에 연말정산을 해야 함(공적연금만 있고 다른 종합소득이 없는 경우에는 소득세를 신고하지 않을 수 있음)

답 ④

소득세법령상 거주자의 연금소득에 대한 설명으로 옳지 않은 것은? (단, 소득세법령에 따른 해당 요건과 공제요건을 충족하는 것으로 본다)

① 연금계좌에서 인출된 금액이 연금수령한도를 초과하는 경우에는 연금외 수령분이 먼저 인출되고 그 다음으로 연금수령분이 인출되는 것으로 본다.

② 종합소득이 있는 거주자가 공적연금 관련법에 따른 기여금 또는 개인부담금을 납입한 경우에는 해당 과세기간의 종합소득금액에서 그 과세기간에 납입한 연금보험료를 공제한다.

③ 공적연금소득을 지급하는 자가 연금소득의 일부 또는 전부를 지연하여 지급하면서 지연지급에 따른 이자를 함께 지급하는 경우 해당 이자는 공적연금소득으로 본다.

④ 「소득세법」 제59조의3 제1항에 따라 세액공제를 받은 연금계좌 납입액 및 연금계좌의 운용실적에 따라 증가된 금액을 그 소득의 성격에도 불구하고 연금외 수령한 소득은 기타소득으로 본다.

11	연금소득

연금계좌에서 인출된 금액이 연금수령한도를 초과하는 경우에는 연금수령분이 인출되고 그 다음으로 연금외 수령분이 인출되는 것으로 본다.

답 ①

「소득세법」상 소득의 구분에 관한 설명으로 옳지 않은 것은?

① 비상장법인 주식의 양도에 따른 소득: 양도소득

② 법인으로 보는 단체로부터의 이익: 배당소득

③ 비영업대금의 이익: 이자소득

④ 「국민연금법」에 의하여 지급받는 각종 연금: 기타소득

12	연금소득

「국민연금법」에 의하여 지급받는 각종 연금은 「소득세법」상 연금소득에 해당한다.

📋 **연금소득**

공적 연금소득	㉠ 「국민연금법」에 따라 받는 각종연금 ㉡ 「공무원연금법」, 「군인연금법」, 「사립학교교직원 연금법」 또는 「별정우체국법」에 따라 받는 각종 연금 ㉢ 「국민연금과 직역연금의 연계에 관한 법률」에 따라 받는 연계노령연금 · 연계퇴직연금
사적 연금소득	다음에 해당하는 금액을 그 소득의 성격에도 불구하고 연금계좌에서 연금형태로 인출하는 경우 연금소득으로 과세 ㉠ 이연퇴직소득 ㉡ 납입시 연금계좌세액공제를 받은 연금계좌납입액 ㉢ 운용수익 연금계좌의 운용실적에 따라 증가된 금액 ㉣ 그 밖에 연금계좌에 이체 또는 입금되어 해당 금액에 대한 소득세가 이연된 소득으로서 대통령령으로 정하는 소득

답 ④

13 ☐☐☐

「소득세법」상 연금과세에 관한 설명으로 옳지 않은 것은?

① 사적연금(연금계좌)의 운용실적에 따라 증가된 금액을 기초로 한 것은 연금수령하는 경우에도 이를 기타소득으로 본다.

② 「공무원연금법」에 의하여 지급받는 연금으로서 2002년 1월 1일 이후에 불입된 연금기여금 및 사용자부담금을 기초로 한 것은 「소득세법」상 연금소득에 해당된다.

③ 「군인연금법」에 의하여 2002년 1월 1일 이후 불입한 연금을 일시금으로 지급받으면 퇴직소득으로 과세한다.

④ 「근로자퇴직급여 보장법」에 따른 연금계좌에서 연금수령하는 경우의 그 연금은 「소득세법」상 연금소득이다.

KEYWORD 77 기타소득

14 ☐☐☐

소득세법령상 국내에서 거주자에게 지급하는 기타소득으로서 원천징수의 대상이 아닌 것은? (단, 기타소득의 비과세, 과세최저한, 원천징수의 면제·배제 등 특례는 고려하지 아니한다)

① 복권에 당첨되어 받는 금품

② 「소득세법」 제21조 제1항 제10호에 따른 위약금(계약금이 대체된 것임)

③ 「법인세법」 제67조에 따라 기타소득으로 처분된 소득

④ 슬롯머신을 이용하는 행위에 참가하여 받는 당첨금품

13	연금소득

사적연금(연금계좌)의 운용실적에 따라 증가된 금액을 기초로 한 것은 연금수령하는 경우에도 이를 연금소득으로 본다.

📄 **연금소득 과세체계**

구분		불입	수령	
			연금수령	연금외수령
공적연금		전액 소득공제	연금소득	퇴직소득
사적연금	이연퇴직소득	과세이연		
	세액공제받은 금액	세액공제		기타소득
	운용수익	과세이연		

답 ①

14	기타소득

계약금이 위약금으로 대체된 경우는 원천징수의 대상에 해당하지 않는다.

답 ②

---

15 ☐☐☐

「소득세법」상 기타소득에 대한 설명으로 옳지 않은 것은?

① 토지와 함께 영업권을 양도하여 받는 영업권 양도이익은 기타소득으로 과세한다.

② 저작자 외의 자가 저작권 사용의 대가로 받는 금품은 기타소득으로 과세한다.

③ 「사행행위 등 규제 및 처벌 특례법」에서 규정하는 사행행위에 참가하여 얻는 재산상 이익은 사행행위가 불법적인 경우에도 기타소득으로 과세한다.

④ 공무원이 직무와 관련하여 받는 뇌물은 기타소득으로 과세한다.

15	기타소득

선지분석

② 알선수재에 의하여 받는 금품은 기타소득이 되고, 재산권에 관한 알선수수료도 기타소득에 해당된다.

③ 퇴직 전에 부여받은 주식매수선택권을 퇴직 후에 행사함으로써 얻는 이익 및 고용관계 없이 주식매수선택권을 부여받아 이를 행사함으로써 얻은 이익은 기타소득이 된다.

④ 슬롯머신(비디오게임 포함) 및 투전기를 이용하는 행위에 참가하여 받는 당첨금품은 행위에 계속적으로 참가하여도 기타소득이 된다.

📄 기타소득범위

ⓐ 저작자 외의 자(저작권 상속 · 증여 · 양도받은 자)가 저작권 등 대가

ⓑ 광업권 · 어업권 · 산업재산권 · 영업권[*1] 등 무체재산권의 양도 · 대여 대가

ⓒ 「공익사업을 위한 토지 등의 취득 및 보상에 관한 법률」에 다른 공익사업과 관련하여 지역권 · 지상권의 설정 · 대여 대가

ⓓ 물품 또는 장소의 일시적 대여

ⓔ 계약의 위약 또는 해약으로 인한 위약금과 배상금 또는 부당이득 반환시 지급이자

ⓕ 일시적인 문예창작소득[*2]

ⓖ 다음의 일시적인 인적용역 제공대가
- ㉮ 고용관계 없이 다수 강연
- ㉯ 라디오 등 해설 · 계몽 · 심사
- ㉰ 변호사, 공인회계사, 세무사 등 전문적 지식 제공

ⓗ 「법인세법」에 따라 기타소득 처분

ⓘ 복권, 경품권 당첨

ⓙ 슬롯머신 등 당첨

ⓚ 승마투표권, 경륜, 경정, 승자투표권, 소싸움경기투표권(불법 여부는 고려하지 않음)

ⓛ 주식매수선택권 퇴직 후 행사하거나 고용관계 없이 받아서 행사하는 경우 이익

ⓜ 본인불입액 중 세액공제금액과 운용수익을 연금계좌에서 연금 외수령

ⓝ 폐업 등 법정사유 발생전 수령한 소기업 · 소상공인 해지일시금

ⓞ 뇌물, 알선수재, 배임수재 금품

ⓟ 개당 · 점당 · 조당 양도가액이 6,000만 원 이상인 서화 · 골동품의 양도소득(현재 생존 국내 원작자의 작품은 제외)

ⓠ 「노동조합 및 노동관계조정법」을 위반하여 노조전임자가 받는 급여

ⓡ 종교인 소득

ⓢ 종업원 등 또는 대학의 교직원이 퇴직 후에 지급받는 직무발명보상금

[*1] 사업용 유형자산(토지, 건물, 부동산에 관한 권리)와 함께 양도하는 영업권은 양도소득

[*2] 문예 · 학술 · 미술 · 음악 · 사진 창작품의 원고료, 인세 등(업무관련 사보 게재, 사내교육 출제수당은 근로소득과세)

답 ①

「소득세법」상 소득의 구분에 대한 설명으로 옳은 것은?

① 전세권의 대여로 발생하는 소득은 사업소득이 되고, 공익사업과 관련된 지역권 또는 지상권의 대여로 받는 금품은 기타소득이 된다.

② 알선수재에 의하여 받는 금품은 기타소득이 되고, 재산권에 관한 알선수수료는 사업소득이 된다.

③ 퇴직 전에 부여받은 주식매수선택권을 퇴직 후에 행사함으로써 얻는 이익은 근로소득이 되고, 고용관계 없이 주식매수선택권을 부여받아 이를 행사함으로써 얻은 이익은 기타소득이 된다.

④ 슬롯머신을 이용하는 행위에 계속적으로 참가하여 받는 당첨금품은 사업소득이 되고, 일시적으로 참가하여 받는 당첨금품은 기타소득이 된다.

16	기타소득

토지, 건물 및 부동산에 관한 권리와 함께 양도하는 영업권은 양도소득으로 과세한다.

답 ①

소득세법령상 거주자의 기타소득 중 최소 80% 이상의 필요경비를 인정받을 수 있는 것만을 모두 고르면?

> ㄱ. 「소득세법」 제21조 제1항 제10호에 따른 위약금과 배상금 중 주택입주 지체상금
>
> ㄴ. 산업재산권을 양도하거나 대여하고 그 대가로 받는 금품
>
> ㄷ. 「공익법인의 설립·운영에 관한 법률」의 적용을 받는 공익법인이 주무관청의 승인을 받아 시상하는 상금
>
> ㄹ. 「법인세법」 제67조에 따라 기타소득으로 처분된 소득

① ㄱ, ㄷ
② ㄱ, ㄹ
③ ㄴ, ㄷ
④ ㄴ, ㄹ

17	기타소득

소득세법령상 거주자의 기타소득 중 최소 80% 이상의 필요경비를 인정받을 수 있는 것은 ㄱ, ㄷ이다.

선지분석

ㄴ. 산업재산권의 양도 및 대여로 받는 금품은 60%를 필요경비로 한다.

ㄹ. 소득처분 기타소득은 일정률을 필요경비로 하는 대상에 해당하지 않는다.

답 ①

「소득세법」상 소득의 수입시기에 대한 설명으로 옳지 않은 것은?

① 기타소득으로 과세되는 미술·음악 또는 사진에 속하는 창작품에 대한 대가로 원작자가 받는 소득의 경우에는 그 지급을 받는 날을 수입시기로 한다.

② 「법인세법」에 따라 발생한 인정상여가 임원 등에 대한 근로소득으로 과세되는 경우에는 해당 법인의 결산확정일을 그 수입시기로 한다.

③ 법인의 해산으로 주주 등이 법인의 잔여재산을 분배받은 것이 의제배당이 되어 배당소득으로 과세하는 경우에는 그 잔여재산가액이 확정된 날을 수입시기로 한다.

④ 사업소득으로 과세되는 상품의 위탁판매로 인한 소득의 경우에는 수탁자가 그 위탁품을 판매하는 날을 수입시기로 한다.

「소득세법」상 소득세의 과세대상소득에 대한 설명으로 옳지 않은 것은?

① 연예인 및 직업운동선수 등이 사업 활동과 관련하여 받는 전속계약금은 기타소득이다.

② 주식의 소각 또는 자본감소로 인하여 주주가 취득하는 금전의 가액이 주주가 그 주식을 취득하기 위하여 사용한 금액을 초과하는 금액은 배당소득에 해당한다.

③ 임원이 주택의 구입에 소요되는 자금을 저리로 대여받음으로써 얻는 이익은 근로소득에 해당한다.

④ 대통령령으로 정하는 일용근로자의 근로소득의 금액은 종합소득과세표준을 계산할 때 합산하지 아니한다.

18	기타소득

인정상여는 근로제공일을 수입시기로 한다. 다만, 인정배당 및 인정기타소득은 당해 법인의 결산확정일을 수입시기로 한다.

> **📄 기타소득의 수입시기**
>
> ㉠ 원칙: 지급받은 날
> ㉡ 인정기타소득: 결산확정일
> ㉢ 광업권 등 무체재산권의 양도*: 빠른날(대금청산일·인도일·사용수익일)
> ㉣ 계약금이 위약금·배상금으로 대체된 경우: 계약의 위약·해약 확정일
> ㉤ 연금계좌에서 연금외수령한 경우: 연금외수령한 날
> * 무체재산권의 대여는 지급받는 날이 수입시기임

답 ②

19	기타소득

연예인 및 직업운동선수처럼 사업 활동과 관련해 받는 전속계약금은 사업소득에 해당한다.

답 ①

20 □□□

2010년 9급

「소득세법」상 기타소득에 관한 설명으로 옳지 않은 것은?

① 토지와 함께 영업권을 양도하는 경우 그 대가로 받는 금품은 기타소득으로 본다.
② 뇌물과 알선수재 및 배임수재에 따라 받은 금품은 기타소득에 해당한다.
③ 계약의 위약 또는 해약으로 인하여 받는 위약금과 배상금 중 주택입주지체상금의 필요경비 산입액은 거주자가 받은 금액의 100분의 80에 상당하는 금액과 실제 소요된 필요경비 중 큰 금액으로 한다.
④ 「한국마사회법」에 따른 승마투표권의 구매자가 받는 환급금에 대해서는 그 구매자가 구입한 적중된 투표권의 단위투표 금액을 필요경비로 한다.

21 □□□

2007년 9급

다음의 기타소득 중 거주자가 받은 금액의 80%에 상당하는 금액을 필요경비로 인정하는 것은?

① 공익법인이 주무관청의 승인을 받아 시상하는 상금 및 부상과 다수가 순위 경쟁하는 대회에서 입상자가 받는 상금 및 부상
② 공익사업 관련 지역권·지상권을 설정 또는 대여하고 받는 금품
③ 고용관계 없이 다수인에게 강연을 하고 강연료 등 대가를 받는 용역
④ 문예·학술·미술·음악 또는 사진에 속하는 창작품에 대한 원작자로서 받는 원고료

---

21 기타소득

📋 **기타소득 중 필요경비로 인정하는 것**

총수입금액의 80%	⊙ 공익법인이 주무관청의 승인을 받아 시상하는 상금 및 부상과 다수가 순위 경쟁하는 대회에서 입상자가 받는 상금 및 부상 ⓛ 계약의 위약 또는 해약으로 인하여 받는 위약금과 배상금 중 주택입주지체상금 ⓒ 서화·골동품의 양도소득에 대해서는 거주자가 받은 금액* * 거주자가 받은 금액이 1억 원 이하인 경우: 90% 거주자가 받은 금액이 1억 원을 초과하는 경우: 1억 원까지는 90%, 1억 원 초과분은 80%(단, 서화·골동품의 보유기간이 10년 이상인 경우에는 90%)
총수입금액의 60%	⊙ 공익사업 관련 지역권·지상권을 설정 또는 대여하고 받는 금품 ⓛ 인적용역을 일시적으로 제공하고 지급받는 대가 ⓒ 문예·학술·미술·음악 또는 사진에 속하는 창작품(「신문 등의 자유와 기능보장에 관한 법률」에 따른 정기간행물에 게재하는 삽화 및 만화와 우리나라의 창작품 또는 고전을 외국어로 번역하거나 국역하는 것을 포함)에 대한 원작자로서 받는 소득으로서 다음의 어느 하나에 해당하는 것 ⓐ 원고료 ⓑ 저작권사용료인 인세 ⓒ 미술·음악 또는 사진에 속하는 창작품에 대하여 받는 대가 ⓔ 광업권·어업권·산업재산권·산업정보, 산업상 비밀, 상표권·영업권(점포 임차권을 포함한다), 토사석의 채취허가에 따른 권리, 지하수의 개발·이용권, 그 밖에 이와 유사한 자산이나 권리를 양도하거나 대여하고 그 대가로 받는 금품 ⓜ 통신판매중개를 하는 자를 통하여 물품 또는 장소를 대여하고 500만 원 이하의 사용료로서 받은 금품

답 ①

---

20 기타소득

토지와 함께 영업권을 양도하는 경우 그 대가로 받는 금품은 양도소득으로 과세한다.

답 ①

「소득세법」상 기타소득에 포함되지 않는 것은?

① 지상권을 설정함으로써 발생하는 소득(「공익사업을 위한 토지 등의 취득 및 보상에 관한 법률」 제4조에 따른 공익사업과 관련하여 지상권을 설정하는 경우는 제외)

② 비거주자의 대통령령으로 정하는 특수관계인이 그 특수관계로 인하여 그 비거주자로부터 받는 경제적 이익으로서 급여·배당 또는 증여로 보지 아니하는 금품

③ 유가증권을 일시적으로 대여하고 사용료로서 받는 금품

④ 종교관련종사자가 종교의식을 집행하는 등 종교관련 종사자로서의 활동과 관련하여 대통령령으로 정하는 종교단체로부터 받은 소득(근로소득으로 원천징수하거나 과세표준확정신고를 한 경우는 제외)

22	기타소득

지상권과 지역권은 공익사업을 위한 경우에는 기타소득에 해당된다.

답 ①

소득세법령상 거주자 갑의 2023년 귀속 소득 자료에 의해 종합과세되는 기타소득금액을 계산하면? (단, 필요경비의 공제요건은 충족하며, 주어진 자료 이외의 다른 사항은 고려하지 않는다)

- 산업재산권의 양도로 인해 수령한 대가 300만 원(실제 소요된 필요경비는 150만 원임)
- 문예 창작품에 대한 원작자로서 받는 원고료 300만 원(실제 소요된 필요경비는 100만 원임)
- 고용관계 없이 다수인에게 일시적으로 강연을 하고 받은 강연료 400만 원(실제 소요된 필요경비는 100만 원임)
- (주)한국의 종업원으로서 퇴직한 후에 수령한 직무발명보상금 400만 원(실제 소요된 필요경비는 없음)

① 360만 원
② 400만 원
③ 600만 원
④ 800만 원

23	기타소득

산업재산권, 원고료, 강연료의 실제 필요경비가 최소 필요경비인 60%금액보다 작으므로 기타소득의 60%를 필요경비로 차감한다. 직무발명보상금은 500만 원을 비과세하므로 과세되는 금액은 없다.
※ 120만 원 + 120만 원 + 160만 원 = 400만 원

답 ②

24 □□□

다음의 기타소득 자료를 바탕으로 거주자 홍길동씨의 종합소득금액에 합산되는 기타소득금액을 계산하면?

- 어업권을 대여하고 받는 대가: 10,000,000원(필요경비 확인불가)
- 「복권 및 복권기금법」상 복권의 당첨금: 20,000,000원
- 일간지에 기고하고 받은 원고료: 2,000,000원
- 슬롯머신에 의한 당첨금품: 1,000,000원(필요경비 800,000원)
- 유실물의 습득으로 인한 보상금: 2,000,000원(필요경비 없음)

① 3,800,000원
② 6,800,000원
③ 15,000,000원
④ 35,000,000원

25 □□□

「소득세법」상 종합소득금액에 합산되는 기타소득금액은 얼마인가?

- 복권 당첨금: 8,000,000원
- 분실물 습득 보상금: 4,000,000원
- 교통사고 손해보상금: 2,500,000원
- 위약금 중 주택입주지체상금: 2,000,000원(필요경비는 1,500,000원)

① 1,200,000원
② 1,300,000원
③ 4,400,000원
④ 4,500,000원

24	기타소득

- 어업권: 10,000,000 × (1 − 60%) = 4,000,000원
- 복권: 무조건 분리과세
- 원고료: 2,000,000 × (1 − 60%) = 800,000원
- 슬롯머신: 무조건 분리과세
- 보상금: 2,000,000원
※ 따라서 기타소득금액은 4,000,000 + 800,000 + 2,000,000 = 6,800,000원이다.

답 ②

25	기타소득

- 복권당첨금: 무조건분리과세
- 보상금: 4,000,000원
- 교통사고 손해보상금: 과세대상에 해당하지 않음
- 주택입주지체상금:
  2,000,000 × Max(1,500,000, 1,600,000*) = 400,000원
  * 2,000,000 × 80% = 1,600,000
※ 따라서 기타소득금액은 4,400,000원이다.

답 ③

KEYWORD 78 부당행위계산부인

01 ☐☐☐

2021년 9급

「소득세법」상 부당행위계산부인규정의 적용대상 소득으로 옳은 것만을 모두 고르면?

> ㄱ. 양도소득
> ㄴ. 기타소득
> ㄷ. 사업소득
> ㄹ. 공동사업에서 발생한 소득금액 중 출자공동사업자의 손익분배비율에 해당하는 금액

① ㄱ, ㄹ
② ㄱ, ㄴ, ㄷ
③ ㄴ, ㄷ, ㄹ
④ ㄱ, ㄴ, ㄷ, ㄹ

02 ☐☐☐

2013년 7급

「소득세법」상 부당행위계산부인 대상이 되는 소득을 모두 고르면?

> ㄱ. 이자소득   ㄴ. 양도소득
> ㄷ. 퇴직소득   ㄹ. 사업소득
> ㅁ. 기타소득   ㅂ. 연금소득

① ㄱ, ㄴ, ㅂ
② ㄱ, ㄷ, ㅁ
③ ㄴ, ㄹ, ㅁ
④ ㄷ, ㄹ, ㅂ

01	부당행위계산부인

ㄱ, ㄴ, ㄷ, ㄹ 모두 부당행위계산의 부인대상 소득에 해당된다.

답 ④

02	부당행위계산부인

ㄴ, ㄹ, ㅁ이 부당행위계산부인 대상이 되는 소득에 해당한다. 배당소득(출자공동사업자가 손익분배비율에 따라 받는 배당소득만 해당한다), 사업소득, 기타소득 및 양도소득이 있는 거주자의 행위 또는 계산이 그 거주자와 특수관계인과의 거래로 인하여 그 소득에 대한 조세 부담을 부당하게 감소시킨 것으로 인정되는 경우에는 그 거주자의 행위 또는 계산과 관계없이 해당 과세기간의 소득금액을 계산할 수 있다.

답 ③

03 ☐☐☐

「소득세법」상 특수관계인인 갑과 을 간의 거래내용이다. 갑의 소득금액계산에 있어 부당행위계산의 부인 대상으로 옳지 않은 것은?

① 갑은 을에게 시가 5억 원의 토지를 6억 원에 양도하였다.
② 갑은 을로부터 무수익자산을 5억 원에 매입하여 그 유지비용을 매년 3억씩 부담하고 있다.
③ 갑은 을로부터 정상적 요율이 4억 원인 용역을 제공받고 5억 원을 지불하였다.
④ 갑은 을로부터 시가 6억 원의 토지를 9억 원에 매입하였다.

04 ☐☐☐

소득세 과세표준의 산정에 관한 설명으로 옳은 것은?

① 「소득세법」상 부당행위계산의 부인규정은 실제 소요된 필요경비가 인정되는 소득에만 적용되는 것이 원칙이므로 이자소득이나 근로소득에 대해서는 적용되지 아니한다.
② 사업소득이 발생하는 점포의 임차인으로서의 지위를 양도함으로써 얻는 경제적 이익인 점포임차권을 양도하고 받은 대가는 양도소득으로 분류된다.
③ 사적연금소득의 합계가 연 1,200만 원 이하인 경우 납세자의 사적연금소득은 원천징수에 의하여 소득세 납세의무가 종결되기 때문에 종합과세 대상이 될 수 없다.
④ 근로자를 수익자로 하여 사업자가 불입하여 발생한 확정급여형 퇴직연금의 운용수익은 당해 사업자의 이자소득으로 본다.

03	부당행위계산부인

특수관계인에게 시가보다 고가로 양도하는 것은 부당행위계산부인 유형에 해당하지 않는다.

> 📄 **부당행위계산부인 유형**
>
> 조세 부담을 부당하게 감소시킨 것으로 인정되는 경우는 다음의 어느 하나에 해당하는 경우로 한다. 아래 ㉠ ~ ㉢, ㉤(㉠부터 ㉢까지에 준하는 행위만 해당)은 시가와 거래가액의 차액이 3억 원 이상이거나 시가의 5%에 상당하는 금액 이상인 경우만 해당한다.
> ㉠ 특수관계인으로부터 시가보다 높은 가격으로 자산을 매입하거나 특수관계인에게 시가보다 낮은 가격으로 자산을 양도한 경우
> ㉡ 특수관계인에게 금전이나 그 밖의 자산 또는 용역을 무상 또는 낮은 이율 등으로 대부하거나 제공한 경우. 다만, 직계존비속에게 주택을 무상으로 사용하게 하고 직계존비속이 그 주택에 실제 거주하는 경우는 제외
> ㉢ 특수관계인으로부터 금전이나 그 밖의 자산 또는 용역을 높은 이율 등으로 차용하거나 제공받는 경우
> ㉣ 특수관계인으로부터 무수익자산을 매입하여 그 자산에 대한 비용을 부담하는 경우
> ㉤ 그 밖에 특수관계인과의 거래에 따라 해당 과세기간의 총수입금액 또는 필요경비를 계산할 때 조세의 부담을 부당하게 감소시킨 것으로 인정되는 경우

답 ①

04	부당행위계산부인

(선지분석)
② 사업소득이 발생하는 점포의 임차인으로서의 지위를 양도함으로써 얻는 경제적 이익인 점포임차권을 양도하고 받은 대가는 기타소득으로 분류된다.
③ 연 1,200만 원 이하인 납세자의 사적연금소득은 납세자가 분리과세나 종합과세 중 하나를 선택할 수 있으므로 종합과세도 될 수 있다.
④ 근로자를 수익자로 하여 사업자가 불입하여 발생한 확정급여형 퇴직연금의 운용수익은 당해 사업자의 사업소득으로 본다.

답 ①

「소득세법」상 부당행위계산부인에 관한 설명으로 옳은 것은?

① 특수관계인에게 시가가 50억 원인 자산을 48억 원에 양도하는 경우 부당행위계산부인의 요건을 충족한다.

② 거주자인 갑이 거주자인 그의 아들 을에게 시가 10억 원인 제품을 7억 원에 판매한 경우 과세관청은 을에 대하여 매입가액을 10억 원으로 하여 세법을 적용한다.

③ 거주자인 병이 거주자인 그의 동생 정에게 주택을 무상으로 사용하게 하고 정이 당해 주택에 실제 거주하는 경우에는 조세의 부담을 부당하게 감소시킨 것으로 인정하는 때에 해당되지 않는다.

④ 부당행위계산부인 규정은 당사자 간에 약정한 법률행위의 효과를 부인하거나 기존 법률행위의 변경·소멸을 가져오게 할 수 없다.

「소득세법」상 소득금액계산의 특례에 관한 설명으로 옳지 않은 것은?

① 사업소득이 있는 거주자에 대하여 당해 연도의 소득금액을 추계결정하는 경우(천재·지변 기타 불가항력으로 장부 기타 증빙서류가 멸실되어 추계결정하는 경우는 제외)에는 이월결손금의 공제규정을 적용하지 않는다.

② 모든 배당소득·사업소득 및 기타소득은 부당행위계산부인 규정의 적용을 받는다.

③ 내국법인이 발행한 채권에서 발생하는 이자와 할인액은 당해 채권의 상환기간 중에 보유한 거주자 또는 비거주자에게 그 보유기간별 이자상당액이 각각 귀속되는 것으로 보아 소득금액을 계산한다.

④ 피상속인의 소득금액에 대한 소득세를 상속인에게 과세할 것은 이를 상속인의 소득금액에 대한 소득세와 구분하여 계산하여야 한다.

---

05   부당행위계산부인

선지분석

① 시가와 거래가액과의 차액이 3억 원 이상이거나 시가의 5% 이상이어야 하는데 이에 해당하지 않으므로 부당행위계산부인의 요건이 충족되지 아니한다.

② 거주자인 갑이 거주자인 그의 아들 을에게 시가 10억 원인 제품을 7억 원에 판매한 경우 을의 매입가액은 저가를 그대로 인정한다.

③ 직계존비속에게 주택을 무상으로 사용하게 하고 직계존비속이 해당 주택에 실제 거주하는 경우에는 부당행위계산부인 규정을 적용하지 않는다. 따라서 형제자매는 부당행위계산부인에 해당된다.

답 ④

06   부당행위계산부인

배당소득(출자공동사업자의 배당에 한함)·사업소득·기타소득 및 양도소득이 「소득세법」상 부당행위계산부인 규정의 적용을 받는 소득에 해당한다.

답 ②

07 ☐☐☐

「소득세법」상 공동사업에 대한 소득금액 계산과 납세의무의 범위에 대한 설명으로 옳은 것은?

① 사업소득이 발생하는 사업을 공동으로 경영하고 그 손익을 분배하는 공동사업의 경우에는 공동사업장을 1거주자로 보아 공동사업장별로 그 소득금액을 계산한다.

② 공동사업에서 발생한 소득금액은 해당 공동사업을 경영하는 각 거주자 간에 약정된 손익분배비율이 있더라도 지분비율에 의하여 분배되었거나 분배될 소득금액에 따라 각 공동사업자별로 분배한다.

③ 거주자 1인과 그의 특수관계인이 공동사업자에 포함되어 있는 경우 그 특수관계인의 소득금액은 손익분배비율이 큰 공동사업자의 소득금액으로 본다.

④ 주된 공동사업자에게 합산과세되는 경우 그 합산과세되는 소득금액에 대해서는 주된 공동사업자의 특수관계인은 공동사업소득금액 전액에 대하여 주된 공동사업자와 연대하여 납세의무를 진다.

08 ☐☐☐

「소득세법」상 공동사업에 대한 설명으로 옳지 않은 것은?

① 공동사업의 경우에는 해당 사업을 경영하는 장소를 1거주자로 보아 공동사업자별로 각각 그 소득금액을 계산한다.

② 공동사업의 출자공동사업자에게 분배된 소득금액은 배당소득으로 보고 무조건 종합과세한다.

③ 공동사업장에 대해서는 당해 공동사업장을 1사업자로 보아 장부기장 및 사업자등록에 관한 규정을 적용한다.

④ 공동사업장에서 발생한 소득금액에 대하여 원천징수된 세액은 각 공동사업자의 손익분배 비율에 따라 배분한다.

07	공동사업

(선지분석)
② 약정된 손익분배비율에 따라 배분하며 손익분배비율이 없는 경우에 지분비율에 따라 배분한다.

③ 특수관계인이 있다고 하여 공동사업합산과세를 적용하는 것은 아니므로 합산하여 과세하지 않는다.

④ 주된 공동사업자의 특수관계인인 손익분배비율에 해당하는 소득금액을 한도로 연대하여 납부할 의무가 있다.

답 ①

08	공동사업

공동사업의 경우에는 해당 사업을 경영하는 장소를 1거주자 또는 1비거주자로 보아 공동사업장별로 각각 그 소득금액을 계산한다.

📑 **공동사업**

공동사업에서 발생한 소득금액은 해당 공동사업을 경영하는 공동사업자(출자공동사업자를 포함)간에 약정된 손익분배비율(약정된 손익분배비율이 없는 경우에는 지분비율을 말함)에 의하여 분배되었거나 분배될 소득금액에 따라 각 공동사업자별로 분배한다.

답 ①

「소득세법」상 사업소득이 발생하는 사업을 공동으로 경영하고 그 손익을 분배하는 공동사업에 관한 설명으로 옳지 않은 것은?

① 공동사업에 관한 소득금액을 계산할 때에는 당해 공동사업장별로 납세의무를 지는 것이 원칙이다.

② 공동사업장을 1거주자(1비거주자)로 보아 공동사업장별로 그 소득금액을 계산한다.

③ 공동사업에서 발생한 소득금액은 해당 공동사업을 경영하는 공동사업자간에 약정된 손익분배비율에 의하여 분배되었거나 분배될 소득금액에 따라 각 공동사업자별로 분배한다.

④ 거주자 1인과 그와 법령이 정하는 특수관계에 있는 자가 공동사업자에 포함되어 있는 경우로서 조세를 회피하기 위하여 공동으로 사업을 경영하는 것이 확인되는 경우에는 당해 특수관계인의 소득금액은 주된 공동사업자의 소득금액으로 본다.

---

09   공동사업

공동사업장별로 소득금액을 계산하고 공동사업자에 대한 손익분배비율에 따라 분배한다. 손익분배비율에 따라 분배받은 소득을 각 공동사업자가 다른 종합소득과 합산하여 신고하고 납부한다.

> 📄 **공동사업합산과세**
>
> ㉠ 개념: 거주자 1인과 그의 특수관계인*이 공동사업자에 포함되어 있는 경우로서 손익분배비율을 거짓으로 정하는 등 사유가 있는 경우에는 그 특수관계인의 소득금액은 주된 공동사업자의 소득금액으로 본다.
>
> ㉡ 주된 공동사업자
>   ⓐ 손익분배비율이 큰 공동사업자
>   ⓑ 손익분배비율이 같은 경우에는 공동사업소득 외의 종합소득금액이 많은 자
>   ⓒ 공동사업소득 외의 종합소득금액이 같은 경우에는 직전 과세기간의 종합소득금액이 많은 자
>   ⓓ 직전 과세기간의 종합소득금액이 같은 경우에는 해당 사업에 대한 종합소득과세표준을 신고한 자. 다만, 공동사업자 모두가 해당 사업에 대한 종합소득과세표준을 신고하였거나 신고하지 아니한 경우에는 납세지 관할 세무서장이 정하는 자로 함
>
> ㉢ 공동사업합산과세 대상소득: 공동사업장에서 발생하는 사업소득에 한정하여 공동사업합산과세를 적용하므로 공동사업장에서 발생하는 이자소득이나 배당소득은 합산하여 과세하지 않는다.
> * 해당 과세기간종료일 현재 거주자 1인과 친족관계·경제적연관관계·경영지배관계에 있는 자로서 생계를 같이하는 자를 말한다.

답 ①

「소득세법」상 공동사업에 대한 소득금액계산에 관한 설명으로 옳지 않은 것은?

① 사업소득이 발생하는 사업을 공동으로 경영하고 그 손익을 분배하는 공동사업의 경우에는 공동사업장을 1거주자로 보아 공동사업장별로 그 소득금액을 계산한다.

② 공동사업에서 발생한 소득금액은 공동사업자간에 약정된 손익분배비율(약정된 손익분배비율이 없는 경우에는 지분비율)에 의하여 분배되었거나 분배될 소득금액에 따라 각 공동사업자별로 분배한다.

③ 거주자 1인과 그와 법령에서 정하는 특수관계에 있는 자가 공동사업자에 포함되어 있는 경우로서 손익분배비율을 허위로 정하는 등 법령이 정하는 사유가 있는 때에는 당해 특수관계인의 소득금액은 주된 공동사업자의 소득금액으로 본다.

④ 공동사업장의 소득금액을 계산하는 경우 접대비한도액, 기부금 한도액 계산은 공동사업에 출자한 공동사업자별로 각각 계산한다.

---

10   공동사업

공동사업장의 소득금액을 계산하는 경우 접대비한도액, 기부금 한도액 계산은 공동사업장을 1거주자로 보아 계산한다.

답 ④

11 □□□

소득세법령상 공동사업에 대한 거주자의 소득세 납세의무에 대한 설명으로 옳지 않은 것은?

① 공동사업자가 과세표준확정신고를 하는 때에 과세표준확정신고서와 함께 당해 공동사업장에서 발생한 소득과 그 외의 소득을 구분한 계산서를 제출하여야 한다.

② 특수관계자가 아닌 자와 공동사업을 경영하는 경우 그 사업에서 발생한 소득금액은 공동사업을 경영하는 각 거주자간에 약정된 손익분배비율의 존재 여부와 관계없이 지분비율에 의하여 분배되었거나 분배될 소득금액에 따라 각 공동사업자별로 분배한다.

③ 공동사업에 관한 소득금액이 「소득세법」 제43조 제3항에 따른 주된 공동사업자에게 합산과세되는 경우 그 합산과세되는 소득금액에 대해서는 주된 공동사업자의 특수관계인은 법률규정에 따른 손익분배비율에 해당하는 그의 소득금액을 한도로 주된 공동사업자와 연대하여 납세의무를 진다.

④ 공동사업에서 발생한 소득금액 중 법령에서 정하는 바에 따라 출자공동사업자에게 분배된 금액은 배당소득으로 과세한다.

KEYWORD 80 결손금

12 □□□

「소득세법」상 결손금 소급공제에 의한 환급에 관한 설명으로 옳지 않은 것은?

① 환급규정은 해당 거주자가 과세표준 확정신고기한까지 결손금이 발생한 과세기간과 그 직전 과세기간의 소득에 대한 소득세의 과세표준 및 세액을 각각 신고한 경우에만 적용한다.

② 납세지 관할 세무서장은 소득세를 환급한 후 결손금이 발생한 과세기간에 대한 소득세의 과세표준과 세액을 경정함으로써 이월결손금이 감소된 경우에는 환급세액 중 그 감소된 이월결손금에 상당하는 세액을 법령으로 정하는 바에 따라 그 이월결손금이 발생한 과세기간의 소득세로서 징수한다.

③ 중소기업을 경영하는 거주자가 그 중소기업의 사업소득금액을 계산할 때 해당 과세기간의 이월결손금(부동산임대업에서 발생한 이월결손금 포함)이 발생한 경우에는 이를 소급공제하여 직전과세기간의 그 중소기업의 사업소득에 대한 종합소득세액을 환급신청할 수 있다.

④ 소급공제한 이월결손금에 대해서 이월결손금의 이월공제 규정을 적용할 때에는 그 이월결손금을 공제받은 금액으로 본다.

11	공동사업

공동사업에서 발생하는 소득금액은 손익분배비율에 따라 분배하고 손익분배비율이 없는 경우에 지분비율에 따라 배분한다.

답 ②

12	결손금

사업소득 중 부동산임대업에서 발생한 이월결손금은 결손금 소급공제환급 신청대상에서 제외된다.

📄 사업소득 결손금과 이월결손금 공제

㉠ 부동산임대업 이외의 사업(일반사업) 및 주거용 건물 임대업

결손금 공제순서	사업 → 근로 → 연금 → 기타 → 이자 → 배당
이월결손금 공제순서	사업 → 근로 → 연금 → 기타 → 이자 → 배당

㉡ 부동산임대업(주거용 건물 임대업 제외)

결손금	타소득에서 공제하지 않음
이월결손금	부동산임대업의 사업소득금액에서 공제함

답 ③

「소득세법」상 결손금 소급공제에 대한 설명으로 옳지 않은 것은?

① 법령 소정의 중소기업을 영위하는 거주자(부동산임대업 제외)는 이월결손금이 발생한 경우 결손금 소급공제에 의한 세액환급을 신청할 수 있다.

② 사업소득(부동산임대업 제외)에서 발생한 결손금이 결손금 소급공제의 대상이 된다.

③ 결손금 소급공제는 거주자가 결손금이 발생한 과세기간과 그 직전 과세기간의 소득에 대한 소득세의 과세표준 및 세액을 각각 신고한 경우에 한하여 적용된다.

④ 결손금 소급공제에 의하여 환급을 받았다 하더라도 동일한 결손금을 이월하여 공제할 수 있다.

13	결손금

소급공제한 이월결손금에 대해서 이월공제를 적용할 때에는 그 이월결손금을 공제받은 금액으로 본다.

> 📋 **결손금 소급공제**
> ㉠ 중소기업의 사업소득 결손금
> ㉡ 다른 종합소득금액에서 공제 후 남은 잔액 소급가능(소급공제부터 할 수 없음)
> ㉢ 부동산임대업은 소급공제 제외
>
> > ※ 금융소득의 경우 결손금 공제 특례
> > ⓐ 원천징수세율 적용 금융소득: 공제할 수 없음
> > ⓑ 기본세율 적용 금융소득: 공제 여부 및 금액을 선택할 수 있음

답 ④

「소득세법」상 소득금액계산에 관한 설명으로 가장 옳지 않은 것은?

① 사업소득이 발생하는 사업을 공동으로 경영하고 그 손익을 분배하는 공동사업의 경우(출자공동사업자가 있는 공동사업 포함)에는 공동사업장을 1거주자로 보아 공동사업장별로 그 소득금액을 계산한다.

② 결손금 및 이월결손금의 공제에 있어 당해 연도에 결손금이 발생하고 이월결손금이 있는 경우에는 먼저 발생한 연도 이월결손금부터 소득금액에서 공제하고 다음으로 당해 연도의 결손금을 소득금액에서 공제한다.

③ 사업소득에서 발생한 이월결손금은 사업소득금액, 근로소득금액, 연금소득금액, 기타소득금액, 이자소득금액 및 배당소득금액에서 순차로 공제한다.

④ 피상속인의 소득금액에 대한 소득세를 상속인에게 과세할 것은 이를 상속인의 소득금액에 대한 소득세와 구분하여 계산하여야 한다.

14	결손금

해당 과세기간에 결손금이 발생하고 이월결손금이 있는 경우에는 그 과세기간의 결손금을 먼저 소득금액에서 공제한 후 이월결손금을 공제한다.

> 📋 **손금과 이월결손금이 동시에 있는 경우 공제순서**
> ㉠ 일반사업과 주거용 건물 임대업의 결손금
> ㉡ 일반사업과 주거용 건물 임대업의 이월결손금
> ㉢ 부동산임대업의 이월결손금

답 ②

15 □□□

「소득세법」상 과세소득금액을 계산함에 있어서 결손금의 통산 방법을 설명한 것으로 옳지 않은 것은?

① 사업소득(부동산임대업 제외) 및 주거용 건물 임대업에서 발생한 결손금은 근로소득금액, 연금소득금액, 기타소득금액, 이자소득금액, 배당소득금액에서 순차로 공제한다.

② 사업소득(부동산임대업 제외) 및 주거용 건물 임대업의 결손금을 다른 종합소득금액에서 공제하고 남은 경우에는 양도소득금액에서 공제한다.

③ 부동산임대사업소득(주거용 건물 임대업 제외)에서 발생한 결손금은 다른 종합소득금액에서 공제할 수 없다.

④ 부동산임대사업소득(주거용 건물 임대업 제외)에서 발생한 이월결손금은 당해 이월결손금이 발생한 연도의 종료일부터 15년 이내에 종료하는 과세기간의 소득금액을 계산함에 있어서 먼저 발생한 연도의 이월결손금부터 순차로 부동산임대사업소득금액에서 공제한다.

15	결손금

사업소득(부동산임대업 제외)에서 발생한 결손금은 다른 종합소득금액에서만 공제할 수 있으나, 분류과세에서는 공제할 수 없다.

답 ②

16 □□□

「소득세법」상 소득금액계산의 특례에 대한 설명으로 옳지 않은 것은?

① 조세조약의 상대국과 당해 조세조약의 상호합의 규정에 따라 거주자가 외국법인과 행한 거래의 거래금액에 대하여 권한 있는 당국 간에 합의를 하는 경우에는 그 합의에 따라 납세지 관할 세무서장 또는 지방국세청장은 거주자의 각 과세기간의 소득금액을 조정하여 계산할 수 있다.

② 사업소득이 발생하는 사업을 공동으로 경영하고 그 손익을 분배하는 공동사업의 경우에는 공동사업장을 1거주자로 보아 공동사업장별로 그 소득금액을 계산한다.

③ 사업소득(부동산임대업 제외) 및 주거용 건물 임대업에서 발생한 이월결손금은 사업소득금액, 연금소득금액, 근로소득금액, 기타소득금액, 이자소득금액 및 배당소득금액에서 순차로 공제한다.

④ 신탁재산에 귀속되는 소득은 그 신탁의 이익을 받을 수익자(수익자가 사망하는 경우에는 그 상속인)에게 귀속되는 것으로 본다.

16	결손금

사업소득(부동산임대업 제외) 및 주거용 건물 임대업에서 발생한 이월결손금은 사업소득금액, 근로소득금액, 연금소득금액, 기타소득금액, 이자소득금액 및 배당소득금액에서 순차로 공제한다.

답 ③

「소득세법」상 납세의무의 범위에 대한 설명으로 옳지 않은 것은?

① 피상속인의 소득금액에 대한 소득세로서 상속인에게 과세할 것과 상속인의 소득금액에 대한 소득세는 구분하여 계산하여야 하며, 피상속인의 소득금액에 대하여 과세하는 경우에는 그 상속인이 납세의무를 진다.

② 원천징수되는 소득(이자소득, 배당소득 등)으로서 종합소득 과세표준을 계산할 때 합산되지 아니하는 소득이 있는 자는 그 원천징수되는 소득세에 대해서 납세의무를 진다.

③ 신탁업을 경영하는 자는 각 과세기간의 소득금액을 계산할 때 신탁재산에 귀속되는 소득과 그 밖의 소득을 구분하여 경리하여야 한다.

④ 신탁재산에 귀속되는 소득은 수탁자(수탁자가 사망하는 경우에는 그 상속인)에게 귀속되는 것으로 본다.

17	결손금

신탁재산에 귀속되는 소득은 그 신탁의 이익을 받을 수익자(수익자가 사망하는 경우에는 그 상속인)에게 귀속되는 것으로 본다.

답 ④

「소득세법」상 소득금액계산의 특례에 대한 설명으로 옳지 않은 것은?

① 납세지 관할 세무서장은 사업소득이 있는 거주자의 행위 또는 계산이 그 거주자와 특수관계인과의 거래로 인하여 그 소득에 대한 조세부담을 부당하게 감소시킨 것으로 인정되는 경우 그 거주자의 행위 또는 계산과 관계없이 해당 과세기간의 소득금액을 계산할 수 있다.

② 조세조약의 상호 합의 규정에 따라 거주자와 국외에 있는 비거주자 간 거래금액에 대하여 권한 있는 당국 간에 합의를 하는 경우 그 합의에 따라 납세지 관할 세무서장은 그 거주자의 각 과세기간의 소득금액을 조정하여 계산할 수 있다.

③ 사업소득이 발생하는 사업을 공동으로 경영하고 그 손익을 분배하는 공동사업의 경우에는 해당 사업을 공동으로 경영하는 자 각각을 1거주자로 보아 거주자별로 소득금액을 계산한다.

④ 연금계좌의 가입자가 사망하였으나, 그 배우자가 연금외 수령 없이 해당 연금계좌를 상속으로 승계하는 경우 해당 연금계좌에 있는 피상속인의 소득금액은 상속인의 소득금액으로 보아 소득세를 계산한다.

18	결손금

공동사업의 소득금액은 공동사업장을 1거주자로 보아 공동사업장별로 소득금액을 계산하는 것이지 거주자별로 소득금액을 계산하는 것은 아니다.

답 ③

19 ☐☐☐

소득세법령상 소득금액계산의 특례에 대한 설명으로 옳지 않은 것은?

① 주거용 건물 임대업에서 발생하는 이월결손금은 해당 과세기간의 사업소득금액을 계산할 때 먼저 공제하고, 남은 금액은 근로소득금액, 기타소득금액, 연금소득금액, 배당소득금액, 이자소득금액에서 순서대로 공제한다.

② 사업소득이 발생하는 사업을 공동으로 경영하고 그손익을 분배하는 공동사업(출자공동사업자가 있는 경우 공동사업 포함)의 경우에는 공동사업장을 1거주자로 보아 공동사업장별로 그소득금액을 계산한다.

③ 연금계좌의 가입자가 사망하였으나 그 배우자가 연금외 수령 없이 해당 연금계좌를 상속으로 승계하는 경우에는 해당 연금계좌에 있는 피상속인의 소득금액은 상속인의 소득금액으로 보아 소득세를 계산한다.

④ 거주자가 채권 등을 내국법인에게 매도(환매조건부채권 매매거래 등 대통령령으로 정하는 경우는 제외)하는 경우에는 대통령령으로 정하는 기간계산방법에 따른 원천징수기간의 이자 등 상당액을 거주자의 이자소득으로 보고 채권 등을 매수하는 법인이 소득세를 원천징수한다.

20 ☐☐☐

「소득세법」상 거주자의 결손금 및 이월결손금의 공제에 대한 설명으로 옳은 것으로만 묶은 것은? (단, 이월결손금은 세법상 공제 가능하고, 국세부과의 제척기간이 지난 후에 그 제척기간 이전 과세기간의 이월결손금이 확인된 경우가 아니며, 추계신고·추계조사결정하는 경우에도 해당하지 않는다)

> ㄱ. 사업자(부동산임대업은 제외하되 주거용 건물 임대업은 포함)가 비치·기록한 장부에 의하여 해당 과세기간의 사업소득금액을 계산할 때 발생한 결손금은 그 과세기간의 종합소득과세표준을 계산할 때 근로소득금액·연금소득금액·기타소득금액·이자소득금액·배당소득금액에서 순서대로 공제한다.
>
> ㄴ. 부동산임대업(주거용 건물 임대업 포함)에서 발생한 이월결손금은 해당 과세기간의 부동산임대업의 소득금액에서만 공제한다.
>
> ㄷ. 결손금 및 이월결손금을 공제할 때 종합과세되는 배당소득 또는 이자소득이 있으면 그 배당소득 또는 이자소득 중 기본세율을 적용받는 부분에 대해서는 사업자가 그 소득금액의 범위에서 공제 여부 및 공제금액을 결정할 수 있다.
>
> ㄹ. 결손금 및 이월결손금을 공제할 때 해당 과세기간에 결손금이 발생하고 이월결손금이 있는 경우에는 그 과세기간의 이월결손금을 먼저 소득금액에서 공제한다.

① ㄱ, ㄴ

② ㄱ, ㄷ

③ ㄴ, ㄹ

④ ㄷ, ㄹ

19	결손금

주거용 건물 임대업에서 발생하는 이월결손금은 해당 과세기간의 사업소득금액을 계산할 때 먼저 공제하고, 남은 금액은 근로소득금액, 연금소득금액, 기타소득금액, 이자소득금액, 배당소득금액에서 순서대로 공제한다.

답 ①

20	결손금

ㄱ, ㄷ이 거주자의 결손금 및 이월결손금의 공제에 대한 옳은 설명이다.

(선지분석)

ㄴ. 주거용건물 임대업의 이월결손금은 다른 소득에서 공제할 수 있다.

ㄹ. 결손금과 이월결손금이 있는 경우에는 결손금을 먼저 공제한다.

답 ②

---

05 과세표준 및 세액공제

KEYWORD 81 종합소득공제

01 □□□
2007년 9급

「소득세법」상 소득공제에 대한 설명으로 옳지 않은 것은?

① 「소득세법」상 인적공제의 합계액이 종합소득금액을 초과하는 경우 그 초과하는 공제액은 없는 것으로 한다.

② 거주자의 부양가족 중 거주자(그 배우자 포함)의 직계존속이 주거의 형편에 따라 별거하고 있는 경우에도 이를 생계를 같이하는 자로 본다.

③ 「소득세법」은 20세 이상 60세 이하인 직계존비속에 대하여는 근로능력이 있는 것으로 보아 기본공제대상에서 제외하고 있다. 다만, 기본공제대상자가 장애인인 경우에는 연령제한을 받지 아니한다.

④ 한부모공제와 부녀자공제가 중복되는 경우에는 한부모공제만 적용한다.

---

01 종합소득공제

「소득세법」은 20세 초과 60세 미만인 직계존비속에 대하여는 근로능력이 있는 것으로 보아 기본공제대상에서 제외하고 있다. 다만, 기본공제대상자가 장애인인 경우에는 연령제한을 받지 아니한다.

📄 **종합소득공제**

ⓐ 기본공제(1인당 연 150만 원)

구분		나이요건	소득요건
본인		×	×
배우자		×	○
부양가족	직계존속	60 이상	○
	직계비속·입양자	20 이하	○
	형제자매	20 이하 또는 60 이상	○
	수급자	×	○
	위탁아동	20 이하	○

ⓑ 추가공제(기본공제대상자 중 요건충족시)

경로우대자 공제	㉠ 70세 이상 ㉡ 인당 100만 원
장애인공제	㉠ 장애인 ㉡ 인당 200만 원
부녀자공제	㉠ 본인이 여성이면서 ⓐ 또는 ⓑ 충족시* ㉡ 연 500만 원 ⓐ 배우자 × + 기본공제대상자 부양가족 + 세대주 ⓑ 배우자 ○ * 해당 과세기간 종합소득금액 3,000만 원 이하인 거주자
한부모공제	㉠ 연 100만 원 ㉡ 배우자 × + 기본공제대상자 직계비속 또는 입양자

* 중복 적용은 가능하지만, 부녀자공제와 한부모공제 중복 적용 시 한부모공제를 적용함

답 ③

02 □□□

「소득세법」상 거주자의 종합소득공제에 대한 설명으로 옳은 것만을 모두 고르면?

> ㄱ. 기본공제대상자가 70세 이상인 경우 1명당 연 100만 원을 추가로 공제한다.
> ㄴ. 거주자의 직계존속은 나이와 소득에 관계없이 기본공제 대상자가 된다.
> ㄷ. 분리과세이자소득, 분리과세배당소득, 분리과세연금소득과 분리과세기타소득만이 있는 자에 대해서는 종합소득공제를 적용하지 아니한다.
> ㄹ. 주택담보노후연금에 대해서 발생한 이자비용 상당액은 연금소득금액을 초과하지 않는 범위에서 300만 원을 연금소득금액에서 공제한다.

① ㄱ, ㄴ
② ㄱ, ㄷ
③ ㄴ, ㄹ
④ ㄷ, ㄹ

03 □□□

「소득세법」상 거주자를 대상으로 하는 종합소득공제에 대한 설명으로 옳지 않은 것은?

① 분리과세 이자소득, 분리과세 배당소득, 분리과세 연금소득과 분리과세 기타소득만이 있는 자에 대해서는 종합소득공제를 적용하지 아니한다.
② 종합소득공제 중 인적공제의 합계액이 종합소득금액을 초과하는 경우 그 초과하는 공제액은 없는 것으로 한다.
③ 수시부과 결정(「소득세법」 제82조)의 경우에는 기본공제 중 거주자 본인에 대한 분(分)만을 공제한다.
④ 둘 이상의 거주자가 공제대상가족을 서로 자기의 공제대상가족으로 하여 신고서에 적은 경우에는 먼저 신고한 거주자의 공제대상가족으로 한다.

02	종합소득공제

ㄱ, ㄷ이 「소득세법」상 거주자의 종합소득공제에 대한 옳은 설명이다.

선지분석

ㄴ. 직계존속은 나이와 소득요건을 충족한 경우 공제대상으로 한다.
ㄹ. 주택담보노후연금이자비용은 200만 원을 한도로 공제한다.

답 ②

03	종합소득공제

📄 **공제대상가족**

둘 이상의 거주자가 공제대상가족을 서로 자기의 공제대상가족으로 하여 신고서에 적은 경우 또는 누구의 공제대상가족으로 할 것인가를 알 수 없는 경우에는 다음의 기준에 따른다.
㉠ 거주자의 공제대상배우자가 다른 거주자의 공제대상부양가족에 해당하는 때에는 공제대상배우자로 함
㉡ 거주자의 공제대상부양가족이 다른 거주자의 공제대상부양가족에 해당하는 때에는 직전 과세기간에 부양가족으로 인적공제를 받은 거주자의 공제대상부양가족으로 함. 다만, 직전 과세기간에 부양가족으로 인적공제를 받은 사실이 없는 때에는 해당 과세기간의 종합소득금액이 가장 많은 거주자의 공제대상부양가족으로 함
㉢ 거주자의 추가공제대상자가 다른 거주자의 추가공제대상자에 해당하는 때에는 기본공제를 하는 거주자의 추가공제대상자로 함

답 ④

04 □□□

「소득세법」상 종합소득공제에 대한 설명으로 옳은 것은?

① 직계비속이 해당 과세기간 중 20세가 된 경우에는 기본공제대상이 될 수 없다.

② 기본공제대상자가 아닌 자도 추가공제 대상자가 될 수 있다.

③ 기본공제대상자 중 장애인이 있는 경우에는 나이의 제한을 받지 않는다.

④ 해당 과세기간 중 장애가 치유되어 해당 과세기간에는 장애인이 아닌 경우 추가공제(장애인공제)를 적용받을 수 없다.

05 □□□

「소득세법」에 따라 다음 자료를 이용하여 2023년 종합소득공제액을 계산할 때 인적공제의 합계액은? [단, 공제대상임을 증명하는 서류는 정상적으로 제출하였고, 부양가족은 모두 당해 과세연도 종료일 현재(모친은 사망일 현재) 주거형편상 별거 중, 연령은 당해 과세연도 종료일 현재(모친은 사망일 현재)임]

부양가족	연령	소득현황	비고
본인(남성)	51세	총급여액 5천만 원	-
배우자	48세	총급여액 1천만 원	장애인
아들	18세	-	장애인
딸	13세	-	-
모친	72세	-	당해연도 12월 1일 사망

① 900만 원

② 1,050만 원

③ 1,100만 원

④ 1,250만 원

04	종합소득공제

선지분석

① 당해 연도 과세기간 중에 당해 연령에 해당되는 날이 있는 경우에는 공제대상자로 한다.

② 기본공제대상자가 아닌 자는 추가공제대상자가 될 수 없다.

④ 해당 과세기간 중 장애가 치유된 경우에는 장애가 치유된 과세기간에는 추가공제(장애인공제)를 적용받을 수 있다.

📄 **공제대상 판정시기**

㉠ 공제대상 배우자, 공제대상 부양가족, 공제대상 장애인 또는 공제대상 경로우대자에 해당하는지 여부의 판정은 해당 과세기간의 과세기간 종료일 현재의 상황에 따른다. 다만, 과세기간 종료일 전에 사망한 사람 또는 장애가 치유된 사람에 대해서는 사망일 전날 또는 치유일 전날의 상황에 따른다.

㉡ 적용대상 나이가 정해진 경우에는 해당 과세기간의 과세기간 중에 해당 나이에 해당되는 날이 있는 경우에 공제대상자로 본다.

답 ③

05	종합소득공제

• 기본공제: 4명(본인, 아들, 딸, 모친) × 150만 원 = 600만 원

• 추가공제
　㉠ 장애인 공제(아들): 200만 원
　㉡ 경로우대공제(모친): 100만 원

※ 합계: 900만 원

답 ①

06 □□□

「소득세법」상 추가공제에 대한 설명이다. 옳지 않은 것은?

• 본인	49세	상가임대사업소득금액	1,500만 원
• 배우자	47세	이자소득금액	150만 원(국내이자)
• 장남	5년 10월	소득 없음	
• 장녀	26세	근로소득금액	90만 원(장애인)
• 시아버지	77세	양도소득금액	100만 원
• 모	73세	사업소득금액	300만 원(장애인)

단, 이들은 성춘향씨 본인(여성)과 생계를 같이 하는 동거 가족이다.

① 본인이 배우자 있는 부녀자이므로 부녀자 공제대상이다.

② 장녀에 대하여는 장애인 공제를 받을 수 있다.

③ 장남에 대하여는 추가 공제를 받을 수 없다.

④ 시아버지는 기본공제대상자가 아니므로 경로우대공제를 받을 수 없다.

⑤ 어머니는 사업소득금액이 300만 원이므로 기본공제를 받을 수 없다.

KEYWORD 82 세액공제

07 □□□

「소득세법」과 「법인세법」상에 공통으로 해당하는 세액공제액으로 옳은 것은?

① 배당세액공제와 재해손실세액공제

② 기장세액공제와 외국납부세액공제

③ 근로소득세액공제와 재해손실세액공제

④ 재해손실세액공제와 외국납부세액공제

06	종합소득공제

배우자의 직계존속도 나이와 소득요건을 충족하면 기본공제대상자에 해당된다. 따라서 기본공제대상자에 해당하므로 경로우대공제를 받을 수 있다.

답 ④

07	세액공제

배당세액공제, 기장세액공제 및 근로소득세액공제는 「소득세법」에만 해당하는 세액공제이다.

답 ④

08 □□□

---

08 □□□

「소득세법」상 세액공제에 대한 설명으로 옳은 것은?

① 기장세액공제와 관련된 장부 및 증명서류를 해당 납세의 무성립일로부터 5년간 보관하는 경우 기장세액공제를 적용받을 수 있다.

② 2023년도 귀속분 종합소득이 있는 거주자의 기본공제대상자에 해당하는 자녀가 2명(9세 장녀, 8세 차녀)인 경우 자녀세액공제는 30만 원을 종합소득산출세액에서 공제한다.

③ 근로소득이 있는 거주자(일용근로자 제외)가 해당 과세기간에 「국민건강보험법」 또는 「고용보험법」에 따라 근로자가 부담하는 보험료를 지급한 경우에는 그 금액의 12%를 보험료세액공제로 해당 과세기간의 종합소득산출세액에서 공제한다.

④ 외국납부세액공제액이 공제한도를 초과하는 경우 그 초과하는 금액은 해당 과세기간의 다음 과세기간부터 3년 이내에 끝나는 과세기간으로 이월하여 그 이월된 과세기간의 공제한도 범위 내에서 공제받을 수 있다.

08	세액공제

선지분석

① 기장세액공제와 관련된 장부 및 증명서류를 해당 과세표준확정신고기간 종료일로부터 5년간 보관하는 경우 기장세액공제를 적용받을 수 있다.

③ 근로소득이 있는 거주자(일용근로자 제외)가 해당 과세기간에 「국민건강보험법」 또는 「고용보험법」에 따라 근로자가 부담하는 보험료를 지급한 경우 소득공제대상에 해당된다.

④ 외국납부세액공제액이 공제한도를 초과하는 경우 그 초과하는 금액은 해당 과세기간의 다음 과세기간부터 10년 이내에 끝나는 과세기간으로 이월하여 그 이월된 과세기간의 공제한도 범위 내에서 공제받을 수 있다.

답 ②

09 □□□

소득세법령상 세액공제에 대한 설명으로 옳지 않은 것은?

① 종합소득 있는 거주자의 공제대상자녀로서 8세 이상의 자녀가 3명(해당 과세기간에 입양 신고한 자는 없으며 자녀장려금 환급 신청은 하지 아니함)인 경우 60만 원을 자녀세액공제로 종합소득산출세액에서 공제한다.

② 해당 과세기간에 총급여액 5,000만 원의 근로소득만 있는 거주자가 같은 과세기간에 연금저축계좌에 400만 원을 납입한 경우, 연금저축계좌 납입액의 100분의 12에 해당하는 48만 원을 해당 과세기간의 종합소득산출세액에서 공제한다.

③ 근로소득이 없는 거주자로서 종합소득이 있는 사람(성실사업자는 제외)에 대하여는 연 7만 원을 종합소득 산출세액에서 공제한다.

④ 재학 중인 학교로부터 해당 과세기간에 받은 장학금 등 소득세 또는 증여세가 비과세되는 교육비는 종합소득산출세액에서 공제하지 아니한다.

09	세액공제

종합소득금액이 4,500만 원 이하인 거주자, 근로소득만 있는 경우는 총급여액 5,500만 원 이하인 거주자는 15%를 적용한다.

📄 세액공제

종합소득이 있는 거주자가 연금계좌에 납입한 금액이 있는 경우 다음에 해당하는 금액을 제외하고 공제한다.
㉠ 퇴직일 현재 연금계좌에 있거나 연금계좌로 지급
㉡ 퇴직하여 지급받은 날부터 60일 이내에 연금계좌에 입금
㉢ 연금계좌에서 다른 연금계좌로 계약을 이전함으로써 납입되는 금액

> $Min[(ⓐ, ⓑ) + ⓒ] \times 12\%^{*1)}$
> ⓐ Min(연금저축계좌납입액, 연 600만 원) + 퇴직연금계좌납입액
> ⓑ 900만 원
> ⓒ Min(전환금액$^{*2)} \times 10\%$, 300만 원$^{*3)}$)

$^{*1)}$ 종합소득금액이 4,500만 원 이하인 거주자(또는 근로소득만 있는 경우에는 총급여액 5,500만 원 이하인 거주자)는 15%를 적용함
$^{*2)}$ 개인종합자산관리계좌의 계약기간이 만료된 날부터 60일 이내에 해당 계좌 잔액의 전부 또는 일부를 연금계좌로 납입한 경우 그 납입한 금액
$^{*3)}$ 직전 과세기간과 해당 과세기간에 걸쳐 납입한 경우에는 300만 원에서 직전 과세기간에 적용된 금액을 차감한 금액으로 함

답 ②

「소득세법」상 세액공제에 대한 설명으로 옳지 않은 것은?

① 간편장부대상자가 과세표준확정신고를 할 때 복식부기에 따라 기장하여 소득금액을 계산하고 「소득세법」에 따른 서류를 제출하는 경우에는 해당 장부에 의하여 계산한 사업소득금액이 종합소득금액에서 차지하는 비율을 종합소득 산출세액에 곱하여 계산한 금액의 100분의 20에 해당하는 금액(다만, 공제세액이 100만 원을 초과하는 경우에는 100만 원으로 한다)을 종합소득 산출세액에서 공제한다.

② 종합소득이 있는 거주자가 해당 과세기간에 출산하거나 입양 신고한 공제대상자녀가 둘째인 경우에는 연 50만 원을 종합소득산출세액에서 공제한다.

③ 일용근로자의 근로소득에 대해서 원천징수를 하는 경우에는 해당 근로소득에 대한 산출세액의 100분의 55에 해당하는 금액을 그 산출세액에서 공제한다.

④ 근로소득이 있는 거주자에 한하여 특별세액공제를 적용하므로 근로소득이 없는 거주자로서 종합소득이 있는 사람은 특별세액공제를 적용받을 수 없다.

소득세법령상 조세에 관한 법률을 적용할 때 소득세의 감면에 관한 규정과 세액공제에 관한 규정이 동시에 적용되는 경우 그 적용순위를 순서대로 바르게 나열한 것은?

ㄱ. 이월공제가 인정되지 아니하는 세액공제
ㄴ. 해당 과세기간 중에 발생한 세액공제액
ㄷ. 이전 과세기간에서 이월된 미공제 세액공제액
ㄹ. 해당 과세기간의 소득에 대한 소득세의 감면
※ ㄴ, ㄷ은 이월공제가 인정되는 세액공제임

① ㄱ → ㄴ → ㄷ → ㄹ
② ㄱ → ㄷ → ㄴ → ㄹ
③ ㄹ → ㄱ → ㄴ → ㄷ
④ ㄹ → ㄱ → ㄷ → ㄴ

10	세액공제

특별세액공제는 표준세액공제와 항목별세액공제를 말하며 종합소득이 있는 거주자는 표준세액을 공제한다. 또한 기부금세액공제는 근로소득이 없는 자도 공제대상에 해당된다.

답 ④

11	세액공제

세액감면과 공제가 동시에 적용되는 경우에는 세액감면, 세액공제 중 이월되지 않는 공제, 세액공제 중 이월되는 공제의 순서대로 적용한다.

답 ④

퇴직소득 및 납부절차

KEYWORD 83 퇴직소득

01 □□□

현행 「소득세법」상 퇴직소득세의 특징으로 옳지 않은 것은?

① 거주자의 퇴직소득에 대한 소득세는 해당 과세기간의 퇴직소득 과세표준에 기본세율을 적용하여 계산한 금액을 12로 나눈 금액에 근속연수를 곱하여 계산한 금액으로 한다.

② 퇴직하여 지급받은 날부터 60일 이내에 연금계좌에 입금되는 경우에는 해당 퇴직소득에 대한 소득세를 연금외수령하기 전까지 원천징수하지 아니한다.

③ 퇴직소득 과세표준을 계산하는 경우, 퇴직소득금액에서 근속연수에 따라 계산한 금액을 공제한다.

④ 퇴직소득은 종합소득에 속하나, 종합소득과세표준에 합산하지 않고 분리과세한다.

01	퇴직소득

퇴직소득은 종합소득에 해당하지 않으므로 종합소득과세표준에 합산하지 않고 분류과세한다.

답 ④

KEYWORD 84 비거주자

02 □□□

비거주자의 국내원천소득에 해당하지 않는 것은?

① 국내에서 일정한 인적용역을 제공함으로써 발생하는 소득(이 경우 그 인적용역을 제공하는 자가 인적용역의 제공과 관련하여 항공료 등 대통령령이 정하는 비용을 부담하는 경우에는 그 비용을 포함한 금액을 말한다)

② 비거주자로부터 받는 소득으로서 그 소득을 지급하는 비거주자의 국내사업장과 실질적으로 관련하여 그 국내사업장의 소득금액을 계산할 때 필요경비에 산입되는 것

③ 국내에 있는 부동산 또는 부동산상의 권리와 국내에서 취득한 광업권, 조광권, 지하수의 개발·이용권, 어업권, 토사석 채취에 관한 권리의 양도·임대, 그 밖에 운영으로 인하여 발생하는 소득

④ 국내에 있는 부동산 및 그 밖의 자산 또는 국내에서 경영하는 사업과 관련하여 받은 보험금, 보상금 또는 손해배상금

02	비거주자

국내에서 일정한 인적용역을 제공함으로써 발생하는 소득(이 경우 그 인적용역을 '제공받는' 자가 인적용역의 제공과 관련하여 항공료 등 대통령령이 정하는 비용을 부담하는 경우에는 그 비용을 '제외한' 금액을 말함)의 경우에 비거주자의 국내원천소득에 해당한다.

답 ①

03 ☐☐☐

「소득세법」상 비거주자의 국내사업장에 해당하는 것으로 옳지 않은 것은?

① 비거주자가 6월을 초과하여 존속하는 건축 장소, 건설·조립·설치공사의 현장 또는 이와 관련되는 감독활동을 수행하는 장소
② 비거주자가 고용인을 통하여 용역을 제공하는 장소로서 용역의 제공이 계속되는 12개월 기간 중 합계 6월을 초과하지 아니하는 경우로서 유사한 종류의 용역이 2년 이상 계속적·반복적으로 수행되는 장소
③ 비거주자가 자기의 자산을 타인으로 하여금 가공하게 하기 위하여만 사용하는 일정한 장소(예비적·보조적 활동에 해당된다)
④ 비거주자가 고용인을 통하여 용역을 제공하는 장소로서 용역의 제공이 계속되는 12개월 기간 중 합계 6월을 초과하는 기간 동안 용역이 수행되는 장소

KEYWORD 85 납부절차

04 ☐☐☐

소득세법령상 소득세 원천징수에 대한 설명으로 옳은 것은? (단, 원천징수의 면제·배제 등 원천징수의 특례는 고려하지 않는다)

① 국내에서 거주자에게 배당소득을 지급하는 자는 소득세 원천징수의무를 지지만, 비거주자에게 배당소득을 지급하는 자는 원천징수의무를 지지 않는다.
② 직전 연도의 상시고용인원이 20명 이하인 원천징수의무자는 「국제조세조정에 관한 법률」 제13조 또는 제22조에 따라 처분된 배당소득에 대한 원천징수세액을 그 징수일이 속하는 반기의 마지막 달의 다음 달 10일까지 납부할 수 있다.
③ 외국인 직업운동가가 한국표준산업분류에 따른 스포츠 클럽 운영업 중 프로스포츠구단과의 계약(계약기간이 3년 이하인 경우로 한정함)에 따라 용역을 제공하고 받는 소득에 대한 원천징수세율은 100분의 10으로 한다.
④ 원천징수의무자가 공적연금소득을 지급할 때에는 연금소득 간이세액표에 따라 소득세를 원천징수한다.

03	비거주자

「소득세법」상 비거주자의 국내사업장에 해당하지 않는 장소이다.

> 📄 **국내사업장에 해당하지 않는 장소**
> ㉠ 자산의 단순한 구입만을 위하여 사용하는 일정한 장소
> ㉡ 판매를 목적으로 하지 않고 자산의 저장·보관만을 위하여 사용하는 일정한 장소
> ㉢ 광고·선전·정보의 수집과 제공·시장조사를 하는 일정한 장소
> ㉣ 자기의 자산을 타인으로 하여금 가공만 하게 하기 위하여 사용하는 일정한 장소
> * ㉠ ~ ㉣은 해당 장소에서 수행하는 활동이 예비적·보조적 성격을 가진 경우로 한정함

답 ③

04	납부절차

(선지분석)
① 국내에서 거주자 또는 비거주자에게 배당소득을 지급하는 자는 원천징수의무를 진다.
② 소득처분이 배당이 된 경우는 반기별 납부대상에 해당하지 않는다.
③ 외국인 직업운동가(계약기간 3년 이하인 경우)가 받는 소득의 20%를 원천징수한다.

답 ④

소득세법령상 국내에서 거주자에게 발생한 소득의 원천징수에 대한 설명으로 옳지 않은 것은?

① 원천징수의무자가 국내에서 지급하는 이자소득으로서 소득세가 과세되지 아니하는 소득을 지급할 때에는 소득세를 원천징수하지 아니한다.

② 내국인 직업운동가가 직업상 독립된 사업으로 제공하는 인적 용역의 공급에서 발생하는 소득의 원천징수세율은 100분의 3이다.

③ 법인세 과세표준을 결정 또는 경정할 때 익금에 산입한 금액을 배당으로 처분한 경우에는 법인세 과세표준 신고일 또는 수정신고일에 그 배당소득을 지급한 것으로 보아 소득세를 원천징수한다.

④ 근로소득을 지급하여야 할 원천징수의무자가 1월부터 11월까지의 근로소득을 해당 과세기간의 12월 31일까지 지급하지 아니한 경우에는 그 근로소득을 12월 31일에 지급한 것으로 보아 소득세를 원천징수한다.

05	납부절차

법인세 과세표준을 결정 또는 경정할 때 익금에 산입한 금액을 배당으로 처분한 경우에는 소득금액변동통지서를 받은 날에 그 배당소득을 지급한 것으로 본다.

답 ③

소득세법령상 원천징수에 대한 설명으로 옳은 것은?

① 원천징수의무자는 소득세가 과세되지 아니하거나 면제되는 소득에 대해서도 원천징수를 하여야 한다.

② 법인세 과세표준을 결정 또는 경정하는 경우 「법인세법」에 따라 소득처분되는 배당에 대하여는 소득금액변동통지서를 받은 날에 그 배당소득을 지급한 것으로 보아 소득세를 원천징수한다.

③ 직전 연도의 상시고용인원이 30명인 원천징수의무자는 그 징수일이 속하는 반기의 마지막 달의 다음 달 10일까지 원천징수세액을 납부할 수 있다.

④ 직장공제회 초과반환금에 대한 원천징수세율은 100분의 14이다.

06	납부절차

(선지분석)
① 비과세 소득에 대하여는 원천징수를 하지 않는다.
③ 직전 연도 상시고용인원이 20명 이하인 경우 반기별 납부를 할 수 있다.
④ 직장공제회 초과반환금은 기본세율을 적용한다.

답 ②

07 □□□

소득세법령상 원천징수에 대한 설명으로 옳은 것은?

① 매월분의 근로소득에 대한 원천징수세율을 적용할 때에는 기본세율(일용근로자의 근로소득은 100분의 6)을 적용한다.

② 매월분의 공적연금소득에 대한 원천징수세율을 적용할 때에는 100분의 3을 적용한다.

③ 비거주자가 원천징수하는 소득세의 납세지는 국내사업장과 관계없이 그 비거주자의 거류지 또는 체류지로 한다.

④ 서화 · 골동품의 양도로 발생하는 소득에 대하여 양수자인 원천징수의무자가 국내사업장이 없는 비거주자 또는 외국법인인 경우로서 원천징수를 하기 곤란하여 원천징수를 하지 못하는 경우에는 서화 · 골동품의 양도로 발생하는 소득을 지급받는 자를 원천징수의무자로 본다.

08 □□□

「소득세법」상 성실신고확인 제도에 대한 설명으로 옳지 않은 것은?

① 성실신고확인 대상 사업자가 성실신고확인서를 제출하는 경우에는 종합소득과세표준 확정신고를 그 과세기간의 다음 연도 5월 1일부터 6월 30일까지 하여야 한다.

② 세무사가 성실신고확인 대상 사업자에 해당하는 경우에는 자신의 사업소득금액의 적정성에 대하여 해당 세무사가 성실신고확인서를 작성 · 제출해서는 아니 된다.

③ 법률에 따라 비치 · 기록된 장부와 증명서류에 의하여 계산한 사업소득금액의 적정성을 세무사 등 법령으로 정하는 자가 확인하고 작성한 확인서를 납세지 관할 세무서장에게 제출하여야 한다.

④ 성실신고확인 대상 사업자가 성실신고확인서를 제출하는 경우에는 표준세액공제 또는 의료비세액공제 중에 큰 금액을 공제받을 수 있다.

07	납부절차

선지분석

① 근로소득을 원천징수할 때에는 근로소득 간이세액표에 따라 원천징수한다.

② 공적연금을 원천징수할 때 연금소득 간이세액표에 따라 원천징수한다.

③ 비거주자가 원천징수하는 경우 국내사업장이 있으면 사업장소재지를 납세지로 한다.

답 ④

08	납부절차

성신실고확인대상 사업자가 성실신고확인서를 제출하는 경우에는 표준세액공제와 의료비세액공제, 교육비세액공제, 월세세액공제를 적용받을 수 있다.

📄 **성실신고확인 대상 사업자**

대상 사업자	당기 수입금액 일정액 이상
신고	해당 과세기간의 다음 연도 5월 1일부터 6월 30일까지 소득세를 신고함
세액공제	㉠ 의료비 · 교육비 · 월세세액공제를 적용받음 ㉡ 성실신고에 따른 비용의 60%를 세액공제 받음(한도 120만 원)

답 ④

소득세법령상 성실신고확인서 제출에 대한 설명으로 옳지 않은 것은?

① 성실신고확인 대상 사업자는 종합소득과세표준 확정신고를 할 때에 사업소득금액의 적정성을 세무사 등이 확인하고 작성한 성실신고확인서를 납세지 관할 세무서장에게 제출하여야 한다.

② 성실신고확인 대상 사업자가 성실신고확인서를 제출하는 경우에는 종합소득과세표준 확정신고를 그 과세기간의 다음 연도 5월 1일부터 6월 30일까지 하여야 한다.

③ 세무사가 성실신고확인 대상 사업자에 해당하는 경우에는 자신의 사업소득금액의 적정성에 대하여 해당 세무사가 성실신고확인서를 작성·제출해서는 아니 된다.

④ 성실신고확인 대상 사업자가 성실신고확인서를 납세지 관할 세무서장에게 제출하지 아니한 경우에는 사업소득금액이 종합소득금액에서 차지하는 비율을 종합소득산출세액에 곱하여 계산한 금액의 100분의 20에 해당하는 금액을 결정세액에 더한다.

「소득세법」상 소득세의 과세방법에 관한 설명으로 옳지 않은 것은?

① 피상속인의 소득금액에 대한 소득세를 상속인에게 과세할 것은 이를 상속인의 소득금액에 대한 소득세와 구분하여 계산하여야 한다.

② 개인사업자의 유가증권처분이익은 사업소득의 총수입금액에 포함하지 아니한다.

③ 퇴직으로 인하여 받는 소득으로서 퇴직소득에 속하지 않는 급여는 근로소득에 포함된다.

④ 수시부과 후 추가로 발생한 소득이 없는 경우에도 과세표준확정신고는 하여야 한다.

09	납부절차

성실신고확인 대상 사업자가 그 과세기간의 다음 연도 6월 30일까지 성실신고확인서를 납세지 관할 세무서장에게 제출하지 아니한 경우에는 다음의 구분에 따른 금액 중 큰 금액을 가산세로 해당 과세기간의 종합소득 결정세액에 더하여 납부하여야 한다.

㉠ 다음 계산식에 따라 계산한 금액(사업소득금액이 종합소득금액에서 차지하는 비율이 1보다 큰 경우에는 1로, 0보다 작은 경우에는 0으로 함)

$$가산세 = 종합소득산출세액 \times \frac{사업소득금액}{종합소득금액} \times 5\%$$

㉡ 해당 과세기간의 총수입금액에 10만분의 20을 곱한 금액

답 ④

10	납부절차

소득세를 수시부과한 후 추가로 발생한 소득이 없는 경우에는 확정신고를 하지 아니할 수 있다.

답 ④

V

현행 「소득세법」상 근로소득, 연금소득, 기타소득 및 퇴직소득에 대한 다음 설명 중 옳은 것은?

① 인정상여의 수입시기는 당해 사업연도 중의 근로를 제공한 날이다.

② 연금소득은 무조건 예외 없이 종합과세된다.

③ 비과세기타소득, 무조건분리과세 및 무조건종합과세 대상 기타소득을 제외한 기타소득금액이 500만 원 이하인 경우 납세의무자의 선택에 따라 종합소득과세표준에 합산하지 않을 수 있다.

④ 퇴직소득세 계산에서는 외국납부세액공제가 없다.

⑤ 퇴직소득에 대한 총수입금액의 수입시기는 원칙적으로 퇴직급여를 실지로 지급받는 날이다.

| 11 | 납부절차 |

(선지분석)

② 사적연금소득은 종합과세와 분리과세 중 선택할 수 있다.

③ 기타소득금액이 300만 원 이하인 경우 납세의무자의 선택에 따라 종합소득과세표준에 합산하지 않을 수 있다.

④ 퇴직소득세도 외국에서 납부한 세액이 있으면 공제받을 수 있다.

⑤ 퇴직소득에 대한 총수입금액의 수입시기는 원칙적으로 퇴직한 날이다.

답 ①

소득세 과세에 대한 설명으로 옳지 않은 것은?

① 피상속인의 소득금액에 대한 소득세를 상속인에게 과세할 경우, 피상속인의 소득세는 상속인 소득세와 구분 계산한다.

② 분리과세 이자, 배당, 연금과 분리과세 기타소득만 있는 자는 기본공제, 추가공제 및 특별소득공제를 하지 않는다.

③ 직전연도의 상시고용인원이 20명 이하인 금융업을 영위하는 사업자의 원천징수의무는 원천징수 관할 세무서장의 승인을 얻은 경우 원천징수한 소득세를 그 징수일이 속하는 반기의 다음 달 10일까지 납부할 수 있다.

④ 비거주자의 국내원천 퇴직·양도소득은 국내사업장이 존재 여부와 관계없이 분류과세한다.

| 12 | 납부절차 |

금융업의 경우는 반기별 납부를 할 수 없다.

📄 원천징수

원칙		원천징수의무자는 그 징수일이 속하는 달의 다음 달 10일까지 원천징수 관할 세무서·한국은행 또는 체신관서에 납부하여야 함
반기별 납부	대상	㉠ 직전연도(신규로 사업을 개시한 사업자의 경우 신청일이 속하는 반기를 말함)의 상시고용인원의 평균수가 20인 이하인 경우 원천징수의무자(금융·보험업자는 제외)로서 원천징수세액을 반기별로 납부할 수 있도록 승인받거나 지정받은 자는 그 징수일이 속하는 반기의 마지막 달의 다음 달 10일까지 납부할 수 있음 ㉡ 종교단체
	제외	다음의 경우는 원천징수세액에 대한 반기별납부를 할 수 없으므로 지급시기의제일의 다음 달 10일까지 납부하여야 함 ㉠ 「법인세법」에 따라 배당·상여 및 기타소득으로 소득처분된 금액에 대한 원천징수세액 ㉡ 「국제조세조정에 관한 법률」상 이전가격세제 및 과소자본세제에 따라 처분된 배당소득에 대한 원천징수세액 ㉢ 비거주 연예인 등의 용역제공과 관련된 원천징수절차 특례규정에 따른 원천징수세액

답 ③

「소득세법」상 신고에 대한 설명으로 옳지 않은 것은?

① 근로소득과 퇴직소득만 있는 자는 과세표준확정신고를 하지 아니할 수 있다.

② 부동산매매업자는 토지 등의 매매차익(매매차익이 없거나 매매차손이 발생한 경우 포함)과 그 세액을 매매일이 속하는 달의 말일부터 2개월이 되는 날까지 납세지 관할 세무서장에게 신고하여야 한다.

③ 종합소득금액과 분리과세 주택임대소득이 있는 거주자(종합소득과세표준이 없거나 결손금이 있는 거주자 포함)는 종합소득과세표준을 그 과세기간의 다음 연도 5월 1일부터 5월 31일까지(성실신고확인대상사업자가 성실신고확인서를 제출하는 경우에는 6월 30일까지) 납세지 관할 세무서장에게 신고하여야 한다.

④ 거주자가 사망한 경우 그 상속인은 그 상속개시일이 속하는 달의 말일부터 3개월이 되는 날(이 기간 중 상속인이 출국하는 경우에는 출국일 전날)까지 사망일이 속하는 과세기간에 대한 그 거주자의 과세표준을 납세지 관할 세무서장에게 신고하여야 한다.

13 　납부절차

거주자가 사망한 경우 그 상속인은 그 상속개시일이 속하는 달의 말일부터 6개월이 되는 날(이 기간 중 상속인이 출국하는 경우에는 출국일 전날)까지 사망일이 속하는 과세기간에 대한 그 거주자의 과세표준을 납세지 관할 세무서장에게 신고하여야 한다.

📄 **확정신고 제외**

다음에 해당하는 거주자는 해당 소득에 대한 과세표준확정신고를 하지 아니할 수 있다(다만, 계약금이 위약금으로 대체되는 경우의 분리과세기타소득과 주택임대업자의 사업소득금액이 분리과세되는 경우에는 신고해야 함).
ㄱ 근로소득만 있는 자
ㄴ 퇴직소득만 있는 자
ㄷ 공적연금소득만 있는 자
ㄹ 원천징수되는 사업소득으로서 연말정산대상이 되는 사업소득만 있는 자
ㅁ 원천징수되는 기타소득으로서 종교인소득만 있는 자
ㅂ 근로소득과 퇴직소득이 있는 자
ㅅ 퇴직소득과 공적연금소득이 있는 자
ㅇ 퇴직소득과 원천징수되는 사업소득으로서 연말정산대상이 되는 사업소득이 있는 자
ㅈ 퇴직소득과 원천징수되는 기타소득으로서 종교인소득만 있는 경우
ㅊ 분리과세이자소득·분리과세배당소득·분리과세연금소득 및 분리과세기타소득만 있는 자
ㅋ ㄱ ~ ㅊ에 해당하는 자로서 분리과세이자소득·분리과세배당소득·분리과세연금소득 및 분리과세기타소득이 있는 자
ㅌ 소득세 수시부과 후 추가로 발생한 소득이 없는 경우
ㅍ 양도소득에 대하여 예정신고를 한 자

답 ④

「소득세법」상 거주자 중 반드시 과세표준확정신고를 하여야 하는 자는?

① 원천징수대상이 아닌 사업소득만 있는 자
② 분리과세이자소득만 있는 자
③ 공적연금소득만 있는 자
④ 수시부과 후 추가로 발생한 소득이 없는 자

14 　납부절차

사업소득만 있는 자는 신고를 해야 한다. 다만, 연말정산되는 사업소득만 있는 자는 신고를 하지 않을 수 있다.

답 ①

15 □□□

세법상 납세의무에 대한 설명으로 옳지 않은 것은?

① 사업 목적이 비영리이며 사업상 독립적으로 재화를 공급하는 개인사업자는 부가가치세를 납부할 의무가 있다.

② 거주자 또는 비거주자로 보는 법인이 아닌 단체로서 구성원간 이익의 분배방법이나 분배비율이 정하여져 있지 않거나 확인되지 않는 경우에는 해당 단체를 1거주자 또는 1비거주자로 보아 소득세의 납세의무를 진다.

③ 원천징수되는 소득으로서 종합소득과세표준에 합산되지 아니하는 소득이 있는 자는 그 원천징수되는 소득세의 납세의무를 지지 아니한다.

④ 내국법인 중 국가와 지방자치단체에 대하여는 법인세를 부과하지 아니한다.

15	납부절차

원천징수되는 소득으로서 종합소득과세표준에 합산되지 아니하는 소득이 있는 자는 그 원천징수되는 소득세의 납세의무를 진다.

답 ③

07 양도소득

KEYWORD 86 양도소득

01 □□□   2019년 9급 변형

「소득세법」상 거주자의 주식 등 양도로 발생하는 소득에 대한 양도소득세의 세율을 바르게 연결한 것은? (단, 법령에서 정하는 기타자산 및 국외자산에 해당하는 주식, 국외전출자 및 「조세특례제한법」상의 특례는 고려하지 않는다)

① 주권상장법인인 중소기업의 주식을 대주주가 아닌 자가 법령에 따른 증권시장에서의 거래에 의하지 아니하고 양도하는 경우: 20%
② 주권비상장법인인 중견기업의 주식을 대주주가 아닌 자가 양도하는 경우: 10%
③ 주권상장법인인 중소기업 외의 법인의 주식을 대주주가 1년 미만 보유하다 양도하는 경우: 30%
④ 주권상장법인의 주식을 대주주가 아닌 자가 법령에 따른 증권시장에서의 거래에 의하여 양도하는 경우: 10%

02 □□□   2019년 9급

거주자의 「소득세법」상 퇴직소득, 양도소득을 종합소득과 달리 구분하여 과세하는 것에 대한 설명으로 옳지 않은 것은?

① 양도소득은 다른 종합소득과 합산하지 않고 별도의 과세표준을 계산하고 별도의 세율을 적용한다.
② 양도소득은 기간별로 합산하지 않고 그 소득이 지급될 때 소득세를 원천징수함으로써 과세가 종결된다.
③ 퇴직소득, 양도소득은 장기간에 걸쳐 발생한 소득이 일시에 실현되는 특징을 갖고 있다.
④ 퇴직소득, 양도소득을 다른 종합소득과 합산하여 과세한다면 그 실현시점에 지나치게 높은 세율이 적용되는 현상이 발생한다.

---

01   양도소득

선지분석

① 주권상장법인인 중소기업의 주식을 대주주가 아닌 자가 법령에 따른 증권시장에서의 거래에 의하지 아니하고 양도하는 경우: 10%
② 주권비상장법인인 중견기업의 주식을 대주주가 아닌 자가 양도하는 경우: 20%
④ 주권상장법인의 주식을 대주주가 아닌 자가 법령에 따른 증권시장에서의 거래에 의하여 양도하는 경우: 과세하지 않음

답 ③

02   양도소득

양도소득세는 원천징수를 하지 않고 예정신고를 한다. 이러한 예정신고를 한 경우에는 확정신고를 하지 않을 수 있다. 따라서 원천징수로 과세가 종결되지 않는다.

답 ②

「소득세법」상 양도소득세에 관한 설명으로 옳은 것은?

① 법원의 확정판결에 의하여 신탁해지를 원인으로 소유권 이전등기를 하는 경우에는 양도소득세과세대상인 양도에 해당한다.

② 동일한 과세기간에 발생한 토지의 양도소득금액과 주권 상장법인 주식의 양도차손은 서로 통산할 수 있다.

③ 사업용 기계장치와 영업권을 함께 양도함으로써 발생한 소득은 양도소득세의 과세대상이다.

④ 법원의 결정에 의하여 양도 당시 그 자산의 취득에 관한 등기가 불가능한 자산을 양도한 경우에는 양도소득기본 공제가 적용된다.

03	양도소득

(선지분석)

① 법원의 확정판결에 의하여 신탁해지를 원인으로 소유권이전등 기를 하는 경우에는 양도소득세 과세대상인 양도에 해당하지 아 니한다.

② 동일한 과세기간에 발생한 토지의 양도소득금액과 주권상장법 인 주식의 양도차손은 서로 통산할 수 없다.

③ 사업용 기계장치와 영업권을 함께 양도함으로써 발생한 소득은 양도소득세의 과세대상에 해당하지 아니한다.

📋 **양도로 보지 않는 경우**

㉠ 양도담보(채무불이행 변제에 충당한 경우에는 양도로 봄)

㉡ 환지처분, 보류지 충당

㉢ 토지 경계변경을 위한 교환(지상경계를 합리적으로 변경, 분할 전 토지의 20% 이상을 초과하지 않을 것)

㉣ 법원의 신탁해지를 원인으로 소유권이전등기

㉤ 매매사실이 원인무효로 판시되어 환원

㉥ 공동소유토지 단순분할(공유지분이 변경되는 경우 변경부분은 양도로 봄)

㉦ 소유자산을 경매·공매로 자기가 재취득

㉧ 이혼으로 재산분할(위자료의 대가로 양도하는 경우는 양도로 봄)

㉨ 위탁자와 수탁자 간 신임관계에 기하여 위탁자의 자산에 신탁 이 설정되고 그 신탁재산의 소유권이 수탁자에게 이전되는 경 우로서 위탁자가 신탁 설정을 해지하거나 신탁의 수익자를 변 경할 수 있는 등 신탁재산을 실질적으로 지배하고 소유하는 것 으로 볼 수 있는 경우

답 ④

「소득세법」상 거주자의 양도소득의 범위에 대한 설명으로 옳은 것만을 모두 고르면?

> ㄱ. 토지 또는 건물의 양도로 발생하는 소득은 양도소득에 포함된다.
>
> ㄴ. 등기되지 않은 부동산임차권의 양도로 발생하는 소득 은 양도소득에 포함된다.
>
> ㄷ. 지상권의 양도로 발생하는 소득은 양도소득에 포함되 지 않는다.
>
> ㄹ. 영업권의 단독 양도로 발생하는 소득은 양도소득에 포 함된다.

① ㄱ

② ㄴ, ㄷ

③ ㄷ, ㄹ

④ ㄱ, ㄴ, ㄹ

04	양도소득

「소득세법」상 거주자의 양도소득의 범위에 대한 설명으로 옳은 것은 ㄱ이다.

(선지분석)

ㄴ. 등기된 부동산임차권의 양도가 양도소득에 해당된다.

ㄷ. 지상권의 양도는 양도소득에 해당된다.

ㄹ. 영업권의 양도는 기타소득에 해당된다.

답 ①

05 □□□

현행 「소득세법」상 양도소득세에 대한 다음 설명 중 옳지 않은 것은?

① 환지처분, 보류지의 충당 및 양도담보는 양도로 보지 않는다.
② 미등기양도자산에 대해서는 장기보유특별공제와 양도소득 기본공제가 배제된다.
③ 양도가액 및 취득가액 추계시 감정가액, 매매사례가액, 환산취득가액, 기준시가 순으로 적용한다.
④ 취득가액을 추계방법으로 계산한 경우에는 기타 필요경비도 개산공제액을 적용한다.
⑤ 장기보유특별공제는 토지 및 건물로서 그 자산의 보유기간이 3년 이상인 것과 조합원입주권에 대해 적용한다.

---

05 양도소득

양도가액 및 취득가액 추계시 매매사례가액, 감정가액, 환산취득가액(취득가액만 해당됨), 기준시가의 순서대로 적용한다.

> 📄 **실지거래가액의 추계결정 또는 경정**
>
> ㉠ 추계 사유: 양도가액 또는 취득가액을 실지거래가액에 따라 정하는 경우로서 다음의 경우는 양도가액 또는 취득가액을 추계조사하여 결정·경정할 수 있다.
>   ⓐ 장부·매매계약서·영수증 그 밖의 증명서류가 없거나 그 중요한 부분이 미비하여 양도가액 또는 취득 당시의 실지거래가액의 확인이 어려운 경우
>   ⓑ 장부·매매계약서·영수증 그 밖의 증명서류의 내용이 허위임이 명백한 경우
> ㉡ 추계결정·경정 방법: 추계시 양도가액 또는 취득가액은 다음과 같이 시가에 가까운 것부터 차례로 적용한다.
>   ⓐ 매매사례가액: 양도일·취득일 전후 각 3개월 이내에 해당 자산과 동일성·유사성이 있는 자산의 매매사례가 있는 경우 그 가액을 말한다. 단, 상장법인의 주식에는 적용하지 않음
>   ⓑ 감정가액: 양도일·취득일 전후 각 3개월 이내에 해당 자산에 대하여 2 이상의 감정평가업자가 평가한 것으로서 신빙성이 있는 것으로 인정되는 감정가액이 있는 경우 그 감정가액의 평균액(양도일·취득일 전후 각 3개월 이내인 것)을 말함. 단, 주식에는 적용하지 않음
>   ⓒ 환산한 취득가액: 다음의 금액을 환산취득가액으로 함. 환산취득가액은 취득가액에 한하여 적용하며 양도가액에는 적용하지 않음
>
> $$환산취득가액 = 양도당시 \ 실지거래가액 \cdot 매매사례가액 \cdot 감정가액 \times \frac{취득당시 \ 기준시가}{양도당시 \ 기준시가}$$
>
>   ⓓ 기준시가

답 ③

06 □□□

「소득세법」상 거주자가 국내에 소재하는 주택을 취득에 관한 등기를 하지 아니하고 양도하는 경우 적용될 수 있는 것은? (단, 주택은 「소득세법」상 미등기양도 제외자산 및 고가주택에 해당하지 아니한다)

① 1세대 1주택을 양도하는 경우 양도소득세 비과세
② 양도소득기본공제
③ 주택을 3년 이상 보유한 경우의 장기보유특별공제
④ 취득가액을 실지거래가액에 의하지 않는 경우 주택 취득 당시 법령이 정하는 가격에 일정비율을 곱한 금액을 필요경비로 공제

---

06 양도소득

미등기 토지·건물에 대한 필요경비개산공제율은 3%가 아닌 0.3%가 적용된다.

> 📄 **미등기자산 관련 정리**
>
> | 미등기자산 불이익 | ㉠ 장기보유특별공제 적용하지 않음 |
> | --- | --- |
> | | ㉡ 양도소득기본공제 적용하지 않음 |
> | | ㉢ 비과세·감면 적용하지 않음 |
> | | ㉣ 세율 70% |
> | 미등기로 보지 않는 경우 | ㉠ 장기할부조건으로 취득하였으나 계약 조건 등에 따라 등기가 불가능한 경우 |
> | | ㉡ 법률 등의 원인으로 취득에 대한 등기가 불가능한 경우(아파트당첨권 등) |
> | | ㉢ 농지 교환·분합 비과세 대상 토지 |
> | | ㉣ 8년 자경농지에 대한 감면대상 토지 |
> | | ㉤ 건축허가를 받지 않은 1세대 1주택 |

답 ④

「소득세법」상 양도소득과세표준의 계산에 대한 설명으로 옳지 않은 것은?

① 부동산을 이용할 수 있는 권리를 양도하는 때에는 장기보유특별공제를 적용하지 아니한다.
② 거주자가 1과세기간에 국내 토지와 건물을 양도하는 경우 공제받을 수 있는 기본공제금액은 250만 원이다.
③ 1984년 12월 31일 이전에 취득한 토지 또는 건물은 1985년 1월 1일 취득한 것으로 본다.
④ 미등기양도 자산에 대한 양도소득기본공제는 미등기양도 자산의 취득 당시 기준시가의 1,000분의 3에 상당하는 가액으로 한다.

「소득세법」상 양도소득에 대한 설명으로 옳지 않은 것은?

① 주권상장법인이 아닌 법인의 신주인수권의 양도로 발생하는 소득은 양도소득세의 과세대상이다.
② 전세권의 양도로 발생하는 소득은 양도소득세의 과세대상이다.
③ 파산선고에 의한 처분으로 발생하는 소득은 양도소득세 과세대상이다.
④ 납세지 관할 세무서장 또는 지방국세청장은 양도소득이 있는 거주자의 행위 또는 계산이 그 거주자의 특수관계인과의 거래로 인하여 그 소득에 대한 조세부담을 부당하게 감소시킨 것으로 인정되는 경우에는 그 거주자의 행위 또는 계산에 관계없이 해당 과세기간의 소득금액을 계산할 수 있다.

07	양도소득

미등기양도자산은 기본공제를 적용하지 않는다.

답 ④

08	양도소득

파산선고에 의한 처분으로 발생하는 소득은 양도소득세 비과세대상이다.

📑 **비과세**

㉠ 파산선고에 의한 처분으로 발생하는 소득
㉡ 농지의 교환·분합으로 인한 양도소득
㉢ 1세대 1주택의 양도소득(양도일 현재 국내에 1주택을 보유하고 해당 주택의 보유기간이 2년 이상*)

* 조정지역에 있는 주택의 경우에는 해당 주택의 보유기간이 2년 이상이고 그 보유기간 중 거주기간이 2년 이상인 주택

답 ③

「소득세법」상 양도소득에 대한 설명으로 옳지 않은 것은?

① 토지, 건물 및 부동산에 관한 권리와 함께 양도하는 영업권은 양도소득세의 과세대상에 포함된다.

② 양도란 자산에 대한 등기 또는 등록과 관계없이 매도·교환·법인에 대한 현물출자 등으로 인하여 그 자산이 유상 또는 무상으로 사실상 이전되는 것을 말한다.

③ 손해배상에 있어서 당사자간의 합의에 의하거나 법원의 확정판결에 의하여 일정액의 위자료를 지급하기로 하고, 동 위자료의 지급에 갈음하여 당사자 일방이 소유하고 있던 부동산으로 대물변제한 때에는 그 자산을 양도한 것으로 본다.

④ 상속받은 주택과 그 밖의 주택을 국내에 가가 1개씩 소유하고 있는 1세대가 그 밖의 주택을 양도하는 경우 국내에 1개의 주택을 소유하고 있는 것으로 보아 1세대 1주택 비과세 여부를 판단한다.

---

09 ｜ 양도소득

양도란 자산에 대한 등기 또는 등록과 관계없이 매도·교환·법인에 대한 현물출자 등으로 인하여 그 자산이 유상으로 사실상 이전되는 것을 말한다.

📑 **양도세 과세대상자산**

1그룹 부동산 등	㉠ 토지와 건물 ㉡ 부동산에 관한 권리 　ⓐ 부동산을 이용할 수 있는 권리 　　㉮ 지상권 　　㉯ 전세권 　　㉰ 등기된 부동산임차권 　ⓑ 부동산을 취득할 수 있는 권리(아파트당첨권, 토지상환채권 등) ㉢ 기타자산 　ⓐ 토지, 건물 및 부동산에 관한 권리 + 영업권 　ⓑ 시설물이용권 　ⓒ 법정주식 A, B 　ⓓ 토지, 건물 + 이축권
2그룹 주식 (신주인수권 및 증권예탁증권 포함)	㉠ 주권상장주식 　ⓐ 대주주 양도 　ⓑ 대주주 외의 자가 증권시장에서 거래하지 않는 것(단, 주식의 포괄적교환·이전 또는 주식의 포괄적교환·이전에 대한 주식매수청구권 행사로 양도하는 주식은 제외) ㉡ 비상장주식[단, 대주주가 아닌 자가 장외시장(K-OTC)에서 장외매매거래로 양도하는 중소·중견기업의 주식 제외] ㉢ 국외주식 등
3그룹 파생상품 (해외파생상품 포함)	㉠ 코스피200선물 ㉡ 코스피200옵션 ㉢ 미니코스피200선물, 미니코스피200옵션 ㉣ 코스피200 주식워런트증권(ELW)
4그룹 신탁수익권	㉠ 신탁의 이익을 받을 권리(「자본시장과 금융투자업에 관한 법률」에 따른 수익증권 및 투자신탁의 수익권 등 일정한 수익권은 제외)의 양도로 발생하는 소득 ㉡ 다만, 신탁 수익권의 양도를 통하여 신탁재산에 대한 지배·통제권이 사실상 이전되는 경우는 신탁재산 자체의 양도로 봄

답 ②

「소득세법」상 양도소득금액 계산시 자산의 취득시기 및 양도시기에 대한 설명으로 옳지 않은 것은?

① 대금을 청산하기 전에 소유권이전등기를 한 경우에는 등기부에 기재된 등기접수일로 한다.

② 점유로 인한 부동산소유권의 취득시효(「민법」 제245조 제1항)에 의하여 부동산의 소유권을 취득하는 경우에는 당해 부동산의 등기부에 기재된 등기접수일로 한다.

③ 건축허가를 받지 아니하고 자기가 건축물을 건설한 경우에는 그 건축물의 사실상 사용일로 한다.

④ 완성 또는 확정되지 아니한 자산을 양도 또는 취득한 경우로서 해당 자산의 대금을 청산한 날까지 그 목적물이 완성 또는 확정되지 아니한 경우에는 그 목적물이 완성 또는 확정된 날로 한다.

---

10   양도소득

점유로 인한 부동산소유권의 취득시효(「민법」 제245조 제1항)에 의하여 부동산의 소유권을 취득하는 경우에는 점유개시일을 자산의 취득시기 및 양도시기로 한다.

📋 **양도일 및 취득일**

㉠ 일반원칙
   ⓐ 대금청산일
   ⓑ 자산의 양도차익을 계산할 때 그 취득시기 및 양도시기는 대금을 청산한 날이 분명하지 아니한 경우 등 다음의 경우를 제외하고는 해당 자산의 대금을 청산한 날로 함

㉡ 대금청산일 이외의 취득시기 및 양도시기
   ⓐ 대금을 청산한 날이 분명하지 아니한 경우에는 등기부·등록부 또는 명부 등에 기재된 등기·등록접수일 또는 명의개서일
   ⓑ 대금을 청산하기 전에 소유권이전등기(등록 및 명의의 개서를 포함)를 한 경우에는 등기부·등록부 또는 명부 등에 기재된 등기접수일
   ⓒ 장기할부조건의 경우에는 소유권이전등기(등록 및 명의개서를 포함) 접수일·인도일 또는 사용수익일 중 빠른 날
   ⓓ 자기가 건설한 건축물에 있어서는 사용검사필증교부일. 다만, 사용검사 전에 사실상 사용하거나 사용승인을 얻은 경우에는 그 사실상의 사용일 또는 사용승인일로 하고 건축허가를 받지 아니하고 건축하는 건축물에 있어서는 그 사실상의 사용일로 함
   ⓔ 상속 또는 증여에 의하여 취득한 자산에 대하여는 그 상속이 개시된 날 또는 증여를 받은 날
   ⓕ 「민법」에 의하여 부동산의 소유권을 취득하는 경우에는 당해 부동산의 점유를 개시한 날(20년간 소유의 의사로 평온, 공연하게 부동산을 점유하는 자는 등기로써 그 소유권을 취득함)
   ⓖ 공익사업을 위하여 수용되는 경우에는 대금을 청산한 날, 수용의 개시일 또는 소유권이전등기접수일 중 빠른 날. 다만, 소유권에 관한 소송으로 보상금이 공탁된 경우에는 소유권 관련 소송 판결확정일
   ⓗ 완성 또는 확정되지 아니한 자산을 양도 또는 취득한 경우로서 해당 자산의 대금을 청산한 날까지 그 목적물이 완성 또는 확정되지 아니한 경우에는 그 목적물이 완성 또는 확정된 날
   ⓘ 환지처분으로 인하여 취득한 토지의 취득시기는 환지 전의 토지의 취득일. 다만, 교부받은 토지의 면적이 환지처분에 의한 권리면적보다 증가 또는 감소된 경우에는 그 증가 또는 감소된 면적의 토지에 대한 취득시기 또는 양도시기는 환지처분의 공고가 있은 날의 다음 날로 함
   ⓙ 법정주식A의 양도시기는 주주 1인과 기타주주가 주식 등을 양도함으로써 해당 법인의 주식 등의 합계액의 50% 이상이 양도되는 날. 이 경우 양도가액은 그들이 사실상 주식 등을 양도한 날의 양도가액에 의함
   ⓚ 다음의 시기 이전에 취득한 경우는 다음의 날에 취득한 것으로 봄

토지·건물·부동산에 관한 권리·기타자산	1985.1.1.
주식	1986.1.1.

답 ②

2023년 4월 1일 현재 거주자의 양도소득세 과세대상인 것은 모두 몇 개인가?

> ㄱ. 법원의 확정판결에 따른 손해배상의 위자료 지급에 갈음하여 소유하고 있던 부동산으로 대물변제한 경우
> ㄴ. 유가증권상장법인의 주식을 소유한 주주(지분율 0.5%이며 시가총액 8억 원임)가 증권시장에서 주식을 양도하는 경우
> ㄷ. 「도시개발법」에 따른 환지처분으로 소유하던 토지가 보류지로 충당되는 경우
> ㄹ. 건물과 함께 영업권을 양도하는 경우
> ㅁ. 지상권, 전세권과 등기된 부동산임차권을 양도하는 경우

① 2개
② 3개
③ 4개
④ 5개

「소득세법」상 토지의 소유권이 다음의 사유로 이전되었을 경우 양도소득세 과세대상에 해당되는 것만을 모두 고른 것은?

> ㄱ. 채무자의 변제에 충당
> ㄴ. 타인의 건물과 교환
> ㄷ. 보류지로 충당
> ㄹ. 공익사업 시행자의 수용
> ㅁ. 부동산업자의 상가 신축판매

① ㄱ, ㄴ, ㄷ
② ㄱ, ㄴ, ㄹ
③ ㄴ, ㄷ, ㄹ
④ ㄷ, ㄹ, ㅁ

---

11   양도소득

양도소득세 과세대상에 해당하는 것은 3개(ㄱ, ㄹ, ㅁ)이다.

(선지분석)

ㄴ. 유가증권상장법인의 주식을 소유한 주주가 대주주(지분율 1% 이상 또는 시가총액 10억 원 이상)에 해당하지 않으므로 과세대상에 해당하지 않는다.

ㄷ. 「도시개발법」에 따른 환지처분으로 소유하던 토지가 보류지로 충당되는 경우는 양도로 보지 않는다.

답 ②

12   양도소득

ㄱ, ㄴ, ㄹ이 과세대상에 해당한다.

(선지분석)

ㄷ, ㅁ. 보류지로 충당하는 것은 과세대상에 해당하지 않으며, 부동산업자의 상가 신축판매는 사업소득에 해당된다.

답 ②

13 □□□

「소득세법」상 양도소득세의 과세대상이 되는 부동산 양도에 해당하는 것으로만 묶인 것은?

> ㄱ. 대물변제에 의한 소유권 이전
> ㄴ. 공유물의 소유지분별 분할(공유지분 변동 없음)
> ㄷ. 경매에 의한 소유권 이전
> ㄹ. 「도시개발법」에 의한 보류지 충당
> ㅁ. 이혼시 재산분할에 따른 소유권 이전

① ㄱ, ㄷ
② ㄱ, ㅁ
③ ㄴ, ㄷ
④ ㄴ, ㄹ

14 □□□

소득세법령상 거주자의 국내자산 양도에 따른 양도차익을 계산할 때 양도가액과 취득가액에 대한 설명으로 옳지 않은 것은?

① 양도소득세 과세대상자산을 「법인세법」에 따른 특수관계인(외국법인 포함)으로부터 취득한 경우로서 「법인세법」에 따라 거주자의 상여·배당 등으로 처분된 금액이 있으면 그 상여·배당 등으로 처분된 금액을 취득가액에 더한다.

② 양도차익을 계산할 때 양도가액을 기준시가에 따를 때에는 취득가액도 기준시가에 따른다.

③ 특수관계법인 외의 자에게 양도소득세 과세대상자산을 시가보다 높은 가격으로 양도한 경우로서 「상속세 및 증여세법」에 따라 해당 거주자의 증여재산가액으로 하는 금액이 있는 경우에는 그 양도가액에 증여재산가액을 더한 금액을 양도 당시의 실지거래가액으로 본다.

④ 벤처기업 외의 법인으로부터 부여받은 주식매수선택권을 행사하여 취득한 주식을 양도하는 때에는 주식매수선택권을 행사하는 당시의 시가를 「소득세법」 제97조 제1항 제1호의 규정에 의한 취득가액으로 한다.

13	양도소득

ㄱ, ㄷ이 과세대상이 되는 부동산 양도에 해당한다.

답 ①

14	양도소득

특수관계법인 외의 자에게 양도소득세 과세대상자산을 시가보다 높은 가격으로 양도한 경우로서 「상속세 및 증여세법」에 따라 해당 거주자의 증여재산가액으로 하는 금액이 있는 경우에도 그 양도가액에 증여재산가액을 뺀 금액을 양도 당시의 실지거래가액으로 본다.

답 ③

「소득세법」상 1세대 1주택에 관한 설명으로 옳은 것은?

① 조합원입주권을 1개 보유한 1세대가 양도일 현재 1조합원 입주권 외에 1주택을 소유한 경우(분양권을 보유하지 않은 경우로 한정한다)로서 해당 1주택을 취득한 날부터 3년 이내에 해당 조합원입주권을 양도하는 경우 해당 조합원입주권을 양도하여 발생하는 소득은 과세하지 아니한다.

② 거주자가 그 배우자와 같은 주소에서 생계를 같이하고 있다면 1세대로 보되, 별거하고 있으면 각각 별도의 세대로 본다.

③ 상속받은 주택과 일반주택을 국내에 각각 1개씩 소유하고 있는 1세대가 상속주택을 양도하는 경우에는 국내에 1개의 주택을 소유하고 있는 것으로 본다.

④ 비과세되는 1세대 1주택에 있어서 부부가 각각 단독세대를 구성하였을 경우에는 동일한 세대로 보지 아니한다.

15	양도소득

(선지분석)

② 거주자가 그 배우자와 같은 주소에서 별거하고 있는 경우에도 동일한 세대로 본다.

③ 상속받은 주택과 일반주택을 국내에 각각 1개씩 소유하고 있는 1세대가 일반주택을 양도하는 경우에는 국내에 1개의 주택을 소유하고 있는 것으로 본다.

④ 비과세되는 1세대 1주택에 있어서 부부가 각각 단독세대를 구성하였을 경우에도 동일한 세대로 본다.

📄 1세대 1주택 비과세	
1세대	배우자가 있어야 함. 다만, 다음의 경우 제외됨 ㉠ 30세 이상 ㉡ 배우자 사망, 이혼 ㉢ 종합, 퇴직, 양도소득이 기준 중위소득의 40% 이상이면서 주택 등 관리·유지 독립생계 유지
1주택	양도일 현재 국내 1주택보유한 경우 비과세함. 다만, 다음의 경우는 2주택 보유시에도 1주택으로 인정함(공동소유주택의 경우 공동소유자 각자가 그 주택을 소유한 것으로 봄) ㉠ 종전주택 취득 후 1년 이상 지난 후 다른 주택취득 후 3년 이내 종전주택을 양도 ㉡ 상속받은 주택과 일반주택으로 2주택이 된 경우 일반주택 양도[단, 상속개시일부터 소급하여 2년 이내에 피상속인으로부터 증여받은 주택(또는 조합원입주권에 의하여 사업시행 완료 후 취득한 신축주택)은 일반주택으로 보지 않음] ㉢ 직계존속*을 동거봉양하기 위해 세대를 합침으로써 2주택이 된 경우 세대를 합친 날부터 10년 이내 먼저 양도하는 주택 ㉣ 혼인으로 2주택이 된 경우 또는 1주택을 보유한 직계존속(60세 이상)을 동거봉양하는 무주택자가 혼인으로 2주택이 된 경우는 혼인한 날부터 5년 이내 먼저 양도하는 주택 ㉤ 농어촌주택과 일반주택을 소유한 자가 일반주택을 양도 ㉥ 취학, 근무상 기타 부득이한 사유로 수도권 밖 소재 주택을 취득함으로써 2주택이 된 경우 부득이한 사유가 해소된 날로부터 3년 이내 일반주택 양도 ㉦ 문화재주택과 일반주택을 소요한 자가 일반주택을 양도하는 경우 * ⓐ 60세 이상의 직계존속(배우자의 직계존속을 포함하여 직계존속 중 1명만 60세 이상이면 됨) ⓑ 중증질환자, 희귀난치성환자, 결핵환자로서 60세 미만의 직계존속(배우자의 직계존속 포함)

답 ①

16 □□□

양도소득세의 부당행위계산 등에 관한 설명으로 옳지 않은 것은?

① 특수관계인(배우자 및 직계존비속 제외)에게 재산을 증여한 후 수증자가 증여일로부터 10년 내에 다시 이를 타인에게 양도한 경우 증여받은 자의 증여세와 양도소득세를 합한 세액이 증여자가 직접 양도하는 경우로 보아 계산한 양도소득세보다 적은 경우에는 증여자가 그 자산을 직접 타인에게 증여한 것으로 본다.

② 특수관계에 있는 자와의 거래에 있어서 토지 등을 시가보다 4억 원에 미달하게 양도한 때에는 양도소득의 계산은 시가에 의한다.

③ 거주자가 그 배우자로부터 수증한 부동산을 수증일로부터 10년 이내에 양도하는 경우에는 당해 배우자의 취득가액을 해당 거주자의 취득가액으로 한다.

④ 거주자가 특수관계에 있는 법인에게 자산을 양도한 것이 부당행위계산에 해당하여 거주자의 상여, 배당 등으로 소득처분 된 금액이 있는 경우 법인세법령상 시가를 양도당시의 실지거래가액으로 한다.

16	**양도소득**

특수관계인(배우자 및 직계존비속 제외)에게 재산을 증여한 후 수증자가 증여일로부터 10년 내에 다시 이를 타인에게 양도한 경우 증여받은 자의 증여세와 양도소득세를 합한 세액이 증여자가 직접 양도하는 경우로 보아 계산한 양도소득세보다 적은 경우에는 증여자가 그 자산을 직접 타인에게 양도한 것으로 본다.

📑 증여를 통한 우회양도

과세요건	거주자가 특수관계인(배우자 및 직계존비속의 경우는 제외)에게 자산을 증여한 후 그 자산을 증여받은 자가 그 증여일부터 10년 이내에 다시 타인에게 양도한 경우로서 다음 ㉠에 따른 세액이 ㉡에 따른 세액보다 적은 경우에는 증여자가 그 자산을 직접 양도한 것으로 봄. 다만, 양도소득이 해당 수증자에게 실질적으로 귀속된 경우에는 그러하지 아니함 ㉠ 증여받은 자의 증여세(산출세액에서 공제·감면세액을 뺀 세액을 말함)와 양도소득세(산출세액에서 공제·감면세액을 뺀 결정세액을 말함)를 합한 세액 ㉡ 증여자가 직접 양도하는 경우로 보아 계산한 양도소득세
납세의무자	㉠ 증여자가 직접 양도한 것으로 보는 경우에는 증여자를 양도소득에 대한 납세의무자로 함 ㉡ 증여자에게 양도소득세가 과세되는 경우에는 수증자가 당초 증여받은 자산에 대해서는 증여세를 부과하지 아니함 ㉢ 우회양도 규정에 따라 증여자가 자산을 직접 양도한 것으로 보는 경우 당해 양도소득에 대하여는 증여자와 수증자가 연대하여 납세의무를 짐
양도소득세 계산	증여자의 취득시기와 증여자의 취득가액을 기준으로 하여 양도소득세를 계산

답 ①

「소득세법」상 양도소득세에 관한 설명으로 옳지 않은 것은?

① 파산선고에 의한 처분으로 인하여 발생하는 소득에 대하여는 양도소득세를 과세하지 아니한다.
② 거주자인 甲이 甲의 아들 乙로부터 증여받은 국내에 소재하는 골프회원권을 10년 이내에 양도하는 경우 그 양도차익을 계산함에 있어서 취득가액은 乙의 취득 당시를 기준으로 계산한다.
③ 「도시개발법」 기타 법률의 규정에 의한 환지처분으로 지목 또는 지번이 변경되거나 보류지로 충당되는 경우에는 「소득세법」에서 규정하는 양도로 보지 아니한다.
④ 대금을 청산하기 전에 소유권이전등기를 한 경우에는 당해 자산의 대금을 청산할 날을 양도시기로 본다.

17	양도소득

원칙적인 양도시기는 대금청산일로 한다. 다만, 대금청산 전에 소유권이전등기한 경우에는 등기접수일을 양도시기로 한다.

답 ④

「소득세법」상 배우자 간 증여재산의 양도에 대한 이월과세와 관련된 설명으로 옳지 않은 것은?

① 거주자가 양도일로부터 소급하여 10년 이내에 그 배우자(양도 당시에는 이혼으로 혼인관계가 소멸됨)로부터 증여받은 토지의 양도차익을 계산함에 있어서 취득가액은 토지를 증여한 배우자의 취득 당시의 금액으로 한다.
② 증여받은 재산의 양도소득에 대하여는 증여한 배우자와 증여받은 배우자가 연대하여 납세의무를 진다.
③ 이월과세가 적용되는 경우에는 거주자가 증여받은 자산에 대하여 납부하였거나 납부할 증여세 상당액은 양도차익을 한도로 필요경비에 산입한다.
④ 배우자 간 증여재산에 대한 이월과세가 적용되는 경우에는 증여 후 우회양도행위에 대한 부당행위계산부인 규정이 적용되지 않는다.

18	양도소득

증여재산의 양도에 대한 이월과세의 경우 증여한 배우자 등은 연대 납세의무를 지지 않는다.

📋 **배우자 · 직계존비속을 통한 이월과세**

㉠ 과세요건: 거주자가 양도일부터 소급하여 10년 이내에 그 배우자(양도 당시 혼인관계가 소멸된 경우를 포함하되, 사망으로 혼인관계가 소멸된 경우는 제외) 또는 직계존비속으로부터 증여받은 토지 · 건물 · 특정시설물이용권 및 부동산을 취득할 수 있는 권리의 양도차익을 계산할 증여한 배우자 등의 취득가액과 취득시기를 가지고 양도소득세액을 계산한다.

㉡ 양도소득세 과세: 양도가액에서 공제할 취득가액은 증여한 배우자 또는 직계존비속의 취득 당시 금액으로 하며 장기보유특별공제의 보유기간도 증여한 배우자 등의 취득시기를 기준으로 보유기간을 계산한다. 이 경우 거주자가 증여받은 자산에 대하여 납부하였거나 납부할 증여세 상당액이 있는 경우에는 필요경비에 산입한다.

㉢ 납세의무자: 양도소득세의 납세의무자는 수증자가 납세의무자가 되며 자산 수증시의 증여세 산출세액은 양도자산의 필요경비로 공제한다.

㉣ 적용배제: 다음의 경우는 이월과세를 적용하지 아니한다.
  ⓐ 사업인정고시일부터 소급하여 2년 이전에 증여받은 경우로서 「공익사업을 위한 토지 등의 취득 및 보상에 관한 법률」이나 그 밖의 법률에 따라 협의매수 또는 수용된 경우
  ⓑ 이월과세규정을 적용할 경우 1세대 1주택 비과세규정을 적용받는 양도(1세대 1주택 비과세요건을 충족한 고가주택 포함)에 해당하게 되는 경우
  ⓒ 이월과세를 적용한 양도소득의 결정세액이 미적용시 계산한 양도소득의 결정세액 보다 적은 경우

답 ②

소득세법령상 거주자 甲이 등기된 국내 소재의 상가건물을 아버지 乙에게서 증여받고 그 건물을 특수관계가 없는 거주자 丙(부동산임대업 영위)에게 양도한 경우에 대해 양도소득세 이월과세(「소득세법」 제97조의2 제1항)을 적용한다고 할 때, 이에 대한 설명으로 옳은 것만을 모두 고른 것은?

> ㄱ. 甲이 양도일부터 소급하여 10년 이내에 乙에게서 증여를 받아야 한다.
> ㄴ. 그 건물의 취득가액은 甲이 증여받은 당시 취득가액에 해당하는 금액으로 한다.
> ㄷ. 甲이 그 건물에 대하여 납부한 증여세 상당액이 있는 경우 그 금액은 양도차익을 한도로 필요경비에 산입한다.
> ㄹ. 장기보유특별공제에 관한 보유기간의 산정은 甲이 그 건물을 취득한 날부터 기산한다.

① ㄱ, ㄴ
② ㄱ, ㄷ
③ ㄴ, ㄷ
④ ㄷ, ㄹ

「소득세법」상 국외자산 양도에 대한 설명으로 옳지 않은 것은?

① 해당 자산의 양도일까지 계속하여 3년 동안 국내에 주소를 둔 자는 국외에 있는 토지 또는 건물의 양도로 발생하는 소득에 대하여 과세한다.
② 국외자산의 양도에 대한 양도차익을 계산할 때 양도가액에서 공제하는 필요경비는 해당 자산의 취득에 든 실지거래가액을 확인할 수 있는 경우에는 그 가액과 대통령령으로 정하는 자본적 지출액 및 양도비를 합한 금액으로 한다.
③ 양도차익의 외화환산, 취득에 드는 실지거래가액, 시가의 산정 등 필요경비의 계산은 양도가액 및 필요경비를 수령하거나 지출한 날 현재 「외국환거래법」에 의한 기준환율 또는 재정환율에 의하여 계산한다.
④ 국외자산 양도소득세액을 납부하였을 때에는 해당 과세기간의 양도소득 산출세액에서 국외자산 양도소득세액을 공제할 수 있다.

19	양도소득

ㄱ, ㄷ이 옳은 설명이다.

(선지분석)
ㄴ. 건물의 취득가액은 乙의 취득 당시 취득가액에 해당하는 금액으로 한다.
ㄹ. 장기보유특별공제에 관한 보유기간의 산정은 乙이 그 건물을 취득한 날부터 기산한다.

답 ②

20	양도소득

해당 자산의 양도일까지 계속하여 5년 이상 국내에 주소를 둔 자는 국외에 있는 자산의 양도로 발생하는 소득에 대하여 과세한다.

답 ①

「소득세법」상 국외자산 양도에 대한 양도소득세에 대한 설명으로 옳은 것은?

① 국외자산의 양도소득에 대하여 해당 외국에서 과세를 하는 경우에 그 양도소득에 대하여 대통령령으로 정하는 국외자산 양도소득에 대한 세액을 납부하였거나 납부할 것이 있을 때에는 그 세액을 해당 과세기간의 양도소득금액 계산상 필요경비에 산입하는 방법만 적용받을 수 있다.

② 국외자산의 양도에 대한 양도소득세는 해당 자산의 양도일까지 계속 3년 이상 국내에 주소 또는 거소를 둔 거주자에 한하여 납세의무를 진다.

③ 국외자산의 양도가액은 양도 당시의 실지거래가액을 확인할 수 없는 경우에 양도자산이 소재하는 국가의 양도 당시 현황을 반영한 시가에 따르되, 시가를 산정하기 어려울 때에는 그 자산의 종류, 규모, 거래상황 등을 고려하여 대통령령으로 정하는 방법에 따른다.

④ 국외자산 양도에 따른 양도소득 과세표준 계산시 양도소득기본공제 및 장기보유특별공제를 적용한다.

소득세법령상 양도소득에 대한 설명으로 옳은 것은?

① 실지거래가액에 따른 양도차익 산정과 관련하여, 토지와 건물 등을 함께 취득하거나 양도한 경우로서 그 토지와 건물 등을 구분 기장한 가액이 대통령령으로 정하는 바에 따라 안분계산한 가액과 100분의 30 이상 차이가 있는 경우에는 토지와 건물 등의 가액 구분이 불분명한 때로 본다.

② 양도소득과 관련하여 「도시개발법」이나 그 밖의 법률에 따른 환지처분으로 지목 또는 지번이 변경되거나 보류지(保留地)로 충당되는 경우에는 '양도'로 본다.

③ 양도소득과 관련하여 '주택'이란 공부(公簿)상의 용도에 주택으로 구분된 것을 말한다.

④ 관련 법령이 정하는 대주주에 해당하지 아니하는 자가 「자본시장과 금융투자업에 관한 법률」에 따른 증권시장에서의 거래에 의하여 양도하는 주권상장법인의 주식 관련 양도소득은 '양도소득의 범위'에는 포함되나 비과세소득으로 열거되어 있어 과세되지 아니한다.

21	양도소득

(선지분석)

① 국외자산의 양도소득에 대하여 해당 외국에서 과세를 하는 경우에 그 양도소득에 대하여 대통령령으로 정하는 국외자산 양도소득에 대한 세액을 납부하였거나 납부할 것이 있을 때에는 그 세액을 해당 과세기간의 양도소득금액 계산상 필요경비에 산입하는 방법과 양도소득 산출세액에서 세액공제하는 방법 중 선택하여 적용받을 수 있다.

② 국외자산의 양도에 대한 양도소득세는 해당 자산의 양도일까지 계속 5년 이상 국내에 주소 또는 거소를 둔 거주자에 한하여 납세의무를 진다.

④ 국외자산 양도에 따른 양도소득 과세표준 계산서 양도소득기본공제는 적용하나 장기보유특별공제는 적용하지 아니한다.

답 ③

22	양도소득

(선지분석)

② 환지처분이나 보류지는 양도에 해당하지 않는다.

③ 주택은 실질에 따라 판단한다.

④ 대주주가 아닌 자가 상장주식을 상장시장에서 거래하는 것은 양도소득범위에 해당하지 않는다.

답 ①

VI

상속세 및 증여세법

KEYWORD 87 납세의무

01 □□□

2010년 9급

「상속세 및 증여세법」상 상속세의 과세대상 및 납세의무에 관한 설명으로 옳은 것은?

① 상속재산에는 피상속인의 일신에 전속하는 것으로서 피상속인의 사망으로 인하여 소멸되는 것도 포함된다.

② 피상속인의 사망으로 인하여 지급받는 생명보험의 보험금으로서 피상속인이 보험계약자인 보험계약에 의하여 지급받는 것은 상속재산에서 제외된다.

③ 수유자가 영리법인인 경우에는 상속세를 납부할 의무가 있다.

④ 비거주자가 사망한 경우에는 상속개시일 현재 국내에 있는 비거주자의 모든 상속재산에 대하여 상속세를 부과한다.

02 □□□

2007년 9급

세목별 납세의무자에 대한 예시로 옳지 않은 것은?

① 증여세: 증여자

② 소득세: 거주자가 아닌 자로서 국내원천소득이 있는 개인

③ 법인세: 국내원천소득이 있는 외국법인

④ 부가가치세: 사업상 독립적으로 재화 또는 용역을 공급하는 사업자

01	납세의무

(선지분석)

① 상속재산에는 피상속인의 일신에 전속하는 것으로서 피상속인의 사망으로 인하여 소멸되는 것은 제외된다.

② 피상속인의 사망으로 인하여 지급받는 생명보험의 보험금으로서 피상속인의 보험계약자인 보험계약에 의하여 지급받는 것은 상속재산에 포함된다.

③ 수유자가 영리법인인 경우에는 상속세를 납부할 의무가 없다.

답 ④

02	납세의무

증여세의 납세의무자는 수증자로 한다.

📄 **증여자도 연대납세의무를 지는 경우**

㉠ 수증자의 주소·거소가 분명하지 아니한 경우로서 조세채권을 확보하기 곤란한 경우

㉡ 수증자가 증여세를 납부할 능력이 없다고 인정되고 체납으로 강제징수를 하여도 조세채권의 확보가 곤란한 경우

㉢ 수증자가 비거주자인 경우

답 ①

03 ☐☐☐

세법상 납세의무에 대한 설명으로 옳지 않은 것은?

① 「국세기본법」상 납세의무자란 세법에 따라 국세를 납부할 의무(국세를 징수하여 납부할 의무는 제외한다)가 있는 자를 말한다.

② 법인이 설립무효 또는 설립취소의 판결을 받은 경우에도 당해 판결의 확정시까지 발생한 소득에 대하여는 법인세를 납부하여야 한다.

③ 우리나라의 경우 상속세에 있어서는 유산과세형을 채택하고 있기 때문에 상속재산관리인이 존재하는 경우 그가 상속세의 납세자가 된다.

④ 사업 목적이 영리이든 비영리이든 관계없이 사업상 독립적으로 재화 또는 용역을 공급하는 자는 부가가치세를 납부할 의무가 있다.

03	납세의무

상속세의 납세의무자는 상속인이나 수유자로 한다.

답 ③

04 ☐☐☐

「상속세 및 증여세법」에 대한 설명으로 옳지 않은 것은?

① 상속재산에 가산한 증여재산에 대한 증여 당시의 증여세산출세액을 상속세산출세액에서 공제하는 것은 이중과세를 방지하기 위함이다.

② 영리법인은 유증 또는 사인증여로 취득한 재산에 대해 상속세를 납부할 의무가 있다.

③ 피상속인이나 상속인 전원이 외국에 주소를 둔 경우에는 상속개시일이 속하는 달의 말일부터 9개월 이내에 납세지 관할 세무서장에게 상속세 과세가액 및 과세표준을 신고하여야 한다.

④ 기초공제와 배우자 상속공제 외의 인적공제는 그 공제요건에 해당하는 자가 상속의 포기 등으로 상속을 받지 아니하는 경우에도 적용된다.

04	납세의무

영리법인은 무상으로 받은 자산에 대해서 법인세를 납부하므로 상속세 및 증여세의 납부의무를 지지 않는다.

답 ②

「상속세 및 증여세법」상 상속세에 관한 설명으로 옳지 않은 것은?

① 상속인 또는 수유자는 각자가 받았거나 받을 재산을 한도로 연대하여 상속세를 납부할 의무를 진다.
② 피상속인이 신탁한 재산은 상속재산으로 보지만, 타인이 신탁의 이익을 받을 권리를 소유하고 있는 경우 그 이익에 상당하는 가액은 상속재산으로 보지 아니한다.
③ 상속개시일 전 10년 이내에 피상속인이 상속인이 아닌 자에게 진 증여채무는 상속재산가액에서 빼지 아니한다.
④ 피상속인의 사망으로 인하여 받는 생명보험의 보험금으로서 피상속인의 보험계약자인 보험계약에 의하여 받는 것은 상속재산으로 본다.

05	납세의무

상속개시일 전 10년 이내에 피상속인이 상속인에게 진 증여채무와 상속개시일 전 5년 이내에 상속인이 아닌 자에게 진 증여채무는 상속재산의 가액에서 빼지 아니한다.

> 📋 **과세가액공제액**
>
> 거주자의 사망으로 인하여 상속이 개시되는 경우에는 상속개시일 현재 피상속인이나 상속재산에 관련된 다음의 가액 또는 비용은 상속재산의 가액에서 뺀다.

공과금	㉠ 공과금이라 함은 상속개시일 현재 피상속인이 납부할 의무가 있는 것으로서 상속인에게 승계된 조세·공공요금 기타 이와 유사한 것으로 「국세기본법」에 따른 공과금을 말함 ㉡ 다만, 상속개시일 이후 상속인의 귀책사유로 납부한 가산금·강제징수비·벌금·과료·과태료 등은 공제하지 않음
장례비용	장례비용 = ㉠ + ㉡ ㉠ 피상속인의 사망일부터 장례일까지 장례에 직접 소요된 금액(최소 500만 원, 최대 1,000만 원) ㉡ 봉안시설 또는 자연장지의 사용에 소요된 금액(최대 500만 원)
채무	상속개시 당시 피상속인이 부담하여야 할 확정된 채무로서 공과금 이외의 모든 부채로서 입증된 것을 말함. 다만, 다음의 증여채무는 제외 ㉠ 상속개시일 전 10년 이내에 피상속인이 상속인에게 진 증여채무 ㉡ 상속개시일 전 5년 이내에 피상속인이 상속인이 아닌 자에게 진 증여채무

답 ③

세법상 납세의무자에 대한 설명으로 옳지 않은 것은?

① 「법인세법」상 비영리외국법인이란 외국법인 중 외국의 정부·지방자치단체 및 영리를 목적으로 하지 아니하는 법인(법인으로 보는 단체를 포함)을 말한다.
② 「상속세 및 증여세법」상 증여자가 증여일 현재 비거주자인 경우에는 국내에 있는 수증재산에 대해서만 증여세를 납부할 의무를 진다.
③ 「소득세법」상 공동사업에 관한 소득금액을 계산하는 경우에는 원칙적으로 해당 공동사업자별로 납세의무를 진다.
④ 「소득세법」상 해당 과세기간 종료일 10년 전부터 국내에 주소나 거소를 둔 기간의 합계가 5년 이하인 외국인 거주자에게는 과세대상 소득 중 국외에서 발생한 소득의 경우 국내에서 지급되거나 국내로 송금된 소득에 대해서만 과세한다.

06	납세의무

증여세는 증여자가 아니라 수증자가 거주자 또는 비거주자 여부에 따라 납세의무가 달라진다.

> 📋 **수증자에 따른 과세대상**

수증자가 거주자 또는 비영리내국법인	증여세 과세대상이 되는 국내외 소재한 모든 증여재산
수증자가 비거주자 또는 비영리외국법인	증여세 과세대상이 되는 국내에 있는 모든 증여재산

답 ②

다음 중 증여세 납세의무가 없는 자는? (단, 증여일 현재 증여자, 수증자 모두 거주자로 가정한다)

① 특수관계인이 아닌 타인으로부터 2천만 원의 채무를 면제받은 자

② 특수관계인인 작은 아버지로부터 시가 1억 원의 재산을 8천만 원에 매입한 조카

③ 특수관계인이 아닌 타인이 계약하고 불입한 생명보험의 보험금(상속재산이 아님) 1억 원을 수취한 자

④ 아버지의 상가건물을 무상으로 이용하여 무상사용이익 1억 원(5년간 환산액임)을 얻은 딸

---

07   납세의무

특수관계인과 저가로 양수하는 경우 시가와 대가와의 차이가 3억 원 이상이거나 시가의 30% 이상인 경우에만 증여에 해당된다.

(선지분석)

① 특수관계인이 아닌 자에게 채무를 면제받은 것은 증여에 해당된다.

③ 타인이 불입한 보험금을 받는 것은 증여에 해당된다.

④ 건물의 무상사용이익이 1억 원 이상인 경우는 증여에 해당된다.

> 📄 **저가양수·고가양도에 따른 이익의 증여**
>
> ㉠ 특수관계인인 경우: 양수일 또는 양도일을 증여일로하여 그 대가와 시가의 차액에서 기준금액(시가의 30%금액과 3억 원 중 작은 금액)을 뺀 금액을 증여재산가액으로 함
>
> | 요건 | (대가 − 시가) ≧ Min(시가 × 30%, 3억 원) |
> |---|---|
> | 증여재산가액 | (대가 − 시가) − Min(시가 × 30%, 3억 원) |
>
> ㉡ 특수관계인이 아닌 경우: 정당한 사유 없이 저가 또는 고가로 거래하는 경우 시가와 대가의 차액이 기준금액(시가의 30%) 이상인 경우 양수일 또는 양도일을 증여일로 하여 대가와 시가의 차액에서 3억 원을 뺀 금액을 증여재산가액으로 함
>
> | 요건 | 대가 − 시가 ≧ 시가 × 30% |
> |---|---|
> | 증여재산가액 | (대가 − 시가) − 3억 원 |

답 ②

---

01 ☐☐☐   2021년 7급

부담부증여에 대한 설명으로 옳지 않은 것은?

① 부담부증여시 수증자가 부담하는 채무액에 해당하는 부분은 양도로 본다.

② 직계존비속 간의 부담부증여의 경우 인수되는 채무가 국가 및 지방자치단체에 대한 채무라 하더라도 그 채무액은 수증자에게 인수되지 않는 것으로 추정한다.

③ 부담부증여시 수증자의 증여세 과세가액은 증여일 현재 「상속세 및 증여세법」에 따른 증여재산가액(합산배제증여재산의 가액은 제외)을 합친 금액에서 그 증여재산에 담보된 채무로서 수증자가 인수한 금액을 뺀 금액으로 한다.

④ 부담부증여의 채무액에 해당하는 부분으로서 양도로 보는 경우 그 양도일이 속하는 달의 말일부터 3개월 내에 양도소득과세표준을 납세지 관할 세무서장에게 신고하여야 한다.

01	과세대상

부담부증여의 경우 채무에 해당하는 금액이 국가 등에 대한 채무로 객관적으로 인정되는 경우에는 증여추정을 적용하지 않는다.

답 ②

02 ☐☐☐   2021년 9급

「상속세 및 증여세법」상 상속재산에 대한 설명으로 옳지 않은 것은?

① 「국민연금법」에 따라 지급되는 유족연금은 상속재산으로 본다.

② 피상속인이 신탁으로 인하여 타인으로부터 신탁의 이익을 받을 권리를 소유하고 있는 경우에는 그 이익에 상당하는 가액을 상속재산에 포함한다.

③ 피상속인의 사망으로 인하여 받는 생명보험의 보험금으로서 피상속인이 보험계약자인 보험계약에 의하여 받는 것은 상속재산으로 본다.

④ 수익자연속신탁의 수익자가 사망함으로써 타인이 새로 신탁의 수익권을 취득하는 경우 그 타인이 취득한 신탁의 이익을 받을 권리의 가액은 사망한 수익자의 상속재산에 포함한다.

02	과세대상

「국민연금법」에 따라 지급되는 유족연금은 비과세 대상에 해당된다.

답 ①

03

「상속세 및 증여세법」상 증여세의 과세대상에 대한 설명으로 옳지 않은 것은?

① 수증자가 거주자인 경우에는 그가 증여받은 모든 재산이 증여세 과세대상이 된다.
② 수증자가 비거주자인 경우에는 그가 증여받은 재산 중 국내에 있는 모든 재산이 증여세 과세대상이 된다.
③ 증여세는 경제적 가치가 있는 유형 및 무형의 재산을 타인에게 무상으로 이전하는 경우에 적용된다.
④ 영리법인이 재산을 증여받은 경우에는 증여세와 법인세가 모두 부과된다.

04

「상속세 및 증여세법」상 거주자인 피상속인의 사망으로 상속이 개시되는 경우 상속재산에 대한 설명으로 옳지 않은 것은?

① 「공무원연금법」 또는 「사립학교교직원 연금법」에 따라 지급되는 유족연금, 유족연금부가금, 유족연금일시금, 유족일시금 또는 유족보상금은 상속재산으로 보지 아니한다.
② 상속개시일 전 8년 전에 피상속인이 상속인에게 증여한 재산가액은 상속개시 당시의 시가로 평가하여 상속재산에 가산한다.
③ 피상속인이 신탁으로 인하여 타인으로부터 신탁의 이익을 받을 권리를 소유하고 있는 경우에는 그 이익에 상당하는 가액을 상속재산에 포함한다.
④ 피상속인의 사망으로 인하여 받는 생명보험 또는 손해보험의 보험금으로서 피상속인이 보험계약자인 보험계약(피상속인이 사망시까지 보험료 전액을 납입함)에 의하여 받는 것은 상속재산으로 본다.

03	과세대상

영리법인이 재산을 증여받은 경우 자산수증이익으로 법인세를 납부한다. 따라서 법인세만 부과하고 증여세는 부과하지 아니한다.

답 ④

04	과세대상

상속개시일 전에 피상속인 다음 기간 내에 증여한 재산은 상속세 과세가액에 산입한다. 이 경우 증여재산은 증여 당시의 시가를 상속세 과세가액에 더한다.

사전증여재산의 합산기간

상속인에게 증여한 재산	10년 이내 증여분
상속인 이외의 자에게 증여한 재산	5년 이내 증여분

답 ②

「상속세 및 증여세법」상 수증자가 증여세를 납부할 능력이 없다고 인정되는 경우로서 강제징수를 하여도 조세채권을 확보하기 곤란한 경우에는 그에 상당하는 증여세의 전부 또는 일부를 면제하는 경우에 해당하지 않는 것은?

① 보험금의 증여
② 저가·고가양도에 따른 이익의 증여
③ 채무면제에 따른 증여
④ 부동산 무상사용에 따른 이익의 증여

증여세와 소득세의 상관관계에 대한 설명으로 옳지 않은 것은?

① 소득세의 과세대상인 소득의 개념을 순자산증가설로 이해하면 수증자산도 소득세의 과세대상이 될 수 있다.
② 「상속세 및 증여세법」은 기본적으로 수증자에게 증여세가 과세되는 경우에는 소득세를 부과하지 않도록 규정하고 있다.
③ 특수관계인에게 양도한 재산을 그 특수관계인(이하 양수자라 한다)이 양수일부터 3년 이내에 당초 양도자의 배우자 등에게 다시 양도한 경우에는 양수자가 그 재산을 양도한 당시의 재산가액을 그 배우자 등이 증여받은 것으로 추정하여 이를 배우자 등의 증여재산가액으로 한다. 다만, 당초 양도자 및 양수자가 부담한 「소득세법」에 따른 결정세액을 합친 금액이 그 배우자 등이 증여받은 것으로 추정할 경우의 증여세액보다 큰 경우에는 그러하지 아니한다.
④ 거주자가 양도일부터 소급하여 10년 이내에 그 배우자로부터 증여받은 토지를 양도한 경우에 양도차익을 계산함에 있어서 취득가액을 그 배우자의 취득가액으로 하여 계산 할 수 있는 경우가 있는데, 이 경우 거주자가 증여받은 자산에 대하여 납부한 증여세는 그 거주자의 양도차익 계산에서 필요경비로 산입한다.

05	과세대상

다음에 해당하는 경우로 수증자가 증여세를 납부할 능력이 없다고 인정되는 경우로서 강제징수를 하여도 조세채권을 확보하기 곤란한 경우에는 그에 상당하는 증여세의 전부 또는 일부를 면제한다.
㉠ 저가양수·고가양도에 따른 이익의 증여
㉡ 채무면제 등에 따른 이익의 증여
㉢ 부동산 무상사용에 따른 이익의 증여
㉣ 금전무상대부 등에 따른 이익의 증여

답 ①

06	과세대상

증여재산에 대하여 수증자에게 「소득세법」에 따른 소득세 또는 「법인세법」에 따른 법인세가 부과되는 경우에는 증여세를 부과하지 아니한다.

답 ②

07 □□□

「상속세 및 증여세법」상 상속세 과세가액을 계산할 때 가산(또는 산입)하지 않는 것은? (단, 피상속인과 상속인 모두 거주자이며, 증여재산은 「상속세 및 증여세법」상 비과세, 과세가액불산입 및 합산배제 증여재산에 해당하지 아니함)

① 피상속인이 상속개시일 8년 전에 상속인에게 증여한 재산가액
② 피상속인이 상속개시일 4년 전에 상속인이 아닌 자에게 증여한 재산가액
③ 피상속인이 상속개시일 6개월 전에 토지를 처분하고 받은 금액 3억 원의 용도가 객관적으로 명백하지 아니한 경우 그 금액
④ 피상속인이 상속개시일 1년 6개월 전에 부담한 금융회사에 대한 채무 4억 원의 용도가 객관적으로 명백하지 아니한 경우 그 금액

07	과세대상

상속개시일 전 2년 이내에 발생한 채무금액이 5억 원 이상이 아니므로 상속추정재산에 해당하지 않는다.

(선지분석)

①, ② 피상속인이 상속인에게 증여한 재산가액은 상속개시일 전 10년 이내분을 합산하고 피상속인이 상속인 이외의 자인 경우에는 상속개시일 전 5년 이내분을 합산한다.
③ 상속개시일 전 1년 이내에 2억 원 이상이므로 상속추정에 해당된다.

📄 **추정상속재산가액과 상속추정재산**

ⓐ 추정상속재산가액

> 추정상속재산가액 = 용도 불분명 금액*1) − Min(재산처분액·인출액·채무부담액 × 20%, 2억 원)

*1) 재산처분액·인출액·채무부담액 − 용도입증액

ⓑ 상속추정재산

대상	요건
피상속인이 재산을 처분하여 받은 금액이나 피상속인의 재산에서 인출한 금액	다음의 경우로 용도가 객관적으로 명백하지 아니한 경우 ⓐ 상속개시일 전 1년 이내에 재산종류별*2)로 계산하여 2억 원 이상인 경우 ⓑ 상속개시일 전 2년 이내에 재산종류별*2)로 계산하여 5억 원 이상인 경우
피상속인이 부담한 채무를 합친 금액	다음의 경우로 용도가 객관적으로 명백하지 아니한 경우 ⓐ 상속개시일 전 1년 이내에 2억 원 이상인 경우 ⓑ 상속개시일 전 2년 이내에 5억 원 이상인 경우

*2) ㉮ 현금·예금 및 유가증권, ㉯ 부동산 및 부동산에 관한 권리, ㉰ 기타재산

답 ④

KEYWORD 89 상속공제

08 □□□

「상속세 및 증여세법」상 상속공제에 관한 설명으로 옳지 않은 것은?

① 부와 모가 동시에 사망하였을 경우 상속세의 과세는 부와 모의 상속재산에 대하여 각각 개별로 계산하여 과세하며, 이 경우 배우자상속공제는 적용되지 아니한다.
② 상속인 및 동거가족 중 장애인에 대해서는 장애인 1명당 1,000만 원에 기대여명(「통계법」에 따라 통계청장이 승인하여 고시하는 통계표상의 기대여명)의 연수를 곱하여 계산한 금액을 공제한다.
③ 피상속인의 배우자가 단독으로 상속받는 경우에는 기초공제와 그 밖의 인적공제액을 합친 금액으로만 공제하며, 일괄공제는 선택할 수 없다.
④ 인적공제 대상자가 상속인으로서 상속을 포기한 경우라면 그 상속포기인에 대하여는 인적공제를 적용하지 않는다.

08	상속공제

상속인이 상속을 포기한 경우에도 상속세의 납세의무자에 해당하므로 인적공제를 적용받을 수 있다.

답 ④

09 □□□
2018년 7급

상속세 및 증여세법령상 상속세에 대한 설명으로 옳지 않은 것은?

① 거주자의 사망으로 상속이 개시되어 배우자가 실제 상속받은 금액이 있는 경우 배우자 상속공제는 최고 30억 원 한도로 상속세 과세가액에서 공제한다.
② 상속인(대습상속인이 아님)이 피상속인의 자녀를 제외한 직계비속이며 성년인 경우는 상속세산출세액에 상속재산(상속재산에 가산한 증여재산 중 상속인이 받은 증여재산을 포함) 중 그 상속인이 받았거나 받을 재산이 차지하는 비율을 곱하여 계산한 금액의 100분의 30에 상당하는 금액을 가산한다.
③ 상속세 신고납부를 위하여 상속재산을 「감정평가 및 감정평가사에 관한 법률」 제2조 제4호에 따른 감정평가업자에게 평가를 받아 그 평가수수료를 상속세 과세가액에서 공제받을 수 있는 경우에는 500만 원을 한도로 한다.
④ 거주자의 사망으로 상속이 개시되는 경우로서 자녀 1명에 대해서는 3천만 원을 상속세 과세가액에서 공제한다.

KEYWORD 90 증여추정 및 증여의제

10 □□□
2011년 7급 변형

거주자 甲이 거주자 乙에게 2023년 4월 20일 소유하던 상가를 증여하였으며, 乙은 증여세 과세표준신고를 하지 아니하였다. 이와 관련한 설명으로 옳은 것은 모두 몇 개인가? (단, 세무서장으로부터 과세표준과 세액의 결정을 받지 아니함)

- 2023년 7월 25일 당사자간의 합의에 따라 乙이 甲에게 상가를 반환하는 경우에는 처음부터 증여가 없었던 것으로 본다.
- 2023년 10월 10일 乙이 甲에게 상가를 반환하는 경우에는 그 반환하는 상가에 대하여 증여세를 부과하지 아니한다.
- 2023년 10월 15일 乙이 甲에게 상가를 다시 증여하는 경우에는 그 증여하는 상가에 대하여 증여세를 부과하지 아니한다.

① 0개
② 1개
③ 2개
④ 3개

09	상속공제

거주자의 사망으로 상속이 개시되는 경우로서 자녀 1명에 대해서는 5천만 원을 상속세 과세가액에서 공제한다.

📋 **상속공제**

자녀공제	자녀 1명당 5천만 원
연로자공제	상속인(배우자 제외) 및 동거가족 중 65세 이상인 사람에 대하여 1명당 5천만 원
미성년자공제	상속인(배우자 제외) 및 동거가족 중 미성년자가 19세가 될 때까지의 연수에 1명당 1천만 원을 곱한 금액
장애인공제	상속인(배우자 포함) 및 동거가족 중 장애인의 기대여명의 연수에 1명당 1천만 원을 곱한 금액

답 ④

10	증여추정 및 증여의제

모두 옳은 설명에 해당한다.

📋 **증여재산의 반환**

구분	당초증여	증여재산의 반환
신고기한까지 반환하는 경우	증여 ×	증여 ×
신고기한이 지난 후 3개월 이내 반환하는 경우	증여 ○	증여 ×
신고기한으로부터 3개월이 지난 후 반환하는 경우	증여 ○	증여 ○

* 금전은 반환시기에 상관없이 증여 또는 반환 모두를 증여로 보아 과세한다.

답 ④

「상속세 및 증여세법」상 증여추정에 대한 설명으로 옳지 않은 것은?

① 파산선고로 인하여 재산이 처분된 경우에는 배우자 또는 직계존비속에 대한 증여추정 규정을 적용하지 아니한다.

② 갑 소유의 빌딩을 「국세징수법」에 따른 공매를 통하여 갑의 자녀가 취득하는 경우 증여로 추정하지 않는다.

③ 미성년자인 거주자 甲이 20억 원인 상가를 취득한 경우에 자금출처로 입증된 금액이 16억 원인 경우 증여추정대상 금액은 2억 원이다.

④ 특수관계인에게 양도한 재산을 그 특수관계인이 양수일부터 3년 이내에 당초 양도자의 배우자에게 다시 양도한 경우에는 증여로 추정될 수 있다.

「상속세 및 증여세법」상 권리의 이전이나 그 행사에 등기 등이 필요한 재산의 명의신탁에 대해 증여의제과세를 하는 것과 관련한 설명으로 옳지 않은 것은?

① 토지와 건물의 명의신탁에 대해서는 증여의제과세를 하지 않는다.

② 비거주자가 법정대리인 또는 재산관리인의 명의로 등기 등을 한 경우에는 증여의제과세를 하지 않는다.

③ '조세회피'의 목적 없이 타인의 명의로 재산의 등기 등을 한 경우에는 증여의제과세를 하지 않는데, 이때 회피하려는 '조세'는 상속세와 증여세에 한한다.

④ 주식명의신탁에 대해 증여의제과세를 할 때 주주명부가 작성되지 아니하였다면 「법인세법」 제109조 제1항 및 제119조에 따라 납세지 관할 세무서장에게 제출한 주주 등에 관한 서류 및 주식 등 변동상황명세서에 의하여 명의개서 여부를 판정한다.

11	증여추정 및 증여의제

입증되지 않은 금액이 다음의 금액에 미달하는 경우에는 증여추정을 적용하지 않는다. 다만, 증여추정에 해당되는 경우 다음의 기준금액을 차감 후의 금액이 증여추정이 되는 것이 아니라 전액을 증여로 추정하여 계산한다.

> Min(㉠, ㉡)
> ㉠ 취득재산가액 또는 채무상환금액 × 20%
> ㉡ 2억 원

따라서 미입증금액 4억 원이 Min(20억 원 × 20% = 4억 원, 2억 원) = 2억 원을 초과하므로 4억 원 전체가 증여추정대상금액에 해당된다.

답 ③

12	증여추정 및 증여의제

명의신탁증여의제 규정에서 조세회피의 대상이 되는 조세는 「상속세 및 증여세법」을 포함한 모든 국세·지방세 및 「관세법」을 말한다.

답 ③

03 신고 및 납부

KEYWORD 91 상속세 및 증여세의 납부

01 ☐☐☐
2019년 9급

상속세 및 증여세법령상 물납에 대한 설명으로 옳은 것은?

① 법령에 따라 물납에 충당하는 재산은 세무서장이 인정하는 정당한 사유가 없는 한 국내에 소재하는 부동산을 국채 및 공채보다 먼저 신청 및 허가하여야 한다.

② 세무서장은 법령에 의하여 물납신청을 받은 재산이 지상권·지역권·전세권·저당권 등 재산권이 설정되어 관리·처분상 부적당하다고 인정하는 경우에는 물납허가를 하지 아니할 수 있다.

③ 국외에 소재하는 부동산도 물납에 충당할 수 있다.

④ 재산을 분할하거나 재산의 분할을 전제로 하여 물납신청을 하는 경우에는 물납을 신청한 재산의 가액이 분할 전보다 감소되더라도 물납을 허가할 수 있다.

02 ☐☐☐
2015년 9급

「상속세 및 증여세법」에 대한 설명으로 옳은 것은?

① 상속세의 연부연납은 관할 세무서장의 허가 없이 신청 요건을 갖추기만 하면 허용한다.

② 증여세의 납세의무자는 수증자이므로 수증자가 납부할 증여세에 대하여 증여자가 연대납부의무를 지는 경우는 없다.

③ 상속세의 경우 부과과세방식의 조세이므로 법령에서 상속인에게 상속세 과세표준 등을 신고납부할 협력의무를 요구하지 않는다.

④ 상속세의 물납에 충당하는 재산은 부동산뿐만 아니라 주식(상장주식 및 비상장주식)으로도 가능하다.

01　상속세 및 증여세의 납부

(선지분석)

① 물납에 충당하는 재산은 세무서장이 인정하는 정당한 사유가 없는 한 국채 및 공채를 1순위로 신청 및 허가하여야 한다.

③ 국내에 소재하는 부동산 등 물납에 충당할 수 있는 재산으로 한정한다.

④ 재산을 분할하거나 재산의 분할을 전제로 하여 물납신청을 하는 경우에는 물납을 신청한 재산의 가액이 분할 전보다 감소되지 아니하는 경우에만 물납을 허가할 수 있다.

답 ②

02　상속세 및 증여세의 납부

(선지분석)

① 연부연납은 신청의 요건뿐만 아니라 관할 세무서장의 연부연납 허가가 있는 경우에 적용된다.

② 증여자는 수증자가 다음 중 어느 하나에 해당하는 경우에는 수증자가 납부할 증여세를 연대하여 납부할 의무를 진다.

　㉠ 수증자의 주소·거소가 분명하지 아니한 경우로서 조세채권을 확보하기 곤란한 경우

　㉡ 수증자가 증여세를 납부할 능력이 없다고 인정되고 체납으로 강제징수를 하여도 조세채권의 확보가 곤란한 경우

　㉢ 수증자가 비거주자인 경우

③ 상속세 및 증여세는 정부부과세목에 해당하지만 신고와 납부의 의무는 있다.

답 ④

국세를 물납하는 것에 대한 설명으로 옳지 않은 것은?

① 물납에 의하여 납세의무가 소멸하기 위해서는 물납을 허용하는 법률 규정이 있어야 가능하다.

② 법인세는 물납이 허용되는 경우가 없다.

③ 국세를 물납한 후 그 부과의 전부 또는 일부를 취소하거나 감액하는 경정 결정에 따라 환급을 하면서 해당 물납재산으로 환급하는 경우에는 국세환급가산금에 관한 「국세기본법」 규정을 적용하지 않는다.

④ 상속세도 물납할 수 있는 경우가 있는데, 이때 물납할 수 있는 재산의 종류는 부동산에 한한다.

「상속세 및 증여세법」상 물납에 충당할 수 있는 재산에 대한 설명으로 옳지 않은 것은?

① 물납하는 재산의 충당순위는 세무서장이 인정하는 정당한 사유가 없는 한 국채 및 공채를 우선하여 신청 및 허가하여야 한다.

② 세무서장은 물납신청을 받은 재산이 관리처분상 부적당하다고 인정하는 경우에는 관리처분이 가능한 다른 물납재산으로의 변경을 명할 수 있다.

③ 한국거래소에 상장된 주식은 제한 없이 물납재산으로 제공할 수 있다.

④ 상속의 경우로서 비상장주식을 제외하고 조세 채무를 이행할 수 있는 재산이 없는 경우에는 비상장주식으로 물납이 가능하다.

03	상속세 및 증여세의 납부

📑 **부동산 및 유가증권**

물납에 충당할 수 있는 재산은 다음의 부동산 및 유가증권으로 한다.
㉠ 국내에 소재하는 부동산
㉡ 국채, 공채, 주권 및 내국법인이 발행한 채권 또는 증권과 그 밖에 기획재정부령이 정하는 유가증권

답 ④

04	상속세 및 증여세의 납부

📑 **물납대상에서 제외되는 유가증권**

다음 중 어느 하나에 해당하는 유가증권은 물납대상에서 제외한다.
㉠ 거래소에 상장된 것. 다만, 최초로 거래소에 상장되어 물납허가 통지서 발송일 전일 현재 「자본시장과 금융투자업에 관한 법률」에 따라 처분이 제한된 경우에는 그러하지 아니하다.
㉡ 비상장주식. 다만, 상속의 경우로서 그 밖의 다른 상속재산이 없거나 비상장주식보다 물납충당순서가 우선하는 상속재산으로 상속세 물납에 충당하더라도 부족하면 그러하지 아니하다.

답 ③

「상속세 및 증여세법」상 상속재산의 평가에 대한 설명으로 옳지 않은 것은?

① 신탁의 이익을 받을 권리에 대해서는 해당 권리의 성질, 내용, 남은 기간 등을 기준으로 법령으로 정하는 방법으로 그 가액을 평가한다.

② 서화에 대해서는 해당 재산의 종류, 규모, 거래상황 등을 고려하여 법령으로 정하는 방법으로 그 가액을 평가한다.

③ 지가가 급등하지 않은 지역으로서 개별공시지가가 없는 토지의 가액은 납세지 관할 세무서장이 인근 유사 토지의 개별공시지가를 고려하여 법령으로 정하는 방법으로 평가한 금액으로 한다.

④ 양도담보재산은 그 재산이 담보하는 채권액을 그 재산의 가액으로 한다.

05	상속세 및 증여세의 납부

양도담보재산, 저당권이 설정된 재산 및 위탁자의 채무이행을 담보할 목적으로 신탁계약을 체결한 자산은 다음과 같이 평가한다.

Max(㉠, ㉡)
㉠ 평가기준일 현재의 시가 또는 보충적 평가방법에 의한 평가액
㉡ 해당 재산이 담보하는 채권액 등을 기준으로 한 평가액

답 ④

2023 최신개정판

해커스공무원
김영서
세법
단원별 기출문제집

개정 5판 1쇄 발행 2023년 1월 9일

지은이	김영서 편저
펴낸곳	해커스패스
펴낸이	해커스공무원 출판팀
주소	서울특별시 강남구 강남대로 428 해커스공무원
고객센터	1588-4055
교재 관련 문의	gosi@hackerspass.com
	해커스공무원 사이트(gosi.Hackers.com) 교재 Q&A 게시판
	카카오톡 플러스 친구 [해커스공무원 노량진캠퍼스]
학원 강의 및 동영상강의	gosi.Hackers.com
ISBN	979-11-6880-881-2 (13360)
Serial Number	05-01-01

공무원교육 1위,
해커스공무원 gosi.Hackers.com

해커스공무원

· 해커스공무원 **학원 및 인강**(교재 내 인강 할인쿠폰 수록)
· 해커스 스타강사의 **공무원 세법 무료 동영상강의**
· 다회독에 최적화된 **무료 회독용 답안지**
· 정확한 분석으로 약점 극복이 가능한 **합격예측 모의고사**(교재 내 응시권 및 해설강의 수강권 수록)

한경비즈니스 선정 2020 한국소비자만족지수 교육(공무원) 부문 1위